北京高等教育精品教材

BEIJING GAODENG JIAOYU JINGPIN JIAOCAI

现代广告概论

罗子明　高丽华　丛　珩　编著

清华大学出版社

北京

内 容 简 介

该书完整地描述了广告活动的全貌,详细介绍了广告业务的流程:从国内广告的发展到国际广告的演变;从广告调研、策划创意、文案写作到广告效果研究;从广告主、广告经营者到广告媒体的业务经营管理等。读者阅读本书,能够迅速掌握广告业务的要点。

本书可作为广告学、市场营销、企业管理、新闻传播学等专业的教材,也适合从事广告、公关、市场营销等职业的人员阅读。

图书在版编目(CIP)数据

现代广告概论/罗子明,高丽华,丛珩编著. —北京:清华大学出版社,2005.10(2018.2重印)
ISBN 978-7-302-11875-6

Ⅰ. 现… Ⅱ. ① 罗… ② 高… ③ 丛… Ⅲ. 广告学—高等学校—教材　Ⅳ. F713.81

中国版本图书馆 CIP 数据核字(2007)第 111348 号

责任编辑:王　太(wangt@tup.tsinghua.edu.cn)
责任印制:李红英

出版发行:清华大学出版社
　　　　网　　　址:http://www.tup.com.cn,http://www.wqbook.com
　　　　地　　　址:北京清华大学学研大厦 A 座　　　　　邮　　编:100084
　　　　社 总 机:010-62770175　　　　　　　　　　　邮　　购:010-62786544
　　　　投稿与读者服务:010-62776969,c-service@tup.tsinghua.edu.cn
　　　　质量反馈:010-62772015,zhiliang@tup.tsinghua.edu.cn
印 装 者:北京九州迅驰传媒文化有限公司
经　　销:全国新华书店
开　　本:185mm×230mm　　印　张:26.5　　　　　字　　数:519 千字
版　　次:2005 年 10 月第 1 版　　　　　　　　　印　　次:2018 年 2 月第 10 次印刷
印　　数:18501～19000
定　　价:55.00 元

产品编号:019287-02

现代人几乎无法躲避周围的广告，广告不仅渗透到生活的每一个角落，而且借助强大的现代媒介传播到地球之外的太空。

当然，这些广告美丑不一，有的赏心悦目，看过之后终生不忘；有的恶俗不堪，令人烦之又烦。

人们一般只是接触广告的作品，而对隐藏在背后的广告流程并不熟悉。

与普通消费者不同的是，从事广告、企业管理、市场营销、公共关系以及新闻传播的工作者，必须了解广告作品背后的业务流程、广告规律以及广告与企业经营管理、市场营销的关系。广告已经成为市场营销策略中最为强大的促销手段，任何企业的经营管理人员、市场营销人员或者公关人员不得不研究这个强大而有力的市场武器。广告也是媒体经营者最重要的收入来源，媒体经营者需要研究广告的演变和规律，才能为广告主或广告经营者提供良好的服务。

本书完整地描述了国内国际广告活动的全貌，详细介绍了广告业务的流程。全书共十四章，分为"基础篇"、"产业篇"和"实务篇"，其中"基础篇"介绍了广告的演化、广告的功能、广告学的知识体系等内容；"产业篇"介绍了广告主、广告经营者、广告媒体的业务经营和管理方面的知识，并对整个广告产业的状况作了分析；"实务篇"侧重从广告调研、广告策划创意、广告设计创作、广告发布、广告效果研究等方面,介绍广告业务的操作知识和技巧;最后,介绍国际广告的发展状况,并收录了主要的广告术语汉英对照。

广告行业存在许许多多的操作技巧、概念和"点子",这些东西交织在一起,常常令新手眼花缭乱。本书借鉴了相关学科的众多理论与学说,力避门户之见,多方位、多角度介绍广告行业的不同观点,便于读者参考借鉴。当然,作者着重从广告经营管理的角度来谈广告业务的操作问题。

本书是北京市精品课程"现代广告概论"的配套教材,全书按照教材体例编写,除了每章列出的"本章要点"、"本章思考题"和"本章建议阅读资料"之外,还在"现代广告概论"精品课程网站上,增设了广告媒体、广告文案、小型案例等方面的辅助资料,相关教学人员还可以进入精品课程网站下载教学 PPT 文件(www.btbu.edu.cn 网站查找"精品课程")。

罗子明撰写了第二、三、八、十二章和附录,高丽华撰写了第一、七、十三、十四章,丛珩撰写了第四、五、六、十一章,丛珩与高丽华合撰了第十章,罗子明与丛珩合撰了第九章。

本书在写作过程中,参考了国内外专家的大量文献资料,在此致以诚挚的谢意。

还要感谢北京工商大学黄先开教授给予的有力支持,感谢北京工商大学沈毅教授给予的许多帮助。在写作过程中,得到了作者家人的鼓励和协助,他们的关怀和支持是我们克服困难的重要动力。书中不足之处,敬请专家读者不吝指正。

2005 年 8 月作者

于北京海淀

现代广告概论

II

基础篇

产业篇

目录

目录

V

基 础 篇

第一章

广告的起源与历史

本章提示 ▶ 早期的商业广告可以追溯到原始社会末期出现的口头叫卖、实物陈列等原始广告形式。本章回顾了广告的发展历程，介绍不同时期广告的主要特征、广告发展中的重大事件，概括描述了当代中国广告业的发展和现状，展望了未来广告业的发展趋势。

第一节　广告的起源与发展

> 广告经历了古代广告、近代印刷广告、电子媒体与现代广告、当代广告等阶段的发展。不同时期的广告活动具有鲜明的时代特征。

一、广告溯源

现代广告已经成为对社会、对消费者有着强烈影响的经济活动,是现代社会不可或缺的一个组成部分。

然而广告的产生,并非从一开始就带着浓重的商业气息,而是源于人们在社会生活中沟通信息的需要,因此,最初的广告是以社会广告的形式出现的。在中国,社会广告在原始社会就已经产生了,《左传》中记载:"禹铸九鼎,以示天下。"这里的"示"就是古代统治者向世人传达信息的方式,与后来商周时期的"诰书",战国的"令",汉朝的"诏书",以及官府的"批"、"判"、"碑志"等都是社会广告的形式,内容与现在的政治广告和政府公告比较接近。到了原始社会末期,随着生产力水平的提高和剩余商品的出现,人们为了方便商品交换,采取一些古老的广告形式向他人告知商品信息,商业广告应运而生。《诗经》中记载的"氓之蚩蚩,抱布贸丝",就是对人们所从事的古代广告活动的描述。由于古代物质技术手段的制约,早期的广告并不具备现代广告活动的特征,而是以一些简单的广告形式和广告物的面貌出现的,如口头叫卖、实物陈列、招牌、幌子等形式。

口头叫卖和实物广告是最古老的广告形式。中国商周时代出现了"日中为市","市"即是人们进行商品交换的场所。为了更有效地达成交易,人们在交易场所进行口头叫卖和商品展示,形成了这种流传至今的古老的广告形式。在古代巴比伦,公元前3000年就有商人雇用叫卖人为他们进行口头广告宣传。古希腊曾经流传过一首化妆品的广告歌曲:"为了两颊绯红,为了双眸晶莹,为了人老珠不黄,每个爱美的女人都要用××化妆品。"公元前700年至公元前176年,古埃及的一些商人专门雇用叫卖人在码头上叫喊商船到岸的时间,船主还雇人穿上前后都写有商船到岸时间和船内装载货物名称的背心,让他们在街上来回走动。夹身广告员就是从这时开始的。

实物广告是口头广告的伴生品,为了适应物物交换的需要而产生的,在这种广告形式的基础上产生了悬物广告。中国商周时期的人们还形成了在交易时将铭文铭刻于青铜器上的习惯,称为标记广告。

招幌广告是招牌广告和幌子广告的简称,也是一种重要的原始广告形式。由于实物广告不容易保存,产品的宣传受到很大限制,春秋时期中国出现了招幌广告,主要是为了适应有固定营业场所的坐商的需要。幌子是特意制作的一种旗帜,也称"望子",经营者将商品或店铺名称写在上面,挂在醒目的位置,吸引人们的注意,幌子后来还成为各个行业的标志。招牌广告和幌子广告是如今不少广告主仍然沿用的广告形式(见图1-1、图1-2)。

图1-1 古为今用的幌子广告

图1-2 北京老店的招牌广告

公元前 79 年,一场突如其来的火山喷发导致古代庞贝城彻底毁灭。从遗留下来的古迹中我们看到,那里的招牌广告制作还是相当先进的:酒店的门口挂着画有长青藤的牌子,牛奶场的招牌上画着奶牛,面包房门口挂着骡子拉磨的招牌……招幌广告在相当长的时间里被商家当作招揽生意、宣传产品的重要形式。中国北宋著名的《清明上河图》不仅描画了当时城市繁荣的商业和热闹的街市,还给我们展示了丰富多样的广告形式。在汴河岸边靠近桥头的一座彩楼上挂着酒店用彩条旗做的旗帜广告,写着"新酒"二字。彩楼下面的店门口悬挂着一个写着"脚店"的灯笼,这是旅馆的灯笼广告。市中心各种店铺门口分别挂着写有"正店"、"香醪"、"孙羊店"字样的招牌,还有"刘家上色沉檀拣香"、"久住王员外家"的竖标、"王家罗绵帛铺"的横幅……整个画卷中广告招牌 23 处,广告旗帜 10 面,灯箱广告 4 块,大型广告装饰彩楼、欢门 5 座,足以证明宋代我国广告事业之发达。尤为难得的是,图中保留了迄今为止世界上最早的灯箱广告记载。①

公元前 1000 年左右,古埃及的一则捉拿逃奴的广告被认为是世界上最早的文字广告,广告写在芦苇纸上,如今保存在大英博物馆。据记载,古罗马的独裁统治者儒略·恺撒面对即将来临的战争,经常通过散发各种传单来开展大规模的宣传活动,以便获得民众的支持。这是传单广告形式在西方的最早使用。

1141 年,法国国王路易七世批准,同意法国的贝里省由 12 个人组成的口头广告团体成为省内口头广告的垄断组织。他们在特定的酒店里吹笛子,招徕顾客,对光顾的客人进行推销宣传。这种广告形式可以说是声响广告、演奏广告、叫卖广告的进一步合法化和普及推广。1258 年,法国国王奥古斯塔公布法令,保障叫卖人的权益,并规定了叫卖人的报酬。

从原始广告的产生到印刷技术的发明,广告走过了漫长的岁月,但是由于形式单一、传播范围有限,还不具备现代广告的特点,人们把这一时期的广告称为古代广告。

二、近代印刷广告的发展

追溯最早采用印刷技术制作的广告,就是如今保存在中国历史博物馆的中国北宋时期济南刘家功夫针铺的"白兔捣药广告"。广告为铜版雕刻,宽 12.5 厘米,高 13 厘米,内容为:"济南刘家功夫针铺,认门前白兔儿为记。收买上等钢条,造功夫细针,不误宅院使用。客转为贩,别有加饶。请记白。"这条广告文图并茂,标题是"企业"名称"济南刘家功夫针铺",中心位置绘有产品的"商标"——白兔捣药图,周围文字说明是告诉消费者"认门前白兔儿为记"。广告正文部分宣传企业的经营项目和商品质量上乘——"收买上等钢条,造功夫细针,不误宅院使用",然后说明经营的方法和优惠政策——"客转为贩,别有加饶"(客户批发转手贩卖,可以享受优惠价格)。广告包含标题、正文和商标,形式上比较完整,商标图像鲜明,位置突出,说明当时已初具品牌商标意

① 书林,向保著. 梳理中国广告发展史脉络. 现代广告,2005,4

识。这则广告印刷出来就是一张商品宣传广告。

广告的飞速发展是从近代印刷技术的发明和报纸的产生开始的。1445年,德国人古登堡发明了金属活字印刷技术,这项技术在广告业的应用,极大地扩充了广告的传播范围和传播内容。在此基础上诞生的报纸,使广告传播摆脱了原始的广告形式,进入一个全新的广告时代。

印刷技术的发明和使用打破了广告行业自产生以来在原始时期缓慢发展的状态。从1445年西方金属活字印刷技术发明开始,到19世纪中期之前(1850年以前),我们称之为近代广告时期。这一时期,世界广告业的中心是英国。

1472年,英国人威廉·卡克斯顿(William Caxton)在伦敦教会前张贴广告,推销由他自己的印刷所印制的法译英小说集,该招贴广告被大多数广告专家认定为现存最早的印刷广告。13世纪,欧洲国家出现印有新闻的小报,这种名为"新闻纸"的报纸被认为是报纸的雏形。15世纪到16世纪,威尼斯出现了最早的手抄报纸,最早定期印刷的报纸于1609年在德国出版。1622年,英文报纸《新闻周报》刊登书籍广告,被认为是世界上最早的报纸广告。报纸广告的出现,是广告发展史上的一次飞跃,给世界各地的广告发展带来了新的机会,但是由于报纸发行量很小,影响力很弱,还不能称之为大众媒体。1645年1月15日,《The Weekly Account》杂志第一次开辟了广告专栏,该杂志首次使用了沿用至今的"Advertisement"来表述"广告"[①]。杂志的出现,为广告增添了一个新的传播媒体。1666年,《伦敦报》开辟第一个广告专栏,从此,广告开始以固定的时间和版面出现在报纸上,成为报纸不可缺少的组成部分。

美国早期的报纸有《纽约太阳报》、《美国先驱报》、《纽约时报》等,1729年富兰克林创办的《宾夕法尼亚报》创刊时就刊登了广告。《纽约太阳报》在1833年9月3日创刊以后,很快在全国开展了"只要花一个便士就可以买一份报纸"的"便士运动",开创了美国历史上的"报刊宣传活动",在美国报业史上具有里程碑意义。"便士运动"的开展,大大降低了报纸的售价,人人都可以买得起,报纸发行量随之大增,广告费也随着上涨,报纸逐渐成为富有影响力的大众媒体。1844年,美国《南方信使》杂志出现了杂志广告。到1840年,美国已经有1631家报社。报纸广告从政治、军事、经济、文化等领域,到个人生活的各个方面,对西方社会生活和经济生活的影响和作用日益扩大。

日本的近代广告是在"明治维新"(1868年)运动之后,随着报纸的大量出现逐渐兴起的,相对于欧美国家起步比较晚。1871年日本创办了第一份日刊报纸《横滨每日新闻》,随后《每日新闻》、《读卖新闻》、《日本经济新闻》、《朝日新闻》等纷纷创办,到1877年,东京的大报纸发行份数从2000份增加到15 000份,1890年时,广告费占报纸收入的30%左右。

中国近代最早刊登广告的定期中文刊物,是1815年8月由英国传教士米怜在马来西

---

① 丁俊杰. 现代广告通论. 北京:物价出版社,1997

亚创办的《察世俗每月统记传》。中国近代广告的发展则是在中国近代史的开端——鸦片战争之后开始的。19世纪中期，西方资本主义国家展开了对中国的经济掠夺，把中国作为商品倾销市场和原料供应基地，外国资本和商品的大量涌入，客观上促进了我国工商业的发展。大批商人、政客、传教士、冒险家的到来，不仅为中国带来了鸦片和各类商品，也带来了西方人创办的报纸、杂志，"广告"一词正是在这时传入我国的。早期的中文报纸多数由外国传教士创办，目的是阐发基督教义和宣传西方文化，商业广告很少。

　　1858年，外商在香港创办的中文版报纸《中外新报》最早刊登了商业广告，之后一些报刊先后开辟了广告专栏。其中，1872年英国商人安纳斯脱·美查和菲尔特力·美查兄弟二人在上海创办的《申报》，和1893年创刊于上海的《新闻报》，在广告经营方面具有一定的代表性。《申报》在第五号刊登了招商广告："招刊告白引"（当时称广告为"告白"）。《申报》的广告主涉及民信局、古董、笔庄、字画装裱店、药局、书店、客栈、拍卖、洋行、银行等各行各业。1880年前后，除了一般商业性广告，还新增了"启示"、"声明"、"寻人"、"告示"等社会服务性广告。随着发行量的增加，广告在版面中占的比重也逐年上升，一般都在50%以上，广告收入也不断增加（图1-3为《申报》刊登的广告）。与《申报》齐名，创刊于1893年的上海《新闻报》在外商报刊中也十分有影响。早在1923年，它就曾以"日销15万份"作为招徕广告的资本。它的广告经营情况，在《新闻报》30周年的纪念册中曾有记载："近年广告几占篇幅十之七，广告费的收入，每年几百万元。"[①]

图1-3 《申报》的广告

　　① 陈培爱. 中外广告史(第2版). 北京：物价出版社，2002

到 19 世纪末,外国人来华创办的中外文报刊已近 200 家,为中国人从事报刊广告活动提供了经验和方法。

三、广告行业的兴起与广告公司的形成

19 世纪中后期,报纸杂志成为广告的主要媒体形式。与此同时,专业性的广告公司陆续出现,广告业开始从近代广告向现代广告过渡,世界广告业的中心也逐渐由英国转向美国。

广告行业兴起的标志是广告活动的专业化和职业化。早在 1610 年,英国就出现了最早的广告代理店,它是由詹姆士一世让两个骑士建立的。1612 年,法国的 J. 雷纳德创立了一家名叫"高格德尔"的广告代理店,但是它们都不是真正意义上的专业性广告代理公司,广告也没有成为独立的职业。广告活动的专业化是从美国开始的。

(一)广告代理的出现

1841 年,帕尔默兄弟在美国宾夕法尼亚的费城开办了第一家广告公司,专门为各家报纸兜售广告版面,并自称为"报纸广告代理人",帕尔默广告公司的成立宣告广告代理业的诞生。帕尔默最初的工作只涉及到为客户购买报纸版面和提供广告报价等简单业务,后来他接受广告主的委托制作简单的广告稿件,从广告主付给报社的广告费中提取 25% 作为服务费,这就是现代广告的服务费制度的开端。由于帕尔默的工作有助于增加报纸的收入和提高报纸的效率,广告代理受到报业的欢迎,逐渐成为专业性的公司。

(二)媒体掮客公司

1860 年,罗厄尔在美国创办以媒体代理为主的广告公司。他不仅帮助报社推销版面获取酬金,而且大量购买报纸版面直接销售给广告主。赢利方式是通过提取付给报社费用的 50% 作为广告代理费,这一做法开创了广告代理费制度。但是罗厄尔的广告业务仅限于媒体代理、版面的批发和买卖,不涉及广告活动的策划、制作等环节,因此,还不能算是真正意义上的现代广告公司,当时被称为"媒体掮客"。

(三)客户服务型广告公司的诞生

由媒体掮客型广告公司向客户服务型广告公司的转变是在 1869 年,年仅 20 岁的艾尔创办了艾尔父子广告公司。起初他的工作也只是担当"媒体掮客",实行媒体代理。大约在 1890 年,艾尔将公司经营的重点从单纯的报纸版面转到为客户服务,他站在客户的立场上与报社讨价还价,帮助客户制定广告策略与计划,设计、撰写广告文案,建议与安排合适的广告媒体,并注重广告效果。艾尔的行为受到广告客户的欢迎,推动了广

告公司的发展,艾尔的广告公司因此被称为"现代广告公司的先驱"。

可以看出,早期广告代理公司的作用仅仅局限于广告的初级效用。广告代理公司的出现,是因为当时的报刊和出版经营者与广告主都缺乏广告的专业知识,他们需要专业性的帮助,广告代理公司满足了双方的利益需求,逐渐发展成为一个行业。进入 20世纪,广告公司的发展十分迅速,尤其是美国,不仅产生了一大批著名的广告公司,引导世界广告公司的发展潮流,而且在 20 世纪 20 年代末期经济大萧条时期,为企业经营出谋划策,帮助企业摆脱经济困境。高度发达的广告业使美国成为世界现代广告的中心。

四、电子媒体的诞生和现代广告的发展

(一)广播广告的产生

广播的出现是人类传播领域最大的突破之一,由此产生了不受时间、地点以及复杂制作工艺限制的广播广告。1920 年 11 月 2 日,美国匹兹堡的 KDKA 广播电台开始播音,被公认为世界上最早的广播电台。1922 年,第一家商业广播电台 WAAF 最早开播广播广告业务。1926 年,美国出现了全国性广播电台,广播成为前所未有的主要广告媒体。随后,世界上各个国家纷纷建立自己的广播电台。由于各个国家的国情不同,有的国家政府明令限制或禁止电台广播广告,但是就多数国家或地区的广播电台而言,广播广告是电台经费开支的重要来源之一。1928 年,美国广播广告的营业额已达到 1050万美元。1930 年,美国有半数以上的家庭拥有收音机,广播广告效果显著。到第二次世界大战以前,广播已经成为继报刊等印刷媒体之后的第二大传播媒体。

(二)电视与电视广告的出现

1936 年,英国广播公司建立了世界上第一座电视台,1939 年,美国创办了美洲的第一家电视台,商业电视台则是在 1941 年 6 月开办的。第二次世界大战以后,电视传播事业迅速发展,各国相继建立了电视台,其中许多电视台都经营电视广告业务,电视广告得以迅速发展。1946 年,美国拥有电视的家庭达到 8000 多户。20 世纪 50 年代,美国开始播出彩色电视节目,电视媒体的影响力越来越大,越来越得到广告主的青睐,并且逐渐超过广播、报刊,成为最重要的广告媒体。

(三)现代广告的发展

现代广告是 20 世纪商品经济高度发展的产物。它是运用系统论、信息论和控制论等学科知识,以市场调查为先导,以整体策略为主体,以创意为中心,以现代科学技术为消费活动,培养新的生活方式与消费方式,促进社会生产良性循环的一种新的文化现象。现代广告集科学、经济、技术、艺术、文化于一身,具有传统广告所不具有的新内涵

和新特点。

1. 新型媒体不断出现,媒体呈现多样化趋势

现代广告的发展历史也是媒体不断推陈出新、实行多样化发展的历史。一个公认的事实是,广告传播手段即广告媒体的发展与科技进步息息相关,每一次科技变革和技术创新,都可能催生一种新型广告媒体或者间接促进其他媒体广告的发展。无线电技术的发明导致广播媒体的产生,广播成为报刊之后的第三个大众传播媒体;电视媒体的产生,不仅使电视成为 20 世纪最有影响力的大众媒体,而且成为第二次世界大战后世界广告业发展的直接动力。其他媒体也不例外,以户外广告为例,户外广告在国外 17世纪以后出现并发展,到了 20 世纪初,随着交通工具的改进,尤其是汽车的普及,公路建设的发展,户外广告和交通广告应运而生,成为城市重要的广告媒体(见图 1-4、图 1-5)。

图 1-4 20 世纪 30 年代上海先施公司广告牌

图 1-5　北京麦当劳的户外广告

　　1910 年,法国人克劳特将世界上第一个霓虹灯广告安装在巴黎皇宫上。20 世纪 20 年代,霓虹灯广告进入美国,真正的普及运用是在 20 世纪 20 年代末和 30 年代初。20 世纪 50 年代以后,随着新技术新材料的发明及使用,霓虹灯广告变得多种多样。到 90 年代之后,其形式更是丰富多彩。霓虹灯广告成为一个地区经济繁荣与否的重要标志。

　　20 世纪 90 年代,数字化浪潮席卷全球,基于计算机和通讯技术的互联网迅速崛起,成为人们关注的焦点。网络从诞生开始,就以其得天独厚的传播优势和网络广告集多种媒体优势于一身的特点,为众多广告主所接纳。1994 年,美国的 Hotwired 网站推出了全球最早的网络广告,包括 AT&T、Intel 等 14 个广告主。2005 年,中国网络受众突破 1 亿,互联网以其迅猛的发展成为对政治、经济、社会和公众生活最有影响力的媒体之一。网络广告也越来越受到广告主的重视,2004 年全球互联网广告的总收入已经达到了 119.5 亿美元,网络广告已经成为企业从事整合营销传播的重要工具之一。近几年,随着手机作为通讯工具的普及,更有人提出手机将成为具有市场潜力的"第五媒体"。

值得一提的是,新媒体的层出不穷并不意味着传统广告媒体的消失,它们通过与新技术的结合反而得到更好的发展。电视产生之初,曾经有人提出广播将会消亡;网络产生后,也有人认为传统媒体会受到冲击,甚至毁灭;然而我们看到的是传统媒体在不断创新中与新媒体共存,未来的媒体将呈现多样化的发展趋势。

2. 广告对企业和消费者的影响增加

随着企业之间竞争的加剧,产品同质化趋势日益明显,消费者选择产品的范围越来越大,广告主对于广告的依赖性逐渐增强。以中国企业为例,20 世纪 80 年代只要在中央电视台做广告就可以名扬四海,如今企业即使花费巨额的广告费也不能保证消费者能够记住并购买产品。广告不仅帮助企业销售产品、树立企业形象,还能够带动竞争,间接地把质量欠佳、设计不合理、功能不全、造型不美的产品淘汰出局。

与企业类似,消费者在决定选择什么样的商品和服务来满足自己需求的时候,掌握更多或尽可能多的信息意味着更多的选择机会。因此,人们借助广告来获取信息,而在这个过程中,人们被广告所影响。

3. 广告成为现代信息产业的一部分

广告公司摆脱了媒体掮客的角色,深深地融入企业的成长、经济的发展,成为现代信息产业的重要组成部分。收集市场信息,分析消费趋势,把握流行动向,提出产品开发的意见,同时对于企业形象建设,企业的发展战略,企业文化建设,售后信息分析等等提供咨询服务和建议。

现代广告不断地运用现代理论和技术,推动广告活动朝着全方位、立体性、综合化方向发展。

4. 国际广告的产生与发展

世界广告业是一个不可分割的整体,任何一个国家的广告活动都不可避免地受到全球经济活动的影响,同时影响着世界广告活动。随着世界各国和地区的经济发展,全球市场也向统一的市场方向发展,出现了大量的国际广告活动。

第二次世界大战以后,国际贸易发展的特点就是商品市场的全球化趋势,这种趋势经过几十年的发展越发得到强化,从商品市场全球化发展到资本市场全球化。20 世纪 70 年代起,许多大型广告公司开始走上国际化的发展道路,陆续实施了国际性的广告经营战略。国际广告不仅为广告主节省了广告制作的成本,使企业品牌的形象在全球范围保持一致,而且增强了跨国广告公司的活力,为他们带来了可观的经济收益。

5. 广告管理逐步加强,广告行业组织陆续出现

随着现代广告业的发展,广告行业出现了一些损害消费者和行业利益的广告行为,为加强广告管理,各国政府都先后制定了适合本国的法律法规。1911 年,美国发动了

反对广告弄虚作假，主要是反对卖假药的改革运动。同年通过了著名的《普令泰因克广告法草案》，该草案被认为是美国最早的广告法案。

1914 年，美国联邦贸易委员会(FTC)建立相应法案，认定"不公平的商业手法属于违法"，这对于监管广告活动具有深远的影响意义。同年，"媒介发行量稽查局"（ABC)成立，这个中立的民间机构对于核定并调查媒介发布广告的数量和质量具有举足轻重的作用。1963 年，国际商会通过《国际商业广告从业准则》，促进广告的规范化管理。

广告行业组织是广告主、广告公司和广告媒体进行自我约束、自我监管而成立的广告组织，1910 年，美国"全美广告经理人协会"建立，提出了"广告就是事实"的观点，该组织后来发展成为今天的"全美广告人协会"（ANA)。1917 年，"美国广告代理商协会"（AAAA)成立，到现在，该协会已经吸纳了全美 75％以上的广告代理商，而且这些代理商的业务遍及全球。

国际广告行业组织的出现是现代广告业的重要标志之一，它对于协调、促进各国广告界的交流与合作，提高广告业务水平做出了重要的贡献。世界最大最权威的国际广告团体是 1938 年成立的国际广告协会(IAA)，是由各国广告界知名人士组成的非盈利性组织，会员遍及世界近 80 个国家和地区。亚洲广告协会联盟（简称亚广联）成立于1978 年，由亚洲地区的广告公司协会，与广告有关的贸易协会和国际广告协会在亚洲各国、各地区的分会组成。

6. 广告理论的发展

19 世纪末，西方国家的广告学者开始进行广告理论研究。1874 年 H. Sampson 写作《广告的历史》一书，1898 年美国的 E. S. 路易斯提出广告的 AIDA 法则，广告活动必须达到引起注意（attention)、产生兴趣（interest)、培养欲望（desire)和促成行动（action)的目的。1900 年，美国学者略洛·盖尔在多年调查研究的基础上写成了《广告心理学》。1903 年美国瓦尔特·狄尔·斯柯特完成《广告原理》，为广告学的建立奠定了基础。随着广告理论研究的不断深入，广告逐渐成为一门学科。

在广告理论的发展上，广告学的分支和边缘交叉学科越来越多。与广告学关系最为密切的心理学、传播学、市场营销学等学科，很多重要理论和研究方法先后被应用于广告理论的研究，为广告学的研究提供了很多新的方法，出现了一系列广告理论研究方向和课题。

五、当代广告业的特征（20 世纪 90 年代以后）

20 世纪 90 年代是全球广告业飞速发展的时期，在经济全球化的浪潮中，广告对于经济活动的作用，以及广告服务内容的丰富与广告观念的变化，无一不呈现出当代广告业独有的特征。

首先，广告与经济、政治等活动的关联度越来越高，广告投资费用不断增加。进入

20世纪90年代,广告与经济的关系越发明显。经济发达、人均收入高的国家,其广告费用支出也高,人均支付广告费用就多,广告费用总额所占国内生产总值的比例也越高。近十年来,亚洲地区持续的经济发展动力使亚洲地区成为广告业发展最快的地区,尤其是中国,随着中国经济的腾飞,中国广告在国内经济发展中所占比重越来越大。当经济出现高速增长的时候,广告费用也随之大幅度增长。相反,当周期性的经济波动出现时,广告业也会受到很大的影响,经济处于低谷的时候,广告首先被抑制。典型的事例是20世纪80年代末和90年代初经济形势不好时,全球许多广告代理公司都由于失去业务而关闭了。广告与政治和环境的关系也更加密切,2001年美国发生的"911"事件使美国的经济受到严重挫折,广告业也不可避免地遭到重创。

信息传播系统的高度发展和企业对于商品信息推销技术的依赖,使得广告在经济活动中所起到的积极作用得到企业的肯定,在过去的20多年里,各国的广告投放费用明显增加。据统计,1980年全球广告费用为1114亿美元,2000年全球广告费用约为4100亿美元,增长了近四倍。当前世界有三大广告市场:北美、欧洲和东亚。美国是世界广告业的中心,广告费用居于全球第一位,日本排名第二,中国广告在世界广告市场中的地位越来越重要,1997年中国广告营业额为55亿多美元,在全球广告营业额排名第八位,2000年中国广告营业额为83亿多美元,全球排名第六(见表1-1),2004年广告营业额突破1000亿元人民币,成为世界第四大广告市场。

表1-1 2000年全球十大广告市场

NO.	国　家	广告费(单位:百万美元)	占全球广告费用比例
1	美国	226 811.00	55.10%
2	日本	42 550.80	10.30%
3	德国	18 263.30	4.40%
4	英国	16 006.20	3.90%
5	法国	9480.10	2.30%
6	中国	8328.40	2.10%
7	意大利	7347.50	1.80%
8	巴西	7196.00	1.70%
9	韩国	6574.90	1.60%
10	加拿大	5239.20	1.30%

第二,广告活动的理念发生变化,广告公司通过扩大服务范围,试图提高广告在企业经营管理中的地位。20世纪90年代,美国西北大学教授丹·舒尔兹提出了整合营销传播(integrated marketing communication,IMC)理论。所谓整合营销传播是指企

业协调利用所有的营销传播工具,向目标受众传递一个一致的、有说服力的信息,以达到公司的目标的一种实践活动①。整合营销传播工具涉及许多方面,包括广告、促销、直销、公共关系、包装和人员推销等。与整合营销传播策略类似,日本广告界提出了全方位信息服务(total communication service,简称TCS)战略,即为了解决广告主所有的课题,广告公司在与信息交流有关的各个领域里为企业提供全方位的沟通服务。广告活动理念的变化,使得广告公司从以往单一的广告服务领域,扩大到市场营销活动、经营战略领域,从广告代理转变为市场营销代理。实施整合营销传播策略或全方位信息服务战略的广告公司认为,只要客户需要,广告公司就必须努力提供服务。为此,一些大型广告公司扩大了自己的业务范围,以日本电通公司为例,其经营领域包括体育产业、文化产业、电影、公关、建筑空间开发、知识产权、博览会、大型活动等,远远超出一般广告公司的范围。

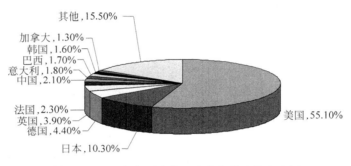

其他,15.50%
加拿大,1.30%
韩国,1.60%
巴西,1.70%
意大利,1.80%
中国,2.10%
法国,2.30%
英国,3.90%
德国,4.40%
日本,10.30%
美国,55.10%

图 1-6　2000 年主要广告国家广告营业额及比例

第三,经济全球化与广告公司的全球化经营成为广告业的主题。20 世纪 90 年代初期,欧洲成为世界上最大的无壁垒市场,东欧、俄罗斯和中国等也向西方国家开放了自己的部分市场。随着国际性广告主纷纷进入国外市场开展国际市场营销,跨国广告公司也随之而来开展全球化经营。对于跨国广告公司来说,开展全球性广告面临的最大难题是策略选择,到底应该实施标准化广告还是本地化广告,一直在广告界存在争论。实践证明,全球性广告能否获得成功,理解广告背后的文化是关键的问题。由于各个国家接收广告的风俗习惯不同,全球化广告常常面临由于文化冲突而被禁止播放的困境。本书第十四章将专门介绍国际广告的相关内容。

第四,目标营销观念的流行与新技术的支持。20 世纪 80 年代以来,针对特定消费者的广告活动在逐渐增加。尽管广告趋于全球化,但是许多广告主把广告目标转向了细分市场,不再只是针对大众市场进行营销了,广告从大众传播转向分众、个人传播。

---

① （美）威廉·威尔斯等著. 广告学原理(第 5 版). 张红霞,杨翌昀译. 昆明：云南大学出版社,2001

目标营销策略的实施得益于新媒体与技术的有力支持,一方面,网络广告、数字电视互动广告的出现使得广告主可以选择特定的媒体来接触特定的消费者,与消费者进行深入的即时双向交流;另一方面,广告主也可以通过互动广告搜集和评估消费者信息,与既定的目标消费者形成更加密切的关系,使企业的营销活动更加有效。目标营销观念还带来了一些营销策略的变化,比如一些企业实行关系营销,以电脑数据库的客户资料和企业交易情况的历史资料为基础,有针对性地为客户提供产品或服务。在此基础上又发展出了为特定的目标市场或个别消费者提供个性化服务的集中定制策略。这些新型营销策略在互联网技术的支持下都可以实现,并且在很大程度上影响着广告活动的运作过程。

第二节　中国当代广告业发展概况

> 本书将 1979 年至今的时期界定为中国当代广告时期。该时期分为四个阶段:行业的复兴时期、现代广告的探索时期、广告业的快速成长期和走向成熟期。

一、中国当代广告业发展简史 [①]

中国当代广告,是指从 1979 年中国恢复广告业至今 20 多年的简短历史。根据不同时期的广告发展特征,中国广告发展历史分为四个阶段。

(一)广告业的复兴(1979—1985)

广告是政治经济的晴雨表。1978 年 11 月,中国共产党召开十一届三中全会,确立了改革开放的基本方针,开始了改革开放的新时代。1979 年 1 月 4 日,《天津日报》率先恢复广告业务,中国广告业在中断了十几年后,终于在政治和经济变革的背景下重新登上中国经济的舞台。1979 年被业界称为中国广告业全面恢复的“广告元年”,中国广告业的恢复呈现出理论先导、边缘启动、精英示范、社会磨合的特征[②]。所谓理论先导,是指广告业恢复初期最大的障碍是政治意识形态领域的争论和全社会对广告的愚昧无知,因此,这个时期的主要任务是进行广告的启蒙教育和理论证明。1979 年 1 月 14

① 本节特指中国大陆当代广告业。

② 黄升民,丁俊杰主编. 营销·传播·广告新论. 北京:北京广播学院出版社,2001

日,《文汇报》发表了丁允朋的文章《为广告正名》。文章的核心是从思想上进行拨乱反正,对于广告存在的合法性和必要性进行了充分的论证,在理论上为广告业的复兴做了准备。1981 年,中国大陆第一本广告学著作《广告知识与技巧》出版。广告理论在行业恢复初期以最有效的方式启发了人们对于广告的认识,改变了人们对于广告的无知和偏见。

中国广告业的恢复是从中国近代广告的发源地上海开始的。1979 年 1 月 28 日,上海电视台播出了大陆第一条电视广告——参桂补酒;3 月 5 日,上海人民广播电台恢复广告业务;3 月 15 日,上海电视台播出了上海广告公司代理的第一条外商电视广告:雷达表。上海成为中国广告复兴的中心城市。

1979 年到 1985 年期间,广告业以恢复传统广告为主,广告理念和运作方式仍然延续传统广告的特征。广告表现以单纯信息告知的生产导向型广告为主,只关心信息的传达,很少关心消费者的心理需求,对于采取何种广告方式有利于消费者接受信息业很少研究。20 世纪 80 年代初期,广告表现形式出现了获奖证书式广告满天飞的现象,导致广告从迅速生效转向迅速失效。

外商广告的现代广告理念和操作方式给中国广告带来很大的启示,成为中国广告发展的启蒙和引导。80 年代初期,一些国外广告著作、理论和经验先后被介绍到中国,成为仿效和借鉴的对象。

随着广告行业的全面恢复和对外交流的增加,广告管理、行业自律、广告经营体制的确立等被提上议事日程。1982 年 2 月 6 日,国务院颁布《广告管理暂行条例》,确立了中国最基本的广告法规,广告管理从此有法可依。1983 年 12 月 27 日,中国最大的广告行业组织——中国广告协会宣告成立,成为与"中国对外贸易广告协会"(1981 年 8 月 21 日成立)并行的两大行业组织。行业组织的成立,对于广告行业对外沟通和交流,对内指导、协调起到了很大的推动作用。

1983 年到 1985 年,中国广告业出现第一个高速发展时期。一方面是由于国内企业逐渐对广告的作用有所认识,尝试通过广告宣传企业和产品;另一方面是国外企业扩大产品的在华销售,尤其是日本的家用电器全面进入中国市场,进行了大量的广告宣传。一些大型跨国企业如雀巢咖啡也在 80 年代中期开始在中国开展广告业务,使得广告数量大大增加。1979 年,中国全年广告营业额仅为 1500 万元,1981 年,全国广告营业额达到 1.18 亿元,广告经营单位 1160 家,从业人员 1.6 万人,广告行业初步形成规模。1983 年到 1985 年连续三年,中国广告营业额的增长幅度超过了 50%,1985 年中国广告营业额达到 6.05 亿元,占 GDP 的比重为 0.07%,广告从业人员 6.38 万。这一时期广告的发展呈现出低起点、高速度的特征,广告营业额的年增长率保持在 40% 以上,但由于基数较低,年绝对增加额比较低(见表 1-2)。

表 1-2　1981—2004 年中国广告营业额[①]

年　份	广告营业额 （亿元）	增长速度 （%）	占 GDP （%）	广告经营单位 （家）	从业人员 （人）
1981	1.18		0.024	1160	16 160
1982	1.5	27.10	0.028	1500	18 000
1983	2.34	56.00	0.039	2340	34 853
1984	3.65	56.00	0.052	4077	47 259
1985	6.05	65.80	0.07	6052	63 819
1986	8.45	39.70	0.087	6944	81 130
1987	11.12	31.60	0.098	8225	92 279
1988	14.93	34.30	0.106	10 677	112 139
1989	19.99	33.90	0.125	11 142	128 203
1990	25.02	25.20	0.13	11 123	131 970
1991	35.09	40.20	0.16	11 769	134 506
1992	67.87	93.40	0.26	16 683	185 428
1993	134.09	97.60	0.39	31 770	311 967
1994	200.26	49.30	0.43	43 046	410 094
1995	273.3	36.50	0.46	48 082	477 371
1996	366.64	34.20	0.54	52 871	512 087
1997	461.96	26.00	0.62	57 024	545 788
1998	537.83	16.40	0.69	61 730	578 876
1999	622.05	15.70	0.76	64 882	587 474
2000	712.66	14.60	0.8	70 747	641 116
2001	794.88	11.50	0.83	78 339	709 076
2002	903.15	13.62	0.88	89 552	756 414
2003	1078.68	19.40	0.92	101 786	871 402
2004	1264.6	17.20	0.93	113 508	913 832

（二）现代广告的探索期（1986—1991）

20 世纪 80 年代中期至 90 年代初期，是中国广告从传统广告向现代广告转折的探索期。这一时期，伴随着中国经济的高速发展和一些经济政策的实行，某些行业和地区出现了激烈的市场竞争。一些轻工行业从"卖方市场"转向"买方市场"。传统广告面临着激烈的挑战，广告业开始探索新的广告方式。企业对于现代广告的需求促使中国广告业迅速接受西方现代广告理念，学习现代广告的经营机制与作业方式。1985 年，北

---

① 根据中国国家工商行政管理总局统计数据整理。

京广告公司在国外现代广告理论和经验的启示下,率先进行现代广告经营机制改革,确立了"以创意为中心,为客户提供全方位服务"的现代广告理念和作业机制,走上"现代广告"之路。与此同时,一些国营广告公司也纷纷引进现代广告的经营理念。中国广告联合总公司借鉴北京广告公司的做法,1986年首次确立广告策划在广告公司经营中的作用,提出了"以策划为主导,以创意为中心,为客户提供全面服务"的口号,从而完善了现代广告公司的经营理念,并将这一理念推广到全国。到20世纪80年代末期,全国很多国营广告公司都逐步完成了自身机构的调整,成为现代广告公司的雏形。

20世纪80年代末期,许多国外企业开始拓展中国市场,大型国际广告主纷纷进入中国,在当时中国主流的广告媒体——报纸媒体上进行大规模的广告投放。随着国际广告主涌向中国,为其代理广告业务的国际广告公司随之而来。1986年,日本电通与美国扬罗比凯广告公司在中国成立电扬广告公司,这是中国大陆第一家合资广告公司,之后的几年,国外一些著名广告公司先后进入中国大陆成立合资公司。国际广告主的营销策略和跨国广告的成功经验给中国广告业带来很大启示。最早进行现代广告探索的北京广告公司和中国广告联合总公司,将创意和策划理念作为公司进行现代广告探索的理论指南,并在实践中加以运用,广告运作开始体现出现代广告观念,以消费者为中心,从消费者角度进行创意和设计的广告崭露头角。与此同时,广东地区的广告主和广告公司也开展了全方位的现代广告实践。由于广东地区濒临港台,现代广告理念和操作方式直接受港台的影响,加上地区经济发展迅速,广告主的市场意识强烈,资金实力雄厚,该地区的广告实践迅速得到企业和市场的支持,涌现出了一批优秀的广告作品。这些作品的广告表现富有鲜明的地区特色,太阳神、健力宝、万家乐等企业的广告对于该地区乃至全国的广告创作都有很大的影响。

这一时期现代广告的探索是以平稳渐进的方式展开的。在经过20世纪80年代中期第一次经济过热的震荡之后,80年代末期的宏观调控遏制了经济过热造成的市场混乱,使市场经济的建立与发展呈现平稳的态势。1991年,中国广告营业额达到35.09亿元(比1981年增长了近35倍),占GDP的比例为0.13%,广告经营单位11769家,广告从业人员134506人,人均广告费达到3.03元(1981年仅为0.177元)。广告在经济活动中的作用逐渐突出,广告行业的现代广告探索基本完成,等待新的市场机遇。

(三)广告业的动荡与快速成长(1992—1996)

1992年是中国当代广告发展历史中至关重要的一年。邓小平"南巡讲话"发表之后,中国大陆掀起了第二次改革开放的高潮,广告再一次显示出与经济和政治动向密切相关的特征。1992年底,党的十四大报告提出了建立社会主义市场经济等一系列全面开放的政策,中国广告业迎来了新的历史机遇。一直作为特种行业实行严格管制的广告行业放宽了政策,个体和私营广告经营单位不再被限制在设计和制作范围,可以从事广告经营,国家鼓励国营、集体、个体、合资公司等多种经营方式共同发展,推动了广告行业的发展。在政策的鼓励下,一时间全国出现了"全民办广告"的热潮。1992年和1993年广告营业额的增长速度分别达到93.4%和97.6%,形成中国广告业的第二个发展高峰。广告经营单位和从业人员猛增,尤其是1993年和1994年,广告经营单位每年净增一万户,从业人员每年净增十万人。形形色色、各种性质的广告公司的出现给行业带来了活力,加剧了广告市场的竞争,也给行业增添了混乱,加剧了广告市场的动荡。

首先,一些非专业人员构成的广告公司进入市场,在一定程度上破坏了广告市场秩序。有些广告公司人员素质差,作业水平低,破坏了刚刚建立起来的现代广告公司的形象。一些广告公司存在违规操作和恶性竞争行为,加上广告法规与管理的不健全,造成各种"虚假广告"、"人情广告"、"回扣广告"等充斥市场,广告市场出现了混乱的局面。

第二,随着广告市场的竞争越来越激烈,一向在广告市场扮演"无冕之王"角色的媒体资源越发显得供不应求,紧俏的媒体市场成为广告主争夺的重点。出于缓解资源紧张局面和利益的考虑,一些媒体纷纷提高价格,1993年全国98%以上的报纸大幅涨价,幅度高达20%~30%。1994年中央电视台开始对黄金时段的广告进行招标投放,孔府宴酒以3099万元的高价首次登上"标王"宝座,之后几年的竞标广告活动愈演愈烈,1996年秦池酒厂以3.2亿元广告费夺走"标王"。媒体竞卖不仅充分体现出中国广告业特有的"强势媒体"垄断经营的特点,也在客观上加剧了中国广告业的动荡局面。

第三,从20世纪90年代初开始,外资广告公司大举进入中国,到1996年已经有250家跨国公司在中国建立合资公司。跨国广告公司凭借雄厚的资金实力、丰富的经验和先进的广告管理迅速站稳了脚跟,本土广告公司面临很大的竞争压力,1995年全国十大广告公司中,跨国公司占了一半,营业额占前十位广告公司营业额的60%。跨国广告公司的全面进入,使广告公司之间的竞争更加剧烈,广告行业的分化与重组更加明显。

广告市场的分化与混乱使得广告业务领域的不规范问题越来越突出,广告代理制问题逐渐引起广告行业和管理部门的重视。1993年,国家工商行政管理局发布了《关于在部分城市进行广告代理制和广告发布前审查试点工作的意见》,在部分城市进行广告代理制的试行。广告代理制的推广使得广告主、广告媒体和广告公司之间的关系得到了调整,明确了广告业的发展方向,并且使广告活动更加符合国际通行的广告经营机制。针对中国广告业迅速发展的局面,相关管理部门开始制定发展规划并加强广告立法。1993年,国家工商行政管理局和国家计划委员会制定了《关于加快广告业发展的规划纲要》,将广告业界定为"知识密集、技术密集、人才密集的高新技术产业",肯定了广告的地位。1995年2月1日,《广告法》正式实施,广告业的管理更加规范。

广告业的快速发展进一步促进了广告理论研究的深入,广告代理制、CI理论、品牌形象理论在中国陆续进行实践。广告界对于广告活动的经验与教训进行了深入的反思,如对于虚假广告引发的广告真实性问题的思考,对广告的文化品格和社会责任的思考,对CI实践的经验与教训的总结等。1996年,中国广告代表团第一次参加嘎纳广告节,参赛的69件作品无一获奖。"兵败嘎纳"给中国广告界带来巨大的冲击,也给广告人带来一些启示:面对经济全球化和广告国际化的发展态势,中国广告应该面对国际市场,广告人应该转变创作观念与思维理念,以适应企业树立国际品牌的需要。

20世纪90年代初期,全国出现了高校开办广告专业的热潮,广告教育成为热点。到90年代中期,已经有近百所高校开设了广告学专业。科学的广告随着正规广告教育和国外先进经验的引入逐渐深入发展,广告活动的科学运作规律受到越来越多的关注,广告效果的定量研究等问题受到广告主的重视。

(四)走向成熟的中国广告(1997—　)

20世纪90年代中后期,中国广告逐渐汇入世界广告的发展洪流,国际企业和外资广告公司的大举进入,使中国广告业面临的国际竞争越来越激烈。跨国广告公司在服务原有广告主的基础上,纷纷高举"品牌主义"大旗,大力开发本土广告主。奥美广告公司提出目标"要做最国际化的本土公司,最本土化的国际公司"。本土广告公司与外资广告公司的竞争、广告的国际化和本土化成为广告界的热点。

90年代末期,随着报纸扩版、报刊数量和电视频道数量的增加,广告媒体资源偏紧的局面得到缓解。与此同时,跨国广告公司的媒体部门联合成立的媒介购买公司出现在中国市场。1996年,盛世长城广告公司和达彼思广告公司媒介部合并,成立了我国第一家专业媒介购买公司——实力媒体;1997年,智·威·汤逊广告公司与奥美广告公司在上海组建"传立媒体";目前全国专业媒介购买公司已近百家。媒介购买公司的出现改变了广告公司的代理模式,传统的广告代理模式是广告主——广告公司——媒介——消费者,媒介购买公司的代理模式演变为广告主——广告公司——媒介购买公司——媒介——消费者。代理模式的转变引发了广告业界对于广告主的媒介代理权之争,中国广告公司的媒体运作观念受到很大冲击。

近年来,广告公司的服务质量不断提高,从广告业恢复初期为客户提供简单的广告媒体买卖,逐渐转向以广告创意为中心,以全面策划为主导,提供全方位的优质服务,广告作业水准和专业化程度普遍提高。1998年,广东省广告公司在广州本田汽车的提案竞争中战胜多家跨国公司,赢得广州本田的广告代理业务。1997年,中国桂林梅高广告策划公司为"天和骨通"制作的营销策划案获得纽约广告节"广告营销效果"银奖,中国广告策划人的水平第一次得到国际广告界的认可。广告作品的创意水平也在不断提高。2000 年,中国广告联合总公司的"立帮漆"广告和广东三人行广告公司制作的"荣超花园"广告获得美国《广告时代》最佳创意奖;2002 年,广西电视台的品牌形象电视广告获得第三十一届莫比广告奖金奖。近年来,国际广告大赛中获奖的中国作品越来越多,中国广告正在逐步走向世界。

在广告业发展的过程中,管理部门制定的一些政策对广告行业影响较大。2000 年5 月,国家税务总局出台了《企业所得税税前扣除办法》,规定 2001 年起企业只能拿出销售额的 2‰做广告,超出部分不计入成本,对非媒体的广告性支出和业务宣传费不得超过销售额的 5‰。政策出台后许多企业的广告投放锐减,媒体的经营也受到影响。在学术界和企业的强烈呼吁声中,该政策最终进行了修改。

在国民经济良好发展势头的推动下,近年来,中国广告业快速平稳增长,成为国内发展最快的产业之一。20 世纪 80 年代到 90 年代中期,中国广告业的平均增长速度保持在 30％以上,远远高于 GDP 的增长速度。1997 年亚洲金融危机之后,中国广告业的增长速度逐年放缓,基本稳定在 10％～20％之间。2002 年开始,中国广告业开始新一轮的高速增长。2003 年全国广告营业额首次超过 1000 亿元,达到 1078.68 亿元,增长速度达到 19.44％,为 1998 年以来增长速度最快的一年。2004 年广告业再次实现高速发展,广告营业额达到 1264.6 亿元,增长速度达到 17.2％,广告营业额占国内生产总值的 0.93％(见图 1-7,图 1-8)。中国广告市场已经成为继美国、日本、德国之后的全球第四大广告市场。有专家预测,基于我国广告业发展的态势,到 2007 年和 2008 年左右,中国广告营业额将突破 2000 亿元大关,2010 年有望达到 2600 亿元左右,未来五年将是中国广告业走向成熟的重要阶段。

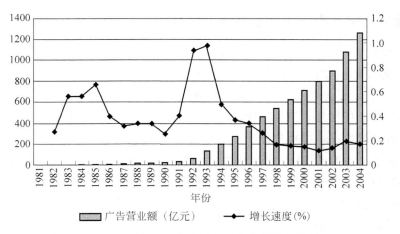

图 1-7　1981 年至 2004 年中国广告营业额及其增长速度

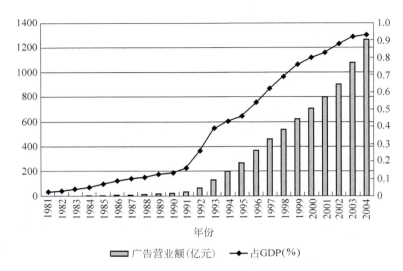

图 1-8　1981 年至 2004 年中国广告营业额占 GDP 比例

　　2004 年 9 月,中国主办了第 39 届世界广告大会。这次大会在中国举行意味着最具增长潜力和想象空间的中国广告市场得到了全世界的关注,意味着中国快速发展起来的本土广告产业得到了国际的重视和认同。广告大会的召开向全球展示了中国广告业的飞速发展和巨大潜力,增进了外国企业对中国市场传播业及中国文化的了解与认识,促进了世界先进营销理念的传播以及中国与世界各国企业的交流与合作。

二、国际化背景下中国广告业面临的挑战

　　1979 年以来的二十多年时间,中国广告业一直在快车道上运行,取得了令人瞩目的成绩。快速发展的广告业已经成为经济发展的重要推动力,对国民经济发展起到了重要的作用,广告业已经成为第三产业的重要组成部分。2001 年,中国加入 WTO,整体经济形势与产业环境发生了结构性的变化,与国际间的互动及往来更为密切。市场的开放为广告及媒体产业带来更大的发展空间,驱动广告产业的加速发展。

　　但是我们必须看到,随着国际化进程的加快,中国广告业面临着新的挑战。根据 WTO 协议,2004 年外资可以控股合资广告企业,2005 年底允许设立外资独资广告公司,这将吸引更多的跨国广告集团进入中国。跨国广告集团和国际性广告公司在中国广告业发展的前二十多年里已经设立了很多合资公司,业务发展非常迅速,但是由于国家对第三产业开放的政策性壁垒,外资广告公司的品牌与资本的扩张都相对平缓和温和。广告市场的彻底开放将加快国际广告公司品牌与资本扩张的步伐,中国广告业的

国际化程度将会更高,广告业面临着应对全球化的考验。中国广告业主要面临如下问题:

(一)广告业的规模偏小

中国广告业自恢复以来一直保持两位数的增长速度,广告费用占 GDP 的比例逐年增加,但是与发达国家相比,广告费占 GDP 的比例仍然偏低(美国广告占 GDP 的比例约为 3%,中国广告占 GDP 的比例为 0.93%),广告对于整个国民经济的贡献还比较有限。美国 1880 年广告投入约为 2 亿美元,2000 年约为 2268 亿美元;中国 2001 年广告营业额 795 亿元人民币,2004 年为 1264 亿元人民币,与美国相比,中国广告业的规模仍然较小。

此外,中国目前缺乏具有规模和实力的本土广告公司。2004 年全国广告经营单位的平均营业额只有 100 万元人民币,广告公司的平均规模只有 9 人,而全球最大的广告集团奥姆尼康 2003 年的广告营业额达到 86 亿美元。

(二)广告公司服务水平和专业化程度有待提高

广告公司作为广告行业的三大主体之一,在广告行业居于核心地位,广告公司的实力水平和专业化程度直接影响广告行业的服务水平。与跨国广告公司雄厚的资金实力和专业化的服务相比,本土广告公司中除了少数几家具有一定的规模和实力,大多数广告公司综合实力不足,专业化程度较低,能够提供市场研究、营销策划、广告创意、媒介投放、效果评估等全方位、整合型服务的专业性广告公司为数不多,这就违背了现代广告业追求专业化分工与规模效应的要求。现代广告业是信息、智力型服务行业,广告公司必须转变规模小、效率低下、服务水平低的状况,在提高综合实力和专业化服务水平上下工夫,只有这样才能全面提高广告行业的总体水平,实现全行业效益的提升。

(三)高水平广告人才不足

现代广告业是知识密集、人才密集、技术密集的高新技术产业,我国广告业起步晚,虽然目前全国已经有 200 多家高校开办了广告专业,但是真正能够适合市场需求、高素质的广告人才还比较有限。人才的不足导致作为智力型企业的广告公司专业服务水平受到限制,加上本土广告公司在资金实力、技术设备、福利待遇方面落后于跨国广告公司,难以吸引高素质的广告人才,导致本土广告公司的人才竞争力落后于跨国广告公司。

(四)广告监管体系需要进一步健全

近年来,国家工商行政管理部门加大了整顿和规范广告市场的力度,违法广告有下降的趋势。但是由于一些广告主、广告公司和媒体追求短期经营效益,广告违法情况仍然很严重,尤其是药品、保健品广告等存在不少违法现象。这些问题的存在不利于我国广告业的长远发展,必须进一步整顿和规范广告市场。

不容忽视的是,目前我国的广告监管还存在一些问题:广告监管以单一的行政监管为主,行业自律和社会监督的作用没有得到充分的发挥;广告监管偏重广告信息和内容监管,对于广告市场机制的调控不足;偏重于政策性监管,缺少专业技术性监管;广告法律和法规有待进一步完善和补充。

(五)广告主的品牌意识有待加强

当前一些广告主仍然存在错误的广告观念,品牌意识薄弱,现代广告观念还没有完全深入到企业经营管理者的决策中去。在面向市场的过程中,一些企业过于迷信广告的效用,认为广告可以所向无敌,却把商品的质量与服务放在次要的位置。错误的认识导致企业试图通过短期的地毯式广告的轰炸,取得经营收入的快速增长,品牌的建设却被忽略了。秦池酒厂等一些企业失败的教训并没有完全引起企业的足够重视,相反,非理性的广告行为仍有发生。企业如果不能够树立正确的市场营销观念,不能充分认识广告在企业经营中的作用,难免会重蹈覆辙。随着中国经济的腾飞,中国企业走向世界的机会越来越多,一定有机会产生世界性的大品牌,广告主品牌的全球化进程将决定中国广告公司的发展前景。

(六)媒体的发展状况将影响广告行业的运行

随着近年来媒体产业的迅速发展,多年来困扰广告业发展的"媒体主导"问题得到了缓解。2003年,全国共有出版社570家、出版期刊9074种,报纸2119种。[①] 2004年,全国广播电视综合覆盖率分别为94.05%和95.29%,有线电视用户达到11470万户。[②] 近几年的统计数据表明,电视市场正处于快速发展时期,发展速度远远高于广播、报纸、杂志。自1983年至2004年的20年间,全国广告经营额平均每年递增37%,电视广告平均每年递增45%,广播广告平均每年递增30%,报纸广告平均每年递增33%,杂志广告平均每年递增30%,电视的发展速度不但高于全国平均发展速度,同时也远远高于其他媒介。[③] 媒体的发展状况直接影响广告的经营状况。与此同时,网络广告、楼宇电梯广告、户外广告等发展迅速,一些新型媒体如数字电视、IP电视、手机电视、卫星电视等纷纷出现,广告主对于媒体的选择更加主动和灵活。根据央视市场研究公司发布的研究报告,2004年我国户外广告额投放增长幅度高居各媒体之首,同比增长153%。

---

① 数据来源:国家新闻出版总署
② 数据来源:国家广播电视总局
③ 2004年中国广告业统计数据分析.现代广告,2005,7

值得一提的是,媒体的发展和广告经营状况在较大程度上取决于国家的媒体产业政策和开放程度。近年来户外媒体发展迅速,其中一个重要原因在于户外媒体的开放程度相对高一些,吸引众多资本进入户外媒体领域。但是由于我国媒体的特殊性质,有些行业如电视媒体的开放程度还是要受到限制,未来媒体的产业化趋势和媒体开放程度还将成为影响广告业生存发展的一个重要因素。

 小资料 1-1:1979 年中国广告大事记

1 月 4 日　《天津日报》刊登天津牙膏厂广告。

1 月 14 日　上海《文汇报》发表《为广告正名》(丁允朋)一文,列举了广告的众多优点。

1 月 23 日　《文汇报》刊登了外商广告。

1 月 28 日　上海电视台播出我国历史上第一条电视广告——参桂补酒。

2 月　上海南京路出现第一块商业广告路牌。

3 月 5 日　上海人民广播电台在全国率先恢复商业广告业务。

3 月 15 日　上海电视台播出我国历史上第一条外商电视广告——瑞士雷达表。

4 月 15 日　广东电视台设立了我国历史上第一个商业广告节目。

4 月 17 日　《人民日报》开始刊登商业广告。

8 月　北京广告公司成立。北京美术公司改称北京市广告公司,1980 年改为北京市广告艺术公司。

11 月　中共中央宣传部发布《关于报刊、广播、电视刊登和播放外国商品广告的通知》。

12 月　中央电视台播出"首都出租汽车公司"的广告。

 小资料 1-2:世界广告百年·时序表

(资料来源:中国广告传播网 www.789aaa.com.cn)

1850—1899　印刷业的发展,使报纸走进平民生活,当时的报纸广告以白描的手法,平铺直叙地阐述产品特性,风格朴素而率真。而到了后期,印刷术的飞跃发展,使得印刷画面更精美,色泽更真实。海报开始充斥大街小巷,这个时期是海报的黄金时代,而搜集海报成了时尚。

1900—1909　这个时期,一些杰出的广告人致力于广告的学术理论研究,Harlow gale 的《广告心理学》、Walter Dill《广告原理学》相继问世,现代广告雏型形成。

一些大型企业也有意识地长年地塑造良好形象。此时的海报广告造型以绘画为主,但也加强了线条与色彩的运用。

1910—1919 在战争的刺激下,交通事业迅速发展,报纸发行量激增,广告社形成。美术领域的多元化发展,也导致广告的多元表现。

1920—1929 汽车的普及、爵士乐的流行以及分期付款的发明,使人们的消费热情日渐高涨,市场的竞争更趋白热化。此时的广告风格没有大的突破,主要是启用电影明星,利用其号召力,以期打开市场。

1930—1939 经济大萧条时期,企业开始注重产品宣传前的市场调研及整体规划,广告社内部分工细化。广告更注重运用宣传策略,而超现实主义大行其道。

1940—1949 其时的广告被注入了浓厚的政治色彩,形形色色的商人都打着爱国的旗号。在后期,随着战争的结束、经济的复苏,广告业继续向前发展。

1950—1959 营销学、传播学的形成,使现代广告学的框架及体系更加牢固及完善。

摄影制版术的发展,使摄影广告占据越来越重的比例。其时的广告注重了文字、图文的编排。

1960—1969 是广告的重要变革时期,伯恩巴克提出了革命性广告理念:只有与众不同的广告,才有与众不同的产品。广告比以往更加注重创意的新奇性。

1970—1979 这是广告业的巩固与充实期,广告人加强了对人们消费行为、心理的研究和预测。这个时期概括出了现代广告最本质的两条原则:可信性和新奇性。

1980—2000 科学技术在这期间取得了日新月异的发展,尤其是电脑的出现,使得平面广告设计队伍高度专业化,半路出家的设计师不复存在。

广告语言日臻国际化,不再充斥纷繁的信息,自然、朴实之风重回。

 小资料1-3:美国《广告时代》评选的20世纪全球百年最佳广告策划

(前20名)

1. 德国大众:小即是好。

2. 可口可乐:享受清新一刻。

3. 万宝路香烟:万宝路的男人。

4. 耐克:说做就做。

5. 麦当劳:你理应休息一天。

6. 戴比尔斯:钻石恒久远,一颗永留传。

7. 通用电气:GE带来美好生活。

8. 米勒牌淡啤酒:美妙口味不可言传。

9. 克莱罗染发水:她用了?她没用?

10. 艾维斯:我们正在努力。

11. 美国联邦快递公司:快腿勤务员。

12. 苹果电脑：1984 年。

13. 阿尔卡—舒尔茨公司：多种广告。

14. 百事可乐：百事，正对口味。

15. 麦氏咖啡：滴滴香浓，意犹未尽。

16. 象牙香皂：100％的纯粹。

17. 美国捷运公司：你知道我吗？

18. 美国征兵署：成为一个全才。

19. Anacin 去痛片：快、快、快速见效。

20. 滚石乐队：感觉是真实的。

本章要点：

早期的商业广告可以追溯到原始社会末期出现的口头叫卖、实物陈列等原始广告形式。广告经历了古代广告、近代印刷广告、现代广告和当代广告等阶段的发展。

最初的广告是以社会广告的形式出现的，原始社会末期，随着生产力水平的提高和剩余商品的出现，商业广告应运而生。早期的广告是以简单的广告形式和广告物的面貌出现的，如口头叫卖、实物陈列、招牌、幌子等形式。很多地方至今还在沿用这些古老的广告形式。

公元前 1000 年左右，古埃及的一则捉拿逃奴的广告被认为是世界上最早的文字广告，最早的印刷广告是中国北宋时期济南刘家功夫针铺广告。1445 年，德国人古登堡发明了金属活字印刷技术，这项技术在广告业的应用，极大地扩充了广告的传播范围和传播内容。在此基础上诞生的报纸，使广告传播摆脱了原始的广告形式，进入一个全新的广告时代。1445 年到 19 世纪中期是近代广告时期，世界广告业的中心是英国。

广告行业兴起的标志是广告活动的专业化和职业化。广告活动的专业化是从美国开始的，广告公司经历了广告代理、媒体揽客、客户服务等发展阶段。高度发达的广告业使美国成为世界现代广告的中心。

电子媒体的诞生为现代广告的发展奠定了技术传播基础，现代广告具有传统广告所不具有的新内涵和新特点：新型媒体不断出现，媒体呈现多样化趋势；广告对企业和消费者的影响增加；广告成为现代信息产业的一部分；国际广告产生并得到发展；广告管理加强和行业组织出现；广告理论研究不断深入。

进入 20 世纪 90 年代，当代广告呈现出新的特征。广告与经济、政治等活动的关联度越来越高，广告投资费用不断增加。美国是世界广告业的中心，中国广告在世界广告市场中的地位越来越重要，2004 年中国跃居世界第四大广告市场。广告活动的理念发生了变化，有学者提出了整合营销传播理论，广告公司通过扩大服务范围，试图提高广告在企业经营管理中的地位。经济全球化与广告公司的全球化经营成为当代广告业的主题，此外广告从大众传播转向分众传播，营销界流行目标营销观念并通过新技术进行实践。

中国当代广告业的发展经历了行业复兴、现代广告的探索、广告业的快速成长和走向成熟几个阶段。经过二十多年的发展，中国广告业取得了令世界瞩目的成就。面对更加开放的市场，中国广告业面临着全球化的挑战：中国广告业还没有形成足够的规模，广告公司的服务水平和专业化程度有待提高，高水平的广告人才依然缺乏，广告监管体系还不够完善，媒体的开放和运营情况依然影响广告的发展。这些问题都是中国广告业未来需要解决的难题。

本章思考题：

1. 简要描述古代广告的表现形式。
2. 请选择一家美国老牌企业，对其广告发展历史做简要分析。
3. 结合中国广告发展历史，分析"广告是经济的晴雨表"这句话的含义。
4. 简要概括现代广告发展的特点。
5. 对一个"老字号"中国企业的广告发展进行分析。
6. 国际化背景下的中国广告业还存在哪些问题？
7. 根据国际国内广告业发展现状和趋势，谈谈你认为中国的广告公司应该从哪些方面提高自身的竞争能力。
8. 搜集资料，分析近五年美国广告发展状况。

本章建议阅读资料：

1. 陈培爱著. 中外广告史(第2版). 北京：中国物价出版社，2002
2. 余虹，邓正强著. 中国当代广告史. 长沙：湖南科学技术出版社，2000
3. （美）朱丽安·西沃卡著. 肥皂剧、性、香烟. 周向民，田力男译. 北京：光明日报出版社，1999
4. 赵琛著. 中国近代广告文化. 长春：吉林科学技术出版社，2001

现代广告概论

第二章

广告与广告学的知识体系

本章提示 ▶ 广告的定义可能达几十种,本章只简要地介绍几种有代表性的广告定义。本章从广告主、广告对象、广告媒体等方面介绍了广告的功能;从媒体形式、广告战略目的、产品生命周期等方面介绍了广告的分类。本章对广告学的知识体系作了比较全面的介绍,强调市场营销是广告学的基础,同时简要地介绍了广告界的几本名著,如奥格威的《一个广告人的自白》。

第一节 广告及其功能

一、广告的概念

什么叫广告？历史上有关广告的定义经历了多种版本的演绎。

从汉语字面理解，广告是"广而告之"的简称。有的学者认为，汉语"广告"一词并非本土所产，而是来自于日本人对英文 advertising 一词的翻译，后经介绍引入中国。

在《现代汉语规范词典》（2004 年版）中，关于广告的解释是"通过各种媒体向公众介绍商品、服务内容、文体节目等的宣传形式"。这是汉语类词典中有关广告的最新定义，这个定义突出了商业广告的特征，但是没有包含非商业广告的特征。

《简明不列颠百科全书》中文版对广告的解释是："广告是传播信息的一种方式，其目的在于推销商品、劳务，影响舆论，博得政治支持，推进一种事业或引起刊登广告者所希望的其他反应。广告信息通过各种宣传工具，其中包括报纸、杂志、电视、无线电广播、招贴广告及直接邮送等，传递给它所想要吸引的观众或听众。广告不同于其他传递信息形式，它必须由登广告者付给传播信息的媒介以一定的报酬。"

美国市场营销协会定义委员会（AMA）关于广告的解释是：广告是由明确的广告主在付费的基础上，采用非人际传播方式对其观念、商品或服务进行的介绍、宣传活动。美国市场营销协会的定义，强调了广告主付费发布广告信息的特征，强调广告是一种大众传播方式而非人际传播方式，强调广告信息的内容在于观念、商品、服务等方面。这个定义可以包含形形色色的营利性机构和非营利性机构，但重点还是描述了商业广告的特征。

> 《中华人民共和国广告法》（1994 年版）中所称的广告，是指商品经营者或者服务提供者承担费用，通过一定媒介和形式直接或者间接地介绍自己所推销的商品或者所提供的服务的商业广告。

广告有商业广告与非商业广告之分。与企业经营赢利活动有关的广告活动属于商业广告；非经营赢利性的广告属于非商业广告，包括社会公益事业性的广告、社会道德文明建设一类的广而告之、政府公共通告，以及非经营性的个人广告等形式，其中一部分非商业广告称为公益广告。

商业广告与非商业广告的区别，在于是否具有营利性特征以及广告费用的支付方式。商业广告必须以营利为发布广告的条件,由广告主支付广告费用,而非商业广告不是以营利为发布条件,一般不需要支付或支付很少的广告费用。

在现代社会,由于广告的影响力十分强大,商业广告与非商业广告之间的渗透在加强。一方面,许多工商企业赞助了相当比例的公益广告,这些公益广告多多少少沾上没有恶意的商业味道;另一方面,企业公民的社会责任感也在增强,有些企业在商业广告中传播一些与社会道德文明有关的内容,商业广告中的公益性特征比较明显,这样的广告有助于加强对消费者的吸引力。

本书的重点是研究商业广告,一般直接称之为广告。本书在介绍商业广告的技巧或策略时,会涉及到非商业广告的一些表达方法。

作者认为,广告是广告主通过各种媒体传播商品信息的活动过程。

作者所定义的广告,其内涵和外延都比较宽泛,不涉及广告付费方式、传播信息类型等特征。因为现代广告是与现代经济紧密结合在一起的,任何商业性广告都会有相应的广告主支付广告费用,并且承担广告信息发布之后的法律责任和社会责任,所以,没有必要在定义中强调其支付广告费用的特征。现代传播媒体的快速发展和裂变,特别是互联网技术的发展,正在颠覆传统的媒体特征,大众传播与分众传播之间的融合并存现象会越来越普遍,将广告仅仅限定为大众传播的方式,不能完全包容现代传媒的发展变化性,不如在定义中避免这一两难问题。

本书作者认为,现代广告活动的构成有四个环节,即广告主、广告经营者、广告媒体和广告对象,其中广告对象处于广告活动的中心地位,见图 2-1。

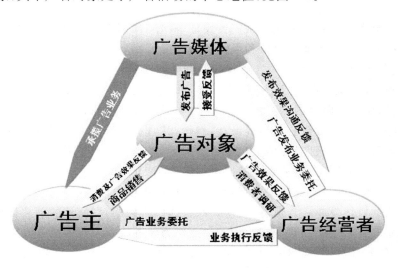

图 2-1　广告活动的四个环节及互动关系

按照《中华人民共和国广告法》中的规定，广告主是指为推销商品或者提供服务，自行或者委托他人设计、制作、发布广告的法人、其他经济组织或者个人。

广告主大致有三种类型：一是生产商，如生产电器、服装、首饰，甚至于生产原材料的企业，这类广告主的广告对象是加工企业或销售商；二是销售商，销售商又分为中间批发商和零售商，前者主要从事商品的批发业务，他们的广告对象为商品零售商和其他批发企业，后者主要从事商品的直接买卖，其广告对象是商品的直接消费者；三是服务商，如提供运输、银行、保险、家政、教育、咨询等服务的经营者，这类广告主的广告对象是接受他们服务的消费者。因为现代商业空前发达，商品的生产和销售已成为企业经营的整体，在这种情况下，广告主的层次划分有时并不明晰，有些广告业务往往出现联合式的广告主，即不同层次的广告主间进行合作，当然他们的广告对象都是共同的，即购买他们商品的消费者。

因为中国正处于建立市场经济的初级阶段，经济成分相对复杂，既有国有性质的广告主，也有集体性质的广告主，还有个体性质的广告主。在国有性质的广告主当中，有垄断经营性质的企业、专营性质的国有企业等，如此复杂的经济成分，使得广告业务的分布与发达国家之间存在明显的差别。

广告主将广告业务委托给广告经营者，这是广告代理制之下的常用做法，这样的好处是可以节省广告成本，广告经营者以相对专业的方式提供广告服务，广告效果会相对好一些。当然广告主也可以不经过广告经营者自行完成广告业务，或者直接与广告媒体联系发布广告信息，这在中国是可行的，因为中国还没有真正实行所谓的广告代理制。

广告经营者是指接受委托提供广告设计、制作、代理服务的法人、其他经济组织或者个人。广告经营者的业务范围和经营能力千差万别，小型广告经营者只有三五个员工，业务经营额很小；大型的广告经营者拥有全球性的业务经营能力，业务范围不仅覆盖广告业务全部流程，拥有自己的广告媒体，而且可能涉及投资、咨询、品牌管理、产品研制等业务，比如国际著名的奥美广告公司、电通广告公司等。

广告经营者的业务重心是广告设计、制作、代理。随着现代广告的发展，广告设计之前的广告策划、创意已经占据了比较重要的地位，这些工作与广告设计融合在一起，其中广告策划、创意所占业务收入的比例越来越大。大部分广告经营者自身并不拥有广告媒体，需要借助公共媒体如电视台、广播电台、报纸、杂志等发布广告信息；广告经营者委托公共媒体发布广告信息、支付公共媒体广告费用，即所谓的广告代理过程。广告经营者从广告费用中扣除一定比例的佣金作为业务收入。有些广告经营者还从事广告调研、广告效果测评等工作。从客观中立的角度看，广告调研、广告效果测评的工作更应当由独立的调研公司来承担。

广告媒体即广告发布者，是指为广告主或者广告主委托的广告经营者发布广告的法人或者其他经济组织。小型的广告媒体可能只是一块路牌,大型的广告媒体拥有全国性甚至于全球性的电视网络,如 CCTV、CNN 等。

在真正意义上的广告代理制的背景之下,广告媒体不得直接承揽、接受广告主的广告业务,而只能接受广告经营者的广告业务,防止广告媒体因为直接接受广告主的业务而形成利益勾结,损害市场交易的公平公正性。

广告对象即接受广告信息、购买消费广告主商品的人,广告对象又称广告受众、消费者等。广告对象是广告活动的中心环节,广告主、广告经营者及广告媒体的广告活动都是围绕着广告对象而进行的。

广告对象通过广告了解广告主的商品信息,根据自身的需要和愿望购买广告主的商品。消费者对广告的反应,直接影响广告的成败,而消费者的认知、需要、情感、态度、消费习惯等因素,直接左右广告的效果。广告经营者为了取得良好的广告效益,会自行调研或委托独立机构研究广告对象的背景、生活喜好、媒体接触状况等,从而策划、创作出符合广告对象审美情趣的广告作品,选择效率高的广告媒体发布广告信息。广告媒体为了自身利益的最大化,也会主动研究广告对象的生活形态、兴趣爱好、收视习惯等,积极编排、调整媒体节目的质量。因此,广告主、广告经营者、广告媒体的广告活动是围绕着广告对象而进行的,其流程十分复杂而有序,存在着相互交叉、相互反馈的现象。

二、广告的功能

关于广告的功能,有人归纳出十几条甚至于几十条。综合起来,广告的功能主要表现在对广告主、消费者、广告媒体以及对社会的影响四个方面。

(一)传播商品信息,树立品牌形象

对于广告主而言,传播商品信息、树立品牌形象是广告的主要功能。

第一,传播商品信息,促进商品的销售,这是商业广告的首要功能。广告是市场营销的手段之一,其他的营销手段包括产品、价格、营销地点(即 product, price, position, promotion,简称为 4P),广告的目的就是协助企业把产品销售出去。

有人认为大量的广告宣传,会提高企业产品的销售量,而企业产品销售量的上升,最终会降低企业的生产成本,并导致产品价格的下降。这样的观点常常令广告人充满自信,从一些阶段性的、局部的案例看,广告促进商品的销售量扩大最终导致产品价格下降的现象确实存在,但是从学术研究成果看,这样的观点是否具有普遍的效用性还有待于进一步证实。

第二,树立品牌形象,改善企业的公共关系。品牌形象包括多种要素,比如企业理念、企业历史、产品价值等,产品形象和企业形象是品牌形象的组成部分。广告主通过

广告的宣传与推广,将产品形象或企业形象印记在消费者的头脑中,也增强了广告主的业务伙伴对其品牌的印象,为广告主的公共关系改善提供了良好的基础。比如IBM的广告语"无论人类科技的一大步还是一小步,都有IBM的脚印",如此宏大的口气,既让IBM产品的普通消费者为IBM品牌骄傲,也加深了IBM的商业伙伴对IBM品牌的信赖感。

广告主良好的品牌形象,是企业吸引优秀人才的重要条件,这是广告在树立品牌形象的基础上演化出来的功能。

(二)传播消费信息,引导消费活动

对于消费者而言,广告的功能是为消费者传播消费信息,引导消费者进行正常健康的消费活动。这个过程可以归纳为如下六个步骤:

第一,吸引消费者的注意力。广告以新颖奇特的方式吸引消费者的注意力,甚至于以怪诞、惊险、幽默的方式冲击消费者的注意力,给消费者以一定的震撼,消费者在注意广告的瞬间,对广告所宣传的商品名称、商标等内容产生记忆。

第二,传播商品信息。消费者通过广告了解商品的功能、特点、价格、购买地点、销售服务等特点,形成对商品的认知和印象,这些认知和印象是人们形成消费需要、做出购买决策的前提。

第三,对消费者进行情感诉求。广告以情感方式打动消费者的心理,引起情绪与情感方面的共鸣,使消费者对商品产生一定的好感,在好感的基础之上进一步产生信赖感,即使消费者没有购买行为,也会相信商品的质量和信誉。

第四,对消费者进行说服。广告在传播商品信息、引起情绪共鸣的时候,逐渐影响消费者的态度,并说服消费者改变原来的态度,促使消费者逐渐喜欢商品并购买商品。名人广告、专家广告的示范作用,增加了广告说服的力量。

第五,指导消费者的购买。广告中宣传模式化的消费与购买行为,大力渲染消费或购买商品之后的美妙效果,给消费者以明显的示范作用,指导人们的消费与购买行为。

第六,广告为消费者创造流行与时尚。广告以完全雷同的方式,成千次上万遍地向消费者重复同样的内容和诉求,利用大众流行的社会心理机制创造轰动效应,激发更多消费者参与购买。

(三)促进媒体行业发展

对于广告媒体而言,广告是促进媒体行业发展的重要动力。

广告业务是广告媒体营业收入的重要组成部分,庞大的广告费用为广告媒体的发展提供了资金方面的保障,广告媒体利用这些广告费用发展更加先进的传播技术,创作优质的节目,为观众或读者提供更为完善的信息服务。

由清华大学新闻传播学院联合国内学术界众多专家共同编撰的，我国首部传媒蓝皮书《2004—2005 年：中国传媒产业发展报告》[1]于 2005 年发表。该蓝皮书使用了新的统计方法，该书数据显示，2004 年中国传媒产业整体市场规模已达 3270 亿元人民币，含图书发行、报刊发行、电视收视收费、各类媒体的广告收入等。其中，四大广告媒体非广告业务收入为 628 亿元人民币，而四大媒体的广告收入为 637.2 亿元人民币，也就是说，广告收入占据了四大广告媒体收入的一半以上，这一收入也远远超过广告公司的营业收入即 513.3 亿元人民币，见图 2-2。

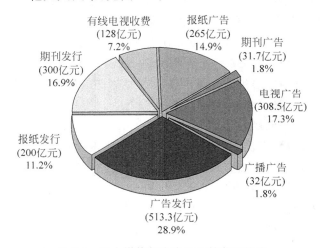

图 2-2 四大媒体与广告公司的营业构成

就广告媒体的个案而言，这种现象也具有说服力。比如中国中央电视台 2004 年的节目频道为 16 个，全年节目播出时间为 120 376 小时，国家的财政支持对中央电视台的发展起到了重要作用，而广告收入对整个电视台的发展起了关键性的作用。2004 年中央电视台全年业务收入为 112.05 亿元人民币[2]，其中广告收入超过 80 亿元人民币，广告收入占其全部收入的 71% 以上。

（四）与社会及社会文化互相影响

对于社会而言，广告与社会及社会文化互相影响。

第一，广告常常借用名人或明星的力量制造社会流行。流行是在特定时期特定范围内，大部分消费者出现了相似或相同消费行为的现象。流行过程可以分为酝酿期、发

---

① 崔保国等. 2004—2005 年：中国传媒产业发展报告.北京：社会科学文献出版社,2005
② 数据来源：中央电视台网站

展期、高潮期、衰退期四个过程。一般通过广告传播权威型或榜样型消费者的示范性行为，如电影明星、歌星、权威美食家、资深发烧友等，由于消费者的崇拜心理，模仿性消费行为普遍出现，大部分消费者自觉或不自觉地卷入了流行当中，最终形成大规模的流行浪潮。消费行为的流行现象既是一种经济活动，也是一种社会现象，广告起着推波助澜的作用。

第二，广告会引导或创造健康的消费方式，促进社会文明建设。公益性广告在促进社会文明建设方面贡献很大，有些商业广告也开始使用公益广告的手法，宣传环保型消费，对于提倡健康的消费方式有一定积极意义。

除了上述积极的功能之外，广告也存在一些消极的影响。

涉嫌违反广告法律法规，或者误导不明真相的消费者，或者假冒明星名人的名义宣传产品的功效等之类的广告仍然大量出现。有些邮寄广告大量散发，消费者邮出购物款之后，并不给消费者寄送商品，纯属广告诈骗行为。有些广告误导未成年消费者，比如在互联网上设置一些链接陷阱，不明真相的儿童点击之后，在不知晓的情况下收取用户的费用，这属于诱骗性广告。由于现代传播技术高度发达，这些误导、欺诈性的广告能够快速、高频率传送广告信息，骗取一定钱财之后立即转移，查处这些欺诈性广告的难度也在增加，消费者深受其害。

现代广告对人们正常工作、学习或生活方面的干扰，已经成为一种共识，太多的电视广告严重地干扰了人们对正常电视节目的收看，在广电部"十七号"文件下达之前，有些地方电视台的广告时间达到每小时45分钟以上，人们观看电视节目娱乐身心的乐趣完全消失。

有些广告的表达方式明显违背社会的公序良俗，比如公共场合过于暴露的性诉求、过于夸张的恐怖表现等，对形成健康文明的社会风尚没有好处，这都是广告的负面作用。

第二节　广告的分类

商业广告一般按媒体形式、广告对象、广告目的、广告区域、产品生命周期、广告创意等方式分类。

一、按照广告媒体形式分类

依据媒体的形式，可以将广告分为电视广告、广播广告、报纸广告、杂志广告、互联网广告、电影广告、邮寄广告、招贴广告、路牌广告、灯箱广告、交通广告、礼品广告以及综合性的POP广告、体育场地广告等。

电视广告、广播广告、报纸广告、杂志广告统称为四大广告媒体，这种说法不是基于广告业务量，因为广播广告并不能进入广告业务量的前四位，这种说法的主要依据是这四大广告媒体对社会的影响。

电视广告、广播广告、电影广告以及互联网广告等统称为电子广告，电视广告、电影广告、互联网广告还称之为多媒体广告，这类广告包含视听方面的信息形式。报纸广告、杂志广告（有人称为期刊广告）、邮寄广告、招贴广告、路牌广告统称为平面广告，这类广告主要是以平面形式出现在观众眼前，设计上以平面表达为主。POP 广告、灯箱广告、礼品广告等统称为立体广告，这类广告主要是以立体的形式出现在人们面前，设计上需要立体思维。

邮寄广告是由 direct mail 深化而来，有时简称为 DM 广告。邮寄广告的针对性很强，可以直接到达目标对象，而且广告总体费用可高可低，国内许多小型企业十分青睐这种广告媒体。

在美国的广告分类中，路牌广告、灯箱广告甚至于交通广告都归于户外广告（out-of-home advertising）。在中国，这些广告并列分类，可能与这些广告业务的管理权限存在差异有关，比如路牌广告的审批权限一般在城建部门，而交通广告的审批权限一般在交通管理部门。

POP 广告是 point of purchase 的简称，又称售点广告，这是一种综合的广告形式，包括销售点及附近所设置的所有广告形式，比如商店门前的指示物、装饰匾牌、墙面广告、电视广告墙、店内灯箱广告、电子显示屏、广播录像、广告条幅、广告气球、悬挂彩页（悬挂广告）、广告宣传单、产品手册、产品模型、实物样品、人员叫卖、广告衫、广告礼品袋、广告表演，甚至于促销证券之类的形式，可以说，POP 广告是所有广告形式的集大成者，只要有实施的可能，POP 广告会使用能够想象到的全部广告形式。POP 广告是影响广告对象的购买行为的最后一种广告媒体，与现场促销的关系十分密切，POP 广告也是美化购物环境的重要手段。

体育场地广告也是综合性的广告，包括体育竞赛场地四围的广告围板、宣传纪念物（纪念章、纪念牌、纪念 T 恤、纪念票券等）、体育赛事的冠名、体育赞助、体育明星作为品牌代言人的影响等方面。体育场地广告的效力表现在场内和场外两方面：在场内，通过广告围板、宣传纪念物、赛事冠名、体育明星代言人等方面影响现场的观众，无论大型小型的体育赛事，世界著名品牌的名字经常出现在比赛场地的围板上，如 Coca-Cola、Philips、Kodak、Canon 等，进入竞赛场地的观众在观看竞赛、享受愉悦的同时，都逃脱不了观看围板广告、认知品牌、强化品牌记忆的过程；在场外，体育广告借助现代传媒手段影响全世界的观众和听众，像奥运会这样的大型综合性运动会，每届要向全球30多亿观众超过300亿人次送达竞赛信息，同时传播大量的品牌信息，许多品牌因为利用了这一特殊的机遇而一炮打响。

依据媒体形式对广告分类是最常用的分类方式，比如在研究消费者的信息渠道时，一般按照媒体形式来分析数据。从图2-3中可以看出，45％的消费者是通过电视广告了解A服装品牌的，电视是消费者获得消费信息的最主要方式，16％的消费者是通过厂家的宣传手册了解该品牌的，而通过服装类媒体或服装行业媒体获得该品牌信息的人分别为9％和7％。这样的描述为广告主选择广告媒体提供了依据。

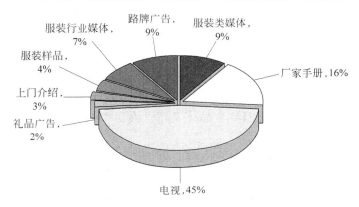

图 2-3　消费者了解 A 服装品牌的信息渠道

二、按照广告对象、广告区域或广告目的分类

依据广告所面对的对象，广告可以划分为日用品广告和专业品广告。

日用品广告的对象是普通消费者，广告信息发布一般使用大众性的广告媒体。比如日常洗涤、化妆用品的推广，一般使用电视、报纸、路牌等广告媒体的效果比较好。

专业品广告的对象是工商企业或特定的个人消费者，广告信息发布一般使用专业性的广告媒体。比如工程机械之类的产品推广，所面对的对象是工程承揽实施者，使用建筑工程、机械之类的专业性广告媒体，其广告效果会更好一些。

将广告划分为日用品广告与专业品广告，一是为了广告统计上的方便，二是为了方便广告策略的制定。随着中国经济成分的复杂化，普通消费者与工商企业之间的界限逐渐模糊，这一分类方式的界限也在逐渐模糊。

依据广告发布的区域特征，广告可以划分为全球性广告、全国性广告、区域性广告、地方性广告、社区性广告等。

全球性广告是指覆盖全球范围的广告，广告面对全球市场，使用全球性的、国际性的大型广告媒体。一般只有超大型企业使用这类广告。随着现代传播技术的发展及传播区域的扩张,中型企业使用全球性广告已经具有可能性,比如中国中央电视台已经向全球各大洲发送电视节目,使得中央电视台的广告变为全球性广告成为可能。

全国性广告是指覆盖全国的广告,广告主要面对全国市场,使用全国性的、中央级的广告媒体。受国家疆界及语言文化等因素的限定,一国之内的市场特征会保持相对独立性,全国性广告的重心在于开发一国之内的市场潜力。中国经济发展到一定程度之后,扩大内需将是企业面对的主要目标,我国的全国性广告必将更为发达。

区域性广告一般是指覆盖一省或几省的广告,这一区域因为地理特征、经济水平、社会文化特征等方面的相同或相似而连成一体。比如中国这一大市场一般细分为华南市场、西南市场、华中市场、华东市场、华北市场、东北市场、西北市场等,每个区域的市场开发一般使用区域性广告。

地方性广告是指覆盖一市一县的广告,广告使用市县级的广告媒体。因市县的经济水平差异较大,地方性广告之间也存在较大的差异。在中国行政区划十分鲜明的体制之下,地方性广告的概念具有比较重要的意义。

社区性广告是指覆盖一些街道、社区或村庄的广告,广告主一般使用招贴、海报、现场促销等广告形式。对于小型企业来说,社区性广告是其生存的法宝之一,随着"分众营销"概念的流行,以及公关活动强调卖方与消费者的直接沟通,一些大型企业也开始尝试社区性广告,一个接一个开发社区市场,广告效果也不错。比如一些汽车经销商不仅开发服务完善的 4S 店,同时将服务网点延伸到社区,广告随之跟进到社区。

依据广告的目的,广告可以划分为产品广告和企业形象广告。

产品广告着重向消费者传达商品信息,推销商品并加速商品的流通。产品广告的诉求内容以商品本身为主,对企业的背景、企业现状等内容一般较少涉及。

企业形象广告又叫公关广告,着重树立企业形象或品牌形象,促使消费者或其他业务合作者对该企业、该品牌形成长期的信赖感。企业形象广告一般较少涉及具体的产品特性,而是以企业的理念、企业文化、品牌特征等元素作为广告诉求的内容。

依据广告的策略层面,可以把广告划分为战略性广告和战术性广告。

战略性广告为企业的战略目标服务,其特征是广告计划时效长,运作体系完整,一般与企业建立长期的品牌形象、实施长远的营销目标或完成大型营销活动有关。比如,全球性的新品牌推广活动、全国统一步骤的大型营销活动等,都需要战略性广告的支持。惠普公司收购康柏公司之后,为了统一惠普公司的全球形象,惠普公司推行了"一站式"服务、统一公司标识等一系列的推广活动,即属于战略性广告。

战术性广告为企业的战术目标服务,其特征是广告计划的时效不长,运作体系只注重一些关键要素,一般与企业阶段性营销活动有关。比如夏季特定阶段特定区域的促销活动,短期的降价促销活动,一般只需要战术性广告的支持。

三、按照产品生命周期分类

产品生命周期可以分为四个阶段,即产品导入期、产品成长期、产品成熟期和产品衰退期。依据产品生命周期中的四个阶段,将广告划分为三种类型,产品导入期或产品成长期的广告称之为引导期广告,产品成熟期的广告称之为选择期广告,产品衰退期的广告称之为记忆期广告。

引导期广告的市场特征是,产品刚刚入市,消费者对产品的认识较少,常常以过去的观念来看待新产品,产品销售量不高,销售利润可能较高。引导期广告的基本特征是,理智性广告为主,重点在于宣传产品的性能,广告频率高,多使用大型广告媒体,广告费投入量较大。

选择期广告的市场特征是,竞争产品或品牌大量出现,因生产成本降低导致产品的利润率增大,消费者对产品及品牌的认识较为清楚,部分消费者开始形成一定程度的消费习惯。选择期广告的基本特征是,广告以情感性的诉求方式为主,广告的投入比较稳定,广告定位比较明确,企业广告的比例开始增加。

记忆期广告的市场特征是,产品的销售量下降,产品利润下降,消费者出现厌弃心理,少数消费者保持固定的消费习惯,大部分消费者期待新的产品出现。记忆期广告的基本特征是,情感性诉求方式为主,企业广告比例明显高于产品广告比例,广告的投入量下降,但广告费用投入比较稳定。见图 2-4。

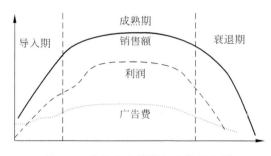

图 2-4 产品生命周期与广告示意图

四、按照广告创意特点分类

广告创意是通过各种艺术手法表达广告信息的过程以及所表达的结果。依据广告创意的特点,可以把广告分为理性广告和情感广告两大类。

理性广告是指为消费者提供商品的事实、消费理由或消费根据的一类广告,通常是展示商品的特性、用途、使用方法等关于商品事实性的信息(有人称为"理由广告"、"理论广告"或"说明广告")。美国人 1977 年提出了一个分类标准,认为一个广告包含以下 14 条关于商品的事实性信息线索中的一个或一个以上时,该广告就被认为是理性广告,否则就是情感广告。这些线索包括:(1)价格,(2)质量,(3)性能,(4)成分,(5)购买时间与地点,(6)特价销售,(7)品尝商品,(8)营养,(9)包装,(10)对用户的保证,(11)产品安全特点,(12)独立研究(即由独立研究机构进行的研究),(13)公司研究(即由广告主进行的研究),(14)新产品概念。显然,这是从认知的角度所做的区分,即使含有情感诉求的内容,只要广告中含有一个或一个以上这样的信息线索,该广告就被归为理性广告。

情感广告是指刺激消费者的情绪或情感反应,进而传达商品信息、满足情绪上需要的一类广告(有人称为"情绪广告"或"感性广告")。由于人们对情感种类及定义没有一致的认识,所以一直没有一个被普遍接受的情感广告的分类标准。有人认为,一个广告包含以下情感诉求手段中的一个或一个以上时,该广告就是情感广告,不管广告中是否含有商品特性的信息。这些情感诉求手段包括幽默、热情、怀旧、性、愤怒和恐惧,若没有这些情感诉求手段,就是理性广告。

还有一种混合分类的标准,即把广告中的主张作为基本单位,一个广告主张是一个句子,它既可以说明商品特点,也可以通过建立一定的联系和形象进行说服。每个广告被分解成若干广告主张,其中理性主张有:(1)价格,(2)商品特征或成分,(3)性能,(4)购买时间和地点,(5)特价销售,(6)商品包装和品种,(7)商品质量保证,(8)市场份额,(9)研究发现,(10)方便性,(11)健康和营养成分,(12)商品安全性能。情感主张有:(1)性,(2)地位和声望,(3)年轻,(4)运动,(5)美貌,(6)性别,(7)热情,(8)生活方式。分别计算广告的情感和理性主张条数,并将每条主张进行标准化,统计数值,把统计数值分类,广告可分出五种类型,即高度理性型、混合—理性型、混合型、混合—情感型、高度情感型[①]。

下面两则广告,分别是典型的情感诉求和理性诉求方式。前者以一个乘客的身份和消费体验,综合情感式的诉求方式,暗示航空公司服务的优秀质量,用语含蓄、有回味,内容健康;后者以商品检验过程的各种数据来传达产品信息,以无可挑剔的理性描述,证明了商品的优质性能。

案例 2—1

悉尼的岸边,阳光明媚,
难忘美丽的倩影,却不知何处寻您的芳名?
马尼拉街头,您接过老妇人的鲜花,
轻轻拨动的心弦,笑容却又温柔娴静。

---

① 王怀明. 理性广告和情感广告对消费者品牌态度的影响. 心理学动态,1999,1

今天再次登机出国,尚未呼唤您已端来清凉冷饮,

柠檬味飘香四溢,绿油油的橄榄,青翠欲滴。

波音飞越千山万水,您守卫的客机恬静安宁,

飞向北美,飞向欧洲和中东,但我仍未结识您,

在坎布亚的旅途上没有解开这谜,新加坡的姑娘,

何处寻着您芳名? 何年何日再见您?

——新加坡航空公司广告

案例 2－2

一辆 Volkswagen(大众)在售出之前,

其考验的路程是艰难坎坷、阻碍丛生的,

有的车成功地经受了考验,

有的车却没有经受住,

那些成功的车要接受 8397 位检查员的严格检查(其中有 807 位十分挑剔的妇女检查员),

汽车在一个特殊的实验点试开 3 英里的路程,

每一台发动机都要经过调试,

每一个变速器也同样如此,

然后,许多汽车调离生产线,它们生命中惟一的任务是接受检查,而不是被卖掉,

我们把这些汽车置于水中,以确信它们不会渗漏,

我们让这些汽车穿过泥泞和盐水以确信它们不会生锈,

它们还要接受爬山试验,以检验它们的刹车和离合器性能,

接下来是可怕的风道和 8 种路面的旅程,以检验行驶功能,

操纵杆要经过 100 000 次扭转实验,以确信它们能正常工作,

钥匙要被转动 25 000 次,以确信它们不会断裂,

这样严格的检验,还有许多,

每天有 200 辆 Volkswagen 牌汽车被淘汰,

但它们是坚韧不屈的。

——大众汽车公司广告

在现实生活中,理性与情感是交织在一起的,没有严格的界限。广告界已经发布的广告,多数兼有理性特征和情感特征,如上述那样典型的例子并不普遍。

第三节　广告学及其知识体系

一、广告学的研究范围

（一）广告学的起源

广告学最早创建于美国。本书第一章提到，1866年，J.劳活德和C.哈特编著了《路牌广告史》；1874年，H.辛普森编著了《广告的历史》，这些书籍对当时的广告演进情况作了系统的研究。20世纪初，美国宾夕法尼亚大学、加州大学、西北大学、密执根大学开设了广告学方面的课程，其中以西北大学斯科特教授于1904年开设的广告课程影响最大。1925年号称广告人圣经的《Advertising Procedure》（中文译为《广告教程》）一书出版，第一版由Kleppner主笔。1962年，美国著名广告人奥格威的名著《一个广告人的自白》出版。

在日本，1914年日本早稻田大学创建了广告研究会，并开设广告学课程；1921年，日本神户高等商业学校（现在的神户大学）开设"广告论"课程；1922年，明治大学正式设置广告类课程。

我国对广告学的研究起步也在20世纪初。1918年，北京大学新闻系开设了"广告学"课程。1920—1923年，上海圣约翰大学、上海南方大学、厦门大学、北京平民大学、北京国际大学、燕京大学等学校都设有报学系或科，广告学列为必修课程之一。吴铁声等人于1946年编写了30万字的《广告学》专著。中华书局还出版了冯鸿鑫编著的《广告学》。

新中国成立后，中国大陆在很长一段时期内对广告的认识是不正确的，建国之后三十年间对广告学的研究几乎是空白。但是，台湾地区的广告学研究在党禁解放之后迅速展开。

1979年以后，我国广告业正式复苏，各类广告学专著纷纷问世。1981年潘大钧与张庶平合作编写了《广告知识与技巧》，1982年唐忠朴与贾斌合作出版《实用广告学》，1985年傅汉章与邝铁军合著的《广告学》出版，1986年徐百益的《实用广告手册》出版，1988年新华社和国家工商行政管理局广告司联合编纂了第一版《中国广告年鉴》，此后，广告类学术著作层出不穷。有一组数据可以说明广告学学科的发展势头：据中国国家图书馆馆藏记录显示，1949年之前的各类中文版广告图书为16种，1949年至1978年之间的各类中文版广告图书数量仅为4种，1979年之后截止到2005年7月，各类中文版广告图书达到 2000 多种[1]。

（二）广告学的学科定位

关于广告学的学科定位问题，学术界一直存在不同的看法。

一种观点认为，广告的基本功能是推销商品、树立品牌形象，广告主对广告活动的管理隶属于经营管理活动之中，广告费用的支出列入企业经营管理的成本，广告人员管理广告活动需要较多的与企业经营管理有关的知识，这些事实明确了广告活动的经济功能，其学科应当归属于经济类或企业管理类。

另一种观点认为，广告是一种信息传播活动，其本质特征是信息传播，市场只是广告发挥其作用功能的一个重要领域，广告学的发展过程，应当以传播学理论为理论基础。

还有一种观点认为，广告是一种艺术，它是艺术家生产的产品，是用艺术的手法去塑造产品形象及企业形象，没有艺术性的广告是没有生命力的广告，广告只有打动人、感动人才有效果，而创造出感人的广告需要美学的和艺术的基础，所以广告学归属于艺术类也是可行的。

事实上，广告学融会了多种学科知识和技术，使得上述观点都有一定的合理性。但从逻辑关系上讲，广告学归属于经济类或企业管理类更为合理。

纵观整个广告活动的流程，广告的经济功能十分明显，在实现其经济功能的过程中，必须使用传播手段和艺术的表现形式，经济功能是最终的目的，传播手段和表现形式从属于最终的目的。传播手段和艺术的表达形式是实现广告功能的必要条件，但不是充分条件，因为其他手段或表达形式也可以代替现有的传播手段，同样实现传播信息的功能。比如有些企业更倾向于使用公关手段来推销商品，因为公关活动比单向的大众传播更具亲和力。有些企业在广告费用紧张的条件下，使用免费试用的方式来推销商品，这说明传播手段不是实现广告功能的充分条件。

国内外大专院校的企业管理类、经济类、艺术设计类以及新闻类学科都在开设广告学专业，毕业生都能满足广告行业以及相关领域的需要，说明该学科本身具有较大的跨越性，而不能仅仅局限于特定的某一学科范围之内。原国家教委在 20 世纪 90 年代初修订"文科专业目录"时，在新闻类之下增加了"广告学专业"；1997 年教育部再次修订专业目录时，把新闻类从文学中独立出来，将"新闻传播类"升格为一级学科，下设广告学专业。从当前广告学科自身的发展情况看，该专业设置还需要作适当的调整。

---

[1]　资料来源：中国国家图书馆 http://www.nlc.gov.cn/，2005 年 7 月检索。

二、广告学的知识体系

> 广告学是研究广告规律的一门知识。狭义的广告学,是指研究广告发展的规律,广告媒体的规律,广告策划、广告设计制作、广告效果测定、广告经营管理等方面的规律,以及如何有效地发挥广告的促销功能等规律的一门学问。广义的广告学,除了研究前面所述的内容之外,还包括研究广告的社会功能、道德功能等方面的规律。

广告学是一门综合性很强的学问,它包括企业管理、市场营销、消费者心理学、现代传播学、社会学、美学、艺术、计算机技术等学科知识。在整个广告业务流程当中,广告人员需要多种学科的知识和技术的支持才能运转广告,尤其是在广告创意的过程当中,广告人员对多种学科知识的需求更为迫切,他们的知识结构跨越社会科学和自然科学的多种学科领域(见图 2-5)。

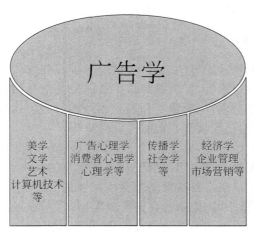

图 2-5　广告学的知识体系

(一)广告学与市场营销

广告主是广告活动的发起者,并且支付了广告费用,广告主发起广告活动的目的是为了推销商品,并把广告活动作为其营销手段和品牌战略的组成部分,因此,广告学必然要研究市场营销学。

在广告主内部,广告人员必须跟随企业的营销部门,确定他们的市场在哪里,市场规模如何,是否存在市场细分,消费者的偏好和购买习惯是什么,等等。营销部门会把市场的需求反馈给产品研发和生产部门,同时为产品走向市场制定品牌形象策略、产品价格策略、分销策略和促销计划,还要确定产品销售之后的服务策略等。在这个过程中,广告作为配合企业营销的有力手段进入了营销人员的视野,他们依据整个营销计划来确定广告目标、明确广告实施计划、分配广告费用。

> 美国市场营销学会对市场营销的定义:市场营销作为一种计划及执行活动,其过程是对一种产品、一项服务或一种思想的开发制作、定价、促销和流通活动,其目的是经由交换及交易过程并满足组织或个人的需求目标。

广告人员应当认识到,市场营销是由四种要素组成,即产品、价格、销售地点和促销,这四种要素都是为消费者服务的,广告是促销要素的组成部分。广告与整体营销计划存在互动关系,但广告不能代替营销中的其他要素,更不能代替产品本身。有些人以为只要有好的"广告点子"就可以卖出任何产品,这种做法是对广告活动的片面认识,对广告本身是有害的,对消费者也是不负责任的。

(二)广告学与心理学

心理学是研究心理现象的科学。自 19 世纪末,心理学成为一门独立的学问以来,心理学发展出了几十种理论性、应用性和临床性的分支学科,包括普通心理学、实验心理学、学习心理学、情绪心理学、消费者心理学、心理咨询等,当代的心理学已经成为庞大的学科群,心理学理论已经具有严密的实证性基础。

心理学与广告学的结合,形成了"广告心理学"这样一门应用性很强的学问,对广告学的发展起着十分重要的支撑作用。由于心理学本身的科学性很强,使用心理学中的科学性研究方法有助于澄清广告学发展过程所存在的问题,引导广告学走出一些人为的误区,为广告学向着科学的、健康的方向发展提供坚实的基础。

心理学对广告学的支撑涉及到消费者认知、联想、态度改变、行为动机等内容,本书第三章将专门介绍和讨论这些问题,此不赘述。

(三)广告学与传播学

传播学是研究人类社会信息传播交换及其规律的学科。信息传播是人类社会的普遍行为,它是传播者对传播内容进行编码,使之以信息的形式传递,当受众得到信息后对信息进行解码,并产生反映的过程。传播学中有一分支学科叫大众传播学,是研究基于大众传媒而发生的传播现象以及大众媒介运行规律的学问。

从传播行为和传播范围来讲,传播学一般研究如下六个层次的传播问题:

一是自我传播,即每个人的自我信息沟通活动,包括独自思考、内心冲突、自言自语、自我发泄等。

二是人际传播,即人与人之间面对面进行的信息交流和信息传播,这是人际交往之间最普遍的行为之一,人们不仅通过人际传播获得信息、学习知识,而且人与人之间还可能产生感情,甚至于获得利益。

三是群体传播,即无组织的群体范围内进行的信息传播活动。

四是组织传播,即有组织、有指挥的群体中进行的传播活动。

五是大众传播,即通过现代化的大众传播媒介,面对极其广泛的受众所进行的公开信息传播。

六是国际传播,即大众传播媒介跨越国界的传播行为,如卫星电视、短波广播、互联网等传播媒介的传播行为。生活在现代传播媒介的环境里,群体传播、组织传播、大众传播和国际传播常常交织在一起,影响到现代生活里的每一个人。

广告学与传播学,尤其是与大众传播学有密切的联系,广告信息需要借助传播过程才能到达广告对象一方。广告主代表信息源及所发送的信息,信息编码、信息发送、信息管道和信息接受是广告信息的传播过程,包括广告策划、广告创意与制作、广告发布等。信息编码是广告主依据广告需要对广告信息的加工制作,信息管道是广告发布的形式和媒介,解码是广告对象将广告信息按一定的规则解释,还原为广告主的信息。

传播学从三个方面解决广告活动中的问题,一是广告信息的编码和解码问题;二是广告信息的传播质量问题;三是广告信息的传递效果问题。学习广告学的人应当学习传播学尤其是大众传播学。在中国大陆,由于媒介经营具有垄断性特征,广告活动明显地打上了这一印记,广告人应当重视这一特征。

(四)广告学与社会学

由于现代广告借助于现代传播技术以势不可挡的力量向人们发布大量的广告信息,广告已经与人们的社会生活形成了密不可分的互动关系。研究广告学需要研究广告与社会的关系,这就需要社会学的知识。

社会学是研究社会良性运行和协调发展的条件和机制的综合性学科。有的学者认为,社会学将其研究对象作为一个整体来分析,任何脱离整体的个体都是不存在的。社会学研究的整体性原理,对广告活动的研究具有指导意义。

社会学研究人的社会需要、社会角色、社会交往、社会群体与家庭、社会组织、社区、社会阶级与社会阶层、社会制度、社会控制、社会问题、社会保障与社会工作、社会变迁、社会现代化、社会调查研究方法等内容,这些内容都与广告活动相关。

比如,社会角色是指与人们的社会地位、身份相一致的一整套权利、义务的规范与行为模式，它是人们对具有特定身份的人的行为期望，它构成社会群体或组织的基础。在广告活动中，社会角色的知识经常用于广告形象的选择与设计，在品牌形象塑造过程中，品牌代言人的角色应当与消费者的期望相近或相似，否则消费者会产生较强的逆反心理，这就要求广告人员学习社会角色方面的知识。社会群体、社会阶层这样的概念在市场细分、广告定位当中也经常被用到，狭义的社会群体是指由持续的直接的交往联系起来的具有共同利益的人群，这样的人群也是市场细分和广告定位的基础。

社会群体或社会组织都有习惯性思维观念或行为方式，广告应当避免与这些习惯性思维观念或行为方式直接对立，否则广告效果可能出现意想不到的结局。2005年在中国播放的"麦当劳"电视广告，设计人员以一位顾客跪求麦当劳食品折扣券的情节作为噱头，本来以为这样的情节会产生强烈的幽默感和喜剧效果，但是这一情节安排明显与中国人的习惯性思维对立，跪求食品的做法一般只在乞讨者身上发生，怎么会在正常的普通人身上发生呢？最后，麦当劳的广告因为情节安排违背我们的公序良俗而被禁播。

（五）广告学与文学、艺术

广告使用语言文字和非语言文字的表现形式，由此广告必须借助文学和艺术的理论与表现技巧。

广告中的语言文字就是广告文案，是指以语辞表现广告信息的所有形式，广告文案包括广告标题、广告正文、广告口号等。广告文案的撰写是广告活动中一项十分重要的内容，已经成为广告学中的专门学问。广告文案既要传达必要的广告信息，又要吸引人们的注意力和兴趣，以情感人，以理服人，最终激发人们的购买愿望，推动人们的购买行为。撰写广告文案的前提是广告目标，即广告文案需要传播广告信息、促成人们购买行为。撰写广告文案的技巧来自文学，创作人员应当学会各种语言修辞技巧。

在非语言文字的表达形式中，影像、画面和音乐音响是最重要的形式，具有任何文字都不能代替的形象化表达功能。

影像资料来源于摄像，现代动画技术也可以制作影像；画面来源于摄影、手绘或两者的结合；音乐音响的来源比较复杂。摄影、摄像、动画制作、音乐音响制作都是独立的艺术门类，大中型广告经营者一般都拥有擅长这些艺术的广告人员。

电视广告、电影广告、广告录像，甚至于互联网广告都包括影像的成分，其中以电视广告中的影像表现最为典型，短短的十几秒或者几十秒时间之内，可以编排出相应的广告情节，甚至形成完整的广告故事，以情节或故事来打动消费者。

广告画面的生动直观性，可以弥补文字的不足，还能够传达一种意境。对于不识字、识字不多或语言不通的人来说，图片的运用可以突破这些限制，达到传播广告信息的效果。图片是平面广告中美化广告版面的重要元素，在当代平面广告的表现技术中，使用摄影图片的比例明显高于使用手工绘制作品的比例。广告应当尽量为人们传达真实的商品信息,比如商品的外形、外观、质感、色彩等,摄影图片具有传达真实信息的特征。广告界有一句名言,"一图值万言"。有人认为,在广告信息传播过程中,广告图片所发挥的功效占全部广告功效的50%。

在广告制作过程中,影像与画面的拍摄可独立完成,因为两者使用的器材及环境要求不尽相同,为了保证各自的质量,独立完成效果更好;当然影像拍摄或画面拍摄也可以合并完成,主要是为了节约时间或节省制作成本。

(六)广告学与其他学科

1. 广告学与情报调研

任何广告活动的运作,都需要大量的市场情报支持,比如市场构成、市场现状、营销渠道、消费者习惯、竞争品牌、广告经营者背景、广告媒体刊例价、广告发布状况等,这些情报来自于公共图书馆、政府组织、媒体、调研机构或咨询机构。

市场调查是广告活动中经常用到的调研市场情报的一种渠道,这个工作可以由广告主自行实施,或委托广告经营者实施,但公认有效的办法是委托中立的调研机构或咨询机构实施。

市场情报调研也是一门独立的学问,由于在广告活动中占有十分重要的地位,本书第八章将专门介绍。

2. 电脑技术

现代广告运作离开了电脑技术几乎难以为继。

在日常办公过程中,文档处理、电子邮件等电脑软件是维持广告活动高效有序运作的基本工具。

在广告创意与设计过程中,图形创意表达、情节编排、音乐音响试演等工作在电脑技术的配合下,才可能反复推敲、修改,以达到理想的效果。

在广告制作过程中,平面输出、电视电影广告的合成、广告动画的制作等,已经完全离不开电脑技术。

在广告信息情报的搜集与管理过程中,只有电脑技术才能胜任庞大的市场情报的储存和管理工作。

因此,熟练掌握几种乃至多种电脑技术是对广告人的基本要求,不熟练掌握电脑技术的广告人,几乎无法在广告行业生存下去。

三、广告类名著导读

(一)《市场营销教程》

要理解广告,首先应当理解市场营销。

20 世纪 50 年代,现代市场营销理论的框架渐渐形成,市场分析、目标市场确定、市场营销要素及其组合等研究渐成系统。1960 年,伊·杰·麦卡锡(E. J. McCarthy)在其著作《基础市场营销学》中发展出市场营销组合的"4P"要素,即产品(product)、价格(price)、地点(place)和促销(promotion)。1967 年,菲利普·科特勒(Philip Kotler)的著作《营销管理——分析、计划与控制》出版,提出了一整套全面、系统的现代市场营销管理的理论。1984 年,菲利普·科特勒将市场营销组合中的"4P"发展为"6P",增加了政治力量(political power)和公共关系(public relations),之后又提出"10P"的观点。20 世纪 90 年代,劳特朋提出用"4C"取代传统的"4P",即消费者欲望和需求(consumer's needs and wants)、消费者获取满足的成本(cost)、购买的方便性(convenience)和沟通(communication)。在中国,鼓吹"4C"观点的知名人物即美国西北大学的唐·E. 舒尔茨教授。

总体来说,市场营销要素的组合一直在演变,从"4P"到"4C",好像概念已经面目全非,但市场营销的核心没有变化,"4P"仍然是市场营销的基础和核心。

广告人可以阅读加里·阿姆斯特朗(Gary Armstrong)与菲利普·科特勒合著的《市场营销教程》(Marketing:An Introduction,有人译为《市场营销导论》)。这本书体系比较完整,概念通俗易懂,2004 年该书已经发行到了第 7 版。华夏出版社于 2004 年引进并翻译出版了该书的第 6 版,内容包括:市场营销的概念、市场营销环境、营销管理、战略规划与市场营销流程、消费者购买行为、创造顾客价值和满意、产品及服务、产品定价、整合营销传播、互联网时代的市场营销、营销与社会等。

(二)《一个广告人的自白》

《一个广告人的自白》(Confessions of an Advertising Man),是广告人必读的一本书,出自现代广告业的传奇人物大卫·奥格威之手。

1911 年奥格威出生在英国,牛津大学基督教会学院毕业。毕业之后做过厨师,后来到美国发展,在著名的盖洛普公司从事调研工作,负责电影市场的票房研究。第二次世界大战爆发,奥格威加入英国的情报机构,从事谍报工作。第二次世界大战结束之后返回美国,从事了一段时间的农夫工作(烟草种植)。1948 年,以 6000 美元创业开始经营广告公司,著名的广告创意包括:"穿哈撒韦衬衫的男人"(以一个男人戴着黑色眼罩站立人前);劳斯莱斯小汽车广告(最著名的广告标语:当这种新型的劳斯莱斯以每小时 60 英里的速度前进时,车内最大的噪音来自电子表)等。他所经营的奥美广告公司发展成为全球 8 大广告集团之一,有 359 个分支机构分布在 100 个国家和地区。退休之后定居法国,1999 年去世。

《一个广告人的自白》是奥格威于 1962 年写成的一本册子,内容包括:怎样经营广告公司、怎样争取客户、怎样维系客户、怎样当一个好客户、怎样创作高水平的广告、怎样写有效力的文案、怎样使用插图和编排文案、怎样制作上乘的电视广告、怎样为食品/旅游地和专利药品制作优良广告、怎样才能功成名就等。书中观点"不仅指导了奥美公司,同时是对整个广告业的令人信服的建议。《一个广告人的自白》无论在风格上还是内容上,都是一个突破——从来没有人以如此的坦率和热情书写这个行业"(奥美集团全球主席 Shelly Lazarus 语)。

《一个广告人的自白》的最新中文版于 2003 年发行,后面的章节引用了其中的部分内容。

(三)《广告教程》

克雷普纳(Kleppner)的《广告教程》(Kleppner's Advertising procedure)于 1925 年发行第 1 版,至今已经发行 16 版。该书的主要特点是体系完整,观点清晰,对整个广告流程的介绍简明扼要,案例分析注重实务,读者阅读之后很容易进入实践操作。因此,本书被称为广告人的圣经。

第 16 版作者为 W. 罗纳德·莱恩(W. Ronald Lane, 乔治亚大学)、卡仑·怀特希尔·金(Karen Whitehill King, 乔治大学)、J. 托马斯·罗素(J. Thomas Russell, 皮得蒙特学院),由 Prentice Hall 国际出版公司与"广告时代"(AdAge)合作出版。全书内容压缩为 24 章,广告活动中的最新技术在书中得以体现,大量图表被更新,广告预算等内容选取了更多真实的案例,为了教学和学习的方便还增加了许多讨论和练习(图 2-6)。

图 2-6　第 16 版克雷普纳《广告教程》

第 16 版的主要内容包括：

现代广告的发展；

广告的功能；

广告与品牌策略；

广告与目标市场营销；

广告代理商及服务机构；

广告主的市场营销与广告运作；

媒介特征及媒介策略；

销售促进；

广告调研；

广告创意；

广告概念的表达；

平面广告印刷；

电视广告、广播广告；

商标与包装；

广告策略执行；

国际广告的发展；

广告对伦理、经济及社会的影响等。

国内有本书第 13 版的影印版，由 Prentice Hall 国际出版公司与清华大学出版社合作影印发行。

（四）《公关第一　广告第二》

这本书不能算作广告学名著，但这本书的作者十分有名，就是 20 世纪 70 年代提出"广告定位"学说的大师阿尔·里斯（另一作者叫杰克·特劳特）。作者所提出的观点具有震撼性，《公关第一　广告第二》的书名就可能把广告人吓一跳，广告真的没落了吗？

阿尔·里斯认为，创建一个新品牌需要昂贵的广告费用，而近年来，几乎所有成功建立起来的国际品牌都主要是依靠公共关系的胜利而不是广告的成功，比如星巴克、红牛、Linux、Google、帕尔姆、哈里·波特等。广告也不是没有用处，它的用处不在于创建新品牌，而在于公共关系成功地塑造品牌之后的品牌维护。

近年来，整合营销传播概念的提出，并没有为企业的市场营销活动带来颠覆性革命，广告作为营销传播的手段，其大众化、同质化、单向性的传播特征，正在显现其自身无法超越的缺陷，而公共关系活动却可以扬长避短，在分众传播、双向沟通方面做得比广告更好，而且公共关系活动是人与人之间的互动，其总体成本也明显低于广告费用。这是作者提出"公关第一，广告第二"的背景，公关行业的日益兴旺，也佐证了作者的观点。作为广告人，能够换位思考，从另一角度来评判广告的发展前途，不失为一种清醒的、理智的态度。

本章要点：

当前有关广告的定义存在多种版本。本书推荐其中的两种定义，其一是《中华人民共和国广告法》（1994 年版）所称的广告，即指商品经营者或者服务提供者承担费用，通过一定媒介和形式直接或者间接地介绍自己所推销的商品或者所提供的服务的商业广告；其二是本书作者的定义，即广告是广告主通过各种媒体传播商品信息的活动过程。

现代广告活动的构成有四个环节，即广告主、广告经营者、广告媒体和广告对象（消费者）。广告主是指为推销商品或者提供服务，自行或者委托他人设计、制作、发布广告的法人、其他经济组织或者个人。广告经营者是指接受委托提供广告设计、制作、代理服务的法人、其他经济组织或者个人。广告媒体即广告发布者，是指为广告主或者广告主委托的广告经营者发布广告的法人或者其他经济组织。广告对象即接受广告信息、购买消费广告主商品的人，又称广告受众、消费者等，我们认为广告对象是广告活动的中心。

广告的功能主要表现在对广告主、消费者、广告媒体和社会的影响等方面。对于广告主而言，传播商品信息、树立品牌形象是广告的主要功能。对于消费者而言，广告的功能是为消费者传播消费信息，引导消费者进行正常健康的消费活动。对于广告媒体而言，广告是促成其业务发展的重要动力，广告费用是他们的营业收入的重要组成部分。现代广告还存在许多消极的功能，比如广告误导消费者的行为，广告诈骗，广告干扰人们正常的工作、学习或生活等现象。

商业广告一般按媒体形式、广告对象、广告目的、广告区域、产品生命周期、广告创意等方式分类，读者应当掌握每一种分类方法中的广告特征。

关于广告学的学科定位问题，学术界一直存在不同的看法。观点之一认为，广告的基本功能是推销商品、树立品牌形象，广告主对广告活动的管理隶属于经营管理活动之中，广告费用的支出列入企业经营管理的成本，广告人员管理广告活动需要较多的与企业经营管理有关的知识，这些事实明确了广告活动的经济功能，其学科应当归属于经济类或企业管理类。观点之二认为，广告是一种信息传播活动，其本质特征是信息传播，市场只是广告发挥其功能的一个重要领域，广告学的发展过程，应当以传播学理论为理论基础。观点之三认为，广告是一种艺术，它是艺术家生产的产品，是用艺术的手法去塑造产品形象及企业形象，没有艺术性的广告是没有生命力的广告，广告只有打动人、感动人才有效果，而创造出感人的广告需要美学的和艺术的基础，所以广告学归属于艺术类也是可行的。事实上，广告学融会了多种学科知识和技术，使得这些观点都有一定的合理性。

广告学是一门综合性很强的学问,支撑广告学的主要学科知识,包括企业管理、市场营销、消费者心理学、现代传播学、社会学、美学、艺术、计算机技术等学科知识,当然每一位广告工作人员的职业定位不同,其知识体系也有所侧重。

本章思考题:

1. 什么是广告? 请结合你自己对相关资料的阅读,对广告做出解释。

2. 广告分类有哪些方法?

3. 以 POP 广告为例,运用本书所提到的头脑风暴法,尽量想象 POP 广告可能运用哪些广告形式。

4. 请结合市场营销方面的知识,解释产品生命周期与广告的关系。

5. 商业广告与非商业广告有显著的差异吗? 请你结合相关知识进行解释。

6. 广告的商业功能包括哪些方面? 除了本书提及的功能之外,你还能发现哪些功能?

7. 广告学的研究内容包括哪些方面? 请详细解释。

8. 关于广告学的定位问题,国内存在不同的看法,你的看法是什么? 请你做出合理的、详细的解释。

9. 本章简要介绍了广告界的几本名著,请分别阅读每本名著,并写出相应的读后感。

本章建议阅读资料:

1. (美)加里·阿姆斯特朗,菲利普·科特勒著. 市场营销教程(第 6 版). 俞利军译. 北京:华夏出版社,2004

2. (美)大卫·奥格威著. 一个广告人的自白. 林桦译. 北京:中国物价出版社,2003

3. (美)W. Ronald Lane, Karen Whitehill King, J. Thomas Russell. Kleppner's Advertising procedure(16th). Prentice-Hall International Inc. 2004

4. 郭庆光著. 传播学教程. 北京:中国人民大学出版社,1999

5. (美)阿尔·里斯,劳拉·里斯著.公关第一 广告第二.罗汉,虞琦译. 上海:上海人民出版社,2004

现代广告概论

第三章

广告与消费者心理

本章提示 ▶

心理学对广告学的发展起着十分重要的支撑作用,心理学是一门理论体系完整、实证研究严谨的学科,广告学已经借鉴了大量的心理科学尤其是消费者心理学的研究方法,以增强广告学的科学基础。本章主要介绍从消费者心理学中引用的概念和相关知识,包括消费者认知、联想、态度改变、行为动机等内容,这些概念在广告创意、广告策略制定、广告效果评估过程中经常用到。

第一节　广告与消费者心理学的关系

广告信息的传播对象是消费者,广告活动必须研究消费者的心理,依据消费者的需要、动机、消费体验等因素来策划广告活动,筛选广告创意,从而达到理想的广告效果。广告活动是由广告人员来执行并完成的,广告人员的心态与思维直接影响到广告的效果,研究广告人的心理态度和思维规律,有助于激发广告人员的最佳工作热情,取得理想的创意成果。

心理现象一般从个体心理和群体心理两个方面来解释。

个体心理是指个别主体即具体的个人的心理。个体心理一般分为心理过程和个性心理两大类。心理过程是指人的心理活动发生、发展的过程,具体地说,就是客观事物作用于人(主要是人脑),在一定的时间内大脑反映客观现实的过程,包括认识过程(简称为"知")、情绪和情感过程(简称为"情")、意志过程(简称为"意"),其中意志过程包括日常生活之中所称的行为动作。因此,心理既包含了内在的心理活动,也包含外显的行为动作,为了表述上的方便,有时使用"心理行为"这个词来表示心理现象。

个性心理是显示人们个别差异的一类心理现象,比如人们在兴趣、生活习惯、思维方式、价值观等方面存在不同的差异,这些差异就是个性心理,通常使用性格、气质等概念来表示。

群体心理是指具有相同或相近特征的一群人之间出现的心理现象。作为社会的人,彼此之间必然要发生一定的关系并进行社会交往,比如亲朋好友之间交换消费信息、分享消费体验,相同的社会群体会出现类似的消费行为特征,消费群体中一部分成员会对另一些成员模仿、崇拜。这些现象都属于群体心理研究的内容。

> 心理学是研究心理现象的科学。个体的心理包括知、情、意等心理活动,群体心理包括社会交往、沟通等心理活动。心理学是一个大的学科门类,包括许多分支学科,比如实验心理学、临床心理学、咨询心理学、学习心理学等。

从当前的相关研究资料来看,消费者心理学的研究成果对广告学的支持作用最为明显,心理学尤其是消费者心理学与广告学结合,形成了"广告心理学"这样一门科学性很强的专业学问。

当代消费者心理学的发展,已经大大扩展了这门学问的研究空间,不仅研究人们的消费需要、消费动机、消费兴趣、购买决策、消费体验、消费者个性、群体消费心理、影响消费者心理行为的不同因素等内容,还研究不同商品的消费心理、不同营业环境与消费者心理的关系、服务人员对消费者心理的影响、广告对消费者心理的影响等内容。

消费需要是消费者对于商品的一种心理倾向。消费需要的进一步发展,会指向商品的属性,消费者对于商品属性的倾向性并可能推动消费行为继续进行的心理状态,称为消费动机。消费动机是推动消费者行为进行的直接原因和动力。

消费动机向前发展,便可能进入购买前的准备阶段。购买准备的过程可能很复杂,准备时间较长,会搜集很多消费信息来分析、比较,最后做出购买的决策(如大件商品);也可能准备时间短,准备内容少,只经过简单的决策(如小件商品、日用百货等)。

购买准备的最后阶段,是消费者进入营业环境或消费场所挑选商品、消费商品并完成购买行为。购买行为是整个消费过程的关键性一步,对于消费者而言,将商品购买到手才算完成了真正的购买行为;对于工商企业而言,消费者支付货币将商品买走之后,工商企业的价值交换才得以真正地实现。

购买商品之后,消费者还有一个消费、使用、享受商品的过程。消费者使用商品并得到商品的价值是他购买商品的目的。消费者的需要得到满足,并形成各种各样的消费体验,这些消费体验既是消费需要得以满足的形式,也是下一次消费行为的启动因素,人们还有可能把自己的消费体验告诉其他消费者并影响他人的消费行为。

从消费者这个角度看,消费者心理行为的整个过程都可能受到广告的影响,从消费需要的产生、消费动机的促发、消费决策的形成、购买准备、购买,到消费体验的过程等,广告会以各种各样的形式来影响消费者的心理行为。

从广告的角度看,在广告策划调研、广告定位、广告创意、广告传播、广告效果评测过程中,对消费者心理的研究包括:消费者角色与广告效果的关系,消费者的信息来源与信息渠道,消费者对广告信息的加工过程,消费者的需要动机形成过程,消费者的决策过程,消费者接受广告信息的效果,消费者的态度改变过程等。

 小资料 3-1:斯科特的《广告心理学》

沃尔特 D. 斯科特是"广告心理学"的鼻祖,他是美国的应用心理学家和教育行政管理专家,被公认为工业及商业心理学之父,是世界上第一位应用心理学教授。他在美国西北大学开始心理实验方面的工作,并获得教授席位,曾任西北大学校长,经常向商业团体讲授广告和商业心理学,是第一位将心理学应用于广告的人。1908 年,他的《广告心理学》出版,是第一位出版此类著作的教授。书中谈到广告创作过程应当如何遵从心理学的规律,有效地吸引消费者的注意力。其中,第一章介绍了记忆与遗忘的问题,分析哪些广告可以为人们所牢记;第二、三章介绍情感等方面的知识在广告中的运用,认为培养客户的情感才能真正留住客户;第五章介绍了暗示在广告中的运用;第八章介绍了习惯与广告效果之间的关系。

斯科特的《广告心理学》中文版于2004年由中国发展出版社出版发行,虽然这本学术著作的写作时间已经过去近100年,但是其中有些理论和基本原理对现代广告仍然是有效的和实用的。

第二节　消费者心理学中的概念及其应用

消费者心理学是研究人们的消费需要、消费动机、消费兴趣、购买决策、消费体验、消费者个性、群体消费心理、影响消费者心理行为的不同因素、不同商品的消费心理、营业环境与消费者心理的关系、广告促销对消费者心理的影响等内容的一门学问。

一、消费者角色与广告

消费者的心理行为过程存在五种角色分工,即消费的倡导者、决策者、影响者、购买者和使用者。广告定位一般不可能同时面对全部消费者角色,但可能面对其中的一种或两种角色。

消费倡导者,即本人有消费需要或消费意愿,或者认为他人有消费活动的必要,或者认为其他人进行了某种消费活动之后可以产生所希望的消费效果,他要倡导别人进行这种形式的消费,这个人即属于消费的倡导者。像儿童商品的消费过程,儿童属于消费倡导者角色。广告对消费倡导者的影响,主要表现在消费氛围的形成。

消费影响者,即以各种形式影响消费心理行为的一类人,包括家庭成员、邻居与同事、购物场所的售货员、广告中的模特、消费者所崇拜的名人明星等,甚至包括素昧平生、萍水相逢的过路人。影响者的影响力有大有小,因人而异,在消费流行风潮来临的时候,影响者的角度可能成为消费者购买商品的决定因素,所以借用名人明星的力量来推销商品,已经成为广告中十分普遍的策略之一。

购买决策者,即做出最终购买决定的人。在家庭消费之中,决策者一般是该商品的直接消费者或家庭中的权威角色,比如妻子权威型家庭里的决策者是妻子,有些家庭的决策者是经济收入的主要来源者。当然,在家庭消费中,谁是最终的决策者还要依据不同商品而定,商品属性不同,决定购买者也可能不同。广告中强调决策者的角色,有助于快速冲破购买的阻力,比如"我的地盘,我做主"(动感地带),"听自己的,喝贝克"(贝克啤酒),这样的广告语直接命中消费角色中的决策者,通过强化消费者的决策意识,加速消费或购买过程。

购买者,即直接购买商品的人。在大多数情况下,消费者为本人及家庭购买商品,所以制定广告或营销策略必须以商品的直接购买者为主要对象。购买者的心理活动以及购买过程中的行为变化是消费心理学研究的重要内容。

使用者,即最终使用、消费该商品并得到商品使用价值的人,有时称为最终消费者、终端消费者、消费体验者。商品的使用者是实现消费体验的最终角色,消费体验(包括消费满意度)会对消费者本人的消费行为形成反馈,也会为其他人的消费行为树立榜样。广告中常常以描述消费的使用体验来刺激广告对象的模仿行为,经典名句如"味道好极了"(雀巢咖啡),这句广告语是消费体验者对他人的巨大诱惑。

二、消费者意识与广告

意识是指心理发生时的觉醒状态,以及对于心理活动的维持、调控、监督功能。在日常用语中,我们经常把意识与其指向性和目的性联系在一起,比如把消费活动与意识联系在一起即消费意识。消费意识是消费者在消费过程中,维持消费动机、调整消费进程、克服消费阻力、督促消费行为完成的心理状态。

自我意识是指人们对于自己的认识和态度。心理学家和哲学家都认为,自我意识是人区别于其他生物的主要标志。自我意识在消费心理行为中起着重要的作用,特别是在消费者购买决策、商品购买过程、享受商品价值、消费者自我评价过程中,自我意识的作用表现得更加突出。人们消费商品,最直接的目的是要满足自己的需要,在满足需要的时候,消费商品的效果是由消费者本人的体验和评价来实现的,自我意识在这些心理过程中发挥重要的作用。

美国心理学家詹姆斯对自我意识进行过划分,他认为,自我意识分为物质自我、社会自我和精神自我三个方面。物质自我包括对于自己的身体、自己的衣着形象、自己的家庭等方面的认识和评价,为了满足物质自我的要求,人们会追求身体外表的漂亮,满足自己生理上的欲望,并爱护自己的家庭。社会自我包括对于自己的社会名誉、地位、亲戚、财产等方面的认识和评价,社会自我会调节人的行为去吸引别人的注意,取得别人的喜爱,追求情爱、名誉,进行竞争,产生野心等。精神自我则包括对于自己的智慧、道德水平、宗教体验等方面的认识和评价,由此而产生优越感或自卑感,在精神自我的引导下,人们会追求宗教与道德上的完美,用良心来衡量是非,追求个人的智慧和上进。

潜意识(有时称为无意识、下意识等)是人们觉醒状态不高,或在不知不觉中意识到事物,或者原来位于意识中的事物逐渐习惯化,不是处于清楚的意识当中。比如每天上班下班,对于道路两旁的每一个广告牌不一定十分留心,但是如果别人说起某一个广告来,头脑中模模糊糊地有那么一种印象,好像在哪里见过,但又确实说不清楚,这种印象其实就是潜意识状态的表现。

潜意识研究对于广告创意、广告效果研究有重要价值。比如研究人员分析消费者对于佳洁士(Crest)牙膏牌子的印象时,消费者头脑中应有的印象与实际的印象是不一致的[①],见表 3-1。

宝洁公司最希望的形象是"这种牙膏是宝洁公司(P&G)生产的",但它并不在消费者印象深刻的意识当中,所以宝洁公司新的广告创意要强化品牌的关联度,强化人们对 P&G 的态度。

表 3-1　消费者关于 Crest 的应有形象与实际形象

Crest 的应有形象	Crest 的实际形象
• 这种牙膏的气味诱人 • 这种牙膏通过了美国口腔协会鉴定 • 这种牙膏有薄荷香味 • 这种牙膏挤出来像胶状 • 这种牙膏是 P & G 公司生产的 • 这种牙膏有红、白、蓝颜色的包装 • 这种牙膏预防龋齿 • 这种牙膏让人们呼吸时有沁心的新鲜感 • 用这种牙膏刷牙更清洁 • 这种牙膏从牙膏管中挤出 • 这种牙膏从泵形牙膏管中挤出 • 这种牙膏比别的牌子的牙膏更昂贵 • 父母用这种牙膏 • 这种牙膏含有抑制牙垢的成分	• 这种牙膏的气味诱人 • 这种牙膏有薄荷味 • 这种牙膏从牙膏管中挤出 • 这种牙膏从泵形牙膏管中挤出 • 这种牙膏含有抑制牙垢的成分

三、消费者信息认知以及广告联想

消费者获得信息的过程包括注意、感知、记忆等心理活动,以及思维、情绪等关联性活动。

注意是人的心理状态对于客观事物指向性和集中性的表现。人们获得信息的第一个步骤是注意,人们接触广告的第一个步骤也是注意,测量或评估广告效果的第一项心理学指标"注意率"即与注意心理有关。

注意需要通过感官来实现,注意的同时,感觉知觉活动也在同时进行。在所有感官器官中,以视觉方式获得的信息量最多,大约要占 80% 以上,其余感官获得的信息不过

---

① （美）J. Paul Peter, Jerry C. Olson. Consumer Behavior and Marketing Strategy, Boston：Richard D. IRWIN, INC. , 1994.

总量的 20%（包括听觉、触觉、嗅觉等），广告中所运用的信息构成大致如此。

现代心理学对注意的研究较为完整，发现了较为重要的规律，比如：

人们瞬间视觉注意广度一般为 7～8 个单位。在现实生活中，人们注意商品、注意广告的时间会长一些，注意的广度可能超过这个数值。这个特点是广告信息设计中的重要参考，有些广告的信息量太大，许多重要信息无法进入消费者的注意范围，导致广告效果不如人意。

容易吸引人们注意的事物特征，一般与周围的反差较大，或事物本身的面积体积较大，或色彩明亮艳丽，或外观特征明显等。这些规律已经普遍应用于现代广告的表达之中：强烈的视觉反差、巨大的广告面积或体积、明亮艳丽的广告色彩等是广告中常用的技巧。

在众多不熟悉的事物中，熟悉的事物容易引起注意。广告中经常采用高频率重复的策略，不熟悉的品牌在无数次的重复之中会被逐渐地熟悉起来。

感觉是人们对于事物属性的反映，人的感觉主要有五种类型，分别是视觉、听觉、嗅觉、味觉、皮肤觉，其中皮肤觉是一种综合性的感觉，细分为温度觉、冷觉、触觉和痛觉。广告信息的传播过程，主要依靠视觉和听觉，少数广告会涉及到嗅觉、触觉（高档的平面广告设计过程会考虑其质感、香味因素），甚至于味觉（食品广告、饮料广告等）。

知觉是人们对于事物属性的综合性反映。知觉具有整体协调性、理解性、选择性和恒常性的特点，广告设计中经常运用知觉的理解性和恒常性特点。

理解性是指人们知觉一件商品时需要综合多方面的属性，但并不是说每一方面的属性缺一不可，对于客观上不能表现出来的商品属性，消费者通过自己的理解能够弥补这些不足的信息。比如，人们一般习惯把好的商品包装理解为好的商品质量，把广告宣传频率高的企业理解成规模大、资金雄厚的企业，消费者可能不知道商品的真正质量或企业的规模。这种理解性可能符合事物的客观属性，是正确的，也可能不符合客观的属性，是片面的甚至于错误的。

恒常性是指在知觉过程中，尽管距离、照明度、缩影比例等是变化的，但是人们知觉事物本身的特征却保持相对恒定性。比如企业的商标会出现在商品的包装上，也可能会出现在电视广告中、商场的宣传物品中、展销会的气球上以及企业的运输工具上，即使该商标的形状、大小，甚至于颜色不同，人们仍然会把它们看成是同一企业的商标。知觉的恒定特性为商业设计提供了更丰富的设计方式。我们提倡 CI 设计的思想，要求企业的商标与形象设计保持同一性，CI 设计中每一种标志的形状或大小在不同环境下会有一定程度的变化，这样避免商业设计中的单调与呆板。

联想是由一种事物想到另一种事物的心理活动过程。

一则好的广告或广告用语，常常使人产生优美或者幽默的联想。比如美发店的广告语"好心情从头开始"，女性美容产品广告语"做女人挺好"，人们看过之后，心里微微一动,愉快或幽默的联想油然而生。

还有一些广告令人浮想联翩,心神向往。比如百事可乐一则"天空滑翔"的电视广告:滑板运动员在天空滑翔如同在滑雪场地一样自如潇洒,脚下飞过辽阔的田野与城市风光,运动员一边滑翔一边开启一瓶百事可乐饮用,发现有一只大雁跟在他身旁,他翻身旋转大雁也旋转,他翻跟头大雁也翻跟头,他把饮料倒出来,饮料在空中像飘带一样飘向大雁,大雁顺势啄饮,最后欢快地叫了几声,回归大雁的队伍,大雁队伍演变成百事可乐的标志。许多人看过这则广告之后,很容易联想到天空滑翔的乐趣,大自然(风光与大雁)的壮美,以及百事可乐象征的青年一代的激情(见图 3-1)。

图 3-1　百事可乐的"天空飞翔篇"广告

还有一些广告通过制造悬念之类的办法,令消费者心神牵挂,长时间不能忘怀。

消费者的联想及联想结果是评估广告效果的重要指标,比如在广告效果评估的内容中,会讲到"品牌联想"这一指标,它是广告对象接受广告信息之后由该品牌联想到的内容,比如有人看到广告之后联想到"产品很时髦","情节比较感人","广告有人情味","产品让人信任",等等,这些联想的内容可以作为判断广告创意效果、目标针对性和有效性的参数。

四、消费者态度与广告

态度是人们对于事物所持有的肯定或否定、接近或回避、支持或反对的心理和行为倾向。态度与认知、情感和行为的联系十分密切,态度包含了情感因素,体现在人们对于事物的喜爱和厌恶的情感反应上。持肯定的态度时,人们会出现积极愉快喜悦的情绪,乐意去认识这一事物,并且积极地为这一事物采取相应的行为;持否定的态度时,人们会出现消极的不愉快的情绪,在行为上会采取回避的方式。

人们对待事物的态度,是对该事物采取行为之前的倾向性,会影响行为的进程和发展。消费者对商品、服务及相关事情抱有的态度即消费态度,消费态度影响消费心理和行为进行的方向,在一定时间内,态度具有相对的稳定性,所以消费者态度会在较长时间内影响商品的选择、购买和消费过程。消费者完成购物、消费过程之后,会对这个购物过程或消费过程形成态度,并且与情绪、认知等因素结合起来,构成了顾客满意度。

关于消费者态度的详细解释及研究方法,可以阅读消费者心理学之类的相关著作。

广告、广告主、商品以及消费者态度之间,存在十分复杂的互动关系。一方面,消费者对广告抱有相应的态度,消费者可能有过愉快的经历,对广告、广告主或广告商品心存喜悦,也可能有过不愉快的经历,对广告、广告主或广告商品心存疑虑。另一方面,广告的功能之一就是改变或引导消费者的态度,促使消费者态度向着有利商品销售的方向转变。

广告改变消费者态度主要表现在如下一些方面:

一是将消费者的消极态度改变为积极态度。比如美国 AirTran 航空公司是一家短程航空公司,1996 年因为一架客机坠毁,乘客对该公司的态度十分消极,乘载率低于50%。在广告和公关活动的协助之下,AirTran 启动了品牌形象工程,使用新的标志"**a**",重新制定价格策略,开发重点客户及其市场,采取新的策略与媒体合作。这些措施实施之后,乘客的态度得以逐渐转变,积极的态度渐渐占据主流,乘载率上升到70.4%,公司的盈利能力也大大提升。广告在改变乘客的态度方面,起了比较重要的作用[①]。

二是将消费者的中立态度改变为积极态度。比如 20 世纪 80 年代,许多大陆消费者对头皮屑持无所谓或不在乎的态度(相对消极),经过"海飞斯"等广告的宣传,人们对清理头皮屑的态度变得较为积极了。

三是将消费者的积极态度改变为消极态度。这种情况主要出现在老产品存在缺陷、新产品等待出台的时期。比如国内传统的钢结构窗户存在密封不严、保温性差的问题,塑钢窗户的广告宣传重点,一方面突出塑钢窗户的优点,形成有利产品推广的积极态度;另一方面提醒消费者认识传统钢窗的缺陷并形成消极态度,促使消费者尽快向

---

① [美]汤姆·邓肯著. 整合营销传播. 周洁如译. 北京:中国财经出版社,2004

新产品过渡。

广告改变消费者态度的结果,主要表现在三个方面:

一是消费者行为的增加或强化。在消费者态度向积极方面转变时,这种结果经常出现,比如近几年牛奶广告的大量出现,使得国内市场饮用牛奶的比例大幅上升,广告促进了人们的消费行为。

二是消费者消费习惯的形成,甚至于品牌忠诚度的形成。广告影响消费者并形成长期积极的态度,可能促使消费者形成消费习惯,比如前面提到人们对待头皮屑的问题,现在许多消费者已经形成了使用特定洗发水的习惯,对特定品牌形成忠诚度。

三是消费者原有的消费行为弱化,在老产品即将退出市场时期,可能会出现这种转变结果。

五、消费动力与广告

推动消费者心理行为进行的原因称为消费动力,消费动力包括消费需要和消费动机。减弱甚至阻碍消费者心理行为进行的原因称为消费阻力。广告的目的,在一定意义上讲是强化消费者的动力,减弱或消除消费者心理行为的阻力。

消费需要是消费行为前的一种心理倾向,是推动消费者行为进行的最普遍的内在原因。消费需要可以分物质需要与精神需要、先天需要与后天需要等,其中马斯洛关于"需要层次"的学说影响较大,他把人类的需要划分为七大类,即生理需要、安全需要、归属和爱的需要、自尊的需要、自我实现的需要、认识和理解的需要、审美的需要。

消费需要是广告或市场营销中引用率很高的一个概念,但这个概念的科学化研究程度并不令人满意,因为量化研究存在较多的难题和不确定性结果,在企业经营活动中,这些不确定性的结果难免给企业决策带来不方便。

消费者购买并消费商品时最直接的原因和动力称为消费动机。有些消费动机具有普遍性特征,在大部分商品消费中出现(可以称之为基本消费动机),比如实用型动机、方便型动机、美感动机、表现型动机、健康型动机、安全动机、储备动机、纪念动机、习惯型动机、心理平衡动机等。有些消费动机只出现在特定的商品消费过程中,并且是推动消费者行为的最直接原因(可以称之为主导消费动机)。比如食品消费中的新鲜美味,笔记本电脑产品消费中的省电轻便等,这些消费动机的针对性很强,不一定出现在所有产品消费当中。在分析市场或广告诉求策略的时候,不仅要分析消费者的基本消费动机,更要重视对主导消费动机的分析。

消费动机这个概念的引用率不高,但这个概念的科学化研究程度要好一些,因为比较容易取得量化的研究结果,在企业经营活动中,量化的研究结果可以给企业决策带来较多的方便。比如把消费者的动机强度与动机满足结合起来,可以制成一个广告定位策略图,使企业的决策方向变得清晰又明确(见图 3-2)。

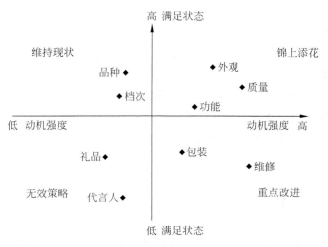

图 3-2　消费动机与广告定位策略图

有一位学者叫麦克高尔（McGuire），他把需要、动机与市场营销中的一些概念结合起来，认为需要与动机可以分为十二类[①]，因为他的分类清晰易懂，在市场上也有一定的参考价值，在此作简要介绍。

和谐的需要　人最基本的需要之一，人们希望自己的各个方面或各个细节之间保持和谐一致，比如人的态度、行为、观点、自我形象、对他人的看法等之间，需要相互和谐一致。

归因的需要　人们总是需要知道是什么原因、什么人导致了面前这些事物的发生。有一种学说叫"归因理论"，专门研究人们如何解释事物发生的原因。在市场营销中，厂商或销售人员向消费者传播各种信息，按照归因理论，消费者并不会将消费商品得到的利益全部归到商品身上，还可能归于其他原因。

归类的需要　人们趋向于按照一定的方式将事物归类，这种归类的需要可以大大降低信息认知的付出。比如人们会以 10 000 元作为归类标准，分出"万元以上"商品或"万元以下"商品，9000 多元、7909 元等都归为万元以下，10 005 元、17 009 元等都归为万元以上，这种心理需要常常被用于心理定价策略。

线索的需要　人们会根据一些线索或符号来推论自己的感觉与知识。着装是人们建立自我形象的线索，一些企业也以服装形象代表企业的风格。

独立的需要　因为自我价值体系的存在，派生出对独立的需要或自我控制的需要。

———————————

①　［美］Hawkins，Best，Coney.　Consumer Behavior-Building Marketing Strategy. 7th edition. 天津：南开大学出版社，1998

营销者经常利用这种需要设计营销标语,比如"做你自己想做的"(NIKE广告语)。

好奇的需要　人们经常因为好奇的需要而寻找生活中的变化,这是消费者更换消费品牌或冲动性购买的原因。在一种稳定的生活环境中生活时间太长,人们会觉得一定程度的乏味,好奇的需要会促使人们寻求生活中的变化并获得新的满意。比如旅游市场,营销者根据这种需要将市场细分为"探险型"与"轻松型"两类。

自我表达的需要　人们都需要让他人知道自己的情况、会做出什么行为等。在服装、小汽车等产品的购买中,产品本身具有符号特征,能代表购买者的身份或个性。

自我防卫的需要　人们有保护、防卫自我或自我形象的需要,当外部因素影响、威胁自我及自我形象的时候,人们会采取相应的行为或态度。在消费方面,人们通过购买著名品牌以防止自己的角色被他人误解。

自我标榜的需要　通过自己的行为获得他人尊重也是一种需要。这种人在商品购买中,一旦购买了不满意的产品,更倾向于向他人抱怨以维持自我。

自我强化的需要　曾经做出的行为获得了奖赏或回报,这些奖赏或回报会强化人们的行为,这是自我强化的需要。家具厂商经常以这种方式激发消费者的需要,比如"走入房间,你会立刻陶醉在朋友们的兴奋与赞许之中",通过朋友们的赞美来强化购买家具这种消费行为的价值。

归属的需要　人们需要友好、互助的人际关系,能被他人接受也能分享他人的情感。实际上消费群体的分类方法也参考了这种心理上的需要,有些消费者选择某种品牌,目的是与某一群体保持品牌消费的一致性以维持这种归属感。

模仿的需要　模仿他人的行为是消费者的一种需要,儿童正是依靠这种需要,从榜样那里学习消费方式而成长为真正的消费者。劳力士的广告说,"阿诺德·帕尔曼拥有劳力士",这给消费者一种暗示,你也应该戴一块这样的手表。

阻碍或阻止消费者心理行为进行的因素称为消费阻力,对于广告或营销人员来说,研究消费阻力如同研究消费动力一样重要。

消费阻力主要分为内、外两大部分。内部阻力是指消费者自身对动机实现的压制,比如消费信息太少可能产生的风险知觉、动机压抑、消费回避等心理因素,以及收入水平低、购买力不足等经济原因。外部阻力是指商品、服务及相关因素不符合消费者的期望,或商品与服务本身假冒伪劣,消费者阻止了行为的实现。广告在一定意义上会减弱或消除消费阻力,加速消费者心理行为的进程。表3-2归纳了一些主要的消费阻力,并列举了可以选择的广告策略。

表 3-2　消费阻力与广告策略

消费阻力		广告策略
内部消费阻力	• 消费信息不足：如没有任何消费信息，没有消费经验，没有参照群体等	• 加大广告投放力度，增加广告发布频率
	• 风险知觉：如支出风险，社会风险，形象风险等	• 以理性诉求为中心，改变消费者态度为目标
	• 动机压抑与回避：如动机冲突，消费回避，社会禁忌等	• 情感诉求作引导
	• 个性方面：如消极态度与偏见，原有习惯稳定，价值观不认同等	• 理性诉求与情感诉求并重
	• 生理性因素：如生理性排斥，没有需要等	• 没有有效策略 • 维持品牌形象
	• 收入方面：收入过低，支出有限等	• 维持品牌形象
外部消费阻力	• 购买困难：如布货不均，物流不畅，供不应求等	• 需要调整营销策略，理性诉求为主
	• 商品质量：如质量不稳定，质量无法判断等	• 无计可施
	• 商品形象：如商品形象与消费群体不一致，商品形象低劣，商品形象塑造手段低劣，形象代言人恶俗等	• 重塑品牌形象，重塑代言人形象
	• 商品进入衰退期：功能不全，式样老化等	• 维持或调整品牌形象
	• 商品价格方面：如价格太高，价格太低等	• 理性诉求为主
	• 营业环境差：环境布置差，服务质量差，相关条件差等	• 调整营销策略
	• 互动因素：群体规范，社会禁忌等	• 以形象代言人引导流行

本章要点：

心理学是研究心理现象的科学，一般从个体心理和群体心理两个方面来解释人的心理活动。心理学尤其是消费者心理学知识对广告学体系的支持非常重要，它是广告策略、广告定位、广告设计等广告活动的重要基础。

消费者心理学是研究人们的消费需要、消费动机、消费兴趣、购买决策、消费体验、消费者个性、群体消费心理、影响消费者心理行为的不同因素等内容的一门学问；除此之外，消费者心理学还研究不同商品的消费心理，营业环境与消费者心理的关系，服务人员对消费者心理的影响，广告对消费者心理的影响等内容。

消费者的心理行为过程存在五种角色分工，即消费的倡导者、决策者、影响者、购买者和使用者，广告一般面对其中的某些角色进行定位。

注意是人的心理状态对于客观事物指向性和集中性的表现，是人们获得信息、接触广告的第一个步骤，"注意率"是测量或评估广告效果的第一项心理学指标。

感觉是人们对于事物属性的反映，知觉是人们对于事物属性的综合性反映。知觉具有整体协调性、理解性、选择性和恒常性的特点，广告设计中经常运用知觉的理解性和恒常性特点。

联想是由一种事物想到另一种事物的心理活动过程。一则好的广告或广告用语,常常产生优美或者幽默的联想,甚至于令人浮想联翩,心神向往。

态度是人们对于事物所持有的肯定或否定、接近或回避、支持或反对的心理和行为倾向。广告、广告主、商品以及消费者态度之间,存在十分复杂的互动关系。广告能够改变消费者的态度,将消费者的消极态度、中立态度改变为积极态度。

消费需要和消费动机都是推动消费者心理行为的动力。消费需要是消费者对于商品的一种心理倾向,消费动机是推动消费者行为进行的直接原因和动力。消费需要这个概念的使用率较高,但实证应用性不强;消费动机这个概念的引用率不高,但其科学化研究程度要好一些。阻碍或阻止消费者心理行为进行的因素称为消费阻力,广告在一定意义上会减弱或消除消费阻力,加速消费者心理行为的进程。

本章思考题:

1. 心理学研究什么内容? 消费者心理学研究什么内容?
2. 请解释消费者购买行为的一般过程。
3. 消费者角色是指什么? 与广告活动有什么关系?
4. 人们获取信息主要依靠什么感官渠道? 有哪些特点?
5. 消费者态度是指什么? 与广告活动有什么关系?
6. 消费需要是指什么? 消费动机是指什么?
7. 综合实际案例,分析消费阻力一般包括哪些方面。

本章建议阅读资料:

1. 马谋超著. 广告心理(第二版). 北京:中国物价出版社,2002
2. (美)沃尔特 D. 斯科特著. 广告心理学. 李旭大译. 北京:中国发展出版社,2004
3. 罗子明著. 消费者心理学(第二版). 北京:清华大学出版社,2002
4. 黄合水著. 广告心理学. 厦门:厦门大学出版社,2003
5. 王咏,管益杰著. 现代广告心理学. 北京:首都经济贸易大学出版社,2005
6. 美国心理学会 23 分会(即社会/消费者心理研究分会)www.apa.org/ about/ division/div23

XIANDAI GUANGGAO GAILUN

产 业 篇

第四章

广 告 主

本章提示

广告主既是广告活动的发起者,也是广告活动的出资者。本章简要介绍了广告主的基本情况,包括广告主的类型,广告主的权利与义务,我国对广告主的管理等。针对我国广告主的广告意识水平参差不齐的现象,本章阐述了广告主应该树立的正确的广告观念。作为广告产业链条中的一个环节,广告主内部也有专门负责广告业务的部门,本章介绍了广告主广告部门的设置情况及工作范围。

第一节　广告主概况

一、对广告主的界定

> 广告主又称广告客户,是指为推销商品或服务,自行或者委托他人设计、制作、发布广告的法人、其他经济组织或者个人。

法人广告主是指企业法人、事业单位法人和社会团体法人;其他经济组织是指不具备法人资格,但依法可以从事商品经营或者提供服务的社会组织;个人是指依法能够从事商品经营或者提供服务的自然人,包括个体工商户、农村承包经营户及其他从事生产经营的个人。广告主为其商品或服务做广告,必须要有合法的经营权和经登记机关核准并颁发的《经营执照》。

对于自身的广告活动,广告主可以自行设计、制作、发布,也可以将广告业务部分或者全部委托他人。

广告主如果委托广告经营者代理其广告业务,须向广告经营者提供市场及商品资料,监督广告经营者的运作过程以及验收广告成品。作为广告行为的发起者,广告主须对广告所发布的内容的真实性负责。

二、广告主的基本类型

(一)根据广告主经营内容分类

1. 生产商

生产商主要包括从事生产资料生产的企业和从事消费资料生产的企业。

从事生产资料生产的企业,如钢铁、机床、炼油等企业,其商品不直接销售给消费者,广告投入在其销售额中所占比重较低,广告发布大多选择本行业的专业媒体或直邮广告。

从事消费资料生产的企业是目前市场上数量最多的广告主,这些广告主的广告费一般占其销售额比重较大。从广告投放量上看,药品、食品、饮料、化妆品、洗涤用品、电器等商品的广告位居前列。由于这些产品是大众消费品,因此在媒体发布中大多选择电视、广播、报纸、杂志等大众媒体,如图 4-1。

图 4-1　SWATCH 手表平面广告

2. 销售商

销售商是指购买了生产者的商品后再转卖给消费者的商业机构或个人,如百货店、超市、专营公司等。销售商一般包括零售商、批发商和经销商,在激烈的市场竞争中,他们也要对消费者或目标客户做大量的广告,如图 4-2。

3. 服务商

近年来,随着我国经济水平的逐年提高,服务业发展迅速,银行、保险、旅游、航空、通讯等行业竞争加剧,这类广告主的广告意识不断增强,广告费投入也在逐年增多,如图 4-3。

图 4-2　北京市百货大楼平面广告

图 4-3　中国国际旅行总社招贴广告

（二）根据广告主经营性质分类

1. 企业

企业是指具有法人资格的各种类型的公司（无限责任公司、有限责任公司、股份有限公司、个人独资公司、合伙人企业）。企业做广告的目的一般都是为了推销其商品和服务。

2. 政府机构和社会团体

政府机构和社会团体也是广告费投入较大的一类广告主。例如美国政府每年的广告费都有上亿美元之多，这些广告费的支出主要集中在两大领域：征兵和解决社会问题。美国政府曾经通过一场预算达 5500 万美元的电视广告战役为美国陆军征募新兵。除此之外，还有大量针对企业的政府出版物，敦促这些企业遵守政府的方针或法规。美国州政府和地方政府机关，尤其是那些医疗保健机构和社会福利机构，试图引导人们的行为（例如减少虐待儿童）或与那些有可能使用他们的服务的公民进行沟通，州政府还投资数百万美元宣传本州的彩票和旅游景点。

社会团体主要指各种行业协会、学会、联合会等。在美国，无论在国家一级还是州和地方一级，社会团体的广告都很常见。美国癌症协会通过广告宣传自己的计划和募集捐款，并试图改变人们的行为，他们既利用大众媒体，也利用直邮广告。

这类广告主做广告的目的通常是为了维护公众的利益，引导或改变人们的行为。从传播的角度看，政府机构和社会团体所做的广告与企业所做的广告在广告目的上没有太大的区别，它们都是为了向目标受众传播信息，劝说其采取行动或试图改变其行为。

3. 事业单位

事业单位是指国家财政拨款的单位。近年来，我国的事业单位在激烈的市场竞争环境下也开始引入企业管理制度，广告成为事业单位参与市场竞争的有力手段。

4. 一般公民

一般公民所做的广告主要是集中于一些个体信息的传播上，如寻人、征婚、寻租和招租等。这类广告大多集中于报纸分类广告栏中，一般不必经由广告经营者代理，可以由媒体直接承揽。

（三）根据广告主经营规模分类

1. 全球性广告主

全球性广告主的营销网络遍布世界各地。因此，这类广告主的广告战略也会紧随其营销战略，根据各地不同的市场状况和文化背景有针对性地制定。全球性的广告主一般委托在全球有执行能力的广告经营者代理其广告业务,这样便于广告主与广告经营者沟通,保证广告策略的一致性。

2. 全国性广告主

全国性广告主的营销着眼于全国市场,营销网络一般分布在 20 个以上的中等城市中。这类广告主是目前中国广告市场的主流,其广告投放费用占全国广告投放总额的很大比重。由于是在全国范围内开展营销活动,因此这类广告主在广告投放时一般选用能覆盖全国的媒体,并且由于这类广告主大多积累了一定的营销经验,因此对广告经营者的要求也比较高。

3. 区域性广告主

把市场范围确定在几个省或一个省以内的企业一般可以称为区域性广告主。这类广告主的广告目标群体为本地区的消费者,因此,广告发布所选择的媒体多为当地的媒体。

三、广告主的权利与义务

根据我国广告管理法规的有关规定,广告主在广告活动中应该享有一定的权利并承担相应的义务。

(一)广告主应该享有的权利

1. 要求广告管理机关保护自己依法从事广告活动的权利;
2. 是否做广告、做多少广告、何时做广告、采取何种方式做广告的自由决定权;
3. 选择广告经营者、广告媒体的自主权;
4. 要求广告经营者履行合同的权利及违约后的赔偿权;
5. 要求发布侵害自己合法权益广告的单位或者个人停止侵害、恢复名誉和赔偿损失的权利;
6. 对虚假、违法广告的举报权;
7. 对广告管理机关的行政处罚决定及其他行政处理决定不服时的申请复议权和提起诉讼权。

(二)广告主应该承担的义务

1. 遵守国家广告管理法律、法规的有关规定,依法从事广告活动的义务;
2. 按照合同向广告经营者支付广告及服务费用,不得索取和收受"回扣"的义务;
3. 主动提交相应主体资格证明文件或材料的义务;
4. 自觉提供保证广告内容真实性、合法性的真实、合法、有效的证明文件或材料,

不得欺骗和误导消费者的义务;

5. 自行或者委托他人设计、制作、发布广告,所推销的商品或者提供的服务,应符合广告主的经营范围和国家法律、法规的许可范围的义务;

6. 广告业务应该委托给具有合法经营资格的广告经营者和广告发布者设计、制作、代理、发布的义务;

7. 在广告活动中应自觉维护他人的合法权益,不得利用广告进行任何形式的不正当竞争的义务;

8. 应主动接受和积极配合广告管理机关的检查的义务;

9. 应履行广告管理机关和人民法院作出的已发生法律效力的广告行政处罚决定和广告行政处罚诉讼案件判决的义务。

四、对广告主的管理

(一) 对广告主进行管理的必要性

对广告主的管理是指广告管理机关依照广告管理的法律、法规和有关政策规定,对广告主参与广告活动的全过程进行监督管理的行为。由于广告主是广告活动的最初提出者,是广告费及服务费的实际支付者,因此广告主对于是否做广告、做多少广告、什么时候做广告、通过何种方式做广告以及选择哪家广告经营者代理等都有决定权。因此,广告主的广告意识将直接对广告活动产生决定性的影响。对广告主进行切实有效的管理,实质上是实现对广告活动源头的管理,这对保证广告的真实性与合法性,防止和杜绝虚假、违法广告的产生,进而净化整个广告行业,具有十分重要的意义。

(二) 对广告主管理的内容

广告管理机关对广告主的管理主要表现在两个方面:一是保护广告主依法从事广告活动的权利;二是确保广告主的广告活动必须遵守国家针对广告管理所制定的法律、法规和有关政策。对于广告活动中的违法行为,广告主应依法承担相应的法律责任,并接受广告管理机关的制裁。

根据《广告管理条例》、《广告管理条例施行细则》、《广告法》及其他广告管理法律、法规的有关规定,广告管理机关对广告主管理的内容主要包括:

1. 要求广告主提供主体资格证明;

2. 广告主的广告活动应在其经营范围或者国家许可的范围内进行,不得超出其经营范围或者国家许可的范围从事广告宣传;

3. 广告主委托他人设计、制作、代理、发布广告,应委托给具有合法经营资格的广告经营者、广告发布者;

4. 广告主必须提供保证广告内容真实性、合法性的真实、合法、有效的证明文件或者材料；

5. 广告主应依法申请广告审查；

6. 广告主在广告中使用他人名义、形象的，应当事先取得他人的书面同意；使用无民事行为能力人、限制民事行为能力人的名义、形象的，应当事先取得其监护人的书面同意；

7. 广告主发布烟、酒广告，必须经过广告管理机关批准；

8. 广告主设置户外广告应符合当地城市的整体规划，并在工商行政管理机关的监督下实施；

9. 广告主应合理编制广告预算，不得把广告费用挪作他用。

（三）对广告主管理的方式

我国对广告主的管理，主要实行验证管理制度。所谓对广告主的验证管理，是指广告主在委托广告经营者设计、制作、代理、发布广告时，必须向其出具相应的证明文件或者材料，以证明自己主体资格和广告内容的真实、合法；广告经营者只有在对广告主提供的这些证明文件或材料的真实性、合法性和有效性进行充分审查后，才能为其设计、制作、代理、发布广告，并将所验证过的证明文件或材料留档备查。如果广告主在委托广告经营者设计、制作、代理、发布广告时，不向其提供相应的证明文件或材料，或者广告经营者未对广告主进行验证管理，就为其设计、制作、代理、发布广告，这些都是不合法的，广告管理机关可依法追究其法律责任。

1. 对广告主的主体资格的验证管理

对广告主的主体资格的验证管理，是指对广告主的主体资格证明文件或材料的查验。根据《广告管理条例施行细则》中的相关规定，广告主申请发布广告，应当出具的主体资格证明文件或材料包括：

（1）企业和个体工商户应当交验营业执照；

（2）机关、团体、事业单位提交本单位的证明；

（3）个人提交乡、镇人民政府、街道办事处或所在单位的证明；

（4）外国企业常驻代理机构，应当交验国家工商行政管理局颁发的《外国企业在中国常驻代理机构登记证》。

2. 对广告内容的证明文件或材料的验证管理

所谓对广告内容的证明文件或材料的验证管理，是指广告经营者为确保广告内容的真实性与合法性，对广告主所提交的广告内容的证明文件或材料的查验。根据《广告管理条例》和《广告管理条例施行细则》中的相关规定，广告主必须向广告经营者提交能证明广告内容真实性、合法性的真实、合法、有效的证明文件或材料，这些证明文件包括：

（1）申请发布标明质量标准的商品广告，应当交验符合国家标准、部标准（专业标准）、企业标准的质量证明；应当提交省辖市以上标准化管理部门或者经计量认证合格的质量检验机构的证明；

（2）申请发布标明优质产品称号的商品广告，应当提交政府颁发的优质产品证明书，并在广告中标明授予优质产品称号的时间和部门；

（3）申请发布标明专利权的商品广告，应当提交专利证书；

（4）申请发布标明注册商标的商品广告，应当提交商标注册证；

（5）申请发布实施生产许可证的商品广告，应当提交生产许可证；

（6）申请发布报刊出版发行广告，应当交验省、自治区、直辖市新闻出版机关核发的登记证；

（7）申请发布图书出版发行广告，应当提交新闻出版机关批准成立出版社的证明；

（8）申请发布各类文艺演出广告，应当按照有关规定提交证明文件；

（9）申请发布各类展销会、订货会、交易会等广告，应当提交主办单位主管部门批准的证明；

（10）申请发布个人启事、声明等广告，应当提交所在单位、乡（镇）人民政府或街道办事处出具的证明；

（11）广告主申请刊播、设置、张贴广告，应当提交各类证明的原件或有效复制件。

第二节　广告主的广告意识

> 广告活动质量的高低、效果的好坏，并不完全取决于广告策划和设计制作的成功与否，而在很大程度上取决于广告主的广告意识。大卫·奥格威曾经说过："有什么样的客户就有什么样的广告宣传。"

广告意识是指人们对广告的意见、态度和观念。一般来说，广告活动应该按照广告主的要求和意图来进行，因此广告主的经营思想和广告意识会对广告活动产生直接的影响。

一、我国广告主广告观念的演变过程

从 1979 年我国大陆广告业复苏至今已有二十多年,其发展的历程可以大体上分为四个阶段:广告业的复兴阶段(1979—1984)、广告业的探索阶段(1985—1991)、广告业的动荡与快速成长阶段(1992—1996)、广告业走向成熟阶段(1997 至今),具体内容见本书第一章第二节中国广告产业发展概况。

在我国广告业跌宕起伏的过程中,广告主对待广告的观念也在发生着变化。

(一)广告业复兴阶段广告主的广告观念

在广告业恢复初期,企业还没有树立起完整的营销观念,因而对于作为营销工具之一的广告应当承担何种职能,企业缺乏清晰的认识。

由于当时我国正处在新旧体制转换之际,信息渠道尚不健全,市场上普遍存在的问题是,一些企业积压着大量产品苦于没有销路,而另一些企业则是苦于没有货源,于是广告成了沟通二者的桥梁,在这一时期发挥着显著的作用。"一条广告救活一个企业"的例子屡见不鲜。

这一时期企业对于广告的认识还处于初级阶段,多数企业做广告的目的是想将积压的产品卖出去,而并不是想主动占领市场,因此,当时的广告主要发挥着告知的作用,其表现形式及传播手段都非常单一。

在表现形式上,主要以表现企业自我及产品为主,缺少创意。当时典型的广告语就是"国际金奖"、"省优、部优、国优"、"质量第一、用户第一"、"实行三包,代办托运",等等。形式之单一,内容之枯燥可见一斑。

在传播手段上,主要是依靠报纸、广播及户外媒体发布广告信息。之所以当时没有采用电视作为广告媒体,一方面是当时人们还没有意识到电视广告巨大的影响力;另一方面是由于当时企业的广告经费有限,无法承担相对较贵的电视广告费用。

(二)广告业探索阶段广告主的广告观念

与 20 世纪 80 年代初期相比,这一时期企业对于营销的理论有了进一步的认识,广告意识开始增强。其间,随着非国有经济成分的出现、沿海开放城市的崛起以及国外品牌的进入,整个市场的竞争环境日趋复杂和激烈。尤其是国外品牌以各种方式进入中国市场后,其先进的营销理念、运作方式,开始潜移默化地渗透进中国的企业之中。总之,众多竞争性因素的加入以及我国市场的不断开放,使企业的推销意识,尤其是广告意识不断增强。

市场经济的活跃,使得社会产品的数量不断增多,品种日益丰富。前一阶段广告为企业走出困境所做出的贡献使企业对广告更加重视,纷纷把广告视为重要的竞争工具,在媒体上开始大量投放。这一阶段,广告经营额的增速达到40%以上。

(三)广告业动荡与快速成长阶段广告主的广告观念

随着企业的规模不断扩大,生产能力不断提高,一些商品开始出现过剩;而同时,基本消费品的需求逐渐趋于饱和。企业已不可能仅仅专注于生产物美价廉的产品坐等消费者上门,大量生产的时代正在远去,取而代之的是大量销售时代的到来。

这一时期,企业的营销观念开始由生产观念向推销观念转变。企业认识到广告不仅具有传递信息的功能,还具有劝服的功能,是一种有效的促销手段。同时部分企业也意识到建立品牌的重要意义,意识到仅仅通过广告扩大产品的知名度是不够的,必须在消费者心目中建立起良好的品牌形象,因此,广告的附加价值,即广告对品牌形象的提升作用受到重视。再加上广告具有传播范围广、传播速度迅捷等特点,使得众多企业热衷于通过广告提高企业、产品的知名度。

然而,这时企业对广告还缺乏理性的认知,许多企业盲目地认为只要大量做广告就能提高产品的知名度,进而提高产品销量。在这种思想指导下,1992年和1993年,广告营业额的增长速度甚至达到93.4%和97.6%。

(四)广告业走向成熟阶段广告主的广告观念

1998年之前我国的广告经营额平均每年以40%～50%的速度增长,从1998年开始,广告经营额的增长率开始下降到20%以下,并呈逐年平稳下滑趋势,到2001年下降到11.5%。企业的营销重点也从广告转向了终端促销。

广告在企业营销中地位的下降受多种因素的影响,既是竞争环境变化的结果,也是企业对广告观念转变的结果。

上一个阶段中,企业盲目地大量投放广告不但没有带来预期的建立强大品牌的结果,有些企业还因为对广告投入过多影响了经营,因此,在这一阶段,企业对广告投放明显表现得较为理性和审慎。企业逐步认识到,广告不是万能的,它只是企业的营销手段之一。

企业开始重视对广告效果的研究。媒体数量的激增,使受众有了更多的媒体可供选择,但同时也使单个媒体被选择的机会降低,尤其是电视遥控器的出现,更使媒体获取目标受众的能力降低,广告效果更加难以评估,其有效性也受到质疑。由此许多企业意识到,应该在充分调查的基础上合理地使用广告费,并将广告与其他促销手段整合运用才能达到最佳效果。广告不是站在企业的角度对消费者一味地劝服说教,而应当以一个沟通者的身份,站在消费者的角度真正了解他们内心的想法,与消费者进行有效的交流与互动。广告在为企业带来短期销售效益的同时,更应当为品牌形象的建立和维护做出贡献。

二、广告主对广告认识的误区

总结我国广告主广告观念的演变过程,我们可以发现,广告主在广告意识上普遍存在着这样一些问题。

(一) 仅仅把广告当做"传递信息"的工具

在当今激烈的市场竞争中,广告已经成为企业参与市场竞争的有力手段。精心策划制作的广告往往能使企业或其产品在同类中脱颖而出。然而一些企业的广告意识仍旧比较保守,他们只是将广告当做一种简单的信息传递工具,做广告的目的只着眼于产品信息的告知。这类广告主往往不注意对广告策划与创意的选择和运用,甚至对广告的设计制作也没有很高的要求。在这种广告意识指导下进行的广告活动很难产生理想的效果,因为这种广告意识与现今的市场经济规律不相吻合。

(二) 单纯强调广告的推销作用

有些广告主把广告作为刺激消费者的购买欲望,促进产品和服务销售的工具。存有这种广告意识的企业在主观上表现出强烈的做广告的欲望,参与广告活动的热情很高,但由于缺乏正确的广告意识,对广告费用的投入带有较大程度的盲目性,缺乏全面的调查研究,未能做到真正的有的放矢,广告效果往往不甚理想。其表现为:在广告目标上,侧重于短期内的销售增长和经济效益的实现;在广告内容上,局限于对产品的介绍和对购买的刺激;在广告形式上,偏重于平铺直露的直接宣传;在广告策略上,强调大张旗鼓地倾力推销;在广告时机上,集中在产品的当令季节或滞销阶段。这种以企业眼前利益为出发点,以自我为主进行的广告宣传,往往难以打动消费者的心弦,甚至产生逆反效果。尽管这种强调广告推销作用的广告意识可能在短期内对产品销售的增长有一定的帮助,但由于其以眼前利益为主的局限性,最终会影响广告效果的充分发挥。

(三) 相信对广告的大投入必然带来大产出

存有这种广告意识的企业对广告的投入缺乏理性的判断,将广告的投入与广告的效果画上等号,而很少考虑对广告进行科学的策划与合理的投放,盲目相信大品牌都是广告"砸"出来的。在这种意识的指导下,一些企业往往为了追求轰动效应而在广告投放上"超前消费",让人们在惊叹于企业巨额的广告投放的同时也为其发展捏一把汗。还有一些企业则将大量的广告费投入到频繁的广告曝光率上,广告频频出现于各个频道的各个时段,令消费者不胜其烦。这两种做法其实都暴露了企业营销观念的落后,他们没有认清广告只是营销链条中的一环,而并非解救企业的万能之物。

凡此种种,说明在现阶段我国企业广告主广告意识的水平仍是参差不齐的。

三、树立正确的广告意识

广告主树立正确的广告意识，就是应该从市场营销的角度正确理解广告，将广告视为市场营销链条中的有机组成部分，同时强调广告活动的展开不是以企业为中心，而是以消费者为中心，注重广告的整体效应和远期效应。

（一）加强对目标消费者消费行为的研究，有的放矢地开展广告宣传

广告的诉求要从目标消费者的需求出发，就需要对他们进行充分的研究。我国人口众多，地区间的经济文化发展很不平衡，消费行为的差异性很大，消费者在广告信息接收的渠道、方式上以及对广告的心理反应上自然会很不相同。因此，广告不能仅停留于笼统的一般化宣传，而应当在市场调查的基础上，找准企业产品的目标消费者，从目标消费者的特定需求和接受心理出发，结合产品特色，确定相应的广告主题、广告内容、广告形式和广告传播方式。对目标消费者的分析，不能仅停留在分析他们对于物质产品的直接需求上，还应当分析他们在一定文化背景和经济条件下所形成的其他需求，如精神文化方面的需求。只有将消费者的这些不同层次的需求融入广告中，才能强化广告的影响力。

（二）加强对企业广告战略的研究，重视广告活动的整体策划

由于营销观念强调以目标市场的占有和巩固为首要目的，重视企业的整体效益和长远效益，因此，企业应当注意加强广告活动整体战略的策划。企业的广告活动是由一个个具体的广告行为所构成的，要使这些行为相互协调、配合，就必须要有一个总体的指导思想，并有在此指导思想的指引下制定出的对各个广告行为具有指导意义的统一的广告战略目标。在统一的广告战略目标的指导下，所实施的广告行为才能共同产生广告效益，企业广告活动的期望目标，才能通过一系列的广告活动的开展最终得以实现。

目前，我国一些业务比较成熟的广告经营者开始为广告主提供广告活动的整体策划。他们注重广告策划的系统性，即在充分考虑各种内外因素的影响和发展变化趋势的基础上进行全面的策划，从总体上去把握广告活动的战略进程；对于战略性的广告活动，他们注重分层次分阶段逐步递进，有明确的终极目标和阶段目标；他们强调策划的抗衡性，即广告战略策划既应体现竞争，又能适应各种情况的变化。这些做法已经取得了一些成绩，目前我国已有不少企业接受了广告策划的观念和做法。

（三）注重广告策划与各项营销手段的总体协调

广告是企业营销系统中的一个有机组成部分，同其他营销手段一起共同发挥作用。开展广告活动时，既要分析市场对广告活动所提出的要求，又要分析企业内部各种经营

活动对广告所产生的影响,同时也要研究广告系统内部各要素、各环节之间的关系及运行规律,因此,必须围绕企业经营的总体目标,对包括广告在内的各种营销策略的运用进行统一的部署和规划,加强相互之间的配合与协调。

(四)加强企业广告策略的研究,提高广告活动的科学性与艺术性

广告主不仅是广告活动的发起者与出资者,也是广告作品的检验者。为了使广告作品能完美地出现在广告对象面前,广告主还应当对广告具体实施策略有一定的了解,这样一方面有助于广告主与广告经营者进行有效沟通,另一方面也有助于广告主以较为专业的眼光检验广告作品,并正确评估广告的效果。

 小资料 4-1:怎样当一个好广告主[①]**(节选)**

我知道一位啤酒商,在他的客户当中,没有看过他的啤酒广告的要比看过的多,低劣的广告会使产品滞销。出现这种灾难,责任有时在广告公司,但往往该责怪的是广告主。有什么样的广告主就有什么样的广告宣传。

在这里,我要写下 15 条规则,假若我是广告主,我会遵照这些规则和我的广告公司打交道,相信他们会提供最好的服务。

1. 消除你的广告公司的惶恐心理

经营广告公司大部分时间是令人胆战心惊的。这一方面是因为在广告公司工作的人很自然地都缺乏职业保障;另一方面,许多广告主都明白无误地把自己总是在物色新的广告公司的事形之于色。在战战兢兢的环境里是无法创作出好广告的。

2. 要选准广告公司

不在行的人会利用招标的办法吸引一些广告公司提供免费的投标广告方案。在这种竞争中获胜的是那些把公司最有才干的人员投在竞争新广告业务上的广告公司,他们把已经揽到手的广告主交给二流人员照管。如果我是广告主,我就要找一家不设新客户开发部门的广告公司。最好的广告公司不需要这种部门,他们不做投标性的广告活动,而是按照自己的业务能力发展广告业务。

3. 向你的广告公司全面彻底地介绍你的情况

你的广告公司对你的公司和你的产品了解得越多,他们为你做的广告就越好。有些广告经理过于疏懒,完全不懂得怎么样好好地向他们的广告公司介绍情况。碰到这种情况,我们只好自己去发掘。结果,我们拿出广告提案的时间总要延宕,让所有有关的人

---

① (美)大卫·奥格威著. 一个广告人的自白. 林桦译. 北京:中国友谊出版公司,1991,63~77

泄气。

4. 莫要在创作领域里与你的广告公司比较高低

你应该向你的广告经理讲清楚,创作广告是广告公司的责任,不是他的,告诫他毋须去分担广告公司的责任。

在埃勒顿·杰蒂把哈撒韦牌衬衫的广告业务交给我们来做的时候,他说:"我们的广告预算每年还不足3万元,若是你肯接受,我可以向你保证我绝不改动你的广告文案中的一个字。"

于是,我们接受了哈撒韦牌衬衫的广告业务,杰蒂信守了他的诺言,他把为他做广告的责任全盘交给我们。若是我们为哈撒韦牌衬衫做的广告失败了,责任全在于我。可是并没有失败。从来没有过用这样低的花费建立起一个全国家喻户晓的品牌的先例。

5. 悉心照料给你下金蛋的鹅

广告公司被人请去为还没有出实验室的新产品准备广告提案,这大约是广告公司能遇到的最重要的工作了。

这不是新手能干的事。它要求做这个提案的人能洞悉市场、有丰富的想象力,还能运用调查研究得来的资料厘定产品名称、包装和对消费者应该作出怎样的承诺,同时他还要考虑到在竞争者推出同样产品的时候的对策。另外,同样重要的是,他必须有创作能力,为产品创作有效的广告。环顾美国市场,我认为具有这等才能和素质的人才,可以说真是凤毛麟角。而广告主一般又都要求广告公司承担制作这种提案的花费。若是厂商能像他们投资新产品的开发一样投资新产品的广告宣传和促销活动的话,新产品在市场上的成功率将会大大增加。

6. 莫让一层又一层的公司机构干预你的广告宣传

我知道有一位广告主,在自己的公司里搞了5道关卡来审查确认他的广告公司为他制作的广告方案,每道关卡还都有改动和否决广告方案的权力。

这种做法会产生严重的后果。它会使秘密信息泄露出去,把有能力的人拴在一个又一个没有必要的审查作品的回忆里,把原来的简明朴素的方案搞得面目全非。最糟糕的是,它搞起一种"创作政治",毒化了气氛。撰稿人员学会了迎合广告主各层次头头的本事,到处捞取资本。

7. 确保你的广告公司有利可图

你的广告公司拥有不少客户。如果广告公司觉得为你创作广告无利可图,他们就绝不会派第一流的人才为你服务。而且,他们迟早会找到能让他们赚钱的客户来取代你。

8. 不要和你的广告公司斤斤计较

如果你容许你的职员贪小便宜，在付费问题上与你的广告公司斤斤计较，那你就犯下了错误。譬如，在市场调查研究问题上你很小气，其结果是你得不到足够的调查，你的广告公司就不得不盲目行事。这样，遭损失的还是你自己的公司。

9. 推诚相见、鼓励坦率

要是你认为你聘用的广告公司表现很糟，或者你认为某一份广告做得不够分量，千万不要绕圈子，而要讲清你的想法，直言不讳。你的坦诚会带来你的广告公司同样的坦诚。若无双方坦诚相待，任何伙伴关系都不会有成果。

10. 定出高标准

明确提出你对广告公司的要求，他们若是做到这一点，就多给他们奖励。可是千万不要让你的广告公司躺在成绩的桂冠上。要不断地鼓励他们攀登更高的巅峰。

11. 一切经过测试

广告语汇中最重要的词是"测试"。向消费者测试你的产品，测试你的广告，你在市场上就会事半功倍。

12. 急取效率

大公司里的年轻人不懂得时间之可贵，就好像利润不是时间的产物。杰里·兰伯特以李斯德林漱口水取得突破性成功的时候，他把时间按月分段，以加速整个市场营销进程。杰里·兰伯特主持兰伯特医药公司的那些年，公司不是按年，而是按月过日子的。我向所有的广告主推荐这种做法。

13. 不要为有问题的产品浪费时间

大多数广告主以及他们的广告公司花费过多的时间在重振遇到麻烦的产品上，却只花很少的时间去为已经获得成功的产品更上一层楼而动脑筋。集中你的时间、才智以及广告费去经营你的成功产品。对成功的产品应该投入更广泛的宣传。支持获胜的产品，舍弃失败的产品。

14. 珍惜良才

广告公司里才华出众的人凤毛麟角。我们必须要尽可能地发掘这类人才。但几乎毫无例外的是，他们都很难相处。要很珍惜他们，他们会替你下金蛋。

15. 勿使广告预算捉襟见肘

广告主制定的广告预算，十中有九是偏低的，这很难达到预定目标。如果投入某一个品牌的广告费一年不足 200 万元，那你就不要不断地作全国性的广告宣传活动。攥拢拳头，集中财力于最有把握的市场，要不然就把广告宣传瞄准某一个消费者阶层，或者干脆放弃做广告。

第三节　广告主的广告部门

一、广告主与广告经营者的合作方式

> 　　企业的广告组织是企业内统一负责广告活动的职能部门。在现代企业活动中,企业的广告组织承担的责任是十分重要的,但是它并不能取代广告经营者。一般来说,广告主会把监督的责任交付给本公司的广告组织,而把策划、创意、制作等业务委托给外界的广告经营者。

(一)广告主委托广告经营者代理其广告业务的原因

广告主之所以委托广告经营者代理其广告业务,主要原因在于:

1. 广告活动的策划,是一件繁复的工作,需要各方面专业知识的配合,广告主的广告组织一般个案经历比较单一,缺乏专业的技术与技巧,代替不了广告经营者的工作。

2. 广告经营者对于广告主,是营销推广方面的得力助手,广告主常常可借助广告经营者的服务获得市场资料、业界动态等,甚至可以得到许多免费或价廉的咨询、协助。

3. 如果广告主自行策划制作广告,势必要增加人事管理、硬件设备等成本支出,这和委托企业外部的广告经营者比较起来,不够经济合算。

(二)广告主与广告经营者的合作方式

广告主借助广告经营者的帮助是必要的,但借助的形式却各不相同。

综合实际情况,广告主委托广告经营者代理其广告业务的方式主要有三种:

1. 广告主委托一家综合性广告代理公司全权代理、处理广告事务。这种方式的优点是广告主与广告公司容易沟通,便于广告公司全面掌握广告主的整体情况,使广告公司能将广告活动和广告主的其他营销活动有机地协调起来,发挥广告的最大作用。缺点是广告主容易受制于一家广告代理公司,在广告活动出现问题时缺乏应变的弹性。

2. 广告主将产品按类别分散委托不同的广告经营者。目前,我国的一些广告业务量较大的广告主普遍采用这种方式。这种方式的优点在于广告经营者之间会形成良性的竞争,从而有助于确保他们对广告主服务的品质。此外,这种方式还有分散风险的作用,不会因为一家广告经营者的失败而导致全盘皆输。这种代理方式的缺点是广告代理公司之间的广告策略有时会产生冲突,从而影响到广告目标的实现。

3.广告主负担一部分工作,不足的部分再分别委托给不同的广告经营者。

不管采用哪种方式,只要广告主的广告组织设置得当,广告部门机能健全,就可以充分发挥外脑与外力的作用,达到较好的广告效果。

二、广告主广告部门的主要类型

广告主的广告组织是广告主内部负责广告活动的职能部门,它负责协调组织广告主广告方面的所有事务,与广告主的其他职能部门一起构成广告主的营销管理系统。一般来说,广告主广告组织的管理形式是设立独立的广告管理部门,也有少数广告主在广告管理部门的基础上设立了自己的广告代理公司。广告主广告部门的设置与其营销系统的设置有很大关系,一般有如下四种类型。

(一)按地区市场构建的广告部(如图4-4)

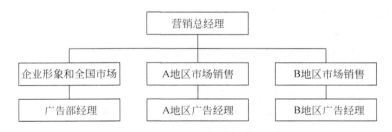

图4-4 按地区市场构建的广告部

(二)按产品或品牌类别构建的广告部(如图4-5)

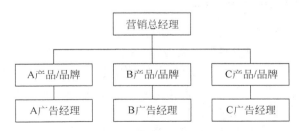

图4-5 按产品或品牌类别构建的广告部

（三）按广告活动专业分工构建的广告部（如图4-6）

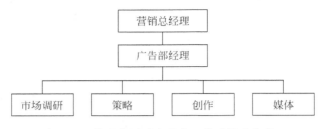

图4-6　按广告活动专业分工构建的广告部

（四）按媒体类别构建的广告部（如图4-7）

图4-7　按媒体类别构建的广告部

　　无论有多少种类型，综合起来，广告主的广告部门都是为了完成横向沟通（即在广告主内部跨部门的沟通）和纵向沟通（即在广告主与广告经营者之间的沟通）的职责，其类型多依据实际需求而定。

　　随着我国广告业的不断发展，广告主的广告组织多半已经独立门户，适位归属到相应的部门之下，或直接由最高负责人管理，广告部门的责任日益加重，广告主对自身广告部门人员专业素质的要求也相对提高。在广告主广告部门工作的人员，必须拥有行政管理的专才，这样才能维持本部门的有效运作；必须具备营销观念，以便向本企业和广告代理公司提供正确的营销方向及广告目标；必须具备广告实务经验，因为只有深入了解广告运作细节，才能有效监督广告经营者的工作状态及效果。

三、广告主广告部门的主要职责

　　大多数广告活动的主要目的是促进销售，因此，最初许多广告主将自身的广告部设在营业部之下。后来广告部开始脱离营业部，逐步独立。有些广告主的广告部直接由广告主最高负责人管理，有些由主管营销或宣传的副总经理级的人物负责，无论是受谁领导，隶属于哪个部门，广告主广告部门的负责人比较重要，这里我们称他为广告部经理。

　　广告部经理在各个企业所处的位置有所不同，比如，在没有多少广告量的小型企业中，广告部经理（如设有广告部的话）可能直接受企业主管的管辖。在非常重视推销活动的企业，广告部经理可能是销售总经理领导下的一个部门经理。但是，一般说来，广告都被当做市场营销的一部分,广告经理受市场营销主任的管辖。在这种情况下,广告排到了与其他市场营销职能,如分配、营销调查和产品计划等同样重要的位置上。广告部往往与企业外部的广告经营者协同制作本公司的广告。

企业规模的大小、广告在企业中的重要程度以及产品本身的特性,均会使广告部经理的特殊责任发生重大变化,但是,某些责任对大多数广告部经理来说是相同的。

(一)广告部经理的一般职责

1. 策划广告活动是广告部经理最重要的工作。为此,广告部经理必须制定出长期策划和短期策划,并像熟悉广告那样熟悉市场营销。

2. 监督下属和广告经营者实施上述策划。

3. 选择与之合作的广告经营者并评估其工作。

4. 向企业高级主管请示有关广告事宜并向他们提出相关的建议。这一切要求广告部经理熟知市场营销及广告传播的各个环节。

5. 协调广告与其他市场营销职能之间的关系。广告部经理必须与员工们密切合作,以保证企业的广告确实突出了产品的最受欢迎之处,选择的媒体确实最有利于广告对象接收广告信息。广告部经理可以帮助公司销售人员准备材料,帮助批发商准备销售推广材料(POP 展示、报纸广告版式等)。

6. 与生产部门合作,以便确定产品的最佳色彩、包装形式等。

7. 在公关部门的协助下,广告部经理策划并实施广告传播方案。在信誉宣传中,广告部经理需要公关人员的帮助,以确保所有广告的确有利于公司形象。

8. 协助其他部门的工作。广告部经理会同法律部门对竞争方案进行检查,以防竞争活动违反法规。广告部经理还可以会同财务部门,监督广告开支,或落实付款事宜。

9. 与广告经营者以及本企业的其他高层主管共同商订广告预算。

(二)广告主广告部门的职责

结合以上广告部经理应当承担的工作,我们对广告主广告部职责的表述如下:

1. 参与制定企业的战略决策。

2. 参与制定广告活动计划。每个企业都有各自的市场目标,广告工作以实现企业市场目标为目的。广告活动计划中,需要确定如何开展广告活动才能保证企业达成市场目标。

3. 制定具体的广告目标。

4. 开展广告及与广告有关的活动,如公共关系、宣传、促销、市场调查等。同时还要注意,只有协调运作上述有关活动,广告才会产生理想的效果。

5. 合理地选择和使用广告代理公司、广告调查公司、促销公司、制作公司等。

6. 制定广告预算方案并取得上级对广告预算方案的认可,特别是在有效地利用广告预算上尽最大的努力。

7. 选择最能使广告信息有效地传达到广告对象的媒体。

8. 注意协调、调动广告部工作人员的积极性。

9. 评估广告经营者的工作及广告效果。

10. 与有关广告团体保持良好关系。

11. 及时将本部门与外围委托单位的情况报给主管人员。

 小资料4－2：2002、2003年我国各类产品广告投放情况（见表4-1、表4-2）

表 4-1　2002 年我国各类产品广告投放情况

类　　别	投放额（亿元）	与 2001 年比（%）	占投放总额（%）
房地产	101.39	145.93	11.23
药品	95.02	98.27	10.52
食品	92.55	102.89	10.25
家用电器	78.74	119.52	8.72
化妆品	66.21	104.53	7.33
医疗服务	48.97	150.17	5.42
汽车	40.49	177.12	4.48
酒类	34.63	84.05	3.83
医疗器械	31.85	170.05	3.53
服装服饰	24.64	101.52	2.73
旅游	19.49	123.12	2.16
烟草	9.19	101.00	1.02
其他	259.99	106.14	28.79

数据来源：《现代广告》2003 年第 4 期

表 4-2　2003 年我国各类产品广告投放情况

类　　别	投放额（亿元）	与 2002 年比（%）	占投放总额（%）
房地产	159.15	156.97	14.75
药品	127.48	134.16	11.82
食品	100.37	108.45	9.30
家用电器	88.00	111.76	8.16
化妆品	73.01	110.27	6.77
医疗服务	52.54	107.29	4.87
汽车	47.33	116.89	4.39
服装服饰	44.23	179.50	4.10
酒类	44.01	127.09	4.08
医疗器械	31.86	100.03	2.95
旅游	20.10	103.13	1.86
烟草	13.23	143.96	1.23
其他	277.37	106.68	25.71

数据来源：《现代广告》2004 年第 4 期

小资料 4－3：WTO 相关协定对我国六大行业广告市场的影响及其变动趋势[①]

一、汽车行业

影响方式			• 2006 年前,整车关税由目前的 80%～100% 降至 25%;零部件关税降至 10% • 2005 年前逐步取消汽车进口配额限制 • 2 年内解除车型限制,允许外方控股发动机合资企业 • 汽车服务贸易领域逐步对外开放,给予全面贸易权和分销权
专家预测入世影响高峰期			3 年
市场与竞争	**现状**	**国内**	• 汽车工业组织结构、产品结构趋向合理,技术水平和生产集中度得到提高 • 汽车零部件工业落后面貌有一定程度改观,但企业规模普遍较小,具有国际竞争力的产品少 • 市场消费结构已经从公务用车为主向团体、个人购车转变 • 汽车生产规模小,生产厂家多,重复投资建设严重 • 轿车价格过高 • 产品开发能力弱,没有自主知识产权 • 汽车服务贸易领域是薄弱环节
		国际	• 目前约有 50% 以上的世界主要汽车厂商在中国设立合资基地 • 国外大型汽车公司每年的技术开发费约占年销售额的 3%～5%,高达几亿至几十亿美元
	入世后变化趋势		• 进口的廉价轿车对我国汽车市场冲击很大 • 增速最快的是排量 1～2 升的私人用车 • 国产货车优势突出 • 整车价格总体水平有大幅下降的可能,进口车 5 年后有三成降价空间 • 产能过剩至少到 2005 年才能有所缓解 • 零部件供应体系将分化成三个清晰的层次 • 存在国内市场沦为发达国家生产厂商的一个销售场所的可能性
营销与广告	**现状**	**国内**	• 广告投放逐年上升:2000 年汽车制造商广告投放总额 42.5 亿元,增长率为 180.79% • 大集团广告投放力度明显超过其他企业;合资企业的广告力度大于国有企业 • 轿车广告投放力度大,投放额达到 3.2 亿元,货车、农用车的广告频次最多 • 轿车电视广告投放区域集中在经济发达的粤、京、沪、津等地区 • 轿车企业倾心地方日报、晚报媒体
		国际	• 营销与广告占销售投入很大比重 • 1999 年美国汽车业广告费为 140 亿美元,排名国内广告投放额第一位;日本约为 18 亿美元,占其国内广告总额的 9%

①　IAI 国际广告研究所. 纵横围合中的未来:加入 WTO 对中国广告业的影响. 国际广告. 2002,1

营销与广告	入世后变化趋势	• 家用轿车的广告量会大幅度增加 • 本土汽车企业自身形象广告和产品广告增加。汽车促销广告时代到来 • 电视媒体将成为汽车企业形象广告首选 • 报刊广告将更注重介绍汽车的质量、性能,培养消费者品牌忠诚度 • 对于中高档汽车而言,直邮广告影响力更大 • 总体上广告投放格局不会发生大变动。外资品牌和合资品牌仍是广告市场主体

二、家电业

<table>
<tr><td colspan="3">影响方式</td><td>• 大幅削减关税,降低贸易壁垒</td></tr>
<tr><td colspan="3">专家预测入世影响高峰期</td><td>1~5 年</td></tr>
<tr><td rowspan="6">市场与竞争</td><td rowspan="4">现状</td><td>国内</td><td>• 已处于成熟的完全竞争市场;市场趋于饱和,生产力过剩;产品已进入国际市场
• 价格竞争一度白热化,对行业造成损伤
• 耐用家电消费品的主导品牌占有 70% 以上的市场份额
• 形成海尔、长虹、TCL、科龙等领先企业</td></tr>
<tr><td>国际</td><td>• 发达国家部分家电企业向海外转移,以降低生产成本
• 技术含量高的产品是企业赢利的主要来源</td></tr>
<tr><td colspan="2">入世后变化趋势</td><td>• 品牌竞争是最重要的较量,产品的技术、质量、价格等同质化明显,不再是消费选择主要因素
• 规模大、效率高、运营成本低是赢得市场的关键
• 入世 5 年内出口将增加四成</td></tr>
<tr><td rowspan="3">营销与广告</td><td rowspan="2">现状</td><td>国内</td><td>• 2000 年广告投放 73.5 亿元,占全国广告投放总额比重 10.3%,排名前五位
• 由于全行业利润变薄,广告投入的有效产出不足</td></tr>
<tr><td>国际</td><td>• 美国家电广告费约为 4.6 亿美元;日本约为 5.9 亿美元,占其国内总额 2.3%</td></tr>
<tr><td colspan="2">入世后变化趋势</td><td>• 渠道竞争将是家电市场新焦点
• 重在提高广告含金量
• 品牌竞争日趋白热化
• 本土品牌有相当的竞争力
• 西部、农村市场成为广告投放新亮点</td></tr>
</table>

三、保险业

影响方式			• 3年内取消所有的地域限制,逐步扩大外商业务范围,包括占保险营业总额85%的团体险、健康险和养老金/年金险方面的业务 • 放宽保险营业牌照的审查或资格限制,不设数量限制 • 允许外国人寿保险商拥有不超过50%的所有权,逐步取消其在国内设立分支机构的限制并可选择合伙人 • 允许外国非人寿保险商在华设立合资公司,拥有可达51%的所有权和建立独资附属机构
专家预测入世影响高峰期			3～5年
市场与竞争	**现状**	**国内**	• 2000年保费收入1595.9亿元,占GDP的1.67%,人均保费110.56元,保险公司总资产3373.9亿元。保险深度世界排名58位,保险密度排名73位(注:保险深度是指保费收入占国民生产总值的比重。保险密度是指人均保费。) • 企业规模小,管理水平不高,行业仍处于起步期 • 高垄断与无序竞争并存 • 各地区发展很不平衡。保费收入的70%以上集中在城镇 • 公众风险意识与保险意识淡薄 • 26家中外保险公司争夺市场,中国人寿、太平洋、中国平安为本土领军企业,外资公司有美国友邦、美亚、加拿大永明等分割市场份额
		国际	• 跨国保险业力量雄厚,竞争激烈。美国纽约人寿、荷兰保险等各大公司纷纷向中国市场转移投资 • 全球市场高度成熟,美国最为突出:1999年全球平均保险深度7.52%,保险密度387.3美元;美国的保费收入约占全球保费收入总额的1/5
	入世后变化趋势		• 保费收入潜力巨大:未来5年年均增长速度将保持12%左右,2005年保费收入可达2800亿元,占GDP的2.3%,社会人均保费230元 • 市场集中度下降,由6～10家大型公司控制60%的市场份额 • 出现跨地区、跨行业、跨国经营的大型金融保险集团 • 本土保险公司业务在一定程度上有所流失,市场份额下降 • 消费者保险意识提高 • 交通旅游业的开放给保险业带来新的利润增长点

第四章

广告主

95

营销与广告	现状	国内	• 人员推销为主要营销手段 • 国内保险业信用薄弱,在消费者心目中形象不佳 • 中国平安保险广告投放居同业前茅。全行业广告投放额远远落后于国内广告投放额排名前 10 位的其他行业 • 开始推行多种营销服务
		国际	• 人员推销与广告促销并重 • 保险广告投入占广告总投入的比重较大。1999 年美国约为 21 亿美元;日本约为 15 亿美元,占其国内广告总额比重的 5.6%
	入世后变化趋势		• 形象广告仍将占较大比重 • 针对保险知识普及的需要,以及新险种的不断增多,具体险种的广告将大量出现 • 国外保险公司带来新的保险营销、广告模式,促使我国保险业在营销上走国际化道路 • 更多采用直邮、网络等个性化媒体发布广告,户外广告也将被大量使用 • 中等收入消费者将成为保险广告的重点诉求对象

四、电信业

影响方式	• 取消两部限制外资进入中国电信业的法规 • 对于增值服务(含互联网服务)与寻呼业务,在上海、广州、北京三地允许合资企业中外资占 30% 的少数股权 • 对于移动话音与数据业务,外资占少数(25%)股权的合资企业可以在上海、广州、北京及这些城市之间开展业务
专家预测入世影响高峰期	2~3 年

市场与竞争	现状	国内	• 拥有世界上最大的电信市场。1999 年统计中国电信的业务收益、员工人数和用户线数在全球 50 家最大电信运营者中分别占第 10、第 1 和第 2 位,但均值排名都在倒数 10 位内 • 电信市场的业务总量每年以 15% 左右的速度增长 • 全国电信市场独家垄断的局面逐步打破,基础电信市场竞争格局初步形成,有中国电信、中国联通、中国移动、中国卫星、吉通通信、中国网通、铁通七家骨干企业 • 电信企业整体服务意识有所加强,但服务质量低于国际标准水平
		国际	• 全球电信产业正在从"一个国家的电信公司"的双边体制向"多个无国界的全球通信网"的多边体制转型 • 全球手机厂商开始向中国迁徙:世界主要手机厂商 2001 年在华产能增幅 40%～200%,全球手机业日益集中在中国三个地区:京津唐、长江三角洲、珠江三角洲
	入世后变化趋势		• 将保持 25% 的市场发展速度,电信网络规模和容量都将跃升为世界首位 • 行业企业数量增加,替代性竞争日益激烈,市场细分与业务分流趋势更明显 • 外资首先集中于高利润业务:国际、国内长途电话以及 IP 电话等,逐步从周边业务向核心业务过渡 • 外资引发东部中心城市竞争白热化,形成从地区市场向全国市场扩散的趋势
营销与广告	现状	国内	• 2000 年电信广告费约 8.6 亿元,其中中国移动、中国电信、中国联通三家鼎足企业广告投放总额约计 6 亿元,约占行业广告总额 70%,年度增长为 2.3%,居全国各类广告投放额前十位 • 广告投放媒体主要集中在报纸、电视和生活、白领杂志 • 近年来广告内容多以企业形象广告为主,全方位塑造自身品牌形象 • 外资品牌是手机广告投放主体:诺基亚、摩托罗拉、爱立信三大品牌 2000 年广告投放额占手机市场总额的 70%
		国际	• 1999 年美国电信广告费约为 16 亿美元,占其国内广告总额的 6.7% • 全球范围内市场营销费用大增:美国自加入世界电信市场后,国内最大的电信企业 AT&T 的市场销售费用骤增 20%
	入世后变化趋势		• 入世后 5 年内电信广告投放年递增速度平均超过 10%,广告额将超过 8 亿元 • 电信广告在地方性媒体上的广告大战将不断升级 • 本土电信企业广告中的文化含量增加 • 跨国广告主与本土广告主唱对台戏的成分增加 • 本土电信企业为实现跨国战略,选择跨国广告公司为其代理广告业务的可能性增加

第四章

广告主

97

五、教育业

<table>
<tr><td colspan="3">影响方式</td><td>
• 开放自然、社会、人文、交叉学科的研究与开发服务以及高等教育服务和成人教育服务
• 准许自然人在教育服务市场的自由流动
</td></tr>
<tr><td colspan="3">专家预测入世影响高峰期</td><td>2～5 年</td></tr>
<tr>
<td rowspan="3">市场与竞争</td>
<td rowspan="2">现状</td>
<td>国内</td>
<td>
• 已形成世界上最大的教育规模：学校 159 万所，教育人口 3.4 亿，教育人口比重 27.5%
• 我国大学生占 20～24 岁年龄人口比重为 4%，居世界第 79 位
• 近年来我国教育经费占国内生产总值比重一直在 2.5% 左右徘徊，但国民用于教育投资的消费潜力可达 2 万亿人民币
</td>
</tr>
<tr>
<td>国际</td>
<td>
• 1999 年大学生占 20～24 岁年龄人口比重世界平均水平为 18%
• 发达国家教育经费占国民生产总值比重平均为 6% 左右，发展中国家平均为 3.9% 左右
</td>
</tr>
<tr>
<td>入世后变化趋势</td>
<td>
• 国外教育机构将从多种渠道以各种形式进入中国市场
• 入世后其他行业对人才的大量需求将扩大现有教育市场规模
• 政府对教育的投入加大，投入渠道更加多样化
</td>
</tr>
<tr>
<td rowspan="3">营销与广告</td>
<td rowspan="2">现状</td>
<td>国内</td>
<td>
• 广告投入总额大，数量多，但较杂乱
• 广告主体多样，以民办学校居多，国家各级学校的广告近年来有增多的趋势
• 广告媒体投放倾向于针对性较强、费用较低的媒体：报纸、杂志、广播、传单、宣传册等
• 广告内容大多是告知信息，品牌形象广告很少
</td>
</tr>
<tr>
<td>国际</td>
<td>
• 发达国家已进入中国争夺大学生源，中、小学亦已开始
• 1999 年美国教育广告费约为 4.8 亿美元；日本约为 5.6 亿美元
</td>
</tr>
<tr>
<td>入世后变化趋势</td>
<td>
• 国外教育机构大量进入我国后加剧了我国教育市场的竞争，必将带来广告投放量的激增，广告形式也会更加成熟
• 将打破现有的对媒体利用单一、分散的模式，对多种媒体进行整合利用，多方面立体塑造教育机构形象
• 人才的国际化、专业化成为教育广告的发展方向
• 外语培训和留学中介广告在现有基础上进一步增加
</td>
</tr>
</table>

六、旅游业

影响方式			• 外国旅游业者可提供全系列代理服务 • 三年内允许外资在合资旅行社中占多数股份；4 年内允许独资，并取消地域限制和对成立分支机构的限制 • 外资可占中外合资饭店多数股权，4 年内准入不限制，且可独资
专家预测入世 影响高峰期			2 年
市场与竞争	现状	国内	• 旅游业是我国对外开放最早和开放程度最高的行业之一。我国为世界第五大旅游地区 • 2000 年末直接从业人员 546.15 万人，固定资产 6473.62 亿元 • 2000 年全国旅游收入 4519 亿元，占 GDP 的 5.05% • 国内旅游市场潜力巨大：国内"五·一"、"十·一"两个黄金周成为假期旅游的重点时间；西部大开发丰富了我国的旅游资源；申奥的成功扩大了入境旅游市场
		国际	• 1999 年国际旅游总计外汇收入 4550 亿美元，其中美国 730 亿美元，占世界比重 16%；西班牙 315 亿美元，占世界比重 6.9%；中国 141 亿美元，占世界比重 3.1%
	入世后	变化趋势	• 2002 年全球将接待 16 亿人次国际旅游者，消费额将达 2 万亿美元，旅游消费平均增长率达 6.7% • 市场格局发生变化，外企分掉一块入境旅游市场，国内旅游市场也会以合作方式分走一部分 • 航运等其他产业开放推动旅游业发展
营销与广告	现状	国内	• 2000 年旅游广告投入 12.9 亿元，占广告总额 1.81%，比去年增长 38.6%，增幅可观 • 投放集中于报纸、杂志，网络也有一定比重
		国际	• 1999 年美国旅游广告费约为 30 亿美元，排名广告总额前 10 位；日本约为 19 亿美元，占其国内广告总额 7.5%
	入世后变化趋势		• 旅游产品与服务的发展使电子商务从中获利，网络媒体将成为旅游广告的重要投放媒体 • 媒体投放上直邮广告、宣传册也将占有重要位置 • 旅游业主体的重要组成部分如旅行社、餐饮业、酒店可进行资源整合，共同推出广告，以展现其"一条龙"式的服务

广告主又称广告客户，是指为推销商品或服务，自行或者委托他人设计、制作、发布广告的法人、其他经济组织或者个人。对于自身的广告活动，广告主可以自行设计、制作、发布，也可以将广告业务部分或全部委托他人执行。

我们可以从多种角度对广告主进行分类：根据广告主经营内容不同，可以将其分为生产商、服务企业和销售商等类型；根据广告主经营性质不同，可以将其分为企业、政府机构、社会团体、事业单位、一般公民等类型；根据广告主经营规模不同，可以将其分为全球性广告主、全国性广告主及区域性广告主等类型。

对广告主的管理是指广告管理机关依照广告管理的法律、法规和有关政策规定，对广告主参与广告活动的全过程进行监督管理的行为。由于广告主是广告活动的最初提出者，是广告费及服务费的实际支付者，广告主的广告意识将直接影响广告活动。因此，对广告主进行切实有效的管理，实质上是实现对广告活动源头的管理。这对保证广告的真实性与合法性，防止和杜绝虚假、违法广告的产生，进而净化整个广告行业，具有十分重要的意义。

广告管理机关对广告主的管理主要表现在两个方面：一是保护广告主依法从事广告活动的权利；二是确保广告主的广告活动必须遵守国家针对广告管理所制定的法律、法规和有关政策。对广告活动中的违法行为，广告主应依法承担相应的法律责任，并接受广告管理机关的制裁。

广告意识指的是人们对广告的意见、态度和观念。现阶段广告主树立正确的广告意识就是应该从市场营销的角度出发，正确地理解广告，将广告视为市场营销链条中的有机组成部分，同时强调广告活动的开展不应以广告主为中心，而应该以消费者为中心，注重广告的整体效益和远期效益。

广告主的广告组织是企业中统一负责广告活动的职能部门。在企业的广告活动中，企业的广告组织承担的责任是十分重要的，但是它并不能取代广告经营者的工作。一般来说，广告主会把监督的责任交付给本企业的广告组织，而把策划、创意、制作等业务委托给外界的广告经营者。

本章思考题：

1. 为什么广告主在拥有自己的广告部门之后还要将广告业务委托给广告经营者？
2. 总结我国近年来的广告投放情况，分析各行业广告投放走势。
3. 请分析政府机构和社会团体作广告的目的是什么。

4. 作为广告主,应该如何正确认识广告在企业营销中的地位与作用?

5. 阅读大卫·奥格威的"怎样当一个好广告主",你认为广告主和广告公司之间应该是一种什么样的关系?

6. 本章介绍了广告主构建广告部门的四种类型,请分析每种类型的优势与劣势。

本章建议阅读资料:

1. 中国营销传播网 http：//www.emkt.com.cn

2. 中国当代营销网 http：//www.chinayx.org

3. 河南省轻工行业管理办公室. 销售与市场. 2002—2005 年

第五章

广告经营者

本章提示

广告经营者又称广告代理商、广告代理公司、广告公司，是广告产业链中的核心环节，为广告主和广告媒体提供双向服务。本章主要介绍了广告经营者的产生与发展过程，广告代理制在我国的实施，以及广告经营者在我国的经营与管理状况。

第一节　广告经营者的发展历史

> 广告经营者又称广告代理商、广告代理公司或广告公司，美国 4A 协会将其定义为"由发展和准备广告计划、广告和其他促销工具的创意人员和经营人员组成的独立组织"。我国《广告法》中将从事广告的经营者概括为"受委托提供广告设计、制作、代理服务的法人、其他经济组织或者个人"。

一、国外广告经营者的发展历史

广告代理商从诞生至今已有 200 多年的历史，其间，广告代理商在广告活动中所扮演的角色和发挥的作用都发生了巨大的变化。按照广告代理商所从事的工作的重心的转移，我们将广告代理商的发展历程分为以下四个阶段。

（一）版面销售时期

1842 年，美国的沃尔尼·帕尔默（Volney Palmer）在费城开办了第一家广告公司。起初，他只是为其父在新乔治州办的一份名为《镜报》的报纸拉广告。不久，帕尔默开始为一些广告主向其他报纸购买广告版面，广告中的文字与设计工作由报刊承担，帕尔默则从中抽取 25％的佣金。由于这种广告代理工作既有助于增加报纸的收入和提高办报效率，又可以使广告主买到理想的版面，因此在报界和广告主中很受欢迎。帕尔默被认为是美国第一位广告代理商。1845 年后，帕尔默又在波士顿、纽约等城市设立办事处。截止到美国内战开始，已有 30 多家广告公司以某些报纸的指定代理商身份进行经营。

当时的广告公司服务比较单一，实际上只是扮演版面掮客的角色。它们替报社销售版面，收取报社所给的佣金，其业务范围附属于报社的广告部。

（二）版面经纪人时期

版面经纪人的出现，改变了广告的经营方式。

1860 年，乔治·罗厄尔（George Rowell）在波士顿正式设立广告代理公司，专门从事"报刊广告版面批发代理"的经营业务。他开始与新英格兰州的 100 家周报（刊）签订合同，买下它们的一部分广告版面。然后他把版面分成小的单位，用更高的价格转手，但是这个价格还是要比广告主从其他途径获得的版面便宜。这种做法盈利丰厚，罗厄尔进而把业务范围扩大到新英格兰州以外。

1867年,罗厄尔前往纽约。1870年,他编印出《罗厄尔美国报纸导读》。这份导读列出了美国、加拿大5000多种报刊的名称、发行量,为广告代理机构和广告主在购买媒体版面时提供了较为准确的参考,在当时影响很大。

这时候的广告代理商已经不再是某个媒体的业务代表,而是介于媒体和广告主之间的中介,是从报社分离出来的一个独立的实体。它们的经营方式是以批发价大量购进媒体版面,再将其分割,高价出售给广告主,赚取差价。

广告代理商充当版面经纪人是社会分工的需要,一方面使媒体不必一定要拥有自己的广告公司来招揽广告业务;另一方面又帮助广告主找到了一种廉价而又有效的推销商品的途径。这时的广告公司虽然已经独立,但其职能上仍然是媒体的代表。

（三）技术服务时期

19世纪后期,世界经济发展的步伐日趋加快,企业的"销售"问题已变得越来越重要,由此导致了企业的广告活动日益频繁。而此时企业发现自身的广告设计和制作能力已经不能适应社会的需要,而要扩充自己的广告实力则并不一定合算。他们迫切需要一些具备媒体知识,专门为广告主设计、制作广告的专业广告代理公司出现。当时广告公司之间的竞争也十分激烈,于是,部分推销媒体版面的广告公司从以前站在媒体的立场上为广告主提供服务开始转向直接替广告主服务。最初,他们的主要业务是广告设计和制作;后来,随着广告主广告活动的发展,他们还在媒体选择、广告创意方面提供建议,其服务范围日益扩大。

到19世纪末期,企业的经营观念发生了重大的变革,许多有远见的企业家开始把目光集中于市场和消费者研究。广告公司为了适应这一新形势的发展,开始为广告主提供市场调查服务,他们广泛收集市场资料,供广告主在进行商业决策时作为依据。有些广告公司甚至可以为广告主制定广告计划和广告实施方案,开展有目的的统一的广告活动。这时的广告公司已从单纯的媒体代理中分化出客户代理,开始向为广告主提供全面服务的现代广告公司过渡。

（四）全面服务时期

20世纪初,企业进入市场营销导向阶段,它需要广告经营者介入企业的市场营销运作过程,提供策略性的广告服务,包括市场调查、广告策划、广告创作、广告效果研究等,几乎涉及市场营销所有的领域。1922年美国第一家商业广播电台和1941年第一家电视台的创立,突破了印刷媒体一统天下的格局,推动了广告业的新飞跃。广告公司的技术手段日趋完善,服务经验日渐丰富,能为广告主提供全面服务的广告公司开始出现。20世纪80年代以来,世界经济一体化格局逐步形成,广告业出现了一批大型的跨国广告公司和集团,全面服务的内涵从为广告主提供策划创意扩展到了提供直效营销、公共关系、促销、包装、视觉设计、数字传播等综合性的服务。全面服务的广告公司在给广告主提供优良的专业服务的同时,还与媒体代理公司和制作公司合作,和它们一道组成广告代理的合作体,共同充当媒体和广告主的中介。至此,现代广告代理制在西方发达国家完全确立并走向成熟。

纵观上述四个发展阶段,广告公司由最初隶属于媒体的非独立业务代理发展为现在的独立的专业代理机构,完全顺应了社会专业化分工发展的需要。如今在西方许多发达国家,广告公司都已走上了现代广告代理制的轨道。

二、我国广告经营者的发展历史

在我国,广告公司最早产生于现代工商业最为发达、繁荣的上海。

20 世纪 20 年代,上海的一些有经济实力的外商企业为了加强竞争,纷纷自办广告部。其中,规模较大的是英美烟草公司。该公司广告部的业务包括为本公司办理报刊广告、墙壁广告、火车站广告、霓虹灯广告以及各式各样的赠品广告,还负责策划广告宣传活动。广告部下设图画部、橱窗部、动画绘制所、"首善印刷公司"等部门。图画部专门绘制美术广告;橱窗部专门负责设计橱窗广告;绘图部负责设计月份牌、日历、招贴、传单、西洋风景画、中国山水画、油漆路牌等;动画绘制所专搞电影动画片广告及幻灯片广告;"首善印刷公司"负责平面广告的批量印刷。由于部门设置齐备,英美烟草公司的广告基本上都由自己完成。

为了能在商战中争得一席之地,以南洋兄弟烟草公司为代表的一些颇具实力的中国民族工商业者也开始重视广告宣传,并在企业内部设立广告部。而一些没有实力自己办广告部的企业,就依赖广告代理商设计和制作广告。由此,早期专营广告业务的广告社和广告公司便应运而生了。当时除了中国人自己创办的一些广告社外,外商也在上海创办了许多广告公司。到了 20 世纪 30 年代,上海的广告公司、广告社约有 30 多家。其中,规模较大的有荣昌祥广告社、华商广告公司和联合广告公司三家,它们主要从事广告设计、制作、媒体代理以及策划广告活动等业务。同一时期,其他城市如北京、天津、武汉等也陆续出现广告社、广告公司。1933 年"上海市广告业同业会"成立,1946 年改为"上海市广告商业同业会",会员有 90 家。这些广告公司拥有一定的专业水平,新中国成立后最早的一批广告公司就是在它们的基础上发展起来的。

新中国成立后,人民政府对旧社会遗留下来的广告业进行了初步整顿,将分散的私营广告社合并成为具有一定规模和业务能力的"美术设计公司",其中著名的有北京市美术公司、天津美术设计公司、上海市广告装潢公司、上海美术设计公司等等。20 世纪 50 年代后期到 60 年代中期,广告公司的业务局限在撰写产品信息、设计产品包装的范围内。到 60 年代后,个人消费品的广告量急剧减少。1964 年以后,广告公司的业务基本上是制作生产资料广告和书籍、电影、展览会等文化类广告。"文化大革命"期间,国内的广告公司基本上不做商业广告,主要业务是承办政治宣传牌和画稿设计。

1979 年,随着我国大陆广告业的复苏,广告公司如雨后春笋般地出现。1979 年 8 月,北京广告公司成立;1981 年,中国广告联合总公司成立;1983 年,中国广告协会成立;到 2002 年,全国已有专业广告公司 57 434 家。80 年代初,由于我国的专业广告公司大部分是从美术设计公司发展演变而来的,因此专业广告公司的业务项目较为单一。1986 年,一些专业广告公司提出了"以广告创意为中心,以策划为主导,为客户全面服务"的口号,广告经营业务开始向以提供广告策划、市场调查、咨询服务为重点的全面服务的方向转变。1986 年,由日本电通广告公司与法国扬·罗必凯广告公司合资组建的电扬广告公司在上海成立办事处,成为中国第一家外资广告公司。外资广告公司的进入,既有利于加速我国广告公司经营管理水平的提高,人才的成长,同时也加剧了我国广告市场的竞争。经过近些年与国际广告业的频繁交流,我国广告公司的发展已从粗放式转向集约式,在数量增长的同时,广告公司也开始注重服务水平的提高以及服务领域的拓展。广告公司的策划、创意、制作水平有了明显提高,在国际上开始崭露头角。

 小资料 5－1:美国《广告时代》评选出的 2004 年全美广告公司排行榜[①]

此次评选启用了新的星级评定标准,参照广告公司一年中的业务净增长,管理、创意及营销效果,评为 1～5 星五个等级。

表 5-1　2004 年全美广告公司排行榜

麦肯光明广告公司(5 星)
在 2002 年和 2003 年度受到财务和管理问题困扰的麦肯光明,终于在 2004 年重新步入正轨。通过招募新人振兴管理层,实施名为"需求链"的整合营销策略,开始一系列雄心勃勃的发展计划。 　　该公司新增加的业务包括公正无线、斯特普尔斯、诺华制药、葛兰素史克、辉瑞德万艾可、索尼。失去的业务包括乐柏美、联合利华的凡士林特效护理产品、第一资本金融公司。
德拉弗特广告公司(5 星)
德拉弗特 2004 年成绩斐然。该公司增加了十几家新客户,并加深了同原有客户的关系。为了适应业务增长,公司新增了几十名员工。新增业务包括牛奶加工厂教育项目推广活动、美国邮政局的假日邮政直邮项目、美国世纪投资、宝洁公司的品客薯片和佛吉斯咖啡。此外,从扬·罗必凯公司抢走了组合国际,并全面拓展了美国银行的业务。 　　由于线下促销日益获得青睐,广告主的资金越来越多地投入到直接反应广告商,德拉弗特可以继续获利。

---

① 2004 年全美广告公司排行榜. 陈曦译. 国际广告,2005,7

BBDO 广告公司（4 星）

这一年，BBDO 战胜竞争对手步入 21 世纪营销；也是这一年，BBDO 开始失去长期客户百事可乐。百事公司把百事轻怡的绣球抛给了 DDB 公司，以此来欢迎 BBDO 新任首席创意官。不过，这对 BBDO 还够不上经济损失，因为它相继赢得了超过 4 亿美元的新业务，包括直播电视集团、博朗和葛兰素史克，以及加利福尼亚的彩票业务。

红线广告公司（4 星）

早在 2003 年，红线广告就取得了不俗的战绩，赢得了可口可乐经典品牌在北美的广告代理权。2004 年，随着斯蒂夫·海耶跳槽到可口可乐担任首席运营官，双方的关系得到进一步巩固。与此同时，红线广告也在巩固自己在母公司 WPP 集团中的地位。

新业务包括成功抓住金融业巨头汇丰银行和三星电子的业务，以及经典可乐的新饮料 C2 的追加业务。

DDB 广告公司（4 星）

芝加哥公司在新业务上踟蹰不前，并丢掉了近 1 亿美元的移动运营商 Alltel 公司的业务。同时，赢得了 1.65 亿美元斯巴鲁的代理业务，提升了纽约公司的形象。聘用博达大桥首席执行官丹娜·安德森担任奥姆尼康集团总裁，意味着变革在即。

在赢得斯巴鲁之后，纽约公司还赢得立顿红茶和百事轻怡的业务。而芝加哥公司显然没有这么幸运，在持续一年半的合作后，丢掉了移动运营商 Alltel。不过有失有得，它也赢得了芝加哥论坛、第一资本金融公司、安豪泽—布施、麦当劳等新业务。

古德拜·思维斯顿 & 伙伴广告公司（4 星）

古德拜·思维斯顿的营销魔术为它网罗了一批大客户——盖普、赛百味、哈根达斯、惠普以及安豪泽—布施等。新客户为该公司带来了 4.39 亿美元的进账，弥补了因失去美国电信、辛格勒无线通信·固特异轮胎、福斯特农场等客户而造成的 1.25 亿美元的损失。总体而言，收大于支，古德拜宣称公司已实现了税前利润增长 20% 的目标。

奥美广告公司（4 星）

非传统营销为 WPP 集团下属的奥美公司带来过半的收益。作为"360 度营销"的发源地，奥美为美国运通公司策划了一系列的整合营销。2004 年，白宫办公厅全国毒品管理政策办公室广告项目虚报工作时数的丑闻缠绕着奥美。

虽然白宫办公厅项目造成了巨大的损失，但是新客户德尔塔航空、瘦得快、时代华纳和敦豪快运为奥美带来了可观的收益。此外，奥美从 IBM 等蓝筹股客户获得追加业务，还专门在旧金山为雅虎设立了一个办事处。

李岱艾广告公司（4星）

李岱艾加州分公司赢得了每食富公司的新业务,这家西海岸的创意堡垒不折不扣地成为零售包装产品的创意中心。此外,公司还获得了安豪泽—布施、百事与 iTunes 的联合促销业务。

2004 年该公司业务总额增长 10%。在 3.75 亿美元的新业务中,加州公司就占据 2.5 亿美元,并且没有任何客户流失。而且,宝路、安豪泽—布施、百事与 iTunes 的联合促销活动,又为公司带来 1.7 亿美元的入账。

威登·肯尼迪广告公司（4星）

威登·肯尼迪向国际广告代理网络的目标又迈出了重要一步,业务总额已经超过 10 亿美金。由于赢得了星巴克美国业务,夏普在纽约、东京和阿姆斯特丹的业务,威登解决了新业务匮乏的问题。从长远来看,为了开发中国市场,威登还将在上海开设分公司。

在美国国内,威登的业务增长 21%,达到 5.46 亿美金,弥补了因失去福斯特集团和美国在线所造成的损失。在海外,威登的业务量增长 13%,达到 4.83 亿美金。

阿诺德广告公司（3星）

2004 年,阿诺德的新业务迅猛增长。该公司赢得了万艾可、固特异、泰森食品等客户,并顺利挽留住老客户富达投资公司。然而,行业观察家认为,由于大众准备进行广告代理年度评估,再加上大众汽车销售开始下滑,由阿诺德代理的大众汽车业务形势不妙。

阿诺德在网络电话公司 Vonage 竞标中取胜是新业务拓展的点睛之笔,可以为阿诺德赢得 2 亿美元。此外,花旗银行、皇家加勒比海国际游轮公司以及富达投资公司等老客户的业务也都增长强劲。

李奥·贝纳美国公司（3星）

帕布利西斯集团下的李奥·贝纳公司暴露了管理无序和客户流失的迹象。该公司在 2004 年的新客户为宠物用品公司"聪明宠物",同时该公司也失去了玩具反斗城等客户。今年是李奥·贝纳重振雄风、恢复生机的关键一年。

多伊齐广告公司（3星）

尽管出现了一些小问题,多伊齐在 2004 年仍旧保持了平稳的态势。同诺华制药的良好关系,可以为它的海外拓展助一臂之力。

大宗业务包括老海军服饰,以及从诺华、强生等老客户处得到的追加业务。不好的消息是,直播电视集团、吉百利和三菱汽车,还未进行广告评估就直接转移了业务,多伊齐只勉强留住露华浓。下一步的问题是,它是否还能够安稳地留住斯塔伍德旗下的喜来登酒店。

法隆广告公司（3 星）

对帕布里斯集团下属的法隆公司来说，2004 年举步维艰。创意领袖卢巴斯离任，公司还丢掉了赛百味的业务。值得庆幸的是，法隆的创意仍然出色，为花旗银行制作的广告不断赢得赞誉，纽约公司为星巴克和维珍移动所创作的电视广告特别值得一提。不过，法隆在 2005 年的日子并不好过，它必须争取到更多业务。

马丁广告公司（3 星）

提到把流行文化渗透到广告创意中，没有几家可以比这家位于里士满的广告公司做得更出色了。2004 年，马丁公司在为政府雇员保险公司制作了出其不意又引人入胜的广告后，又为三明治连锁店奎斯诺制作了"海绵猴"。该公司以强大的创意能力见长，但是在新业务拓展方面却相当糟糕。2004 年，马丁公司在美国斯巴鲁的比稿中失利，也没能增加任何重要的新客户。雪上加霜的是，该公司与奎斯诺的合作也分道扬镳。

智威汤逊美国公司（3 星）

历经了困境重重的 2003 年后，智威汤逊着手实施了从招募新人到执行营销创意新方法等一系列新举措。同 2003 年相比，智威汤逊取得了突出的进展，赢得了威路氏、辉瑞的普瑞来即时洗手液，伊利诺斯旅游局等业务，同时也失去了迭戈公司皇冠伏特加酒、立顿和西联汇款的业务。此外，智威汤逊纽约公司还帮助母公司 WPP 集团赢得了香港汇丰银行的业务。

灵智大洋广告公司（2 星）

作为其母公司哈维兹集团旗下最大的一家实体，灵智大洋于 2003 年进行了全球性的结构重组，2004 年仍然在苦苦挣扎。该公司在全球范围内简化了灵智大洋的名称，把众多的线下业务合并为一个部门。

失去连锁药店沃尔格林、赤龙虾餐厅之后的损失，由葛兰素史克、先灵葆雅、嘉信理财等新业务得到了弥补。灵智大洋还从塞诺菲—安万特、沃尔沃和达能处获得了追加业务。芝加哥公司通过合并 RPA 芝加哥公司增加了大量业务，后者带来了麾下的三个总监和六个客户。不过，灵智大洋的大客户英特尔公司正在进行广告评估，结果还很难预料。

博达大桥广告公司（2 星）

2004 年，尽管博达大桥在三星公司全球性评估过程中苦苦挣扎，它至少还抓住一个低利润的大客户——白宫办公厅全国毒品管理政策办公室的广告项目。该公司从白宫办公厅全国毒品管理政策办公室广告项目赢得了 1.5 亿美元的代理业务，并赢得了纽约时代、康胜酿酒、雅培和百时美—施贵宝等业务。但是，随着三星的大部分业务转移至 WPP 集团，这家曾经显赫一时的全球广告代理网络的下滑态势将成为来年的主旋律。

精信广告公司（2星）

作为一家独立的广告代理，精信87年的历史在接受WPP集团的出价后宣告终结。新东家把宝洁公司和联合利华的业务并入同一家代理。不过，WPP计划仍将精信作为一家独立实体。

由于公司被出售，新业务速度明显放慢。不过，公司还是赢得了诺基亚、迭戈添加利琴酒等业务。

扬·罗必凯广告公司（2星）

扬·罗必凯正在优化精简公司，同时组建由各级主管人员构成的新的管理小组——"催化剂团队"，从多个角度为创意提供帮助。

2004年初，汉堡王把业务转到了克里斯平·波特＆伯格斯基，福特捷豹正在进行广告代理评估，长期客户美国电信公司又削减了广告费用，组合国际也突然中止了长达4年的合作。扬·罗必凯赢得的新客户包括福斯特农场、卡洛威高尔夫公司和玩具反斗城，还保留住了老客户七喜。不过，同损失相比，公司取得的成绩实在是微不足道的。

盛世长城广告公司（1星）

在美国以外的地区，特别是在其发源地英国，盛世长城享有很高的声誉。但是在美国国内，为了提高自身形象，巩固已有客户，盛世长城只能把有限的精力集中在宝洁、通用食品等现有大客户身上。

盛世长城赢得了波利西亚塔希提航空公司，终于实现了公司业务涉足航空领域的夙愿。得益于欧洲市场出色的评估结果，盛世长城从诺华制药得到了两种非处方药在美国的代理权。

 小资料5-2：2004年国内广告公司广告营业收入前20名排序（见表5-2）

表5-2　2004年国内广告公司广告营业收入前20名排序

序　号	单　位　全　称	广告营业收入（万元）
1	北京电通广告有限公司	50 262
2	盛世长城国际广告有限公司	41 877
3	TOM户外传媒集团	39 187
4	江苏大贺国际广告集团有限公司	31 800
5	麦肯·光明广告有限公司	27 698
6	江苏省邮政广告有限公司	27 265
7	大连天歌传媒股份有限公司	26 869
8	上海广告有限公司	26 687
9	北京通成推广公交广告有限公司	24 277
10	上海美术设计公司	22 270
11	北京大禹伟业广告有限公司	18 100
12	北京未来广告公司	16 765

序　号	单 位 全 称	广告营业收入（万元）
13	北京公交广告有限责任公司	16 656
14	上海华智地铁广告有限公司	13 086
15	上海灵狮广告有限公司	9327
16	巴蜀新形象广告传媒股份有限公司	9180
17	上海大广贸促广告有限公司	9167
18	上海光线电视传播有限公司	8334
19	上海东派广告有限公司	8070
20	南京梅迪派勒公交广告有限公司（并列）	8000
20	上海东方明珠国际广告有限公司（并列）	8000

数据来源：中国广告协会

小资料 5－3：2004 年度国内广告公司广告营业额前 20 名排序（见表 5-3）

表 5-3　2004 年度国内广告公司广告营业额前 20 名排序

序　号	单 位 全 称	广告营业额（万元）
1	上海李奥贝纳广告有限公司	421 768
2	盛世长城国际广告有限公司	311 079
3	麦肯·光明广告有限公司	277 545
4	北京电通广告有限公司	250 374
5	北京未来广告公司	170 000
6	广东省广告有限公司	133 800
7	上海广告有限公司	122 316
8	上海中润广告有限公司	59 083
9	上海灵狮广告有限公司	58 952
10	TOM 户外传媒集团	58 620
11	上海元太广告有限公司	50 067
12	上海广播电视广告传播有限公司	49 065
13	北京大禹伟业广告有限公司	46 200
14	上海东派广告有限公司	43 500
15	江苏大贺国际广告集团有限公司	41 300
16	北京广告公司	39 000
17	中视金桥国际广告有限公司	35 216
18	福建奥华国际传媒（集团）有限公司	35 000
18	中国电信集团黄页信息有限公司	35 000
20	江苏省邮政广告有限公司	33 245

数据来源：中国广告协会

备注：

1. 广告营业收入是指广告营业额减去付给媒体单位费用后的收入。

2. 广告营业额是指从事广告设计、制作、发布代理业务以及其他与广告有关的业务的全部收入。

 小资料5-4：2004年国内广告公司营业额增长最快的前10家（见表5-4）

表5-4　2004年广告公司营业额增长最快的前10家

广告营业额排序	单位全称	2004年与2003年相比增长幅度（%）
21	博达大桥国际广告传媒有限公司	139.73
31	南京银都广告商务有限责任公司	125.00
10	TOM户外传媒集团	116.99
60	上海李岱艾广告有限公司	99.03
45	上海梅迪派勒广告公司	88.96
1	上海李奥·贝纳广告有限公司	71.15
14	上海东派广告有限公司	68.29
61	上海第一企画互通广告有限公司	66.49
11	上海元太广告有限公司	66.34
49	北京市万方广告影视公司	61.11

数据来源：中国广告协会

第二节　广告代理制

一、广告代理制的含义

> 广告代理制是在广告活动中，广告主、广告经营者和媒体之间明确分工，广告主委托广告经营者实施广告宣传计划，媒体通过广告经营者承揽广告业务的一种经营机制。广告经营者处于中间地位，为广告主和媒体双向提供服务，起主导作用。广告主、广告经营者、媒体三方在委托代理关系的基础上，实现广告交易行为的制度被称为广告代理制，又称代理费制度。

广告代理制是随着广告业的发展而逐步形成的,它是广告业发展到一定历史阶段的产物。广告代理的最大特点就是强调在广告业内进行合理分工,各司其职,互相合作,共同发展。

代理费是广告代理制的核心内容之一,是广告经营者在完成代理业务后,依照法律和合同的规定从广告主处获得的酬金。我国统一规定的广告代理费是媒体购买金额的10%～15%。

二、广告代理制在我国的推行情况

我国的广告代理制是从 20 世纪 90 年代发展起来的。早在 20 世纪 80 年代中期,国内的北京广告公司、广东省广告公司就已尝试推行广告代理制,并已影响到国内的广告界。为了尽快建立与国际惯例接轨的广告活动机制,1993 年 7 月,国家工商行政管理局、国家计委联合下发了关于《加快广告业发展的规划纲要》的通知,这标志着中国广告代理制的确立。根据通知精神,"八五"期间广告业发展的主要目标和任务,是为广告业新体制的形成打好基础。在主要政策上,提出了进行广告代理制试点,理顺广告经营者与媒体的职能分工。1993 年,国家工商行政管理局颁布了《关于在部分城市进行广告代理制和广告发布前审查试点工作的意见》,在具体步骤上提出,第一步,统一代理权归于广告经营者,将媒体发布广告、承揽广告、代理同类媒体广告改变为媒体承揽、发布广告,不再代理同类媒体广告;同时将媒体直接承揽外商广告权归于具有经营外商广告资格的广告经营者。第二步,实行承揽与发布分开,媒体专职发布广告,广告经营者承担广告承揽和代理,从而逐步在广告经营者与媒体间形成功能分工合理,运转高效畅通的经营机制。

我国在推行广告代理制前,考虑到这是一项艰巨而复杂的系统工程,因此做了许多准备工作。如 1993 年 2 月国家工商局就发布了《关于换发广告经营许可证的通知》(第 56 号、第 57 号),解决了长期以来未能解决的广告经营者的资质标准问题,使广告经营者的经营有了明确的法律依据和标准。通知中还对兼营广告业务的事业单位,即媒体的经营范围作了调整,取消了媒体的同类媒体代理权和直接承办外商广告权。这些工作为推行代理制奠定了基础。同时从我国国情出发,首先选择试点,摸索经验,分阶段推行,然后由点到面,全方位铺开。在广告代理制试点中,最关键的一点就是把媒体的广告承揽权和发布权分开,媒体不再直接承揽广告业务,媒体的广告业务则委托广告经营者代理。

为保证广告代理制试点工作的顺利进行,国家工商行政管理局特作出如下 9 条规定:

1. 广告客户必须委托有相应经营资格的广告公司代理广告业务,不得直接通过报社、广播电台、电视台发布广告。上述规定不包括分类广告,如简短的礼仪、征婚、挂失、

现代广告概论

书讯广告和节目预告等。

2. 兼营广告业务的报社、广播电台、电视台，必须通过有相应经营资格的广告公司代理，方可发布广告（分类广告除外）。报社、广播电台、电视台的广告经营范围核定为："发布各类广告（含外商来华广告），承办公益广告。"

3. 广告公司为广告客户代理广告业务，要为广告客户提供市场调查服务及广告活动全面策划方案，提供、落实媒体计划。

4. 广告公司为媒体承揽广告业务，应有与媒体发布水平相适应的广告设计、制作能力，并能提供广告客户广告费支付能力的经济担保。

5. 报社、广播电台、电视台下属的广告公司，在人员、业务上必须与本媒体广告部门相脱离。

6. 广告代理费的收费标准为广告费的 15%。

7. 违反本规定第 1 条的，责令媒体停止发布广告，对广告客户参照《广告管理条例施行细则》（以下简称《细则》）第 22 条规定予以处罚。

8. 违反本规定第 2 条的，依据《细则》第 21 条规定从重处罚。

9. 违反本规定第 5 条的，依据《细则》第 20 条规定从重处罚。

在现行广告代理政策的规定下，广告主与媒体之间不应该直接发生交易，但实际上，由于既定的广告代理制贯彻得并不彻底，目前仍存在广告主直接购买媒体广告资源的现象，广告代理出现了多种模式，如图 5-1。

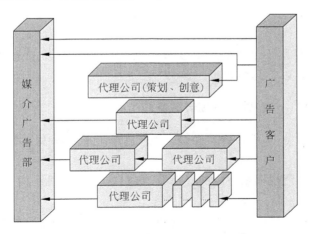

图 5-1 我国广告代理的主要模式[①]

---

① 佘贤君. 电视广告营销. 北京：中国广播电视出版社，2004

第一种模式是广告主和媒体之间直接发生交易,中间不经过第三方。

第二种模式是广告主与媒体之间只发生媒体购买关系,而广告策划、创意等部分由广告经营者或广告主自己完成。

第三种模式是广告主与媒体之间通过第三方广告经营者进行交易,可能有一级代理,也可能有二级代理,甚至多级代理。

这些复杂的代理关系,是我国广告市场还不成熟的表现,有待于进一步的调整与规范。

第三节 广告经营者的经营与管理

一、广告经营者的经营资质

> 为了规范广告市场,我国的工商管理部门对广告经营者的经营资质作了一定的限制。在《中华人民共和国行政许可法》实施之前(2004 年 7 月 1 日实施),工商管理部门对广告经营资质限制较为严格;在《中华人民共和国行政许可法》实施之后,由于行政许可法中没有对广告经营资质进行限定,因此对从事广告经营的管理也开始放宽。

在《中华人民共和国行政许可法》实施之前,我国对广告经营者的经营资质限制较为严格,主要体现在以下几个方面。

(一)内资专业广告经营企业应当具备的条件

除应具备《中华人民共和国公司法》等企业注册登记法规所规定的条件外,还应具备:

1. 有与广告经营规模相适应的经营管理机构、市场调研机构、广告设计、制作、编审机构;

2. 有与广告经营范围相适应的设备和流动资金,注册资金数额要符合企业及法人登记的有关规定(如有代理权的广告公司的注册资金不少于 100 万元人民币);

3. 有懂广告业务的从业人员和熟悉广告管理法规的经营管理人员,如市场调研、广告策划、代理、设计、制作、财会人员和律师,大专以上学历的各类专业人员不少于公司所有从业人员的 1/2;

4. 有健全的各项广告管理制度；

5. 有不小于 200 平方米的经营办公场所；

6. 承办或代理外商来华广告或出口广告业务,还应有了解国家进出口政策的有关人员和翻译,并有稳定的外商来华广告和出口广告业务的渠道。

(二) 广告设计制作企业应具备的条件

1. 有与广告经营规模相适应的经营管理机构及广告设计、制作、编审机构；

2. 有与广告经营范围相适应的设备和流动资金,注册资金数额要符合企业法人登记注册的有关规定(一般不少于 20 万元人民币)；

3. 有懂广告业务的从业人员,有熟悉广告管理法规的经营管理人员,专业广告设计、制作、编审及财会人员,大专以上学历的各类专业人员不少于公司人数的 1/3；

4. 有不少于 60 平方米的经营场所,制作场所因广告制作项目而定；

5. 有健全的广告管理制度。

(三) 经营广告业务的个体工商户应具备的条件

1. 具有一定的广告专业技能；

2. 熟悉广告管理法规,有审查广告内容的能力；

3. 有与广告经营范围相适应的经营场所、设备和流动资金,场地不少于 20 平方米,流动资金不少于 5 万元人民币；

4. 广告费收入单独立账。

行政许可法颁布之后,我国对广告经营者经营资质的限制开始放宽。2004 年 11 月 30 日颁布的《广告经营许可证管理办法》中对申请进行广告经营作了新的规定。

规定中声明,《广告经营许可证》是广告经营单位从事广告经营活动的合法凭证。

规定要求,广播电台、电视台、报刊出版单位、事业单位,法律、行政法规规定应进行广告经营审批登记的单位,应依照《广告经营许可证管理办法》向广告监督管理机关申请,领取《广告经营许可证》后,方可从事相应的广告经营活动。

规定中对申请《广告经营许可证》应当具备的条件作了要求：

第一,具有直接发布广告的媒介或手段；

第二,设有专门的广告经营机构；

第三,有广告经营设备和经营场所；

第四,有广告专业人员和熟悉广告法规的广告审查员。

申请《广告经营许可证》,应当向广告监督管理机关报送下列申请材料：《广告经营登记申请表》、广告媒介证明、广告经营设备清单、经营场所证明、广告经营机构负责人及广告审查员证明文件、单位法人登记证明。

二、广告经营者的类型

（一）从经营和服务范围上划分

1. 全面服务型公司

全面服务型公司也称综合广告代理服务公司，这类广告公司为广告主提供关于广告活动全过程、全方位的服务，包括产品分析、市场调查、销售方式分析、媒体调查、制定和实施广告规划及与广告相近、相关的其他市场活动的服务。

这类广告公司内部一般采取小组作业方式，针对其服务的客户组成相应的小组，为客户提供长期的一对一的服务。提供全面服务的广告公司要拥有专业的广告人员和完善的服务模式。这类广告公司经营成本较高，收费比例也较高。广告主在选择这类广告公司时要十分慎重，要考虑广告公司的规模、信誉、专业化程度、专业人员的素质、相关领域的服务经验等因素。

2. 部分服务型公司

部分服务型公司，是指为广告主提供广告活动中的某一项或某几项服务的广告公司，如单一的设计、制作服务等。很多广告公司在广告运作的某些方面具有优势。例如有些广告公司擅长广告策略的拟定，有些精于创意或设计，有些以制作水平精良闻名。广告主可以同时选择几家这样的广告公司为自己服务。广告主选择几家部分服务型广告公司共同为自己服务，有利之处在于可以各取所长，不利之处在于策略整合上有较大障碍，广告策略在不同广告公司间的传递容易产生偏差，进而影响广告效果。

创意公司、制作公司、专业广告公司、广告主专属广告公司是较为常见的部分服务型广告公司。

创意公司一般可以提供创意概念开发、广告文案撰写和广告表现设计等方面的服务。正如国外一位广告专家所说："如果广告主想要的就是创意，大量的创意，以便从中进行挑选并按照自己的心愿组合，那么，他们就不会想要传统的全面服务公司，他们会去找手脚麻利、光彩夺目、收取创意费的点子工厂。"创意公司就是这类"点子工厂"。

制作公司通常也被称为广告公司。在我国中小城市存在的所谓广告公司其实大都是制作公司。它们可以提供简单的广告设计，主要业务是制作招牌灯箱广告。制作公司也可以被看做是广告业中的服务公司。制作公司可以提供制作广播电视广告所需要的物质援助，如布景、舞台、设备以及人员。同样，在制作印刷广告时，广告主也可以从制作公司中聘请平面美术师、摄影师、模特、导演和制作人，由他们提供制作广告所需要的专业技巧和援助。

专业广告公司是以特定的广告业务为中心提供有关服务的广告经营者。这类广告公司大体可以分为两种，一种是广告公司拥有某种媒体资源，因此可以提供与该种媒体有关的广告代理业务,例如某些公司专门代理公共交通媒体广告活动,某些公司专门代理地铁广告活动。另一种是广告公司由于长期为某一行业的广告主服务,在经验及资源上都具有代理该行业广告的优势,因此成为专业广告公司,例如某些公司主要代理房地产广告业务,某些公司主要代理汽车广告业务,某些公司则主要做药品广告。

广告主专属广告公司即广告主自己开办的广告公司,经营上从属于该广告主。广告主通过自办的广告公司自己制作广告、代理发布业务等。广告主自己设立广告公司,通常会基于这样几个因素:广告主的广告量很大,有足够的获利来支持独立经营代理公司所必须支付的成本;广告主为高度专业化的行业,外界广告代理公司不易掌握;广告主对经营广告有浓厚的兴趣。

(二)从代理对象上划分

1. 客户代理

客户代理,即广告经营者接受广告主委托,实施市场调研、广告策略拟定、广告创作等全部或部分广告业务。由于广告经营者拥有市场、媒体、创意方面的专业人员与丰富的广告运作经验,它们在获得广告主的委托后,能够利用专业知识和公司的资源帮助广告主达到广告和营销的目的。对广告主来说,将做广告的工作委托给广告经营者,一方面比较经济、科学;另一方面能使他们将更多的精力放在生产和营销上。根据广告代理制,广告主要付给广告经营者相应的佣金或代理费。

2. 媒体代理

媒体代理,即广告经营者代理媒体的版面或时段的销售。从事媒体代理的广告经营者要对所代理的媒体有充分的研究,不仅要熟悉媒体的内容、特性,还要对媒体的受众进行细致的分析,并能适时地把媒体的版面、时间或空间推荐给广告主或广告代理公司,使该版面或时段的价值得到充分的实现。媒体将时段和版面委托广告经营者代理销售,可以减轻经营上的压力,将更多的精力投入媒体内容质量的提高方面,为媒体的广告经营创造更好的发展平台。同时广告经营者可以将代理的媒体资源进行整合,实现媒体广告资源价值的最大化。

(三)相关的广告营业组织

一些公司的主要业务不是广告代理,但是它们的工作是广告运作所必须的,这样的公司有:

1. 专业媒体购买公司

所谓的专业媒体购买公司,指的是围绕着媒体业务方面,专门从事媒体信息研究、媒体购买、媒体企划与实施等服务的独立运作的经营实体。专业媒体购买公司所提供的服务跨越了广告公司媒体业务和媒体广告经营业务的范围,是联系二者的中介实体,是专门从事有关媒体营销活动的资源整合者。在此需要补充解释的是,之所以称其为专业媒体购买公司,是因为这类公司起源时的业务主要集中在媒体购买方面。

具体地讲,专业媒体购买公司的内涵应该具有以下几点:

第一,专业的媒体信息研究能力;

第二,专业的媒体购买能力;

第三,专业的媒体策划与实施能力;

第四,专业的营销能力。

2. 营销与媒体调查公司

在广告的策划阶段,许多广告主和广告经营者都要借助外部的支持。一些专业调查公司可以为广告主实施营销方面的调查,它们运用专业的调研知识设计问卷,组织调研队伍实施一定规模的调查,并用专业软件对数据进行分析。这些调研得出的一手资料,可以帮助广告主了解某一产品或服务的潜在市场情况,或消费者对该产品或服务的看法。

还有一些调查公司专门从事媒体数据的收集,例如央视—索福瑞、AC 尼尔森等。它们通过先进的设备对各种媒体进行长期监测,收集大量的媒体数据。广告主和广告经营者可以购买这些数据为广告的投放提供依据,也可以监测广告投放效果。

3. 营销咨询公司

各种各样的咨询顾问公司可以专门就广告活动的相关领域提供咨询服务,广告主可以找营销咨询公司帮助自己进行策划,找创意与传播咨询公司针对信息战略和信息主题有关的问题进行咨询。媒体专家可以帮助广告主制定出合适的媒体组合,进行有效的媒体发布。近年来又出现了两种新型顾问公司。一种是数据库咨询公司,这种公司既与广告主合作,也与广告公司合作。它们可以帮助广告主挑选并管理那些有利于广告主进行整合营销传播的数据库。在制定有效的沟通方案时,广告主可以吸收或参考前面提到过的那些形形色色的数据库。另一种新型咨询顾问公司专门进行网站的开发与经营,它们一般具备设计网站和企业主页的创意技巧,以及帮助广告主管理用户界面的技术知识。

三、广告经营者的服务内容

(一)美国 4A 协会规定的广告经营者服务内容

美国 4A 协会,是全球范围内比较权威的广告团体机构。根据 4A 章程,广告经营者的业务包括以下几项。

1. 调查客户的产品或服务,确定产品本身固有的优点与缺陷,以及客户与竞争对手的关系。

2. 分析产品或服务目前面临的市场以及将要进入的潜在市场。

3. 了解分销与推销因素及其方法。

4. 了解所有可以利用的媒体和手段,以便有效地利用它们向消费者、批发商、中间商等传达产品或服务的说明。

5. 制定明确的计划并向客户演示该计划。

6. 实施该计划:(1)广告脚本、设计与演示;(2)签订广告所用的版面、时间或其他手段的合同;(3)将信息合成墨图递至媒体;(4)检查、核实广告刊登、播放及展示等情况;(5)稽核、支付广告的服务、版面以及准备的费用。

7. 与客户的推销人员合作。

上述是大家公认的广告经营者的基本业务,不过,许多广告经营者的业务都已经扩大,它们可以为广告主提供包装设计、销售调查、销售培训、销售与服务准备、直效营销、销售展台设计、公共关系以及宣传等多方面的服务。

(二) 现代广告经营者服务内容

随着广告代理范围的扩大和对客户营销领域的深度介入,如今许多广告经营者的专业化程度都已大大提高。具体地说,广告经营者通常可以为广告主提供下列诸项服务。

1. 帮助或协助广告主制定广告规划,在市场调查的基础上,提出广告目标、广告战略、广告预算的建议,供广告主选择、确认。

在广告经营者接到广告主的委托之后,广告主可以要求广告经营者为其广告活动的目标和战略提出建议;广告经营者也应当向广告主说明自己准备如何运用技法及经验实施广告战略和战术。许多广告经营者通过计划理事会或执行委员会来保证战略和战术的实施,还有些广告经营者则利用信息发布会。

2. 根据广告代理合同,实施广告战略,运用专业知识、技能和手法,将广告主的意愿表达出来,即创意、设计、制作广告。

3. 根据代理合同约定,与广告媒体签订广告发布合同,保证广告在特定的媒体、特定的时间或版面发布。

这项工作主要由广告经营者的媒体部门来完成。媒体部门负责将广告投入不同的媒体中,并检查媒体计划是否得以顺利实施。有时为了保证广告活动传播目标的达成,还要适时地对媒体计划进行修改,这意味着媒体专家必须熟悉所有媒体。广告经营者在提出建议之后,媒体部门便着手准备一份广告规划,标明印刷广告的出版单位、日期以及广播电视广告的播出时间与频道;然后媒体部门制定合同;最后由该部门结账。

4. 提供市场调查服务。近年来,调查显得越来越重要,无论是广告经营者还是广告主都很看重市场调查。许多广告经营者都开始承担一些基本调查工作,有些大型广告公司业务中还包括实地调查和撰写详尽准确的调查报告。

5. 监督广告发布是否符合发布合同的约定,测定广告效果,向广告主反馈市场信息。

6. 为广告主的产品设计、包装装潢、营销、企业形象等提供服务。近年来,广告经营者提供的销售推广方面的服务越来越受到广告主的重视。广告经营者经常与广告主和批发商共同制定零售促销 POP 广告和其他任何能提高广告效率的促销计划。

四、广告经营者的组织形态

广告经营者的组织形态是指广告经营者内部机构设置。广告经营者在开展工作的过程中,需要有完善的组织结构来保证公司中的人员各司其职、相互合作,在为广告主提供优质服务的同时,实现公司的盈利目标。一般来说,具有一定规模的广告经营者的组织形态主要有五种类型。

(一) 按职能设置部门的组织结构

这种组织结构也可称为资源集中式,是一种比较传统的组织形式,即公司内部按工作内容划分为若干个职能部门,由公司经理指挥各部门的运行。按这种形态设置内部结构符合广告公司业务专业化原则,它最大的优点是可以将公司中从事相同专业的人力资源加以集中利用,并且便于公司的有效管理。其缺陷在于各职能部门之间过于独立,缺乏沟通,在工作过程中会片面强调自身的重要性,影响工作效率。目前,在人员流动速率高的情况下,这种体制承受风险的能力也较弱,见图 5-2。

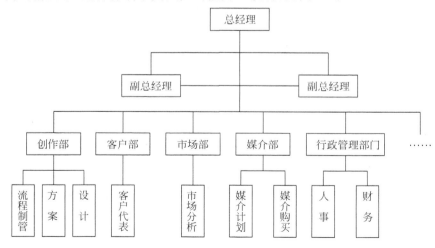

图 5-2 按职能设置部门的广告经营者组织结构

（二）按客户设置部门的组织结构

按客户设置部门也称为小组作业式的组织结构。这种结构是根据客户的种类和要求,将公司的工作人员划分为小组,每个小组负责单一或几种不同品牌的产品的广告活动,小组成员包括客户代表、文案与设计人员等。这样的组织形态,最大的优点是可以为客户提供一对一的服务,能够满足客户的特殊需要,人员沟通便利,保证服务质量;而且这种组织形态非常灵活,广告经营者可以根据业务量的变化扩展或缩小自身的规模。缺陷在于客户往往会对为其服务的小组提出特殊要求,使这个小组同公司那些按其他方式组织起来的部门协调起来困难。另外,根据客户的类别而专门配制的人员和设备可能得不到充分利用。并且,如果客户离开这家广告公司,这个部门就得撤销,造成公司安排人员的困难,见图 5-3。

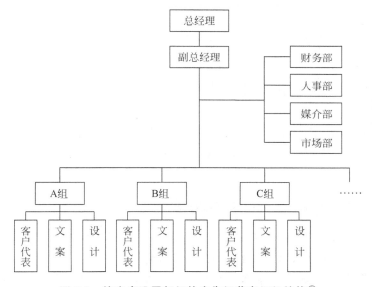

图 5-3 按客户设置部门的广告经营者组织结构[①]

（三）按地区设置部门的组织结构

采用这种方式一般是在地理上较为分散的广告经营者。一些全球性或全国性的广告经营者往往在某一个城市注册成立总公司,在其他城市设立分公司,各个分公司既是

① 何海明. 广告公司的经营与管理. 北京:中国物价出版社,2002

一个整体,又有相对独立性。在业务上有分工,也有合作。这些广告经营者代理的一些大客户可能分散在不同城市,因而这些广告经营者按客户总部在哪里,公司的客户服务人员就在哪里的原则设立组织机构。

这种组织形态提高了公司的办事效率,客户服务人员与客户在同一地区办公,能够提高沟通的效率,同时也能节约成本。而缺陷是增加了公司管理上的难度,见图 5-4。

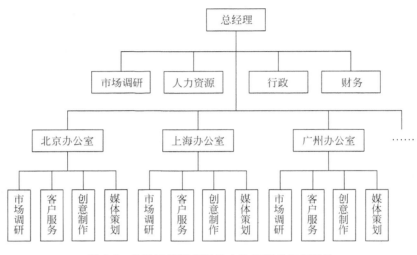

图 5-4 按地区设置部门的广告经营者组织结构

(四) 按服务或产品设置部门的组织结构

这种组织结构是广告经营者依据本公司给客户提供的服务或产品设置部门,把与某服务或产品有关的各项业务工作组成为一个部门。

一些优势突出、给客户提供部分服务的广告经营者和销售媒体的广告经营者常采用这种组织结构。

按服务或产品设置部门的优点是它使公司的注意力集中在产品或服务上,这对公司适应竞争激烈的市场环境非常重要,分部的业务流程相对完整,承担了公司的部分责任,便于以利润为目标的管理;业务管理相对简单,部门随产品或服务的增加而复制。缺陷在于管理成本较高;各部门因业务不同而难以平衡,如果对分部的权力控制不当,会使公司的整体性受到破坏,见图 5-5、图 5-6。

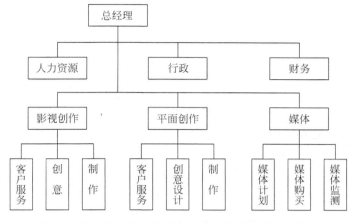

图 5-5 按产品和服务设置部门的广告经营者组织结构

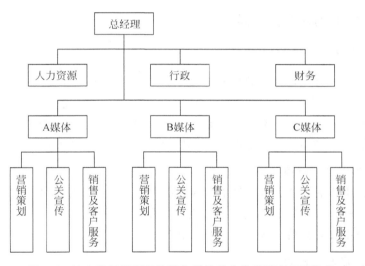

图 5-6 按产品设置部门的销售媒体的广告经营者组织结构

（五）按矩阵设置部门的组织结构

按矩阵设置组织结构,是将按职能划分部门和按客户划分部门综合起来的一种方式。在一般情况下,公司按职能划分部门,但当需要为某个客户服务或完成某项任务时,就设置专项工作部门。这种结构的优点是吸纳了二者的长处,有利于集中各个部门的优势力量争取客户、服务客户,保证服务质量,同时便于公司积累对不同客户服务的经验。其缺点是员工受项目经理和职能经理的双重领导,容易产生矛盾。见图5-7。

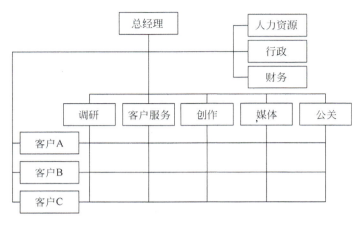

图 5-7　按矩阵组织设置的广告经营者组织结构

五、广告公司中的人员配置及分工

（一）客户部

客户部是广告公司中最重要的部门之一。广告公司中的客户人员是广告运作的核心人物，他们既要负责与广告主进行沟通，也要负责与广告公司内部的媒体、创意、市场调查等部门人员进行沟通。客户部在协调统筹广告公司所有部门活动的同时，还要确保客户得到最好的作品和最好的服务，并确保广告公司利润的增长。

1. 客户部的工作流程

客户部的工作流程为：与广告主洽谈项目并告知报价标准→将与广告主洽谈的结果通知各部门→研究讨论后再次与广告主确认项目→初步方案执行→提案→提案通过后报价→广告主确认报价后收头款→项目执行→收尾款。

2. 客户人员的工作内容

客户人员的工作内容基本上可以分为六大类。

（1）策划。客户人员要与广告主、广告公司内其他工作人员一起策划广告活动，共同决定广告目标，要接触的消费者，要使用的媒体，所需的花费，及测量广告有效性的标准。要想制定出一个科学的广告计划，客户人员必须对广告主所从事的业务有一定的了解，同时还需要熟知广告运作的全过程。

（2）协调。客户人员的协调工作包括两方面：外部协调和内部协调。

外部协调是指客户人员作为广告公司对外的"窗口"，代表广告公司负责与广告主进行沟通与协调，向广告主提出建议并解答广告主的疑问。

内部协调是指为确保广告公司各个部门在各司其职的同时能够精诚合作，客户人员必须在他们中间进行沟通与协调。客户人员必须监督创作部、媒介部、市场部人员的相关工作，有时还必须与外包厂商联络。这意味着客户人员必须对广告业的每个领域都有一定的认识。

在小组作业的组织结构中，客户人员必须认识并了解广告公司中工作小组的成员，对这些人的工作压力保持敏感，激励和刺激他们创作出最好的作品，确保广告目标的实现。

（3）提案。客户人员通常负责将广告公司完成的工作提交给客户。在这之前，客户人员需要策划并准备提案。提案的方式可能是需要幻灯片和简报图的正式提案，或只是一个非正式讨论。所提案的广告可能已是接近完成，也可能只是一个草图或故事脚本。客户人员必须针对提案的内容进行精心准备，例如要考虑客户方面的出席人数及其职位，广告公司方面的参与人数及人员分工。周密的安排可以给客户留下好印象，使广告作品能够顺利通过。

（4）熟知广告法律法规。目前我国对广告的管理虽不尽完善，但总的趋势是趋于严格，客户人员必须对这些复杂的法律法规有充分的了解，避免触犯法规。

（5）管理广告公司利润。在对客户进行周到服务的同时，客户人员还必须负责每个客户的利润管理，也就是确保每个客户都必须能为广告公司带来利润。客户人员要监控为每个客户服务所需的人力资源和时间成本。

（6）开发新客户。在维护老客户的同时，为了使广告公司有新的利润增长点，客户人员的一项重要工作是开发新客户。虽然开发新客户所花费的成本要高于维护老客户，但新客户的增加是使广告公司保持利润增长与创作活力的重要因素，因此这也是广告公司非常重视的一项工作。

3. 客户部基本职位描述

客户服务人员分三个层级：客户总监、客户经理和客户主管。

客户总监是客户部的最高领导者。客户总监要熟悉公司所有的客户，并确保他们能得到满意的服务。有时客户总监也会亲自负责一两个大客户。客户总监大部分时间用在督导下属的工作上，他必须熟悉这些工作并有能力监督指导下属开展工作。客户总监与广告公司高层主管和广告主的广告部经理们在工作上密切合作，他要掌握每个客户的获利率，以及这个客户对公司收益的贡献度。在监督客户部运营情况的同时，客户总监还参与公司的经营管理与新业务的开发。出色的客户总监应该有能力为公司开发出有价值的新客户。可以说客户总监的工作对一家广告公司整体性的成功有较大的影响。

有的广告公司在客户总监之下还设有客户经理一职。客户经理大多是有丰富客户服务经验的专业人士。他们既要负责维护重要的客户，也要协助客户总监管理客户服务人员。

客户主管是具体为客户服务的主要工作人员,负责和客户保持密切联系,以确保客户的需求与期望都能获得满足。客户主管一天的工作通常包括与广告公司内部人员沟通以及与客户电话联系或开会,所有接洽内容都需要有详细记录并被妥善保存。

(二)创意/制作部门

创意部门的工作由于具有挑战性并能带来成就感,因此吸引了大量的广告人。创意部是创作广告的地方,同时也是一个为广告代理商赢得声望之处。虽然广告公司中许多工作对广告活动或多或少都有所贡献,但最终的广告作品才是广告主最感兴趣的。

创作人员的工作虽然辉煌,可也非常辛苦。他们的工作时间通常都是弹性的,因为工作是随着客户的要求而来的,当别的部门已经按时下班时,创作部的工作人员可能会因为要赶一个临时的工作单而正在加班,周末加班也是家常便饭,但是创作部的人大都对这种不规律的工作心甘情愿,因为他们不仅仅将广告视为一种工作,更是一种事业,因此他们通常都愿意为使作品更理想而比别人多工作一些时间。

创作部一般由创意总监统一督导创意工作;文案方面一般由文案指导和文案撰稿人组成;设计方面一般有艺术指导、视觉化人员、插图绘制人员以及广告素材布局人员。规模较大的广告公司的创作部还有流程制管人员专门负责广告活动的流程管理。

创意总监是创作部门的主管人员。他必须是经验丰富的广告专业人士,在广告创意方面具有出众的才华与创造力。他必须对广告创意流程中的所有领域,包括文案、设计以及制作有深入的了解。他必须能够将文案人员和设计人员组合成一支最佳队伍,并维持其高品质的生产力和创造力。他必须不断激励创作部的所有同仁,保持创意产出的新鲜感与流行性。作为公司的高层管理人员,创意总监也必须具备精明的生意头脑,他必须控制预算并尽可能地增加公司的盈利。

文案人员负责撰写广告中的文字部分。文案人员按级别可以分为文案指导和文案撰稿人。文案指导是从事文案写作的资深人士,他在完成文案撰写工作的同时,还负责监督指导其他文案人员的工作。

设计人员主要负责广告作品的视觉表现工作。例如平面、立体、包装、POP 等的设计表现和执行,以及设计上的文字、色彩、图片、图案等之选择编排,等等。现在许多优秀的设计师都精通电脑设计软件,他们多数已摆脱了用手绘的方式,直接用电脑进行设计。

在一些公司的创作部中还有流程与平面制管这样一种工作,他们主要负责客户部与创意部工作对接,跟进各个广告活动的进程,并负责广告制作过程中的外包工作。

（三）媒体部门

近年来,在广告公司中,媒体部门的角色日益重要。在电视和广播出现前并没有很多的媒体专家。但是到了今日,随着媒体环境的日趋复杂,媒体计划与媒体购买已经变成了一门科学。

媒体部门一般有两种职位：媒体计划人员和媒体购买人员。他们工作的核心在于决定用哪种方法能使客户的信息最有效地到达广告对象。

媒体计划人员通常负责媒体的评估与选择,发展经由评估和选择后所形成的媒体计划。这个流程始于媒体研究,他们依靠一些数据,例如媒体的阅读率、收视率和收听习惯等方面的资料,以及一些媒体的基本资料,例如广告价格、截稿日期和素材规格等来评估媒体。他们还必须能够评估这些资料并判断哪些资料是可靠而且相关的。这种专业技巧来自于他们对收集资料方法的了解,以及对于这些资料收集的程序是否有效的判断能力,同时这样的工作也需要具有分析力的头脑。媒体选择的工作是利用既有的资讯在众多媒体中选择最符合广告目标的一些媒体,并根据广告对象的接触习惯作最有效的组合。好的媒体计划人员必须擅长分析数字,具有想象力,了解媒体现状,并对广播电视和出版业有兴趣。

在杂志和报纸上购买版面比较容易,因为大部分的刊物没有版面销售的限制。相对而言,购买广播和电视的广告时段就没有那么容易了,特别是热门节目的广告时段。通常媒体购买人员会先根据日期、市场和观众人口统计变量资料等基本要求,找到符合广告目标的最佳时段,然后再从媒体业务员手边尚存的时段中进行选择。掌握了这些资讯,购买人员便会以最符合要求与预算为原则开始针对这些现有时段进行议价。由于大部分电视台的价格都相当有弹性,所以购买价格主要看谈判的结果。通常,购买是基于口头承诺,之后才会以文字确认,因此,买方和卖方对他们的承诺必须非常小心慎重。

（四）市场调查/分析部门

市场调查/分析部门的规模通常会比广告公司中其他部门小,而且许多广告公司会将调查外包给独立的市场调查公司。但这个部门在广告运作以及维护客户方面所发挥的作用仍是不可忽视的。当广告公司接手一个大客户时,有关这个客户的所有市场信息都要由市场调查/分析部门来收集、整理、分析。这其中既有大量的二手资料,也有根据实际情况进行市场调查后获取的一手资料。对这些市场信息的整理分析有助于广告公司迅速了解客户所属行业,从而为客户提供更周全的服务。在有的广告公司中,这个部门还负责对整个广告行业情况进行分析,制定出自身广告公司发展的战略,有时也协助其他部门开发新客户。

这个部门的工作人员一般包括市场调查/分析总监、市场分析专员。

市场调查/分析总监必须在市场调查行业或市场分析方面有丰富的工作经验,一般都是这一领域的专家。市场调查总监负责分配并督导员工的工作。当广告公司或广告主需要将市场调查工作外包给其他调查公司时,市场调查总监要能够帮助客户寻找到合适的调查公司,并从专业的角度对调查公司的工作进行评估。作为市场调查/分析部门的总监,他还需要参与决定公司整体发展方向,随时为公司的发展提供市场方面的资讯。

这个职位的工作人员通常要花大量的时间搜集与客户有关的资料,并进行整理分析,这些资料会作为为客户提供的策划案的基础部分。有的广告公司为了维护一些大客户,专门针对客户所在的行业动态撰写月报、日报等报告提交给客户,这些报告的撰写工作也由市场分析专员来完成。

(五)行政事务部门

广告公司作为营业组织必须管理自己的经营活动,因此,广告公司内部还设有行政事务部门,包括行政、财务、人事、会计等部门,以保障公司的正常运转。

六、广告经营者的收费方式

(一)代理费制

这种收费方式以广告主投放在媒体上的资金数量为依据。按照这种方法,广告经营者将广告主支付给媒体的全部资金按固定比率留下来,作为为该客户创作广告的全部费用。代理费率各国有不同的规定,大多为15%。我国《广告管理条例施行细则》中规定:"广告代理收费标准为广告费的15%。"

然而,由于广告代理制在我国实施得不彻底,广告代理费也一直无法完全兑现。在激烈的市场竞争中,多数广告经营者为了生存,不得不降低代理费的收费标准,有的甚至用零代理的方式争取客户。

(二)服务费制

1980年以后,美国广告业的代理费制度开始动摇。到了20世纪80年代中后期服务费制度诞生,1988年前后,GM、P&G、IBM、BMW、福特、奔驰、耐克等企业纷纷改用服务费制度。现在服务费制度的使用率已达65%,代理费制度仅占22%。

目前国际上还没有关于服务费的明确的权威的定义,但关于服务费的内容已经比较明确。服务费主要由三项内容构成:一是直接成本,即与工作直接相关者的人员费用的总和;二是间接成本,即广告经营者支付给各间接服务部门的工作费用,比如房租、水电费、会议费、交际费等；三是利润，主要指广告经营者的税前利润。根据服务费制度广告经营者向广告主提出总体费用要求。

服务费主要是广告主支付给广告经营者在人力、物力、时间方面投入的费用。当然，决定服务费高低的关键因素是广告经营者投入此项工作的单个人力成本的高低，因此，要控制成本就必须从广告经营者的时间管理体系、员工报酬制度、能力测评体系等诸多管理问题入手，并且，在正式展开工作之前，广告经营者有必要就工作负责人、参与人及其费用问题与广告主协商。

如何建立有效合理的服务费制度测评及定价系统已经成为国际广告业的新课题。

（三）以结果论酬制

近年来，许多广告主和广告经营者都在尝试根据广告经营者的工作是否达到了双方商定的结果而支付报酬的做法，以结果论酬制将广告经营者的报酬与双方预先商定的特定目标的完成与否绑到了一起。但对"结果"的界定，广告经营者和广告主有不同的观点。广告经营者往往将传播目标，如产品或服务在广告对象中的知名度、品牌识别度当作评判"结果"的标准；而广告主则将"结果"界定为销售额，因此，广告经营者历来不同意按"结果"来评估自己。

 小资料5-5：美国广告代理商协会公司（4A公司）简介[①]

一、美国广告代理商协会（以下简称4A）所属公司是什么样的组织

（一）4A广告公司是独立的商业组织

要成为4A的一员，广告公司必须是完全独立的，不受任何广告主、广告媒体或其他供给者控制的组织。只有当广告公司完全独立的时候，才能为广告主提供公正、客观的建议。

（二）4A公司是广告公司中的佼佼者

在全美1.2万家广告公司中，仅有660家是4A的成员（1993年数字）。许多广告公司都渴望成为4A中的一员。4A成员公司共有6万名员工，这几乎是全美广告业中从业人员的一半。他们从事美国超过75％的全国性广告活动及大多数地方和区域性的广告活动。

4A广告公司遍布全美。除了蒙大拿州、北达科他州和怀俄明州外，每个州都有4A成员。这些公司规模大小不一，大的有数十处办公室，几千名员工，小的仅有一处办公

---

① 何海明著.广告公司的经营与管理.北京：中国物价出版社，2002

室,十几个雇员。事实上,超过 56% 的 4A 成员公司的营业额在 1000 万美元或之下,有 87% 的成员公司的营业额在 5000 万美元之下。

4A 成员必须要有良好的声誉和牢固的基础。只有当一家广告公司经营 2 年或 2 年以上时,才有资格进入 4A。大多数成员有 20 年以上的历史,少数在 100 年以上。这些公司来自于公司所在区域内的广告公司的选举,而只有当 4A 总部的专家经过对其资产负债表进行严格审查,确定其财务稳定后方可加入 4A。一般 3 个申请加入 4A 的公司中,仅有 1 个能获得资格。此后,为了帮助其财务运转良好,4A 的管理服务部门为公司定期提供资产和信息研究,并在公司管理上提供大量的意见和建议。每个成员都必须遵守 4A 从业准则及创造准则。

4A 广告公司有专业的知识。它们知道如何解决你的问题。为你提供服务时,它们能够搜集广告和营销多方面的信息,包括产品、行业、市场状况等。4A 成员获取这些信息的渠道是 4A 成员信息服务系统,它是专门为 4A 成员提供服务的。这个系统每年可以处理 2 万件以上的问询,使用广泛的文献研究和 350 个以上的数据库。4A 的出版物包括与广告有关的 100 多本小册子、宣传品、磁带和录像带。

在 4A 广告公司中,学习是永不完结的过程。成员们使用 4A 训练手册,参加研讨会,以吸取最新的来自第一线的思想和技巧。学习的内容从初学者的常识到高级管理人员的领导艺术应有尽有。

4A 广告公司可提供全球性服务。不论公司规模有多大,4A 成员能够通过 4A 国际服务部为你提供全球性服务。它可以为你提供你所需要的地区的媒体计划和有用信息,并与当地广告公司进行联系,还可以提供有关商业惯例、经济和政治环境的信息。

4A 成员是媒体和广告制作方面的专家,通过 4A 专门的媒体指导、先进的媒体讨论会以及遍布全美的媒体会议,4A 成员紧跟不断变化的媒体世界。4A 定期发布媒体方面的有关内容,包括电子交换数据、新技术、广播电视、地方和全国性的报纸到达率的差异、可靠的媒体研究和媒体公司。4A 广告公司能使你利用它们时发挥最大利益。

同样,广告创作也不断需要最新的专业知识。这些知识包括广播和印刷的程序、合适的付款方式、与工会的关系、法律文件、成本控制和效率等。4A 成员能够通过作品服务组来保持在这些方面的专业性。4A 成员中在这些领域的专家即是为客户服务的专家。

4A 成员能够为你提供综合服务。广告业近年来已发生了迅速的变化,以接受整合市场营销的观念。整合市场营销是指把媒体广告、促销、直接反应、公共关系等手段综合运用以形成一个整体计划,只要是有利于和消费者进行交流,就可以采用的市场营销手段。

4A 成员可以为你提供任何领域的服务——消费品、服务、贸易、医药、招聘等。尽管整合营销传播是最近才逐渐流行起来的词语,事实上,许多 4A 成员已使用这种方法制定战略为其客户服务很多年了。这一方法不同于在市场营销的诸多领域中单独使用多种专业技能,而是在同一市场营销战略下综合了各种方法,来向消费者传递关于一种产品或服务的持续的信息。

4A成员致力于维护广告业的发展。当政府——不管是联邦政府还是州政府,试图阻止、过分控制广告业或提高税收时,4A随时准备斗争。每当遇到这类问题时,4A在华盛顿的办公室会动员其成员为之斗争。

二、4A成员为你做什么

多年以来,4A为其成员制定了一套服务准则。尽管每个成员服务的方式不尽相同,这套规则仍然概括了你能够和应该从代理广告公司获得的服务的质量,也就是说,这套准则描述了4A广告公司所能为你提供的服务。

（一）研究产品或服务

对于你所出售的产品,你的经营者将会着力研究,在某些方面甚至超过你对它的了解。产品的作用是什么？其优缺点是什么？价格合适吗？包装是否吸引人？容易购买得到吗？消费者对它的意见是什么？零售商的看法如何？

许多方面需要强有力的信息。其中一些信息可以通过你和你的员工搜集得到,方式可能是面谈或问卷；其他的途径可能来自对这一领域的专门研究,这需要向消费者、推销人员、零售商和批发商作访问或调查问卷。

只有掌握了如此牢固的背景资料和知识之后,广告公司才能为你做策划。

（二）分析市场营销目标和受众

广告公司将为你的产品或服务进行市场分析——谁购买了它？为什么购买？何时购买？在什么场所购买？谁可能购买？影响购买决策的人员是谁？季节与地理因素如何影响购买？广告公司将认真地分析你的现有市场和潜在市场的每一个方面。

这种研究包括如下问题：

1. 何种类型的人会使用你的产品或服务,他们的居住地在哪里？

2. 存在可以增加销售的新的潜在用途吗？

3. 季节和地理因素如何？有没有适合于广告促销的最佳时间或地域？

4. 你的业务受到商业和经济环境的哪些影响？在糟糕的情形下而非良好的情形下,也许你需要加倍的努力。

研究的必要性是显而易见的。其中一些信息可以通过政府或私人公布的市场和购买力的调查得到,但是大部分却依赖于你的代理公司的经验和智慧。

（三）提供分销和销售方面的意见

广告公司必须为你在分销和销售方面提供成熟的意见,并提供相应的方法。

广告公司应能够为你在通过销售产品获利上提供意见。谁是关键的中间商或批发商？哪些是主要的零售点或连锁店？为销售产品应使用什么样的折扣形式或促销手段?

产业与产业之间,环境的差别很大,并且变化迅速。

广告公司的人员访问和研究商店、汽车推销商、加油站、银行、饭店、旅馆——所有进行交易和买卖的场所。他们和推销人员一起旅游,和职员攀谈,和消费者在销售店或他们的家里会面。

几乎没有哪家广告公司能精通每一领域,但是,即使一个广告公司不是你这一领域的专家,他通常会愿意在这方面进行学习。

（四）分析对媒体的选择,并促成在使用媒体时达到最大的效果

媒体是发布所有形式广告的必由渠道。广告公司必须熟知一切能将你的广告送达于消费者、中间商、零售商、承包商或代理商的媒体或手段。

媒体选择必须适应市场状况:作为广告主,你准备让广告到达什么人群? 妇女? 男人? 所有收入阶层的人? 或是高收入、低收入、中等收入的人? 他们住在哪里? 他们是什么类型的人? 他们从事何种职业? 他们阅读、收听、收看何种媒体?

广告公司确定最佳的潜在消费者,然后有针对性地选择那些成本最低、到达率最高的媒体。

（五）制定市场营销计划

在市场营销计划中,广告公司会在如下方面提出建议:

1. 哪些是已有的市场和将要到达的市场?

2. 如果需要,在营销渠道上要做哪些改动?

3. 如果有必要,在价格和折扣上做哪些工作?

4. 通过什么媒体渠道把信息传达给消费者和商界?

5. 应该使用什么样的卖点?

6. 说什么? ——适合每种渠道的信息如何传达?

7. 在广告运作中,应使用哪些购买环节（推销人员、零售商、分销商)?

8. 应投入的广告费是多少?

今天,广告公司能在产品概念、消费者购买、品牌关系的建立等多个方面为你提供帮助。具体的环节包括:包装设计、销售研究与培训、销售说明与商品陈列的设计、商业广告与促销、宣传与公共关系以及适应众多媒体的广告。

新兴的有线电视家庭频道也在整合市场营销计划和4A的考虑范围之内。总之,整合市场营销意味着整个的运作过程,这是一种基本的、协调的战略。

（六）制定广告计划

1. 形成创意观念。广告公司决定如何宣传你的产品或服务——把它和竞争产品或服务通过定位区分开来,并找出它的独特性和优秀之处。广告公司寻找到目标消费者,并施行适合产品概念的整合市场营销计划。不管你在市场营销计划中做了些什么,

消费者都会吸收它们，并形成喜欢或不喜欢的态度。

2. 创意制作。与"说什么"同样重要的是"怎么说"。广告公司的创作人员是语言和美术设计方面的专家，他们在每一种形式的广告中都为你的产品或服务注入活力、幽默，从而具有说服力。尽管消费者注意的范围越来越有限，批评和冷漠日益增多，有经验的创作人员仍能抓住目标受众的注意力，并在他们的记忆深处驻足。产品的各种形式的广告——印刷、电视、录像、磁带或广播，都由广告公司的专业人员进行严格的控制，当然，这一切都需要你的同意和参与。

3. 做媒体计划和签订媒体合同。媒体计划人员评估各种可能的媒体，为你的广告选择有效的媒体环境。广告公司的媒体购买者，或公司外的媒体服务机构，为你的广告洽谈最合适的时间和空间，然后签订媒体合同。4A的合同形式（申请了版权）几乎是所有广告公司和媒体通用的，它们确保合同双方的公平合理。

4. 刊播广告。广告公司的职责之一是监督所有的媒体在预定时间刊载或播放你的广告。公司的专家使这一工作卓有成效。尽管公司与成百上千的出版机构、新闻网络以及大量的直接反应和户外广告媒体打交道，却很少出差错。

5. 检查。广告公司检查广告的执行。4A给4A成员提供对杂志、报纸、电台和电视网的监测资料和广告发布的情况。广告公司可以通过这些资料，检查媒体是否按合同发布广告。

6. 开账单。最后，广告公司向你开列包括媒体刊播费用、广告制作费用和其他服务费在内的账单。如果你能立即付款，公司还可以根据规定打折扣。

（七）评估和修改广告

因为广告是持续性的运动，广告公司还致力于对它进行修改和提高。广告公司的追踪研究是在一个广告运动前后进行效果测试。广告公司对电视观众的监测是一直进行的，对报纸和杂志的读者调查也是周期性的。广告公司还用一系列的研究方法，如回忆、识别、态度转换等，对创意、媒体、受众进行长期性、持续性的调查，以检查你的广告计划。

（八）保持行业水准

广告计划的成功，主要依赖公众对广告的信任，如果广告这一行业丧失了可信性，就不会成功。4A要求所有的成员遵守其创作标准。

虚假广告和误导性广告可能会触犯州或联邦的法律、法规。联邦贸易委员会和食品与药品管理局密切监督国内广告。

（九）把服务视为自己份内的事

鉴于4A广告公司是受到高度尊敬的全国性协会的一员——每三个申请加入4A的公司中只有一个能享受此殊荣，它会用自己独特的能力使你的市场营销预算发挥最大的作用。油滑、傲慢与它们无缘，因为它们知道，自己业务的成功取决于对你的业务的成长所付出的努力。

三、如何选择 4A 成员作为你的广告代理公司

（一）多与几家公司交谈

仔细审查，以确定哪家公司最适合你。或许已有数家公司和你进行接触，它们中的大部分竭力想获得新客户，以使潜在客户的名册长久不衰。有一些问题需要引起你的注意：

1. 许多广告公司的服务专长于某一行业，例如日用消费品、时装、药品、家具等。

2. 如果一家广告公司已经代理了你的竞争对手的广告业务，那么它就不该成为你的代理公司（除非这家广告公司的现有客户点头同意）。

3. 代理任何一个客户的广告，广告公司都面临着一个最低成本的问题。除非提供的广告费占公司收入的一定比例，否则广告公司不愿意考虑成为你的代理公司。

4. 你和你的代理公司的信誉都很重要。广告公司需要你付款的保证，第三方则需要广告公司能够给它们付款的保证。

当你和一家广告公司讨论你的业务时，一定要告诉它你的业务的历史、经营状况、员工的能力、已成功的广告运动经历，其目的是为保证广告公司给你创作成功的广告。

有一些做法是错误的和违反道德的，这些做法在 4A 行业准则（the A. A. A. A. standards of practice）中受到谴责。广告公司不可诽谤其竞争者或竞争者的工作，不可许下虚诺，不可提供额外的信息或金融服务，也不可为获得一个客户而违反广告公司雇佣条例去雇佣竞争公司中有影响力的人。

（二）制定出一套行之有效的付费方式

广告公司与其客户之间的付费方式多种多样。有时，一家广告公司在不同的业务上针对同一个客户的收费方式亦不相同。你和你的代理公司可以通过商谈决定合适的方式。

4A 认定四种付费方式，它们代表了其成员与客户之间多种情况下的付费方式。

1. 佣金制

（1）媒体佣金，加上为客户购买的物品和服务的费用，再加上一定的内部服务费用。

（2）媒体佣金，加上购买材料和服务的费用，但无内部服务费。

（3）仅有媒体佣金。

2. 佣金和酬金制

（1）上面所提到的三种类型的佣金中的一种，加上一笔额外的费用。

（2）三种佣金中的一种，但是限定了最高利润和最低利润。

现代广告概论

（3）连同媒体佣金计算在内的最低付费金额。

3. 固定酬金

事先约定的总的酬金。

4. 附加费用

工作完成之后，计算所花费的全部费用。

（注：尽管媒体佣金的重要程度因广告公司的规模大小而异，但它仍然是公司收入中最大的一部分。大的广告公司拥有较大的客户，随着媒体购买空间和时间增加，媒体佣金占它们收入中的大部分，小的广告公司则倾向于收取更多的固定酬金和其他费用。）

（三）形成书面合同

当你选定一家公司时，一定要与之签署一份书面合同。这能使你和你的代理公司将来避免纠纷——尤其是当这种代理关系需要解除的时候。

在实际运作中，有如下几项基本原则需要遵守：

1. 不经客户的同意，代理公司不得代理一项与客户产品直接竞争的产品。同样地，无代理公司的同意，客户不得让另一家公司代理同一产品或服务的广告。

2. 在广告费用上，代理广告公司必须征得客户的事先同意。

3. 客户必须在代理公司付费给媒体之前付费给广告公司。通常，如果客户能立即付款，广告公司会同意在费用上打折扣。

本章要点：

广告经营者是由发展和准备广告计划、广告和其他促销工具的创意人员和经营人员组成的独立组织。广告公司从诞生至今已有 200 多年的历史，其发展大致经历了版面销售时期、版面经纪人时期、技术服务时期、全面服务时期四个阶段。

广告代理制是在广告活动中，广告主、广告经营者和媒体之间明确分工，广告主委托广告经营者实施广告宣传计划，媒体通过广告经营者承揽广告业务的一种经营机制。广告经营者处于中间地位，为广告主和媒体双向提供服务，起主导作用。广告主、广告经营者、媒体三方在委托代理关系的基础上，实现广告交易行为的制度被称为广告代理制，又称代理费制度。

广告经营者从其经营范围和提供的服务上可以划分为全面服务型与部分服务型；从代理对象上可以划分为客户代理型与媒体代理型。广告业还有一些从事相关活动的营业组织，如媒体购买公司、营销与媒体调查公司、营销咨询公司等。

广告经营者的服务内容近年来已有逐步扩大的趋势，除了基本业务外，它们还为客户提供包装设计、销售调查、销售培训、直效营销、销售展台设计、公共关系以及宣传等多方面的服务。

广告经营者的组织形态主要有按职能设置部门、按客户设置部门、按地区设置部门、按服务或产品设置部门、按矩阵设置部门五种类型。

本章思考题：

1. 请查找资料，梳理我国广告经营者发展脉络。

2. 请分析什么样的广告主适合找全面服务型广告经营者为其做代理，什么样的广告主适合找部分服务型广告经营者为其做代理。

3. 请举出几个在我国业绩比较突出的媒体购买公司。

4. 你认为广告经营者的服务内容应包括哪些？

5. 广告代理制在我国一直无法彻底推行，请分析原因何在。

6. 请分析小组作业形式的公司组织结构有何利弊。

7. 中国本土广告公司面对国际广告集团的冲击，应该采取哪些应对措施？

8. 查找国内近 5 年来营业额排名前 20 位的广告公司，比较它们在服务内容、核心业务、客户构成等方面的发展变化。

本章建议阅读资料：

1. 何海明著. 广告公司的经营与管理. 北京：中国物价出版社，2002

2. 朱海松编著. 国际 4A 广告公司基本操作流程. 广州：广东经济出版社，2002

3. （美）威廉·派帝士著. 进入广告业. 冉龙华译. 北京：中国友谊出版社，1998

4. 丁俊杰主编. 广告学导论. 长沙：中南大学出版社，2003

现代广告概论

第六章

广 告 媒 体

本章提示

广告的本质是一种基于市场营销目的的信息传播活动，信息在传播的过程中必须借助一定的媒体。本章主要介绍了广告媒体的基本概况，例如广告媒体的作用与发布广告的资质，广告媒体的分类及四大媒体的广告形式，还简要介绍了电视、广播、报纸、户外等媒体经营广告业务的情况。

第一节　广告媒体概述

一、广告媒体的定义

从传播学的角度来说，广告是一种以推销产品为目的的信息传播活动，而信息在传播的过程中必须借助一定的媒体。

> 广告媒体又称广告媒介，是指能够借以实现广告主与广告对象之间联系的物质工具，是传达（运载）广告信息符号的物质实体。

广告媒体的产生过程中，存在着三种情况：

第一种情况是人们将已经存在的有可能用作广告信息传播的部分媒体赋予广告信息传播的功能，如报纸、电视、广播、杂志等媒体。这些媒体最初出现的目的是为了传递官方信息或商业、民事信息，由于它们覆盖面广，传递信息较为迅速，一些广告主开始利用其发布广告，经过不断的发展，这些媒体现在成为广告信息的主要载体。

第二种情况是人们将社会生活中原来并不是用于信息传播的事物赋予广告信息传播的功能，使之成为广告媒体，如火车、汽车、飞机等交通工具。这些交通工具原来的功能仅仅是运输人员与货物，后来人们发现它们在各地来往穿梭的过程中还可以有效地传播广告信息，于是开始在这些载体上面张贴或印制广告，交通工具广告媒体由此产生。

第三种情况是人们为了承载广告信息而专门创制的新事物，这些事物仅仅作为广告媒体而存在，如路牌广告。

二、广告媒体的作用

（一）广告媒体的信息传播作用

在广告活动中，广告媒体承担着广告信息发布的职能。

广告信息被广告的创作者和制作者根据不同媒体的传播特性转化成媒体传播所需要的符号，这些符号被交由广告媒体来承载。广告媒体将这些符号显示于其版面或荧屏的表面，使之曝露于媒体受众的视觉、听觉，最终为他们所感知、接收。

不同媒体有不同的传播特性、不同的受众构成、不同的影响力，因此媒体选择、媒体组合、媒体行程安排是否合理,在很大程度上会影响到广告信息能否准确到达广告的诉求对象,并最终影响广告的效果。

(二)广告媒体的市场营销作用

社会化大生产使企业的生产规模和市场范围都急剧扩大,企业与消费者之间的时空距离也由此拉大,企业的产品必须通过中间商和零售商才能到达消费者的手中,企业失去了与消费者的直接联系。在此情况下,广告成了联系企业和消费者的桥梁和纽带。从根本上说,广告媒体实际上是企业与消费者沟通的工具,是现代市场经济中企业与消费者之间不可缺少的联系纽带,对于企业的市场营销起着至关重要的作用。

三、媒体在发布广告时应具有的资质

我国新颁布的《广告经营许可证管理办法》(2004 年 11 月 30 日)中对媒体发布广告的资质作了如下规定。

(一)媒体发布广告的资质

《广告经营许可证管理办法》(以下简称《办法》)第二条中规定,广播电台、电视台、报刊出版单位应依照本办法的规定向广告监督管理机关申请,领取《广告经营许可证》后,方可从事相应的广告经营活动。

《办法》第五条中规定,在《广告经营许可证》中,广告经营范围按下列用语核定:

1. 广播电台:设计、制作广播广告,利用自有广播电台发布国内外广告。
2. 电视台:设计、制作电视广告,利用自有电视台发布国内外广告。
3. 报社:设计、制作印刷品广告,利用自有《××报》发布国内外广告。
4. 期刊杂志社:设计和制作印刷品广告,利用自有《××》杂志发布广告。
5. 兼营广告经营的其他单位:利用自有媒介(场地)发布××广告,设计、制作××广告。

(二)申请《广告经营许可证》应当具备的条件

《办法》第七条中对申请《广告经营许可证》应当具备的条件作了如下规定:

1. 具有直接发布广告的媒介或手段;
2. 设有专门的广告经营机构;
3. 有广告经营设备和经营场所;
4. 有广告专业人员和熟悉广告法规的广告审查员。

（三）申请《广告经营许可证》应当送审的材料

《办法》第九条中对申请《广告经营许可证》时应当向广告监督管理机关报送的申请材料作了如下规定：

1. 《广告经营登记申请表》。
2. 广告媒介证明。广播电台、电视台、报纸、期刊等法律、法规规定经批准方可经营的媒介，应当提交有关批准文件。
3. 广告经营设备清单、经营场所证明。
4. 广告经营机构负责人及广告审查员证明文件。
5. 单位法人登记证明。

第二节 广告媒体的分类

一、广告媒体的分类

（一）按照广告媒体的特性分类

1. 大众传播广告媒体，指传播范围广，拥有大量受众的媒体，如报纸、杂志、广播、电视等。
2. 户外广告媒体，指曝露在开放的户外空间中的广告媒体，如霓虹灯、户外灯箱、路牌等。
3. 交通广告媒体，指利用交通工具和交通场所开发的广告媒体，如车体、车票、站牌等。
4. 售点广告媒体，指设置于产品销售现场的广告媒体，如售点招贴、售点灯箱等。
5. 直效广告媒体，指用做直效行销的广告媒体，如直接邮寄信函、夹报、传单等。
6. 赠品广告媒体，指包含广告信息的赠品，如杯子、T恤衫、台历等。
7. 黄页广告媒体，指各种服务指南性工具书。
8. 通讯广告媒体，指各种通讯工具，如电话、传真等。
9. 网络广告媒体，指国际互联网络。

（二）按照广告媒体的传播手段分类

1. 印刷媒体，指以印刷品形式传播广告信息的广告媒体，包括正式出版物和非正式出版物两大类型，前者主要包括报纸和杂志；后者主要包括由广告主或广告经营者策划、制作的画册、产品说明书、商品目录、明信片、台历、招贴及各种直接邮寄广告等印刷品。

2. 电子媒体,指通过电子手段,以声波、光波、电波或三者相结合的形式传播广告信息的广告媒体。主要包括电视、广播、电影、电子显示屏、电动广告牌、幻灯、灯箱、霓虹灯、有线电视、闭路电视、激光、卫星、电话、传真、电脑互联网络等。

3. 其他媒体,指通过印刷、电子以外的其他传播手段传播广告信息的广告媒体,包括陈列、橱窗、门面等展示广告媒体,气球、飞艇、模型、车体、旗帜等户外广告媒体。

(三)按照广告媒体的信息传递范围分类

1. 全国性媒体,指在全国范围进行信息传播的媒体,如全国性报纸杂志、全国性广播电视网等媒体。

2. 地区性媒体,指仅在部分地区或某一地区进行信息传播的媒体,如地区性报纸、杂志、广播、电视等媒体。

(四)按照广告媒体信息诉诸的感觉分类

1. 诉诸视觉的媒体,指报纸、杂志、招贴、霓虹灯等诉诸受众视觉的媒体。
2. 诉诸听觉的媒体,主要指广播这类在信息传播过程中诉诸受众听觉的媒体。
3. 诉诸视听觉的媒体,指在信息传播过程中同时诉诸受众视觉与听觉的媒体,如电视、电影、网络媒体等。

二、四大媒体的广告形式

(一)电视媒体的广告形式

电视广告在长度上有 60 秒、30 秒、15 秒、5 秒等不同规格,其类型可以作如下划分。

1. 按电视广告制作类型划分

(1) FM 电影胶片广告,是指以拍摄电影的方式拍摄的电视影片广告,这种广告具有理想的视觉效果,艺术感染力强,但费用较为昂贵。

(2) CM 电视摄录广告,是指用电视专业摄像机拍摄的电视广告,这种广告拍摄过程简单快捷。

(3) 幻灯片广告,是指把用专业照相机拍摄的广告内容制成幻灯片,然后在电视台播出的广告。这类电视广告制作简便灵活,投资少,播放及时,但影像效果不太理想,现在只在设备条件比较差的地方才采用这种制作方式。

(4) 字幕广告,是指用简洁的字幕打出广告内容,伴随节目的进程在电视屏幕不显眼的地方随时播映的广告,这种广告不太打扰电视观众收看节目,效果较好。

（5）电脑合成广告，是指采用电脑制作技术制成单纯的二维或三维动画后转录到电视磁带上播出的广告。由于电脑动画表现手段丰富多彩，使得电脑合成广告具有极大的魅力。

2. 按电视广告播出类型划分

（1）栏目内广告，指在电视栏目内播出的广告，广告主根据自己产品的特点，选择某个电视栏目在节目中插播广告。

（2）时段广告，指在节目与节目之间的某个或某些固定时段播出的广告。

（3）特殊形式广告。这类广告是为了加深观众印象，而在传统广告形式上开发出来的新的广告形式，例如冠名广告、特约播出广告等。

（二）广播媒体的广告形式

广播广告在长度上一般有 60 秒、30 秒、15 秒、5 秒等不同规格，主要可以分为四种类型。

1. 节目广告，是指电台划出一段固定的节目时间，这段时间的节目名义上由广告客户提供，提供节目的客户可以在节目中插播广告，这类广告一般收费较高。

2. 插播广告，是指在节目之间播出的广告。

3. 广告节目，是指在一个固定的时间段里，连续播放数家广告主的广告。

4. 报时广告，是指在报时的时间间歇播出的广告。报时广告既是广告，也是提供报时的服务，听众的关注度比较高，广告价格也相对较贵。

（三）报纸媒体的广告形式

报纸一般采用对开和四开两种版面，有黑白和彩色两种印刷，生活服务类报纸一般使用四开版面，彩色印刷，其他报纸多采用四开版面，部分版面黑白印刷，部分版面彩色印刷。

报纸媒体刊登的广告，主要有商业广告、公告、声明启示、分类广告四种类型。其中商业广告需要由广告经营者代理，公告、声明、启示可以直接由广告主交由报纸发布。

报纸媒体的广告版面，一般有整版、半版、四分之一版、通栏、双通栏、半通栏等几种规格。分类广告的规格一般以栏/厘米或者纯以厘米计算。此外，报纸还有中缝、报眼等特殊的广告位置。

（四）杂志媒体的广告形式

杂志一般是彩色印刷，开本主要有 32 开、大 32 开、16 开、大 16 开、8 开等几种，其中大 16 开是国际流行的开本规格。

杂志一般提供封二(封面的背面)、封三(封底的背面)、封底、内页广告等版位,广告的版面规格,通常有整版、半版、二分之一版、四分之一版、六分之一版等几种,封二、封三、封底一般只刊登整版广告,内页广告则可以包括不同的规格。

第三节　国内媒体的广告经营

一、电视媒体的广告经营

(一)电视广告的发展状况

　　从 1979 年我国大陆广告业复苏至今已有二十多年,在这期间,电视广告一直扮演着重要的角色。1979 年 1 月 28 日,上海电视台的节目中出现了"上海电视台即日起受理广告业务"的字样,随即该台播出了我国电视史上第一条商业广告——"参桂补酒"广告。此后,商业广告如雨后春笋,陆续出现在我国各大媒体上。

　　经过二十多年的发展,今天的电视广告较之以往在各方面都有了巨大的变化。

　　首先,从广告经营的规模上看,截止到 2003 年底,全国的电视台有 2924 家,2003年电视台的广告收入为 255.04 亿元,约有 4 万人从事电视广告经营,见图 6-1。

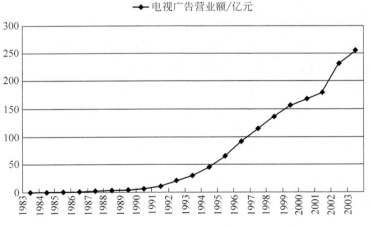

图 6-1　1983—2003 年全国电视广告营业额增长趋势

数据来源:中国广告协会

　　在传统的四大媒体中,电视媒体占有绝对的优势,其广告营业额占据了全部媒体广告营业额的半壁江山。2003 年,媒体广告总收入为 550.78 亿元,电视台的广告收入为255.04 亿元,占全部媒体广告收入的 46.31%。电视广告的主要竞争对手是报纸媒体,报社的广告收入为243.01亿元,占全部媒体广告收入的44.12%,仅次于电视台的广告收入。广播电台、杂志等其他媒体的广告收入只占有很小的市场份额,见图6-2。

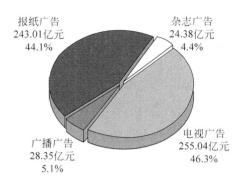

报纸广告
243.01亿元
44.1%

杂志广告
24.38亿元
4.4%

广播广告
28.35亿元
5.1%

电视广告
255.04亿元
46.3%

图 6-2　2003 年四大媒体广告经营状况

数据来源:《广告人》2004 年第 4 期

其次,从广告播出的形式上看,电视广告已从最初的只在"晚间时段"播出,发展到现在在全天播出;从最初单一的商品广告,发展到现在的企业形象广告、公益广告等多种形式。

第三,从广告创意制作上看,电视广告的创作水平有了大幅度提高。呆板、说教式的广告已经不多见,取而代之的是丰富的创意和精良的制作。

但是,在电视广告不断发展进步的同时,我们也应该看到背后隐藏的危机。

从 1999 年至今,电视媒体产业经营及多元化格局开始形成,广告创收在电视台营业额中所占的比例有所下降,电视广告市场呈现平稳发展的态势,2000 年甚至还出现了增长额较大幅度的下滑。2002 年,电视广告营业额达 231.03 亿元,比 2001 年增长28.8%,占全国广告营业总额的 25.58%,但是与 1999 年电视广告营业额占全国广告营业总额的比例相比,可以看出四大媒体中只有电视广告营业额是负增长,见表 6-1。

表 6-1　1999—2002 年四大媒体广告营业额占全国广告营业总额的比例

	1999 年占全国总额比例（%）	2000 年占全国总额比例（%）	2001 年占全国总额比例（%）	2002 年占全国总额比例（%）	2002 年比1999 年增减（%）
电视广告	26.50	23.70	22.57	25.58	—0.92
报纸广告	18.19	20.55	19.84	20.87	2.68
广播广告	2.00	2.13	2.30	2.42	0.42
杂志广告	1.40	1.59	1.49	1.68	0.28
全国广告营业总额	621.98 亿元	712.66 亿元	794.89 亿元	903.15 亿元	281.17 亿元

数据来源:中国广告协会

电视广告营业额出现负增长主要有三个原因:

一是广告主在媒体上投放广告越来越谨慎,他们往往只选择那些最适合自己、最有效又最划算的媒体进行广告投放。

二是相关规定的出台对电视台的广告收入有一定的影响。首先,医药行业历来是广告投放大户,然而国家针对药品、保健品广告新出台的一系列管理政策,限制了药品、保健品广告的投放,这必然影响电视台的广告创收;其次,国家税务总局对广告主广告费用限额的规定也限制了广告主的广告投放量,从而对电视台的广告收入产生间接影响;第三,国家广电总局出台的《广播电视广告播放管理办法》中对电视黄金时间广告量的限制,也对电视台的广告创收有一定的影响。

三是同行业竞争激烈,媒体降价求生存。目前,我国电视媒体纷纷增加频道,不断扩张,这使得广告主在投放广告时有了更多选择的空间,同时导致越来越多的电视台经常处于吃不饱的状态。据北京广播学院"关于中国广电媒介经营发展战略"的调查数据显示,在所调查的各级电视台台长中,没有一位台长觉得现在的资金状况"非常富裕",有69.5%的台长们反映资金状况"比较紧缺"或"非常紧缺"。同行业竞争主要体现在媒体广告价格体系混乱与媒体间相互杀价。对大多数电视媒体广告经营者来说,给客户大幅折扣已经成为最主要的促销手段。这种低价销售广告时段的做法,一方面严重影响了按正常价格投放广告的广告主的积极性,另一方面也扰乱了媒体自身的价格体系,损伤了整个电视媒体行业的利益。

(二)电视广告经营的主要策略[①]

1. 资源的管理与开发策略

电视广告按播出类型分,通常有栏目内广告、时段广告、特殊形式广告三种类型。其中栏目内广告和时段广告属于常规广告。常规广告销售是电视广告资源销售的主体。每个电视频道每天约有2~3个小时的常规广告资源,特别是晚上19:00~21:00之间20分钟左右的广告资源,是电视广告经营的主体资源。除此之外,还有一些特殊形式广告资源。特殊形式广告资源一般与节目结合在一起,难以用时间量化,但特殊形式广告资源的价值很高,是电视台的重要广告资源。电视广告资源的开发主要指对特殊形式广告的开发。

2. 价格策略

在电视广告经营的各种市场营销策略中,价格策略是最常用的策略,尤其是在产品销售受阻时,运用价格策略促销产品往往能立竿见影。定价策略是整个电视广告市场经营的聚焦点,为广告时段制定合理的价格是电视广告经营成败的关键所在。

目前我国电视媒体根据各自竞争状况的不同,主要采取以下三类定价方法。

第一类是以价值为基础的定价。这种定价法是以广告主为中心,在把握广告主对"广告时段价值"的认知程度、摸清广告主可接受价格的基础上,反向推导出广告时段的价格。

---

① 本部分参考:佘贤君著. 电视广告营销. 北京:中国广播电视出版社,2004

第二类是以竞争者为导向的定价，也叫随行就市定价法。这种方法是指媒体在给广告定价时，主要以行业内竞争者的广告时段价格为依据进行定价。

第三类是招投标定价法。这种定价法是采用招标、投标的方式，由招标方对两个以上并相互竞争的投标方的出价择优成交的定价方法。

3. 广告代理策略

广告代理公司是电视台广告资源的经销商，它们替电视台发布电视广告资源信息，帮助电视台销售广告资源。一些规模较大的电视台，需要面对的客户较多，直接营销会增加交易成本，广告代理对它们来说更为重要。

由于广告代理公司同时为广告主和媒体进行代理，这种双重身份使得广告公司的工作不可能完全站在广告主的立场上，也不可能完全站在广告媒体的立场上，它们最终将只忠于自己的利益。鉴于上述原因，媒体在应对广告代理公司时，一方面要采取激励策略，调动广告代理公司的积极性，保证它们为自己积极地进行广告资源销售；另一方面则要对广告代理公司进行有效地监督和制约，保护自身的利益。

4. 客户服务与市场推广策略

电视广告营销中的客户包括两个不同的群体：一是在电视台投放广告的广告主，二是代理电视台广告业务的广告代理公司。对于这两个不同的群体，电视台都要提供周到的客户服务。

为客户提供专业化服务是电视广告经营的发展趋势。专业化服务是指媒体为客户提供专业上的帮助和支持，例如为客户提供收视信息，帮助客户做媒体广告投放计划等。在我国，长期以来由于电视广告资源处于卖方市场，电视台基本上不需要主动提供专业资讯服务，广告主若想获得有关媒体的信息需要自己想办法获取。在现今市场经济日趋成熟、竞争日趋激烈的大环境下，广告主从原来盲目相信大投放必然带来大产出转变为投放广告越来越遵循科学规律、越来越重视专业分析，这使媒体经营人员认识到，广告营销要想进一步发展，要想在未来的竞争中保持优势，就必须加强自身的专业服务水平，为客户提供专业化服务。

5. 品牌策略

品牌策略近年来成为电视广告经营的重要策略。在电视广告经营中，品牌营销有两重含义：一是节目的品牌营销，二是广告时段的品牌营销。

对节目进行品牌营销首先要对频道进行品牌建设。频道的品牌建设就是要在保留一定数量的综合频道的基础上，将频道资源进行专业化建设，再把专业化的频道组建成频道群，将观众"一网打尽"。节目品牌营销的另一方面就是要进行栏目的品牌建设。栏目是媒体品牌建设的基本单元，好的栏目是频道建设的基础，栏目不好，频道建设也就无从谈起。

广告时段是媒体时段的一部分，也可以进行品牌营销，通过将广告时段品牌化，增加广告时段的附加价值。一种方式是可以借助频道或栏目的品牌形象，提高其广告资源的价值。频道或栏目一旦形成品牌,就会受到客户的注意和青睐。越是品牌含金量高的电视频道或栏目,插播的广告就越多,广告价位就越高,广告创收也就越多。另一种方式是可以直接将广告资源进行定位,例如将广告时段根据其前后节目的特点或所处时段的特点冠上富有个性的名称或标志,如"名牌时间"、"名车高速路"等。这种方法便于客户通过名称了解不同广告资源之间的差异,进行理性比较、科学选择,从而提高广告投放的效果。

二、广播媒体的广告经营

(一)广播广告的发展状况

中共十一届三中全会以来,中国的广播电台随着社会的进步也在发生着翻天覆地的变化。到 2003 年底,全国共有广播电台 306 座,广播节目 1983 套;广播广告营业额达到 25.57 亿元,在四大媒体中的比重达到 2.37%,在全国广告营业额中的比重达到 2.63%;全国广播覆盖率已达到 93.34%,而目前中国广播收听人口仅 30%,仍有极大的成长空间,见图 6-3。

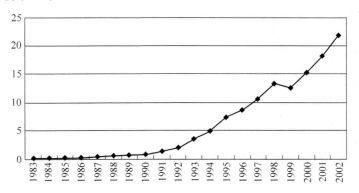

图 6-3 1983—2002 年中国广播业广告营业额状况(单位:亿元)
数据来源:中国广告协会

总体来说,我国广播广告营业额占市场份额总量较小,1995—2002 年一直在 2%～3%之间徘徊,但基本保持稳定增长。在众多媒体激烈竞争中,广播广告营业额的稳定增长相当程度上得益于中国城市私家车的大幅度增加。私家车主一般习惯在开车的时候打开收音机,可以说是广播媒体较为忠实的受众,他们一般具有较强的购买力和消费影响力,这成为吸引广告主投放广播的重要原因之一。

然而不容忽视的是,我国广播业年营业额与其他发达国家相比还有很大差距。1996 年,美国广播电台的总收益达到 87.65 亿美元,从 1996 年到 2001 年,广播电台收益的年增长率为 9.3%,2001 年广播电台的收入创下了 183 亿美元的纪录,另外广播网还有 6.5 亿美元的收入。

同时,我国广播广告经营中还有许多问题亟待解决,如广播广告收入占整个媒体市场份额过小,难以吸引广告公司代理其广告业务;医疗保健品软广告在广播广告中所占比例过大,使广播广告畸形增长;广播电台欠缺市场化运作观念,等等。

(二) 广播广告经营的主要策略

我国广播电台经营广告业务主要有三种模式。

1. 电台自己经营广告业务

电台自己经营广告业务是指电台自己组织营销队伍经营自身的广告业务。在其他媒体都已经开始实行代理制的时候,部分电台采取广告自营的方式是有多方面原因的。首先,从广告代理公司的角度来说,广播广告市场占整个媒体广告市场份额有限,且广播广告价格偏低,因此一般大中型广告公司不愿代理广播广告。目前参与代理广播广告的公司大多实力较弱,专业水平有限,对广播也缺乏了解,这使得电台对广告代理公司缺乏信心,宁愿先依靠自己的队伍经营广告,而不愿意冒经营失败的风险将广告资源交给不够资质的广告公司代理。其次,从电台角度来说,一些电台经营观念比较保守,认为将媒体广告资源交与代理公司经营是"肥水流了外人田",而自己经营广告资源就可以在一定程度上使电台拥有调配资金的自由。

2. 由广告公司代理电台广告业务

在激烈的市场竞争压力下,一些电台开始尝试引入广告代理制。代理制是电台广告经营的必然趋势,将广告业务交由专业的公司代理,可以释放电台的经营压力,使电台可以将精力放在内容生产上。由于处于探索阶段,并且各台的具体情况不同,因此电台的广告代理呈现出多种形式。主要有独家代理、多家代理、内代理三种形式。

（1）独家代理

独家代理即由一家广告代理公司来代理电台或频率的所有广告经营权。目前采取这种代理方式的媒体并不多,从电台来说,将广告资源交由一家广告公司代理风险较大,如果经营不善,必将影响电台整体经营;从广告公司来说,目前参与电台广告经营的公司具有独家代理能力的还是凤毛麟角。

（2）多家代理

多家代理是指频率或者电台引入多家广告代理公司共同代理其广告业务。目前多家代理比较成功的模式是由北京电台交通台最早推出的分行业代理。分行业代理就是广播频率将广告主按照行业划分为几大类,并将按照行业划分的广告业务交给不同的广告代理公司代理,规定其代理的惟一性,并对广告经营额度进行宏观调控;广告代理公司须按照协议规定完成年度广告定额。分行业代理是广播领域专业化程度比较高的一种广告代理模式,它可以分散代理的风险和压力,并且可以在多家广告代理公司之间形成一定的竞争关系,使得广告代理保有一定的活力。

（3）内代理

内代理一般是由原电台内部的部门翻牌成立广告公司,对电台或频率进行广告代理。电台之所以采取这种广告经营模式,一方面是便于电台控制广告经营,另一方面也希望借此引入公司化、市场化运作,激活电台内广告经营。但是这样的广告公司与电台关联过密,也就存在市场化程度不够高等问题,而且电台对于这些广告公司的政策倾斜,也限制了台外其他广告代理公司的进入,真正的广告代理制也就难以发展起来。

3. 自营与代理混合

自营与代理混合就是电台或频率在引入代理制的同时,还有一部分广告业务仍然保留在电台内自营,即同时采用代理制和自营方式经营广告业务。这是中国广播电台在迈向广告代理制过程中的一种过渡形式。电台采取混合模式的原因很多,其中最主要的原因是认为保留部分自营对频率有利。并且,在广告代理公司实力不强的时候,也只能给予其部分广告经营权,而不能完全依赖。

三、报纸媒体的广告经营

（一）报纸广告的发展状况

目前全国共有报纸约 2000 种,分属 1200 家报社。全国共成立了 42 个报业集团,报纸年总印量超过 900 亿对开张,年总发行份数约为 360 亿份,报业发行年收入约为 110 亿元。2002 年,全国报纸广告总收入超过 190 亿元,报业总资产约 1000 亿元,报业已成为中国发展最快的产业之一。

2003 年,我国报纸广告经营额为 243 亿元,占四大传媒广告经营总额的 44.12%,仅次于电视广告(电视台的广告收入为 255.04 亿元,占全部媒体广告收入的46.31%)。

自广告业复苏以来,我国报业广告获得了迅猛发展。在 1984—2002 年期间,增长速度约为 34.91%,见图 6-4。

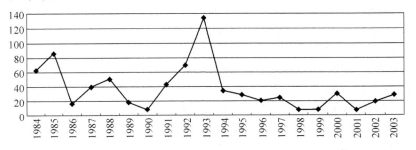

图 6-4　1984—2003 年我国报纸广告经营额增长速度曲线(%)

资料来源:中国广告协会

但在此期间,报业的广告经营额在四大媒体广告经营额中所占比重却呈现下滑趋势,自 1985 年达到 64.06％这一最高点之后,份额开始逐年下降,见图 6-5。其主要原因是我国电视业及其他新媒体的迅速发展对报纸广告市场造成了冲击。

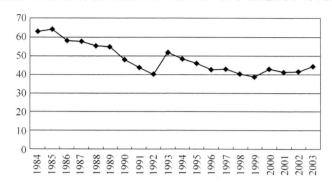

图 6-5　1984—2003 年报纸广告在四大传媒广告经营中所占比重(%)

数据来源:中国广告协会

在我国的各类媒体中,报业是最早进行改革的。早在 1996 年,广州日报就成立了第一家报业集团,截止至 2004 年 10 月,全国共成立了 42 个报业集团。组建后的各个报业集团通过整合子报的受众资源,提高了满足广告主需求的能力,尽可能减少了客户资源的流失。但同时也应看到,我国的报业集团并非在市场竞争中形成,大部分是在政府推动下通过内生扩张组建而成,这种依靠行政力量形成的集团一时间还难以形成足够大的规模,并且被合并的个体之间存在较大的差异,集团内部也要经历长时间的磨合,潜在的问题较多。

(二) 报纸广告经营的主要策略[①]

报业集团的主业构成主要包括信息生产、广告、发行、印刷,随着信息社会的发展,还会衍生出相关的业务,如出版、调查、咨询等。目前来看,信息生产不能直接为报纸带来利润,发行创造盈利的情况也很少,印刷业务还不能够实现足够的资金积累,调查、咨询等信息服务还没有形成成熟的盈利模式,而广告经营是报业集团稳定的收入来源,是媒体生存、经营的基本保障,因此广告经营是报业集团经营的主体。

在我国目前的情况下,绝大多数报社除了承担发布广告的任务外,一般还要招揽客户,并为客户提供带有代理性质的广告服务。为了适应这种情况,报社的广告经营方式一般有门市承接、业务员洽谈、广告公司代理等三种形式,报社的广告经营机构通常也根据这三种形式设置。

---

① 请参考:绍培仁主编. 媒介管理学. 北京:高等教育出版社,2002

1. 门市承接

门市承接主要是承接广告主主动送交的广告业务,报社根据广告主的情况,酌情提供广告创意、广告设计以及广告编排和审查。在门市上,报社有专职的业务人员负责接待,按照广告代理和发布的规定办理有关手续。

门市承接方式十分适合于分类广告。分类广告是一种告知性广告,其刊登的目的是为了将某一信息公布。与商业广告相比,分类广告收费低廉,但报社仍应该对其给予足够的重视,因为分类广告与人们的工作生活密切相关,有助于解决人们的现实问题。在某种程度上,大量、持续地刊登实用性强、人情味浓的分类广告,是报纸吸引社会公众、建立自己传播网的一个重要手段。因此,要下力气搞好分类广告的门市承接。

除了分类广告业务之外,门市承接也会碰到比较大的广告业务,这种情况应当按照广告公司代理的方式进行。

2. 业务员洽谈

业务员洽谈主要由广告业务员走出报社,主动寻找广告主,与广告主洽谈广告业务,承接广告。

这种招揽广告的方式对广告业务员个人素质要求很高,从事这项工作的业务员一方面要具有传播学和广告学方面的知识,另一方面还要有广泛的社会关系以及比较强的社会活动能力。有些报社的广告业务员还负责代收广告费,这就要求他们严格遵守财务纪律,按规定手续及时收、缴广告费,不得拖延,更不能挪用。

广告业务员可以十分灵活地招揽广告,可以将洽谈广告业务与宣传报社的工作结合起来,也就是既拉广告又做公关。在招揽广告的同时,广告业务员还可以向广告主征求意见,开展市场调查。征求意见的范围,并不局限于报社的广告业务,还可以扩大到报社的编辑、发行、多元化经营等各方面的工作,因此,报社广告业务员是报社各个部门的重要耳目。

3. 广告公司代理

随着广告代理制的深入,越来越多的报社将自己的广告业务交由广告公司代理。报社将广告业务交由广告公司后,广告公司负责包装、推销报纸的版面,这样就简化了报社对报纸版面的推销工作,报社可以有更多的精力去做好报纸的内容,同时广告公司支付广告费用的情况比广告主好,很少出现拖欠、违约、拒付款的现象,这样,报社资金周转加快,也有益于报社的经营。当然,报社通过广告公司出售广告版面,要付给广告公司一定的广告代理费。

在上述三种经营方式中,报纸的发行量越大、影响力越强、权威性越高,门市承接和广告公司代理的比重就越大;反之,报纸的发行量越小、影响力越弱、权威性越低,业务员洽谈的比重就越大。

四、户外媒体的广告经营

随着我国广告业由高速发展进入平稳发展阶段,广告人开始对媒体资源深耕细作,四大媒体的广告资源基本上已被充分开发,其他广告媒体开始进入广告人的视野,受到越来越多的关注,其中,有着悠久历史的户外广告的价值开始被重新认识。

中国广告协会统计表明:2003年户外媒体的营业额占到广告营业总额的20%;从2000年到2003年,中国广告支出的年复合增长率达10.8%,其中户外媒体增长率达11.6%,超过整个中国广告支出的增长率,见表6-2。

表 6-2   2000—2003 年户外广告营业额

	户外广告营业额(亿元)	户外广告营业额增长率(%)	户外广告占全国广告市场比重(%)	户外广告载体总数(万块)
2000 年	74.3	28.64	4.15	191.5
2001 年	80.4	8.16	10.11	144.28
2002 年	99.9	24.28	11.6	175.6
2003 年	129.3	29.45	11.98	206.45
四年增长幅度	74.02%	22.63%	188.67%	7.81%

数据来源:2004 年 12 月《国际广告》副刊"中国户外广告"

目前,中国经营户外媒体的公司已有 5 家在香港上市。

媒体世纪(Media Nation)。该公司旗下的中国香港通成推广有限公司成立于1992年,专注巴士车身及地铁广告。经过 10 年耕耘,该公司在内地和香港地区分别拥有22 000 辆和 3000 辆公共汽车广告位,在上海和北京拥有 23 500 块户外广告牌,建立了一个覆盖全国户外车身及地铁媒体的广告媒体网络。

媒体伯乐(MPI)。该公司是由中国香港梅迪派勒广告有限公司发展而来的。1995年该公司在上海成立总部,开展内地业务。目前在国内成立了 5 家联营公司,4 个办事处,拥有 1.2 万辆巴士的车身经营权。此外,还有广州地铁、上海地铁 1 号线的经营权,成为媒体世纪有力的竞争对手。

白马户外广告公司。专注内地车亭广告的白马户外广告公司,背靠全球最大的广播及户外媒体公司清晰频道(Clear Channel)。借助强大的外援,白马户外广告公司打造出一个覆盖全国多个城市的户外广告媒体网络。据统计,全国 29 个城市内建成的 2 万个候车亭中,白马户外广告公司就拥有 1.2 万个的经营权,市场占有率达 60%。白马户外广告公司是首家在海外上市融资,以国内业务为主的大型广告公司,它的成功上市标志着我国广告业与资本市场的联系日益密切,代表着广告业发展的一种趋向。

TOM 户外传媒集团。近年来该集团在内地户外媒体行业跑马圈地,其户外广告平台经过 2～3 年的收购,覆盖全国近 60 个城市,拥有 30 万平方米的户外广告面积。

参见本节小资料 6－1：TOM 户外传媒集团的媒体经营。

南京大贺户外传媒。该公司拥有分布全国的 14 个制作基地和 24 家分公司。公司业务由初期的大型户外广告牌设计、制作，拓展至高技术的 LED 户外电子媒体广告，是中国目前最大的户外广告喷绘印刷商。

近年来，户外广告的一个亮点是部分有实力的公司通过资本运作等方式对户外广告公司进行收购整合，据统计，白马户外广告公司、媒体世纪、媒体伯乐、TOM 户外传媒集团占有中国户外广告市场 20％的份额，其余 80％的市场份额则由 65000 多家小型公司瓜分，在今后一段时间内，户外广告公司之间的整合会加速进行。

 小资料 6－1：TOM 户外传媒集团的媒体经营①

一、TOM 户外传媒集团的背景

TOM 户外传媒集团是香港上市公司 TOM 集团有限公司辖下的户外媒体团队。TOM 集团主要经营 5 大业务，包括互联网（TOM 在线）、户外传媒（TOM 户外传媒集团）、出版、体育、电视及娱乐等，业务遍及中国大陆、台湾及香港，见图 6-6。

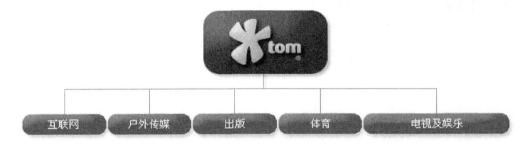

图 6-6 TOM 集团的业务领域

在 5 大业务领域中，TOM 皆稳占市场领导地位。该集团于 1999 年 10 月成立，是和记黄埔及长江实业集团与其他策略性投资者组成的合营公司。集团总部设在香港，地区总部分别设在北京及台北，在二十多个城市聘用三千四百多名员工。

TOM 的户外媒体业务以其收购的上海美亚文化传播有限公司和昆明风驰明星信息产业有限公司为旗舰。2001 年，TOM 用近 3 亿元的代价与北京炎黄时代广告公司、河南天明广告有限公司、山东齐鲁国际广告公司和青岛春雨广告公司分别签订谅解备忘录，收购它们的大部分权益；与广州的腾龙（中国）集团有限公司签订认购协议，收购其户外业务的 65％股权。2002 年 3 月 1 日，TOM 有限公司收购辽宁鑫星盛世广告有

---

① 参考自：www.tomgroup.com

限公司户外广告业务 60％权益(鑫星盛世广告有限公司是辽宁省大连市最大的户外媒体公司)。同年 3 月 27 日,TOM 有限公司在中国香港宣布与内地 4 家广告公司(沈阳沙诺金厢广告有限公司、四川西南国际广告公司、厦门博美广告有限公司和福建新奥户外广告有限公司)签订谅解备忘录,收购这些公司的控股性权益。此次收购行动涉资约 1.6 亿元人民币。这些收购完成后,TOM 公司的户外媒体网络从上海、云南扩展到北京、广东、山东、四川和河南,TOM 在内地的户外广告网络已包括 12 家区域性的户外广告公司,拥有户外广告总面积超过 19 万平方米,业务覆盖 25 个城市。

目前,TOM 户外传媒集团已是中国大陆拥有最大广告牌网络的户外媒体集团,其广告牌分布超过 50 个城市。集团媒体资产面积超过 30 万平方米,平均出租率逾八成。TOM 户外传媒集团在北京、上海、广州及其他中国大陆主要城市设有 14 间附属公司,提供一站式综合销售服务的全国广告宣传方案。

二、TOM 户外传媒集团的构架

2005 年 6 月份 TOM 户外传媒集团举行了新闻发布会,宣布旗下 14 家附属公司现已正式归纳在"TOM 户外传媒集团"品牌下,并阐述整合后的品牌承诺和 TOM 户外传媒集团未来的发展方向,见图 6-7。

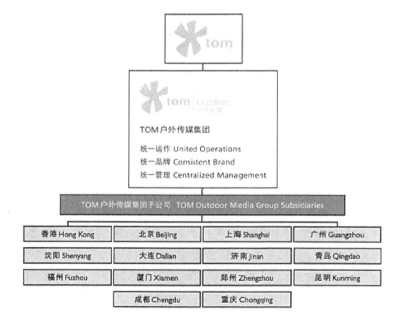

图 6-7　TOM 户外传媒集团构架

三、TOM 户外传媒集团的整合

TOM 户外传媒集团的整合是在品牌整合、资源整合、文化整合的基础上进行的。

（一）品牌整合

品牌整合包括统一企业识别系统及订立"非看不可的力量"作为品牌承诺。这股"力量"分别来自 TOM 户外传媒集团最强大的广告网络、庞大的专业服务团队、以及户外广告本身广泛的接触面。TOM 户外传媒集团特别为此设计了一系列精彩的广告活动，在户外媒体、报刊和互联网上发布，充分显示了专业设计带来的视觉冲击力。

（二）资源整合

TOM 户外传媒集团在资源整合中做了四方面的工作：

1. 建立大户外媒体网络平台（TOMS14100 系统）。TOM 户外传媒集团把旗下公司覆盖的近 60 个城市的媒体资源输入计算机数据库，客户可以从网络上看到媒体分布的位置、图片、人流量等，实现了"一站式"的网络销售。

2. 建立知识管理库。TOM 户外传媒集团把团队的知识经验有系统地记录下来，通过网络实现团队分享，有效地提高了团队的专业服务水平和竞争力。

3. 成立新媒体研发中心。TOM 户外传媒集团把新技术、新材料、新形式应用于户外媒体的造型和画面中，提高了户外广告的附加价值，增加了广告的吸引力。

4. 设立客户服务中心。TOM 户外传媒集团在北京、上海、广州建立客户服务中心，把国际和国内客户的媒体发布带向各地区，把地区客户的品牌传播到全国，客户发布广告无须再自行到要发布的城市找寻媒体。

（三）文化整合

团队整合的核心在于文化整合，文化整合可以提高团队的凝聚力和竞争力。TOM 户外传媒集团统一了团队的价值观和企业理念，收集及梳理各附属公司的制度，结合国际先进的经验，修订完成了各个系列的制度，使流程控管实现了标准化，提高了服务的效率和质量。

TOM 户外传媒集团也非常注重人才的培训，设计了一系列课程并建立了培训基金，对各领导层和员工进行培训，力图把 TOM 户外传媒集团建构成学习创新型的组织。

通过完成品牌、资源及文化的整合，TOM 户外传媒集团现已拥有统一的运作模式、稳健的内部销售网，以及专业的服务团队。该集团总裁表示："这些优势能有助于 TOM 户外传媒集团拓展国内外的市场，把 TOM 户外传媒集团打造成国际品牌。而 TOM 户外传媒集团将来在物色策略伙伴时，也会考虑以合作加盟的模式，相互运用 TOM 户外传媒集团和加盟公司的资源和优势，为客户提供更专业的户外广告服务。"

四、TOM 户外传媒集团的业务优势

（一）一站式解决方案

TOM 户外传媒集团一站式服务方案包括：

1. 户外媒体策划及购买。提供专业的户外媒体策划，进行全国性媒体购买。

2. 合约管理。规范合约管理，确保客户权益。

3. 户外媒体咨询服务。客户可通过服务中心获取专业支持和一系列的增值服务。

4. 户外媒体设计及制作。专业的户外媒体创意团队，为客户提供创意、设计及户外广告制作服务。

5. 户外媒体监察。独有的户外媒体管理系统（TOMS），为客户提供广告发布监控。

6. 户外推广项目管理。执行户外推广项目管理，确保客户获得预期的品牌推广或营销效果。

7. 跨媒体综合购买服务。提供户外、互联网、报刊、体育娱乐推广、广播和电视多类型媒体资源，为客户提供跨媒体的传播方案。

（二）量身定制的解决方案

针对客户的品牌或产品的特点，量身定制能吸引大量眼球的广告画面和造型，同时提供整体策划、跨媒体传播的解决方案，真正实现"一对一"的个性化服务。

（三）创新研发的增值服务

创新是户外广告的灵魂。运用新技术、新工艺、新材料、新形式制作的户外广告，具有更大的传播力、冲击力，能产生强烈的记忆点，甚至成为城市的亮点，真正为客户提供增值服务。

（四）全国性覆盖网络

TOM 户外传媒集团是现在中国最大的户外媒体供应商，在全国近 60 个主要城市拥有户外媒体资产，并在 100 多个城市建立了代理户外媒体网络，为本土及国际客户提供多元化及具成本效益的媒体方案。

五、TOM 户外传媒集团的未来发展

3 年疯狂收购，终使 TOM 集团旗下的户外传媒集团完成初步布局。2005 年 6 月份 TOM 户外传媒集团宣布旗下 14 家公司正式完成整合之时，其针对中国户外广告市场的攻略也即将展开。

作为中国最大的户外媒体供应商，TOM 户外传媒集团整合后，对内把其他收购公司全部"改旗易帜"，统一品牌标识，并采取标准化管理。内部整合是为了更好地向外扩

张,此前由于 TOM 户外传媒集团品牌不强等原因,在内地只能依靠收购进行扩张,而现在整合完成后,TOM 户外传媒集团将不再收购其他公司,只会采取加盟的形式。对加盟公司而言,TOM 将是领导者和教练。

据 AC 尼尔森统计数据,2004 年中国户外广告市场达 160 亿元人民币,未来仍将保持两位数的增长,在中国共有 6.5 万家户外广告公司分享这一市场,资源非常分散,难以形成规模效应。

目前,媒体伯乐、媒体世界、白马、TOM 等 4 家在香港上市的公司只占户外广告整体市场不足 30% 的份额,其余份额被内地各种大大小小的广告公司瓜分。而在欧美,几家大型广告公司占据户外广告 80% 以上的市场份额。

2005 年 12 月中国广告业将完全对外开放,届时,外资巨头将纷纷涌入,合作并购高潮在即。TOM 户外传媒集团正想趁此时机在内地进行扩张,因为据预测中国将在未来 7～10 年内超过日本,成为全球第二大广告市场,北京奥运会和上海世博会更是巨大的商机。

但在海外市场,TOM 户外传媒集团仍会以收购为主,目标是成为亚洲最大的户外传媒集团。

 小资料 6－2:2000—2003 年我国广告营业额居前 10 位的报纸(见表 6-3)

表 6-3　2000—2003 年我国广告营业额居前 10 位的报纸　　(单位:人民币　万元)

2000 年		2001 年	
报社名称	广告营业额	报社名称	广告营业额
广州日报	127 000	广州日报	141 000
文汇新民报业集团	90 665	文汇新民报业集团	79 232
羊城晚报	70 000	北京青年报	65 000
深圳特区报	67 900	北京晚报	62 000
北京青年报	64 000	深圳特区报	57 000
北京晚报	52 000	深圳商报	52 000
深圳商报	45 000	解放军报报业集团	48 006
新华日报报业集团	39 383	羊城晚报	47 434
天津今晚报	33 000	新华日报报业集团	45 494
解放日报报业集团	30 901	成都商报	39 000

2002 年		2003 年	
报社名称	广告营业额	报社名称	广告营业额
广州日报	116 000	广州日报	125 000
北京晚报	75 200	北京青年报	93 000
北京青年报	74 300	北京晚报	80 000
新民晚报	69 446	南方都市报	65 000
深圳特区报	65 429	新民晚报	62 000
成都商报	42 000	深圳特区报	60 121
羊城晚报	40 000	羊城晚报	53 000
扬子晚报	38 321	成都商报	49 876
深圳商报	35 800	扬子晚报	44 000
今晚报	33 300	华商报	39 000

数据来源:《中国广告年鉴》

 小资料 6-3:2004 年媒体单位广告营业额前 20 名排序(见表 6-4)

表 6-4　2004 年媒体单位广告营业额前 20 名排序　　　　(单位:人民币　万元)

序号	媒体单位	广告营业额
1	中央电视台	800 268
2	深圳报业集团	271 351
3	上海文广新闻传媒集团广告经营中心	252 000
4	广州日报社广告处	171 700
5	北京电视台广告部	154 000
6	广东南方广播影视传媒集团	130 000
7	北京日报报业集团北京晚报	97 850
8	羊城晚报报业集团	92 000
9	解放日报报业集团广告中心	85 558
10	京华时报	71 266
11	新民晚报社广告经营中心	70 072
12	国家广播电影电视总局电影卫星频道节目制作中心广告部	70 000
13	上海东方宽频传播有限公司	67 500
14	安徽电视台广告中心	66 000
15	江苏省广播电视总台电视广告中心	65 997
16	新华日报报业集团	64 000
17	四川广播电视集团广告中心	63 703
18	湖北日报报业集团楚天广告总公司	58 600
19	武汉长江日报报业集团	56 000
20	天津电视台	53 000

数据来源:中国广告协会

本章要点：

广告媒体是传达广告信息符号的物质载体。

广告媒体有多种分类方式。按照广告媒体的特性分类可分为大众传播广告媒体、户外广告媒体、直效广告媒体、交通广告媒体、售点广告媒体、赠品广告媒体、黄页广告媒体、通讯广告媒体、网络广告媒体等类型；按照媒体信息传播手段分类可分为印刷媒体、电子媒体等类型；按照媒体信息传递的区域分类可分为全国性媒体、地区性媒体等类型；按照媒体信息传播诉诸的感觉器官分类可分为诉诸视觉的媒体、诉诸听觉的媒体、诉诸视听觉的媒体等类型。

每种媒体的广告形式也都非常丰富。电视广告按制作类型划分可分为 FM 电影胶片广告、CM 电视摄录广告、幻灯片广告、字幕广告、电脑合成广告等形式；按播出类型划分可分为栏目内广告、时段广告、特殊形式广告等形式。广播广告的具体形式有节目广告、插播广告、电台广告节目、报时广告等。报纸广告主要可以分为商业广告、公告、声明启示、分类广告等四种类型。杂志媒体一般提供封二、封三、封底、内页广告等版位，广告的版面规格，通常有整版、半版、二分之一版、四分之一版、六分之一版等。

电视广告经营的主要策略包括：资源的管理与开发策略、价格策略、代理策略、客户服务与市场推广策略、品牌策略。

我国广播电台的广告经营主要有三种模式：电台自己经营广告业务、由广告公司代理电台广告业务、电台自营与广告公司代理混合。

报社经营广告业务的方式一般有门市承接、业务员洽谈、广告公司代理等三种形式。报社的广告经营机构通常也根据这三种形式设置。三种经营方式中，报纸的发行量越大、影响力越强、权威性越高，门市承接和广告公司代理所占的比重就越大；反之，报纸的发行量越小、影响力越弱、权威性越低，业务员洽谈所占的比重就越大。

近年来，户外广告的一个亮点是部分有实力的公司通过资本运作等方式对户外广告公司进行收购整合，在今后一段时间内，户外广告公司之间的整合会加速进行。

本章思考题：

1. 请分析广播媒体可以从哪些方面挖掘广告资源，提高媒体的广告收益？
2. 杂志媒体适合哪些产品发布广告？
3. 分析户外媒体的优势和劣势。
4. 除了本章介绍的各种广告媒体，你认为还有哪种事物可以作为广告媒体？
5. "广告并不是直接销售产品，而是为销售铺路"一语对吗？为什么？
6. 报纸"硬广告"与"软广告"在本质上有哪些不同？

7. "付费新闻"与"广告"有什么不同?

8. 传播学界的主流观点认为,旧媒体不会因为新媒体的诞生而消亡,而是会通过变革获得存活。你如何看待这种观点?

本章建议阅读资料:

1. 杨步国,张金海,张勤耘,姚曦,冉华合著. 集团化背景下的报业广告经营. 湖北:武汉大学出版社,2005

2. 黄升民,丁俊杰主编. 国际化背景下的中国媒介产业化透视. 北京:企业管理出版社,2002

3. 黄升民,周艳主编. 中国传媒市场大变局. 北京:中信出版社,2003

4. 张海潮编著. 电视中国. 北京:北京广播学院出版社,2001

5. 绍培仁主编. 媒介管理学. 北京:高等教育出版社,2002

实 务 篇

第七章

广告运作与广告策划

本章提示 ▶ 现代广告活动是一个动态的过程，广告主、广告媒体、广告公司密切合作，形成现代广告运作的模式。

科学的广告活动至少包含广告调研、广告策划、广告表现、广告发布和效果测定五个密不可分的环节。广告策划是广告活动的核心环节。本章重点介绍了现代广告运作的流程、广告策划的内容，以及如何根据广告策划和企业的广告目标制定广告预算。

第一节 广告运作

> 广告运作是指广告活动发起、规划和执行的全部过程。广告运作是广告主、广告公司、广告媒体三者密切合作,明确分工,按照一定的顺序共同参与的过程。

一、广告运作的概念

广告运作是指广告活动发起、规划和执行的全部过程。广告运作是广告主、广告公司、广告媒体三者密切合作,明确分工,按照一定的顺序共同参与的过程。

广告运作具有鲜明的特点:第一,广告运作是个动态的过程;第二,广告运作由各种必要的环节组成;第三,广告运作过程是有一定顺序的;第四,广告运作的每个环节都包含着丰富的内容。

广告运作是随着广告公司和广告媒体的变化而产生的。影响广告运作的第一个因素是媒体的演变。在古代广告时期,广告形式和广告制作过程都非常简单,由于没有现代意义的广告媒体,广告的发布只是广告主自主开发的广告物,如招牌、幌子等。由于没有专业的广告公司,广告主常常自己承担最简单的广告设计制作工作。印刷技术发明以后,报纸、杂志等广告媒体相继出现,广告主在这些媒体上发布广告不再具有自主经营的权利,必须将广告意图以印刷媒体广告的形式表现出来,交给媒体发布并承担广告费用。媒体广告部门成为独立运营的经济部门和媒体的主要收入来源,也成为广告活动新的主体和运行机构。

广告公司的产生与发展是影响广告运作的第二个因素。广告公司的出现,使得广告活动的程序发生了变化,广告主不再自己制作广告交给媒体发布,而是通过专业的服务机构——广告公司来实施广告活动,然后再通过媒介发布出去。由此广告活动出现了两个委托关系,即广告主委托广告公司代理广告业务,广告公司委托广告媒体发布广告,广告公司成为行业的中心环节,广告运作由此产生。广告活动从此不再是简单的制作和发布,而是形成了广告主、广告公司、广告媒体的分工协作,各司其职的广告运作模式(见图7-1)。

关于广告经营者的发展历史在本书的第六章做了介绍。我们了解到广告公司从无到有、从简单到复杂的发展过程。广告公司的发展经历了版面销售阶段、版面揽客阶段、技术性服务阶段和全面的服务整合四个阶段。

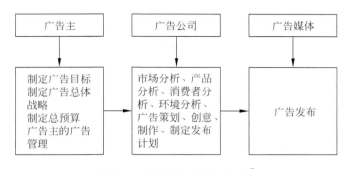

图 7-1 广告运作的基本模式①

在版面销售阶段,由于广告公司刚刚产生,业务工作比较单一,广告公司只是为报纸提供版面推销,担当广告主与广告媒体之间的买卖中介。

到了版面掮客阶段,一些广告公司发展成为独立的版面购买者,他们采取从媒体批发购买版面,再加价出售给广告主的方式,从中获取利益。这种形式与版面销售并没有本质的不同,仍然是一种买卖中介,很少提供其他服务。

一直到了技术服务阶段,随着广告公司之间竞争的加剧,广告公司开始提供版面销售之外的服务来吸引广告主,广告公司的广告运作开始包括创意、文案写作和制作等复杂的环节,这一时期占据广告公司主导地位的工作是文案和制作。

全面服务阶段的产生是基于市场竞争的加剧和广告运作难度的增加,广告主对于广告公司的服务产生了策略指导方面的需求。广告公司的服务内容更加丰富,广告策划应运而生,并成为广告活动的中心环节。通过提供策略性的服务,广告公司逐渐认识到,某些高度专业化的工作必须通过更加专门的机构来完成,广告公司开始出现专业化的分工。比如广告策划前和广告发布后的调查工作由一些专业调查机构来承担,广告公司的下游也出现了为广告公司提供设计、制作的影视广告制作公司、平面广告制作公司等服务机构,现代广告运作出现了专业化分工基础上的松散合作模式。然而整合营销传播的出现使这种松散的合作发生了转变,整合营销传播的核心理念是广告主将需要传播的信息以统一的策划、用同一个声音传播给消费者,要求广告公司之间加强沟通与合作。广告公司在组织整合和广告运作整合的背景下成为整合传播集团的分支机构,为广告主的整体广告运作提供全面整合服务。随着广告公司服务范围的扩展,广告主与广告公司之间进一步确立相互信任的关系,明确各自的责任和业务分工。图 7-2 为日本部分企业近年来实行的广告运作模式(广告媒体环节简略)②。

① 丁俊杰著. 现代广告通论.北京:中国物价出版社,1997
② (日)植田则也著.苗春霞译. 从纽约到东京,2005 年的广告公司. 国际广告,2001,9

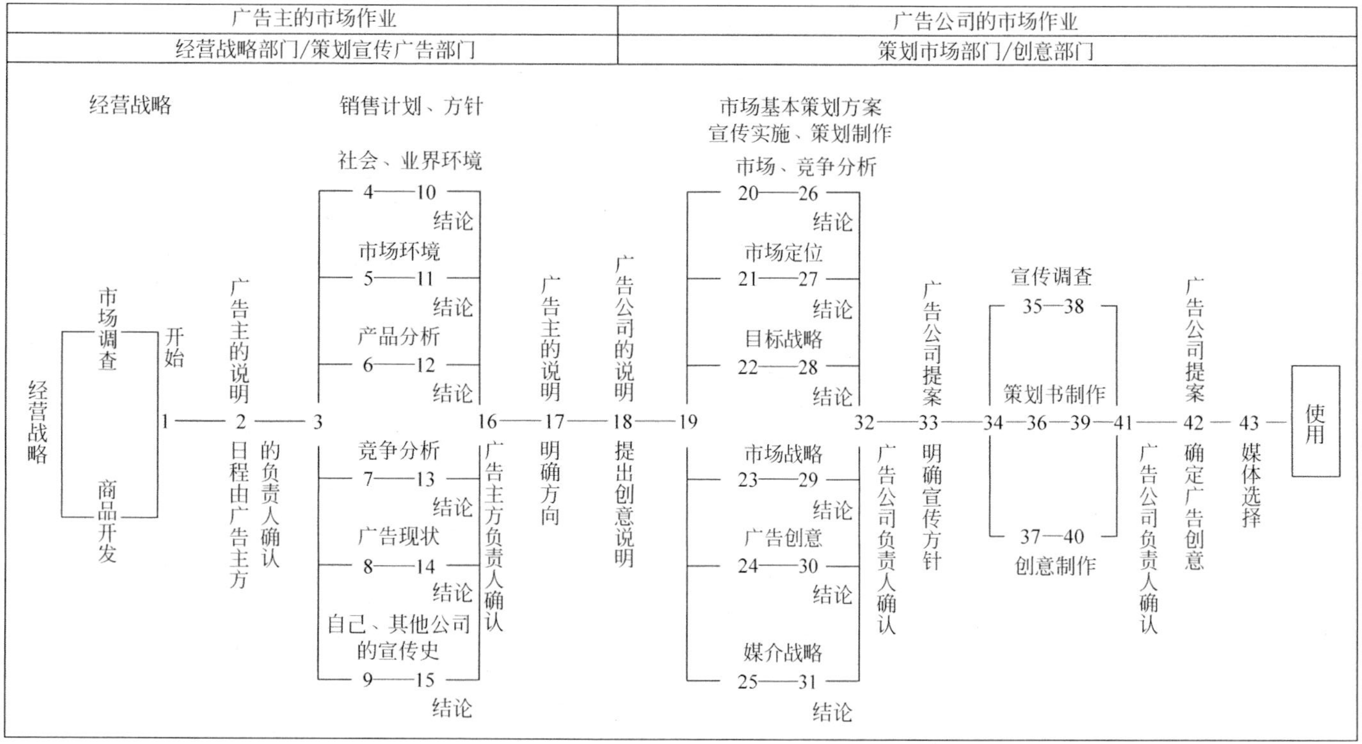

広告主的市場作業

経営戦略部门/策划宣传广告部门

経営战略	销售计划·方针

社会·业界环境

市场环境
4——10 结论

产品分析
5——11 结论

竞争分析
6——12 结论

2——3

广告主的说明

日程由广告主方的负责人确认

1——2

开始

市场调查

商品开发

経营战略

广告主方负责人确认

广告现状
7——13 结论

自己·其他公司的宣传史
8——14 结论

9——15 结论

16——17 广告主的说明

明确方向

18——19 提出创意说明

广告公司的说明

广告公司的市場作業

策划市场部门/创意部门

市场基本策划方案
宣传实施·策划制作
市场·竞争分析

20——26 结论

市场定位
21——27 结论

目标战略
22——28 结论

市场战略
23——29 结论

广告创意
24——30 结论

媒介战略
25——31 结论

32——33 广告公司提案

广告公司负责人确认

明确宣传方针

宣传调查
35——38

策划书制作
34——36—39—41

创意制作
37——40

广告公司负责人确认

42 确定广告创意

广告公司提案

43 媒体选择

使用

图 7-2　广告运作的广告主与广告公司分工

二、广告运作的过程

在广告主、广告公司、广告媒体的基本运作模式中,现代广告运作是在广告主依据自身的营销目标和计划,制定广告目标和总体战略计划的基础上,委托广告公司实施的。就一次广告活动来说,科学的广告活动过程包括五个密不可分的环节。

广告调查:广告主委托调查公司或广告公司进行调查,广告调查的内容包括市场构成、产品和竞争对手的情况、消费者和环境动态等内容。调查是广告活动的起点,调查过程也是搜集资料、分析资料、发现问题和企业经营机会的过程,调查使广告活动有的放矢。

广告策划:策划是广告活动的核心。广告公司负责在调查的基础上进行广告活动的整体策划,依据广告主的营销策略、总体广告策略和广告计划,制定具体的广告战略,具体的广告活动计划。策划的过程是确立广告战略和战术的阶段,是将广告的宏观构想与具体广告手段相结合的过程。

广告表现:根据广告战略的需要和广告战术的安排进行广告作品的设计、制作。这项活动由广告公司或者相应的分支机构,如制作公司、设计公司负责完成,最终是将在策划阶段形成的广告创意转化为富有创造性的广告表现概念,形成具体的广告作品。

广告作品的发布:广告发布是将已经形成的广告作品通过一定的媒体刊播出去,与广告发布相关的媒体策划、媒体选择、媒体组合以及发布时机的选择等工作,由广告公司具体操作,形成媒体策划书,交给媒体落实具体的发布事宜。

广告效果测定:按照时间阶段,广告效果测定分为事前测定、事中测定和事后测定三种类型。事前测定是在广告活动开始之前展开的,事中测定是在广告开始之后到结束之前所进行的效果评估,事后测定是在广告活动结束之后,由广告公司或专门的调查机构,测定广告效果,并把结果反馈给广告主。这里的广告效果测定特指事后测定,目的是检查广告活动的效益,为新的广告活动提供必要的依据。

广告运作的过程是一个动态的过程,广告活动的各个环节根据各个方面的情况始终在调整和变化中。一次广告活动的结束,并不意味着广告运作的结束,而是在原来广告活动的基础上开始新的广告活动,共同构成企业长期的广告运作。

第二节　广　告　策　划

> 广告策划是根据广告主的营销战略和广告目标,对市场、产品、消费者、竞争者和广告环境进行周密的调查和分析,遵循系统性、可行性、针对性、创造性、效益性的原则,为广告主的整体经营提供经济有效的广告计划方案的决策过程。

一、广告策划的概念

（一）广告策划的发展过程

广告策划在广告活动中的运用至今不过 40 多年的时间。回顾广告的发展历史,真正意义上的专职广告策划(account planner,也称业务策划 AP)是在 20 世纪 60 年代才开始出现。20 世纪 50 年代,随着广告公司专业化程度的不断提高和企业组织的扩充,许多大型广告公司开始设立调研部门。1965 年,英国广告专家斯坦利·波利特研究发现,尽管广告公司能够取得的资料越来越多,然而业务人员对这些数据的利用却不完整,而且常常断章取义,究其原因是调研人员只是负责数据、信息的收集,没有介入到重要的决策过程。为此,斯坦利·波利特提出,广告公司应该拥有专门的、经过特殊训练的研究人员,开展客户策划过程(account planning process)的工作,将调查研究获得的信息运用到广告策划的过程中。

最早接受策划理念并加以实施的是美国的智威汤逊广告公司,该公司在 1968 年第一个设立"业务策划"部门。同年,斯坦利·波利特在与他人合作创立的伦敦博厄斯·马西来·波利特(BMB)广告公司实施策划活动,并逐渐影响到整个英国的广告界,伦敦多数广告公司开始设置业务策划(AP)职务。随着智威汤逊广告公司的成功运作,广告策划从 20 世纪 80 年代逐渐进入了美国的广告公司,90 年代普遍进入广告公司,并成为广告公司中功能完备的职位。

广告策划产生与发展的原因:

第一,广告主对广告公司的要求有所提高。20 世纪 60 年代以后,许多广告主根据企业的营销状况纷纷设立市场调研部门,广告公司不再提供营销顾问工作,而是应客户要求提供更加专业化的广告服务。广告策划成为广告活动的核心,广告调查不再只是给广告主提供建议,而是作为制定广告策略和创意的依据。

第二，**社会与消费者的改变**。进入 20 世纪 90 年代，随着科技和经济环境的不断变化，人们的价值观、生活习惯、社会角色等各个方面都发生了重大变化。广告人必须紧紧追随社会变迁和消费者改变，广告调查不仅仅是与产品相关的调查，更多的是洞察消费者的心理和行为，了解社会文化对消费者的影响。企业塑造新品牌和新广告活动的发展阶段也必须将调研信息运用到策划过程，策划的重要性不断凸显。

第三，**品牌形象理论的推广**。随着企业市场竞争的加剧，越来越多的企业认识到通过广告塑造产品的品牌形象格外重要。想让产品从同类竞争产品中脱颖而出，必须赋予品牌强烈的个性、形象，并且使消费者产生联想。而品牌的塑造，要求广告公司必须从策划入手，通过创新的方法让消费者了解品牌的丰富内涵、品牌对于消费者的意义以及品牌与消费者的关联。

第四，**广告环境的改变**。广告在不同的历史时期表现出鲜明的时代特征。从 20 世纪 50 年代的产品时代、60 年代的品牌时代到 70 年代的定位时代，产品的变化不断引发广告表现的嬗变。20 世纪 80 年代以后，产品的日趋同质化使广告效果的实现更加艰难，广告获得成功，越来越需要了解消费者和广告之间关系的专家。策划人员应运而生。

综上所述，广告策划的出现是现代广告实践和广告理论发展的结果，它使得广告学的结构体系更加丰富，使广告理论有了长足的发展，成为现代广告活动科学化、规范化的标志之一。

（二）策划与广告策划的概念

策划是管理学"策略规划"的简称，在港台地区也称为"企划"。策略（strategy）一词本为军事用语，来源于希腊语"strategos"。古今中外有许多关于军事策划的事例，"先谋后事者昌，先事后谋者亡"、"运筹帷幄之中，决胜千里之外"都是对策划在军事中重要作用的高度概括。

广告策划的提出至今不足五十年（我国在 1986 年首次提出广告策划），广告策划理论本身尚处在一个发展和完善的阶段。到目前为止还没有一个通用的广告策划的定义，各种定义包含对广告策划的不同理解。其中有"决策说"、"程序说"、"思维说"、"管理说"。我们把广告策划定义为：广告策划是根据广告主的营销战略和广告目标，对市场、产品、消费者、竞争者和广告环境进行周密的调查和分析，遵循系统性、可行性、针对性、创造性、效益性的原则，为广告主的整体经营提供经济有效的广告计划方案的决策过程。

广告策划的本质是对广告活动过程进行的整体策划，或者叫做战略决策，包括广告目标的制定、战略战术的确立、广告费用预算、创意表现策略和传播策略的制定，为广告主的整体经营提供良好服务。广告策划在广告活动虽然处于第二个环节，但是广告调查是为广告策划提供科学依据而服务的,后续的广告创作、广告发布、广告效果测定等都是在策划的基础上制定的,广告策划为广告运作提供全面的指导,并贯穿广告运作的始终,因此,广告策划在广告运作过程中处于核心地位。广告策划是企业营销策划的有机组成部分,是在企业整体营销计划指导下做出的。

二、广告策划的特征

广告策划作为科学广告活动的中心环节,是广告公司内部业务运作的一个重要环节,是现代广告运作科学化、规范化的重要标志之一。广告策划具有鲜明的特征。

第一,广告策划是事前谋划的活动。《孙子兵法》指出"夫未战而庙算胜者,得算多也;未战而庙算不胜者,得算少也。多算胜,少算不胜,而况于无算乎?",这里的"算"就是预先的谋划,也就是策划。所有的策划都是关于未来事物的,是针对未来要发生的事情做出当前的决策。广告策划也不例外,它是在广告活动开始之前根据企业的目标和使命,对未来的活动以及广告主的重大资源进行调配的整体计划,预先决定该做什么、何时做、如何做、谁来做、花多少经费做、做成什么结果,等等,是预先的谋划。

第二,广告策划具有明确的目的。策划是以拟定的目标为起点,制定出策略与战术计划,最终达到既定的目标。广告策划的目的是为广告主的整体经营提供一种全面优质的服务,广告目标是根据企业战略和市场、产品、消费者群体在不同时期的具体状况而制定的。无论什么目标,最终都服从于企业的广告目的。没有目的和目的不明确的广告策划都是没有效率的。

第三,广告策划是发挥创造力的过程。广告策划是广告运作的主体部分,是在广告调查和分析研究的基础上,制定出广告表现策略、媒体策略、广告预算等相应的计划。在这个过程中,需要相关人员发挥创造力,有广告人提出,策划是左右脑并用的大脑创造活动,用左脑进行分析研究,发现企业的优势、劣势、机会点和问题点,用右脑发挥创新性,掌握独特、出奇、前所未有的策略方案,创造力的发挥贯穿广告策划的始终。

第四,广告策划是集体性工作。广告策划涉及广告运作的各个环节,广告公司为广告主进行策划,往往需要成立策划小组,集合有关方面的人才,共同提供智慧,协同运作。因此,广告策划常常被称为小组性工作(team work),是广告运作中涉及面最广、规模最大的环节。广告策划部门的设置,也能够让广告公司有更好的团队合作,能够将客户的需要、市场的需求、和消费者的预期整合。

第五,广告策划具有程序化的特点。广告策划是一个动态的过程,策划不是漫无目的进行,而是在策划人员的统一协调下,遵从一定的策划流程,系统、客观、有序地进行科学运作。广告策划的流程是按照一定顺序连续展开的,各个环节缺一不可。只有符合程序的广告策划才能使广告活动更加科学、规范。

三、广告策划的内容

广告策划是在遵循一般程序与步骤的基础上,对广告活动的内容进行全面策划。广告策划包括以下内容。

(一)广告调查

广告调查是广告活动的起点,是对广告活动所需的有关资料进行系统的收集、整理、分析和解释的工作。正如奥格威所说"从事广告工作的人如果忽视了调查,就如同将军忽视了敌人的密码信号一样危险",广告调查为广告策划提供资料,为广告创意和表现提供依据,是科学广告的必经之路。广告调查包括为制定完善而有效的广告决策而进行的调查以及测定广告活动效果的调查。

(二)市场营销环境分析

市场营销环境由企业营销职能、外部因素和力量组成,包括宏观环境和微观环境。宏观环境指的是经济、政治、人口、消费能力等总体环境;微观环境包括企业进行营销同其他竞争对手、流通渠道相关的环境。由于市场营销环境对于广告活动有着直接和间接的影响,因此,进行广告策划首先要对企业的市场营销环境进行分析,包括宏观环境分析、市场分析、消费者分析、产品分析和竞争分析等几个方面。

1. 宏观环境分析

宏观环境是广告所处的总体外部环境,包括政治环境、法律环境、自然环境、经济环境、社会文化环境、竞争环境和科学技术环境等几个方面。这些环境对于广告活动具有极大的制约和影响作用,是广告活动的不可控制因素,因此企业必须想方设法加以适应,并且在广告策划活动开始之前进行全面掌控。

(1)政治法律环境

政治法律环境是由国家的政治制度、法律环境所决定的,广告策划必须在相关法律法规允许的范围内开展。例如,中国《广告法》明确规定,不得使用国家领导人形象从事广告活动,广告中不得使用国旗、国歌、国徽等标志,而与此相关的违法广告都曾经在中国出现过,最终遭到禁止。

(2)经济环境

进行经济环境分析首先要了解国家的经济发展水平、国民收入、工农业发展状况等,经济发达程度直接决定消费水平;其次要了解消费者的收入水平和消费结构,消费者的收入水平是影响消费需求和消费结构的重要因素。消费结构可以通过恩格尔指数进行评估。经济环境分析还要了解人口情况,包括人口数量、增长率、性别、年龄及其分布情况。比如,中国已经进入老龄化社会,老年用品将呈现出巨大的市场需求,具有很大市场潜力。经济环境的状况直接影响广告诉求和广告表现。

（3）社会文化环境

社会文化是由社会地位和文化素养长期熏陶形成的生活方式、价值观念和行为准则。社会文化包括生活习俗、教育水平、语言特点、宗教信仰、民族习惯、道德观念等。文化制约着广告的诉求和表现策略，也制约着广告对象对广告的接受和理解。处于不同文化背景的消费者，在其特定的价值观念的制约下，对于接受的信息有着鲜明的判断和选择，因此广告必须符合广告对象的价值观念和审美观念。新西兰曾经查禁了宝马汽车和可口可乐的电视广告，这则在嘎纳广告节获奖的宝马汽车广告，画面是一个圆形水珠在裸体身躯上飞奔，裸体身躯用来比喻崎岖的道路，水珠用来比喻宝马汽车，表现驾驶宝马汽车无论在怎样的道路都能享受到驾驶的乐趣。广告创意新颖、主题鲜明，获得广告界的一致好评，然而由于文化的差异，这条广告在新西兰被认为涉嫌色情遭到停播。可口可乐被查禁的理由则是因为画面中有一群土著人举着饮料狂欢，这种画面被认为是伤害本地文化。

（4）竞争环境

竞争环境包括产品所处的行业环境、同类产品的竞争、营销方式的竞争以及竞争对手采取的竞争战略等。知己知彼，才能百战百胜。了解竞争环境，就是要在竞争中发挥企业的竞争优势，回避劣势，赢得战略上的胜利。

（5）自然和地理环境

开展广告活动的企业必须考虑到气候、地区差异造成的产品营销策略的差别。美国露华浓的彩妆化妆品在中国推广时发现，同样的产品在中国不同地区销售存在很大差异。调查结果显示，幅员辽阔的中国各个地区气候、地理差别很大，造成南方地区的女孩子很少用浓厚的彩妆产品，倾向于购买清淡的产品，北方地区则是该产品的主销区域。据此，企业调整了营销策略和广告目标，产品销量有了明显的改变。

（6）科学技术环境

科学技术环境是广告环境的重要组成部分。科学技术环境不仅影响产品的生产、发明创造、更新换代，还在很大程度上影响着广告的行业环境，并对广告主体产生影响。科学技术进步促进广告理论的发展，并影响着制作水平和传播形态的发展。

2. 市场分析

市场分析包括对市场动向、市场规模与潜力、市场占有率、产品普及率、市场价格、销售渠道等多方面的分析和研究。

市场动向分析是对与产品有关的商品群动向、生产和销售业绩、企业的生产和供应能力、消费数量、产品的普及率、持有率和购买率、消费地区与季节特性等进行了解。

市场规模与潜力是对未来市场发展状况进行预测，一般根据五年以来市场量、成长率，预测未来一年的市场潜力。

市场占有率是指特定的商品营业额中,某一产品品牌所占的比例,包括商品系列占有率、品牌占有率、不同品牌的占有率以及对市场占有率的预测等等。

市场分析的另一项内容是根据普及率推算产品所处的生命周期阶段。产品生命周期分为导入期、成长期、成熟期、衰退期四个阶段。产品普及率小于 5%,产品通常处在导入期;普及率在 5%～10%,产品处在成长期;普及率在 10%～30%,产品处在成熟期;普及率为 30%～60%,产品处在饱和期;普及率大于 60%,产品处在衰退期。此外,还应分析产品的市场价格如何,各品牌的价格系统与定价策略。销售渠道分析应简要陈述主要品牌之销售渠道数量、分布,等等。

3. 消费者分析

消费者分析是广告策划最根本的出发点,是有效开展广告活动的保障。广告是在适当的时机将适当的信息传播给适当的消费者,以改变特定消费者对产品、品牌或企业的认知、情感、态度,进而改变消费者对特定产品、品牌的具体选择行为。广告策划若想获得成功,必须在充分了解消费者的基础上明确广告对象,分析广告对象的个性特征、他们对产品或品牌的已有知识、媒体接触习惯等一系列问题。

（1）消费者分析的基本框架

消费者分析可以从以下六个方面入手,简称 6W+6O 框架。

第一,市场需求（what）——对应的产品（objects）。分析消费者希望购买什么产品,企业如何提供适销对路的产品以满足消费者的需求。

第二,为何购买（why）——购买目的（objectives）。消费者购买动机是消费者生理、自然、经济、社会、心理等因素共同作用的结果。了解消费者购买产品的目的,企业采取相应的市场策略。

第三,购买者（who）——购买组织（organizations）。购买者可以是个人,也可以是家庭或集团。同时还要明确产品购买的决策者、使用者、执行者、影响者分别是哪些人或组织。企业根据购买者的不同,有针对性地进行产品、渠道、定价和促销的营销组合。

第四,如何购买（how）——购买组织的作业行为（operations）。针对消费者购买方式的不同,企业有针对性地提供不同的营销服务。以消费品市场为例,不同类型消费者具有不同的购买特点,如经济型购买者对性能和廉价的追求,冲动型购买者对情趣和外观的喜好,手头拮据的购买者要求分期付款,工作繁忙的购买者重视购买方便和送货上门等。

第五,何时购买（when）——购买时机（occasions）。针对购买者对产品购买时间的要求,企业把握时机,适时推出产品,如季节、节假日等因素对消费者购买活动的影响程度等。

第六,何处购买（where）——购买场合（outlets）。了解消费者对产品购买场所的要求。产品类型决定销售渠道和通路,比如购买日用消费品顾客往往就近选择超市、便利店等,购买耐用消费品则直接到企业或专卖店等。

（2）消费者行为分析

美国市场营销协会对消费者行为的定义是：人类在进行生活中各方面的交换时，表现出来的情感、认知、行为和各种因素的相互作用的动态过程。消费者行为分析一般从下面几个方面入手：

① 人口统计学基本指标。人口因素包括消费者的性别、年龄、教育、收入、职业、社会地位、婚姻状况、居住区域等，人口变动速度、变动类型也在不同程度上影响消费者行为。需要注意的是，广告活动面对的是"心理"人口，不仅仅是社会学意义上的人口概念，还应分析消费者的心理年龄。

② 地理环境因素。地理环境因素包括城市、乡村差别、都市规模、城镇规模、气候、行政区域等。不同的地理环境，造就了不同的消费者。中国幅员辽阔，城乡差别明显，必须重视地域文化对广告的影响。

③ 家庭情况分析。家庭环境包括消费者父母家庭和自己的家庭，前者对消费者产生间接影响，后者产生直接影响，进行家庭分析的目的是把握消费者的消费主场所。家庭生命周期，家庭的文化素养与社会地位，以及家庭构成的不同都会导致消费行为的差别。以家庭生命周期为例，市场营销学将家庭生命周期分为 6 个阶段：单身阶段、新婚阶段、满巢第一阶段、满巢第二阶段、空巢阶段和丧偶独居阶段。年龄相同的消费者处在家庭生命周期的不同阶段，其消费行为也会迥然不同，比如丁克家庭（double income no kids，简称 DINK）和满巢家庭的生活方式、消费方式、消费结构都存在较大差别。家庭素养和社会地位分析主要了解家庭主要成员的职业情况、教育背景等。家庭构成分析则是了解家庭规模、日常生活习惯等相关信息。

④ 消费者个人因素。这是对消费者的自身素质的分析，包括消费者人格特征、性格、自我概念、生活方式、兴趣爱好、消费习惯等方面。只有深入了解消费者个人因素，将目标消费者的个性特征栩栩如生地描述出来，才能使广告创作人员准确理解、把握广告策划的意图，采取有效的诉求方式劝服广告对象。动感地带对于消费者的描述非常具体、明确。见案例 7－1。

案例 7－1 动感地带目标消费者

15—25 岁的年轻人（主要是大学高年级或刚毕业的学生，其次是中等学历和较早进入社会的年轻人及家庭条件好的中学生）；

他们崇拜新科技，追求时尚，对新鲜事物感兴趣；

凡事重感觉，崇尚个性，思维活跃；

喜欢娱乐休闲社交，移动性高；

有强烈的品牌意识；

容易互相影响的消费群体。

⑤ 社会因素。社会因素在消费者身上体现为消费者在社会组织中所处的位置和他们所担当的社会角色。不同社会地位和角色的人,其消费行为往往不同。人们通常选择与自己的社会角色和地位相吻合的产品,产品和品牌也有可能成为地位的象征。比如,在中国谈起奥迪汽车,人们会联想到政府公务用车,人们会把奥迪汽车的使用者与政府官员联系起来。

⑥ 消费者相关群体。群体是指在追求共同的目标和兴趣中相互依赖的两个或两个以上的人。群体会产生相近或相同的消费特征,使处在群体中的个人受到群体的影响。广告是针对目标消费群体进行广告诉求,必须研究与消费者相关的群体所产生的影响,如针对学生的广告宣传必须考虑家长和教师对广告的态度,针对老年人的保健品广告要考虑到子女的态度和心理。

（3）消费者购买决策

消费者购买决策分析是对消费者购买角色、决策过程和购买类型的分析。购买参与角色分析是了解商品购买的提倡者、影响者、决策者、购买者、使用者分别为哪些人,在购买中起到什么作用。许多儿童食品或玩具的购买提倡者是儿童。这类广告常常以儿童作为诉求对象,鼓励儿童催促,甚至逼迫家长或家人采取购买行为。影响者是在购买使用过程中,对购买决策产生重大影响的人。他们不一定和购买者同属一个团体,但是能够左右购买决策的进行。比如意见领袖、家中老人、邻居、亲友、老师、医生,甚至商店老板都可能是购买的影响者。决策者是对是否购买、购买数量、购买类型规格、购买品牌、购买时间、购买地点、购买方式、购买金额、购买频率等最终决定的人。购买者是在购买使用过程中,担任购买行动的人。他们可能就是支付款项的付款者,也可能只是帮他人购物而已。使用者是在购买使用过程中,负责该商品的使用与消费的人。

消费者的购买类型分为复杂型购买、和谐型购买、多变型购买、习惯型购买等多种形式。消费者的决策过程一般由产生需要、收集信息、评价方案、决定购买和购买后行为等五个阶段构成。

此外,消费者的购买地点、购买频率、购买动机、购买时机等也是消费者行为分析和广告活动应该考虑的问题。

4. 产品分析

进行产品分析是为了更加深入地挖掘产品能够满足消费者需求的要点和特性,为制定广告主题、确定广告诉求点和进行广告创意打下良好的基础。产品分析包括商品基础情报研究、产品整体分析、产品生命周期分析、品牌分析、竞争产品分析等内容。

产品基础情报包括以下内容:产品上市时间与品牌简史、产品制造方法和原料、产品效能、使用方法、保存方法、商品包装、使用期限、所需维修费用、种类及形式、产品规格、品质保证、价格、产品产量及销量、产品销售重点、产品属性等。对于产品基础情报分析越具体详细越好。

产品生命周期分析有助于企业在生命周期的不同阶段,采取不同的营销策略与广告策略。在导入期,广告的作用是告知产品的功能,打开知名度,广告费投入最大;进入成长期,广告投入稍稍减少;进入成熟期后,广告投入再度增加,这个时期的广告主要是为了产品的"差别化战略"和"多样化战略"服务;进入衰退期,广告投入逐步减少,广告的作用主要是减少损失,确保品牌形象,为新产品的上市打下基础。

对产品进行整体分析,既要研究产品固有的能够满足人们某种需要的自然属性,即产品的核心价值,也要研究产品满足消费者的心理属性和社会属性,即产品能够带来的附加利益。

品牌分析也是产品分析的重要内容。美国 AMA 的品牌定义是:品牌是一个牌子名称、符号特征,用以识别出售者的产品或服务,使之与其他销售者相区别。品牌存在于消费者心中,建立品牌必须使产品在顾客心中留下正面的形象。品牌形象意味着从一个品牌联想到一切情感和与之相关的崇高美好的品质,产品象征集中表现为品牌形象。进行品牌分析要了解消费者看到品牌产生的联想,是否能够识别品牌,品牌偏爱程度如何,等等。

5. 竞争分析

竞争分析是对竞争对手的情况进行详细的了解。包括以下内容:

第一,分析竞争产品在市场中的地位,比较各品牌在市场的相对地位。

第二,分析产品特性,比较各品牌的独特性能、特殊设计、成分原料、制作流程等。

第三,分析竞争对手的营销组合,包括产品、价格、销路、目标消费者、各品牌广告刊播量、广告创意表现、促销手法等相关策略。

第四,比较各品牌的定位与消费者心目中的品牌形象。

(三)进行 SWOT 评估,制定广告战略

企业制定营销战略的实质是在组织(即优势和劣势)与环境(机会和威胁)之间达到战略上的适应,这一过程需要对组织资源和外部环境进行 SWOT 分析。组织资源分析是从人力、设备、企业历史、财务、信誉、形象、产品阵容等方面挖掘明显优于竞争对手的竞争优势 S(strength)和明显不如竞争对手的竞争劣势 W(weakness)。外部环境评估是从政治、经济、法律、科技、社会文化、竞争、生态环保等外部因素中寻找客观环境中有利于企业经营者的机会 O(opportunity)和不利的威胁 T(threat)。

广告策划小组在进行 SWOT 分析之后,就要根据对市场、产品、消费者及竞争对手的分析研究,拟定具体的广告战略。广告战略是企业经营战略的一个重要组成部分,是企业为实现经营目标,对其规划期内的广告活动所拟定的指导思想和总体设计。广告作为一种运动,具有两个层次的决策,广告战略决策和广告策略决策。广告战略是全局性的,是在未来一段时间内展开广告运作的长期发展规划。它规定了广告活动的整体

走势和运作方向,广告活动的每一个设计、制作和实施都必须以广告战略思想为指导,即所有的广告策略都受制于广告战略。广告策略的范围往往是局部性的,更具有操作性,广告活动中媒体的选择与广告诉求的确定,都是根据广告策略而决定的。

广告战略大体上可以分为基本战略、表现战略和媒体战略三大部分。基本战略即产品营销战略;表现战略包括确定广告主题、进行广告创意、采取正确的广告诉求方式等;媒体战略即运用媒体组合、制定信息传播战略。广告战略的具体内容包括明确广告目标、确定广告对象、广告定位研究、广告媒体战略、广告创作战略和销售推广战略。

1. 明确广告目标

广告策划是一个决策过程,科学的决策必须设立正确而明确的目标,决策执行的结果应该能够实现所确定的决策目标。因此,明确广告目标是进行广告战略决策的前提。广告目标是广告活动要达到的具体目的,在广告活动中,不同的企业由于经营目标、竞争环境、营销手段、广告目的不同,广告目标也不同。广告目标服从企业的营销目标,营销目标服从企业的总体目标。

在广告活动中,企业的广告目标是多元和多重的,形成了广告目标系统,各个分目标是实现总目标的具体手段。按照广告目标涉及的内容,可以分为外部目标和内部目标;按照时间的长短可以分为长期目标和短期目标;按照广告目标的特殊性可以分为一般目标和特殊目标。通过不同目标的实现,广告达到传播某种信息,促进产品销售,树立良好形象等目的。

1961 年,美国学者柯利(Russell H. Colley)教授提出了著名的"为测定广告效果而需要明确的广告目标"(Defining Advertising Goals for Measuring Advertising Results,简称 DAMAR)理论,该理论把广告传播目标设定为认知、理解、确信和购买行为四个阶段。柯利认为在广告策划前事先确立广告目标,事后就可以根据该目标来评估广告效果。柯利的观点帮助广告业界树立广告目标的观念,使企业认识到广告策划的精确性与客观性,进而提高广告的整体效益。

除了 DAMAR 理论,电通公司提出"传播阶段频谱型态 CSP 模式"(Communication Spectrum Pattern),指出传播过程包括了下列五个阶段的广告目标:知名→理解→兴趣→确信/欲求→行动。

(1)知名广告——提高知名度的广告。

(2)理解广告——解说商品特征功能的广告。

(3)兴趣广告——引发对商品兴趣的广告。

(4)确信/欲求广告——让顾客对企业或商品产生信服并形成动机的广告。

(5)行动广告——促使顾客坚定信心并产生购买行动的广告。

广告目标的制定,应考虑可行性和可控性,最好能制定出具体的指标和要求,以便在实施的时候加以控制和检验。见案例 7-2。广告目标的设立应遵循相关性、可理解、可测定、可相信、可达成等几个原则。

案例7-2　对某品牌啤酒广告目标的描述

目标市场：80万名居住在产品新上市的某城市地区，中度到重度的啤酒饮用者。

营销背景：长久以来，这个品牌的啤酒在公司总部所在地的市场，一直是卖得最好的品牌。公司将业务逐渐扩张到临近的市场，现在已经在十多个城市都有铺货。

营销目标：在2年内获得8%的市场占有率。

广告目标：产品上市后的6个月内，让80%的消费者能认得该品牌。

广告策略：在产品进入新市场的头一年里，广告费用占营业额的百分比，将是正常广告费用的3～4倍。产品刚进入新市场时，知晓度很低，为了吸引消费者注意，广告花费必须超过市场上的第一品牌或与该品牌不相上下，然后，再慢慢引导消费者尝试使用新品牌。

广告测试：在一连串无提示和有提示的简单的品牌记忆测试中，消费者被要求指出在市场上售卖和做广告的各种品牌的啤酒。根据以往新产品导入市场的经验，品牌知晓度达到80%的产品，总会在市场上占有一席之地。

调整策略：一旦给品牌所做的投资性广告打下了销售基础，之后的广告费用恢复正常，只在产品销售额中占有固定百分比。

2. 确定广告对象

广告对象又称为目标受众，是广告的诉求对象。广告对象的界定，是广告策划项目中最重要、最基本的决策之一。广告对象稍有偏离，策划内容、表现手法、媒体选择等，都将产生误差。确定广告对象应考虑以下基本内容：广告对象是哪些人，他们关心的问题是什么，广告对象的消费水平如何，对产品和广告持有什么态度，等等。

需要强调的是，广告对象与目标消费者并非在任何时候都是一致的。有些产品的目标消费者与广告对象是一致的，即产品所瞄准的消费群体也正是广告宣传的对象。有些产品的目标市场与广告对象并不一致，例如儿童食品、营养保健品等，使用者和购买者往往不是同一个人，需要对购买参与角色进行分析，确定广告对象并加以说服。片面地将广告对象和目标消费者等同，将导致广告对象选择不准确，造成广告失败。见案例7-3、案例7-4。

案例 7-3 澳大利亚理光（Ricoh）办公产品

1982 年，日本知名办公用品制造厂理光（Ricoh）公司正式进军澳大利亚市场。在理光之前，已经有五家日本办公事务用品在澳大利亚销售。理光认为办公事务用品的决策者、采购者都是公司高层管理人员，包括经营者、行政主管、总务主管等。因此产品就以他们为广告对象进行广告创意和媒体选择，广告采取强调效率、功能等理性诉求，广告媒体选择与工商、经济、专业、管理等相关的报纸、杂志，然而广告投放并没有提高产品的市场份额。1987 年，企业重新进行广告分析后发现，在办公用品采购过程中，女秘书扮演着举足轻重的"影响者"角色；她们虽然不是决策者、采购者，但却会在老板进行采购决策或是咨询她们意见时发挥很大的影响力。1988 年企业调整广告策略，除原先预算外增加了 40％ 的预算针对女秘书进行诉求，广告内容与媒体都作大幅调整。媒体选择女秘书收视率高的晚间黄金时段，广告描述女秘书一天的工作，赞扬女秘书精明、能干、尽责、称职，并巧妙将理光系列事务用品，在影片中一一地展现。广告充分肯定女秘书的工作成绩，提高女秘书们对产品的认同感，一年后，在女秘书的影响与推荐下，理光的市场占有率由第六名跃升为第二名。

案例 7-4 美国加州葡萄干协会

1987 年，加州葡萄干协会接受美国农业部专款补助，进行农产品的总品类推广。策划者认为葡萄干的使用者多为儿童，就以儿童为广告对象，因此利用儿童节目，播出强调"葡萄干好吃"的广告影片。由于葡萄干的产品形象不容易拍摄，加上儿童只是"使用者"，而不是提倡者、影响者、决策者或购买者，广告播出后没有引起儿童们的注意、兴趣与偏好。1988 年，经研究发现，妈妈才是葡萄干的决策者和购买者，也应该将她们列为广告对象。因此，加州葡萄干协会决定调整广告策略。一方面针对儿童时段，运用动画表现手法，将葡萄干制作成泥塑的动画形式，拉近与儿童的距离。另一方面，在家庭主妇看电视的时间播放广告片，背景音乐与动画广告影片相同，画面却是描述从工人们采收葡萄、搁置田埂曝晒、采选拣取、到回厂以离心机清洗去渣、烘干装罐的整个制造过程。强调制造过程天然纯净、且不添加糖、色素、化学物品等任何添加物。最后强调："加州葡萄干唯一添加物，是加州灿烂的阳光。"广告策略调整之后，加州葡萄干产品推广效果迅速提高。

确定广告对象应当清楚、明确，尤其在广告创意制作阶段，有必要将广告对象明确化、具体化。在确定广告对象时，有人用"界定苏珊"、"界定乔治"的方式来描述，也就是将广告对象描绘为一个鲜活人物，就像出现在眼前的真人一般（见案例 7-5）。明确广告对象,可以使广告活动的业务部门对广告对象持有一致而明确的认识,有助于广告信息与媒体计划的拟订。

案例7-5 对"皇家优格"产品的广告对象描述

人口特性描绘——

陈怡君现年30岁,已婚,有一名五岁儿子。

她毕业于台湾艺术学院,目前从事室内装潢设计,开一家工作室。

陈怡君的先生创立一家网络商务公司,他们的家庭年收入为3 150 000新台币。

地理特性描绘——

陈怡君住在台北郊区青山镇自购别墅。

心理特性描绘——

陈怡君是位活跃积极的女性。

她是典型创新者,喜欢尝试各种新事物。

她和她的先生每天忙于许多社交活动。

在外用餐与设宴请客成为陈怡君日常生活中的重要部分。

陈怡君重视保持自己身材,所以都设法选择一些健康、天然的食品。

媒体接触习惯描绘——

陈怡君每天晚上7～10点黄金时段里,总会抽空观赏约1.5小时的电视节目。

她也会收看晚间最后一节电视新闻,偶尔也会观赏深夜的电影节目。

她每天早晨准备早餐时都会收听FM广播,在车上则轮流收听AM与FM广播,一方面掌握新闻路况,一方面欣赏音乐。

购买使用行为描绘——

陈怡君是"皇家优格"的重度使用者,她每周都会在新店市区的××超市购买6排共18杯的"皇家优格"。

陈怡君将优格当午餐,她先生和儿子则把它当饭后甜点。

他们全家都喜欢吃优格,因为他们都觉得优格美味可口,又有益健康。

(资料来源:根据中国文化大学《广告策略与企划》课程内容编写)

3. 广告定位研究

定位是根据消费者的需求、重视和偏爱,为产品在市场上树立恰当的形象。定位之前要进一步弄清商品特征,找出SWOT分析中发现的产品"优势"和"劣势",与竞争对手进行比较,找出本商品在市场上的位置。定位是一种市场营销策略,企业可以通过广告来实现产品定位,定位的重点在于影响潜在消费者,确定产品在消费者心目中的地位。有关广告定位的内容见本书第九章。

4. 广告媒体战略

在广告活动中,媒体是花费最多的一个环节,随着媒体数量的增加和类型的多元化,媒体策划的重要性日益突出。广告媒体战略是广告活动的三大战略之一,是围绕广告的媒体受众、广告地区、发布时机、发布次数和发布方式而进行的媒体策划活动,是通过选择最有效的媒体达到广告的战略目标,使销售战略具体化的措施之一。广告媒体战略包括确定媒体目标、选择媒体受众、媒体地区分配、确定媒体评估标准和媒体评价指标选择等。详细内容参见第十一章。

5. 广告创作战略

广告是一种营销传播,是推广商品、服务或观念的说服性传播。广告创作是针对消费者需求,采取富有创造力的说服方式,改变消费者的认知、态度、行为的过程。广告创作战略包括广告创意战略与广告表现战略,具体内容有:确定广告主题、形成广告概念、确定文案的关键词和广告基调等。

广告主题是广告的中心思想,开展任何广告活动都要有一个鲜明独特的主题,根据广告主题进行广告创意和表现。广告概念是传达品牌的核心主张,是广告表现"说什么"部分,广告概念将引起消费者行为或态度改变的要点作为广告的切入点,引起消费者产生共鸣。广告概念要符合消费者的需求和竞争趋势,提出产品的相对竞争优势。广告基调决定了广告采取何种诉求方式,即采取理性诉求还是感性诉求的方式。广告文案的关键词是广告语言文字的核心和关键,决定了广告文案的最终形成。

广告创意是广告活动的灵魂,成功的广告离不开精彩的广告创意,台湾智得广告公司提出创意"五因子"原则,即广告创意应寻找与消费者产生共鸣的五个因子:创意要有"创益";创意要有"创异";创意要有"创议";创意要有"创艺";创意要有"创忆"。广告创意相关知识见本书第九章。

6. 销售推广战略

销售推广战略是营销组合战略的一部分,也是广告的基本战略之一。销售推广战略主要包括促销(SP)战略和公共关系(PR)战略。促销(SP)战略应确定 SP 活动的目的,SP 在广告上的任务,消费者 SP 的基本方向,经销商 SP 的基本方向,等等。公共关系战略的关键是确定公共关系对象,公共关系在广告中的作用,以及公共关系的目标。

(四)广告策略的制定

广告策略是在广告战略的指导下为实现战略目标而采取的手段和方法。广告策略包括市场策略、产品策略、定位策略、表现策略、媒体策略、发布时机策略、SP 与 PR 配合策略等。

广告市场策略主要有广告目标市场策略、市场渗透策略、市场开发策略、市场拓展策略、促销策略等。

广告产品策略主要有生命周期策略、品牌形象策略、产品差别化策略、产品系列化策略等。

广告表现策略是广告概念形象化的过程,不同媒体的广告有不同的表现形式,如电视广告的生活片段式、故事式等,平面广告的产品展示、夸张等。

广告定位策略包括功效定位、品质定位、逆向定位、价格定位等。

广告媒体策略包括媒体选择和媒体组合策略。广告媒体的选择是运用科学的方法对不同的广告媒体进行计划的选择和优化组合的过程。选择媒体要考虑媒体的性质、特点、地位、作用,还应该分析媒体的数量和质量、受众对媒体的态度、媒体的传播对象以及媒体的刊播费用等,最终根据广告对象、广告目标、广告费用等情况选择合适的媒体。媒体选择完毕之后,还有媒体组合和运用的问题。

广告发布时机策略是指广告发布的具体时间、频率以及广告编排的次序等。广告发布时机策略的制定需要考虑产品的市场地位、自身特点、销售季节、消费者接受广告的习惯、黄金时间段等多方面因素。

公共关系策略和促销策略是在前期销售推广战略的基础上制定的。公共关系策略包括制定公共关系计划,确定公共关系活动内容和活动方法,常用的公共关系方式有新闻发布会、记者招待会、采访和专访、企业报道、宴会、发奖仪式、技术交流会、座谈会和赞助大型文体活动等(见图7-3)。促销策略需要分别针对消费者和经销商开展促销活动。针对经销商可以采取展览会、订货会等形式,针对消费者则可以开展免费品尝、有奖销售、赠送纪念品、店面促销等多种形式。

图 7-3　动感地带公关活动

（五）制定广告预算

广告预算决定着广告费用的投入数量、投入方向与投入时机,科学的广告预算能够有效地对广告活动进行管理和控制,大大提高广告运作的效率,加强广告工作责任感,并为评价广告效果提供具体的经济指标。

（六）确定广告效果测定的内容和方法

广告效果测定是对广告计划实施的情况进行评价,随时掌握和控制广告活动的情况,保证整个广告活动能够按照预定的计划与目标进行。广告效果测定还可以总结经验,为下一次的广告活动提供依据。

四、广告策划的程序

根据广告策划的内容,广告策划的程序分为三个阶段:

调查分析阶段。重点在于收集和分析归纳,为制定广告战略和广告策略,确保广告策划的科学性和有效性做准备。

拟订计划阶段。拟订计划是产生构想的阶段,也是实现广告目标的重要步骤。包括:确立广告战略,即广告基本战略、广告表现战略和广告媒体战略等;确立广告目标;明确广告对象;制定广告的具体策略,使广告战略具有现实的可操作性;最后形成广告计划书。广告计划书是以文字的形式提交给广告主进行审核的计划方案,是广告战略与策略的具体实施方案。

执行计划阶段。广告计划必须加以实施和检验,广告计划的执行包括广告的设计制作,媒体策划以及其他促销活动的配合。广告计划执行之后还要对广告效果进行评估,形成反馈,不断提高广告策划的水平和效果。

五、广告策划人才的素质要求

广告策划关系到广告整体运动的成效,策划活动的重要性对人才的素质和能力提出了要求。广告策划人才至少具备四项基本能力:

表现力——表达力、写作力、说服力;

思考力——创造力、想象力、预测力;

情报力——情报加工能力、档案管理能力、情报搜集能力;

组织力——对上述三种能力的支持与整合。

小资料 7-1：策划人员应该具备的素质

对广告有热情，对创意过程具有敏感度；

对消费者具有直觉性的好奇心，对人际关系有所了解；

是有能力而且能为他人带来灵感的沟通者；

运用市场与研究资料的技巧高超；

有数学能力和想象力，能够将调查结果转译为广告动作；

对调查和广告的评断具有权威性；

有策略性和想象力的心智，在杰出的调查工作之后能够创造出广告机会；

有强烈意愿成为业务团队的一员；

对于广告理论与实务有独特的看法。

 小资料 7-2：广告计划大纲①

日期：　　　年　　月　　日

企业（品牌）名称：

第一部分　概述

包话营销计划所提供的信息概述、广告目标概述、广告战略概述、预算概述。

第二部分　形势分析

1. 企业（或产品）目前的营销形势

　　行业现状、企业或产品信息、销售情况、消费者情况、营销方式等。

2. 目标市场描述

　　市场细分、明确产品的主要市场和次要市场、市场特征描述。

3. 营销目标

4. 目标市场的营销组合

　　产品、价格、渠道、传播等方面的组合。

5. 广告在传播组合中预期的效果

6. 其他信息

第三部分　广告目标

1. 主要或次要需求

---

① 根据（美）威廉·阿伦斯著，丁俊杰等翻译的《当代广告学》"广告计划大纲"的内容编写。

2．对目标的描述

3．对目标的量化

第四部分　广告创意和媒体战略

1．明确产品概念

2．确定广告的目标受众

明确广告的目标受众和目标市场的关系、进行人口统计指标分析、分析目标受众购买行为和消费心理、区分主要的广告对象和次要的广告对象。

3．确定广告媒体

对媒体进行质的评估和量的评估、媒体策划的范围、媒体策划与创意组合的关联、媒体成本分析。

4．广告信息策略

广告文案写作、广告表现、广告制作。

第五部分　制定广告预算

影响广告预算的因素，广告预算的方法。

第六部分　广告效果测定与评估

第三节　广 告 预 算

> 广告预算是在广告策划的基础上制定的企业投入广告活动的费用计划，它规定了广告计划期限内，为达到策划目标所需要的广告活动费用总额，使用范围和使用方法。

一、广告预算及其相关理论

广告预算是广告策划过程中最重要的一项决策。广告预算不足，企业可能无法实现营销计划和广告目标，达不到预期的销售量，最终影响企业利润；如果预算过多，又会导致不必要的开支，造成浪费。广告预算的关键在于如何进行科学的广告预算，用最经济的投入形成最大效益的产出。

（一）广告预算的含义

广告预算是在广告策划的基础上制定的企业投入广告活动的费用计划,它规定了广告计划期限内,为达到策划目标所需要的广告活动费用总额,使用范围和使用方法。

（二）广告预算的重要理论

制定广告预算是广告活动的一项重要决策,也是很有难度的一项工作,主要基于两个原因：

第一,对于广告主来说,投入大量广告费用的最终目的,是在或近或远的将来实现销售,因此,广告预算是否能够产生预期的效果是广告主最为关心的。然而,广告效果具有累积性、滞后性、难测定性的特点,往往不能在广告投放之后立刻获得直接的销售或经济利益。广告对于销售所起到的作用还要受到广告费用之外的一些因素的影响,如广告实施的质量、竞争对手广告的强度、市场变化、广告发布时机等。因此,很难确定广告费用能够产生多大的销售量。

第二,企业内部对于广告投入观点的不同。营销部门通常将广告作为促销的有效工具,财务部门常常将广告投入作为一种开支费用,管理决策部门又会把广告作为一种投资行为。因此,企业广告管理部门的组织结构将影响广告预算的制定,通常来说,营销主导型或广告主导型企业广告预算费用比较充足。

与广告预算有关的理论主要有两个：临限和最高销售量原理,利润最大化原理。

1. 临限和最高销售量原理

美国广告学者肯尼思·朗曼针对"广告费用多少是有效的"这一问题进行了研究。他在研究中发现,任何产品即使不做任何广告,也有一定程度的品牌销售,即"临限"最低销售量。由于受到企业生产能力、市场情况、产品生命周期等多种因素的影响,任何产品销售达到"最高销售量"之后就不再增加了。在"临限"和最高销售量之间,广告能够促进产品销售,然而当产品达到最高销售量之后,如果继续增加广告投入,由于无法增加销售额,成本的增加反而造成了广告浪费。朗曼认为广告成功的关键在于用尽可能少的广告投资,达到最大的销售额。他认为采用利润分析可以找到这一点。

该理论具有一定指导意义,但是由于"临限"和"最高销售量"在实际操作中很难确定,因此实施上有很大的困难。

2. 利润最大化原理

经济学的的边际效益原理可以作为制定广告预算的理论依据。在经济学里,边际收入(marginal revenue,MR)和边际成本(marginal cost,MC)分别是增加销售和增加生产一件产品所导致的总收入和总成本的变化。

即：MC＝总成本变化/总量变化＝$\Delta TC/Q$

　　MR＝总收入变化/总量变化＝$\Delta TR/Q$

　　根据该原理,广告预算的原则是"只要广告投入带来的边际收入大于边际成本,就继续广告投入,直到边际收入等于边际成本时,利润达到最大化"。[①] 只有在 MR＝MC 这一点上,利润最大化才可能发生。当 MR＞MC 时,利润不能达到最大;当 MC＞MR 时,就出现了边际亏损。也就是说,只要有利润产生,广告主就应该不断增加广告投资。例如,假设某广告主目前花费 100 万元为某个品牌做广告,并且正在考虑再投入 20 万元。根据边际效益原理,只有增加的广告投入能够为产品创造的收入超过 20 万元,才能进行这项投资。同理,如果这家企业准备在同一广告期内为产品再投入 10 万元,那么只要继续追加的 10 万元能够产生超过 10 万元的新收入,广告主就应该继续进行广告投入。

　　运用该原理的"利润最大化原则"进行广告预算,预算人员必须了解每个产品的广告—销量反应函数(advertising-sales-response function),即每个特定水平的广告费用所产生的销售量。由于实际操作中很难得出广告—销量反应函数,利润最大化原理在实际广告决策过程中不容易实现。

二、企业的广告预算观念与广告预算的内容

(一)企业的广告预算观念

　　企业对于广告预算通常持有三种看法:

　　第一种是把广告预算作为战略性政策费用对待。这种方式将广告费、差旅费、交通费、接待交际费等全部计入销售费,但不作为维持运营费。

　　第二种是从财务的角度进行预算的分配。预算总额的划出和分配有细分和总合两种方式。细分方式是先根据一定标准计算出预算总额,然后细分到各个项目。总合方式是将达成广告目标所必需的各项费用相加,最终得出总额。这种方式通常由经营管理者用细分方式控制总额,业务部门的员工以总合方式提出预算要求。

　　第三种是在确保利润的前提下确定广告预算总额。为了不使广告费用影响利润,企业制定预算要了解内部状况,考虑怎样确保利润、保证盈利,同时要注意竞争对手的广告活动,及时应对。

(二)广告预算的内容

　　了解广告预算的构成有利于广告主更好地制定广告预算。美国的《印刷者》杂志提供了区分广告费用的方法。它将广告预算分为白表、灰表、黑表三种费用类型。白表是

---

① (美)特伦斯·A.辛普著.整合营销沟通(第 5 版).熊英翔译. 北京:中信出版社,2003

必须列入广告预算的费用，包括广告调查策划费、广告设计费、媒体费、管理费和机动费用。通常，调查和策划费占总预算的 5% 左右，设计和制作费占 5%～15%，媒体费约为总预算的 80%～85%，管理费用，包括办公费用和人员工资约占 10%，应对临时和意外变故的机动费约占 5% 左右。确定广告预算不仅要确定广告活动的总额，还包括在各个项目上的费用分配和使用。灰表部分可以作为广告费用，也可以不作为广告费用，包括样品费、电话费、推销费等。黑表是不能列入广告预算的费用，包括免费奉送样品费、邀请费、特殊介绍费等。

三、影响广告预算的因素

影响企业广告预算的因素主要有：企业的广告目标、竞争对手的广告活动、企业的资金实力、产品状况和媒体因素。这些因素是互相关联的，共同影响广告预算。

（一）企业的广告目标

企业的广告目标是影响广告预算的关键因素。广告目标包括销售目标、信息传播目标和品牌形象目标等，其中销售目标是企业非常重视的广告目标，包括销售数量、销售额、销售利润等，都会直接影响广告预算。销售量大、销售额高、利润率高的产品，广告预算费用高，反之亦然。企业实现不同广告目标所需要的费用是不同的，相比之下，提高市场份额的广告目标与保持品牌知名度的广告目标相比，需要的预算费用更高。

（二）竞争对手的广告活动

制定广告预算必须充分考虑竞争对手的广告活动。市场上竞争者的数量、竞争者的实力以及竞争对手对抗的方式都会直接影响广告预算。竞争激烈的市场往往也是企业进行"广告战"的市场，企业若想争夺消费者，提高市场占有率，必须大量投放广告。企业如果直接与对手抗衡，而对手的实力又比较强，则需要多花费用。

评价竞争对手通常使用两个指标，一是企业的媒体投放份额（share of voice，SOV），指企业广告开支占行业广告费用的百分比。二是企业的市场份额（share of market，SOM）。市场份额和媒体投放份额之间是相互联系的，媒体投放份额在某种程度上决定着产品的市场份额，媒体投放份额大的产品往往市场份额也大；同理，媒体投放份额高的产品常常是一些大企业、大品牌。

针对广告主的市场份额与竞争对手的媒体投放份额的情况，通常采取四种广告预算方式，见图 7-4。

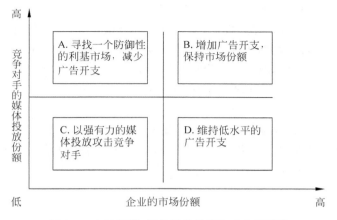

图 7-4　市场份额、媒体投放份额与广告预算[①]

第一种情况,企业市场份额较低、竞争对手的媒体投放份额较高。广告预算方式是减少广告开支,寻找其他竞争对手不易进入的利基市场。

第二种情况,企业市场份额较高,竞争对手的媒体投放份额也较高。企业应增加广告开支,保持现有的市场份额。

第三种情况,企业的市场份额较低,而竞争对手的媒体投放份额也较低。一般采取增加广告投放的方式攻击对手。

第四种情况,企业市场份额较高,竞争对手媒体投放份额较低。企业只需要比竞争对手高出不多的广告费用即可保持市场份额。

(三) 企业资金实力

广告预算还要考虑企业可用于广告的资金数额。经营状况良好、经济实力雄厚的企业往往预算费用很高。比如,2004年中国广告投放最高的是宝洁公司,旗下的玉兰油、飘柔、佳洁士、海飞丝广告投放量分别排在第一、第三、第四和第八名。相反,如果企业财务状况不良,广告费也会受到削减。当然,如果广告运作有效,能够给企业带来更多的收益,也能获得更多的广告预算资金。

(四) 产品状况

制定广告预算还要考虑产品自身的状况。产品生命周期、产品的市场范围、产品是否具有可替代性等都将影响广告预算。

---

① 特伦斯·A.辛普著.整合营销沟通.熊英翔译.北京:中信出版社,2003

在产品生命周期的不同阶段,广告费用存在巨大差别。在导入期和成长期,由于产品刚刚上市,广告多为告知性广告,企业为使消费者认知产品,提高销售,企业会投入较多的广告费用。进入成熟期和衰退期,广告投放逐渐减少甚至停止。

制定广告预算还要考虑产品的市场范围,即产品在市场的覆盖面。市场范围大的产品,如日用消费品,广告投放多,市场范围小的产品,如专业用品,技术用品,广告投放少。

产品的替代性因素也是制定预算时需要考虑的。如果产品在市场上没有其他替代产品,企业将投入较少的广告费用;如果产品被竞争对手或者新出现的产品替代的可能性很高,则需要支付较多的广告费用来维持或者改善现有的地位。

(五) 媒体因素

广告媒体费用是广告活动最大的支出项目,广告投资中 80% 以上的费用是花在媒体上的。通常媒体的发布费用越高,广告发布频率越高,广告总预算也越高。

近年来,新媒体不断涌现,网络媒体、户外媒体的广告投放费用迅速增加,广告主选择媒体时不再局限于传统的大众传播媒体,新媒体、小众媒体的广告投资成为发展趋势。据统计,2005 年中国楼宇液晶电视和移动电视屏的广告市场将达到 10.1 亿元。这种新型媒体以其独有的生动的表现形式、分众的清晰定位、强制的收视效果等传播优势备受中高端广告主的青睐,近年一些大型广告主纷纷在这一新型媒体上增加了广告投放。

四、广告预算的方法

目前国内外常用的广告预算方法有:销售额标准法、竞争对手比较法、利润百分比法、任意增减法、支出可能法、目标达成法等。

(一) 销售额标准法

销售额标准法是根据企业销售情况确定广告预算,包括销售额百分比法和销售单位法。

1. 销售额百分比法

销售额百分比法是使用最普遍的一种广告预算方法。它是根据企业本年度的产品销售总额,或者对下一年度销售总额进行预测,按照百分比计算下一年度的广告预算。不同行业广告费用的百分比相差很多,同一行业的不同企业之间差异也很大。一般来说,国外企业以销售收入的 3% 或 5% 作为广告费用的比例。

销售额百分比法分为过去销售额百分比法和预期销售额百分比法。

过去销售额百分比法是以企业上年度销售额为基数抽取一定比例作为广告费用。如企业去年销售额为 1000 万元,计划用 5% 作为今年的广告费用。

广告预算 = 1000 × 5% = 50 万元

预期销售额百分比法是以企业预期达到的销售额为基数，抽取一定比例制定广告费用。

有调查显示，在美国最大的 100 家消费品广告主中，50％以上的企业采用预期销售额百分比法，20％采用过去销售额百分比法。[①]

销售额百分比法的优点十分明显：第一，计算简单，预算时可以依据过去的经验，提高了广告预算的安全性。第二，将广告投入与产品销售状况建立密切关系，促使企业管理者充分考虑广告费与销售收入之间的关系，有利于企业长远的发展计划。第三，适合于竞争环境稳定，能够准确市场预测的企业。

销售额百分比法的缺点是：第一，缺乏弹性，不适应市场变化，广告费用与销售额的比例一旦确定，就难以运用广告的弹性战略，可能导致失去广告机会。第二，颠倒了销售额和广告投入之间的逻辑关系。把销售额当作广告的原因而不是结果，忽略了广告对销售的主动促进作用。采取这种方式，企业会在经济不景气时减少广告开支，事实上这时候增加广告开支可以防止销售额进一步下滑。过于死板地采用销售额百分比法会使企业因费用限制而失去良机。

为弥补该方法的不足，可以根据销售额百分比法计算出数据，再根据预期销售额的情况加以调整，或者不采用每年固定的百分比，而是根据市场变化设定变动百分比等灵活的方式加以调节。

2. 销售单位法

销售单位法是以一个或一套商品为销售基本单位，每个单位配以一定金额的广告费，以此与预期销售数量相乘以后得出广告预算。计算公式如下：

$$广告费＝每个销售单位的广告费×销售单位数量$$

销售单位可以是一件商品，也可以是零售商店。

如：某饮料厂商将在 10 个城市做广告，每个城市 100 万元广告费，则

$$广告预算＝10×100＝1000（万元）$$

销售单位法是销售额百分比法的变形，它不以销售额而是以销售单位为目标，按照商品单位制定广告费，广告费用的分担比较公平。它的优点是方法简单，便于计算销售成本，产品销售越多，产品平均广告费越低。销售单位法适合于昂贵的耐用消费品和销售单位明确的日用百货等产品。

（二）竞争对手比较法

这种方法是根据竞争对手的情况制定本企业的广告费用。企业可能与主要竞争对手一样，以销售额为基数，抽取相同百分比作为预算费用，也可能根据竞争对手的广告

---

① 特伦斯·A.辛普著.整合营销沟通.熊英翔译.北京：中信出版社,2003

费用,加大广告投资。竞争对手比较法的主导思想是保持企业在市场竞争中的优势。通常有两种类型。

1. 根据竞争对手市场占有率

根据竞争对手市场占有率和本企业预期达到的市场占有率决定企业的广告费用。

广告预算＝(竞争对手广告费/竞争对手占有率)×本企业期望占有率

2. 根据竞争对手增减广告费的比率

根据竞争对手广告费用增加或减少的情况,决定本企业的广告预算。

广告预算＝(1±竞争对手广告费增减比率)×本企业上年广告费

竞争对抗法适合于实力雄厚的企业。它的优点是通过与竞争对手的抗衡,迅速提高企业的竞争地位。缺点是只考虑广告对于竞争的作用,忽视了市场营销组合,企业准确了解竞争对手的情况也有很大难度。

(三)利润百分比法

利润百分比法是以企业或品牌利润的百分比为基准(销货净额减去货物成本)制定广告预算的方法。

利润百分比法计算简单,方便。缺点是死板,对市场变化估计不足,缺乏灵活性。

(四)任意增减法

这种方法是针对上一时期的广告费用使用情况,根据市场动向、竞争状况、企业财务能力等因素,凭感觉和经验对广告费总额适当地进行增减。通常的做法是,广告主只支付广告活动的启动资金,即第一阶段的广告资金,后续资金要看第一阶段的广告促销效果,再考虑是否投入资金或投入多少资金。

这种方法适合于市场环境复杂导致量化分析困难的企业,一些没有长期广告规划的中小企业也常采用这种方式。缺点是缺乏对广告计划、广告目标的科学研究。

(五)支出可能法

支出可能法是在企业做出其他各项预算之后,将能够投入的资金全部用于广告。这种方法的特点是风险大、无法反映广告支出与销售变化的关系。一些小企业有时候采用这种方法。

(六)目标达成法

目标达成法也称 DAGMAR(达格玛)法,是根据确定的销售目标和广告目标,决定广告费用计划。目标达成法被认为是最合理、最有依据的预算制定方法。使用这种方法,广告策划人员必须考虑每次行动的目标,根据实现目标的成本来进行广告预算。比如,使产品知名度达到50%需要花费多少钱?广告信息能够接触多少人?多少次?必要的媒体费用是多少?

实施目标达成法有以下几个步骤:(1)确立需要达到的具体营销目标。例如销售量、市场份额和利润等。(2)评估为达到总体营销目标需要完成哪些传播任务。比如提高品牌认知水平,建立企业形象等。(3)明确广告在传播中的角色。(4)确立具体的广告目标。广告目标应该为达到营销目标而设立,并且具有可测量性。(5)达到广告目标所需要的预算。

目标达成法目前在欧美和日本等广告业发达的国家广泛使用。在美国,60%以上的消费品公司和70%以上的工业品公司使用这种方法。目标达成法最大的优点是基于预定的目标而非依据过去或未来的效果进行广告预算,预算方法更加科学、系统。运用这种方法能够根据市场营销和广告目标的变化合理安排费用。缺点是这种方法以广告目标为前提,但是广告目标有时难以量化,因此很难确定达到广告目标到底需要多少费用。

企业制定广告预算通常会采用上述的两种或两种以上方法。比如,企业在开始制定预算时可能会有一个固定的销售额百分比预算费用,后来会根据竞争对手广告活动、企业的资金实力、销售情况、市场变化等情况进行预算调整。

五、广告预算分配

广告预算分配是指制定合理的预算分配方案,对广告计划进行协调和控制,使广告费用的使用更加有效。广告预算分配大致有以下几种:

第一,按照广告活动的项目分配。广告项目包括媒体购买费、设计制作费、一般管理费、调查策划费等。不同项目所占广告预算的比例不同。

第二,按照媒体分配。通过媒体分配和组合,达到广告信息传播的预期范围和效果。

第三,按照区域分配。根据产品销售是重点地区还是一般地区进行分配。产品的重点销售地区和重度使用地区需要更多分配预算。

第四,按照商品分配。这种分配方式要考虑到产品的生命周期,产品面对的竞争对手,产品在企业产品体系中所处的地位以及产品利润水平等因素。

第五,按照广告时期(月、季)分配。这种分配方法重点在于把握广告的时机。对于季节性商品如服装、空调、保暖内衣等,应选择适当的时机进行宣传。一般做法是,在旺季到来前和新产品出售前进行前期宣传加深品牌印象,在销售季节到来时再次宣传,引起品牌联想和回忆。

现代广告活动是一个动态的过程，广告主、广告媒体、广告公司密切合作，形成现代广告运作的模式。广告运作是随着广告公司和广告媒体的变化而产生的。现代广告运作是在广告主依据自身的营销目标和计划，制定包括广告目标和总体战略计划的基础发起广告活动，委托广告公司实施的。就一次广告活动来说，科学的广告活动过程包括五个密不可分的环节。广告调查是广告主委托调查公司或广告公司进行调查，是广告活动的起点。广告策划是广告活动的核心。广告策划的过程是确立广告战略和战术的阶段，是将广告的宏观构想与具体广告手段相结合的过程。广告表现是根据广告战略的需要和广告战术的安排进行广告作品的设计、制作。广告作品的发布是将已经形成的广告作品通过一定的媒体刊播出去。广告效果测定是对广告活动的效果进行评估，为新的广告活动提供必要的依据。

广告策划在广告活动中的运用是从 20 世纪 60 年代开始的。广告策划的产生与发展主要基于四个原因：广告主对广告代理商要求的提高；社会与消费者的改变；品牌形象理论的推广以及广告环境的改变。

广告策划是根据广告主的营销战略和广告目标，对市场、产品、消费者、竞争者和广告环境进行周密的调查和分析，遵循系统性、可行性、针对性、创造性、效益性的原则，为广告主的整体经营提供经济有效的广告计划方案的决策过程。广告策划在广告运作过程中处于核心地位，广告策划具有鲜明的特征：广告策划是事前谋划的活动；广告策划具有明确的目的；广告策划是发挥创造力的过程；广告策划是集体性工作；广告策划具有程序化的特点。

广告策划的内容包括：广告调查；市场营销环境分析；进行 SWOT 评估，制定广告战略；确立广告策略；制定广告预算；确定广告效果测定的内容与方法等。广告策划的程序包括调查分析阶段，拟定计划阶段和执行计划阶段。

广告预算是在广告策划基础上制定的企业投入广告活动的费用计划，它规定了广告计划期限内，为达到策划目标所需要的广告活动费用总额，使用范围和使用方法。影响广告预算的因素有：企业的广告目标、竞争对手的广告活动、企业的资金实力、产品状况、媒体因素等。常用的广告预算方法有销售额标准法、竞争对手比较法、利润百分比法、任意增减法、支出可能法、目标达成法。

1. 广告活动包括哪些环节？
2. 怎样理解广告的运作过程？

3. 为什么说广告策划是广告运作的核心？

4. 选择一个广告策划案例，分析策划的过程。

5. 广告策划应遵循哪些原则？

6. 组成策划小组，为某产品做一个完整的广告策划方案。

7. 从确定广告对象的角度，选择一个成功或失败的广告策划案例进行分析。

8. 广告预算的主要方法有哪些？

9. 影响广告预算的因素有哪些？

本章建议阅读资料：

1. 张翔，罗洪程编著. 广告策划. 长沙：中南大学出版社，2003

2. （美）威廉·阿伦斯著. 当代广告学. 丁俊杰等译. 北京：华夏出版社，2001

3. （英）乔恩·斯蒂尔著. 广告企划的艺术. 孙宁，刘士平译. 北京：中国三峡出版社，2003

第八章

广告调研

本章提示 ▶ 广告活动需要大量的情报信息资料，包括消费者信息、广告主信息、竞争对手信息、广告媒体信息等，广告策划和创作人员还需要大量的案例资料和创作素材，本章简要地介绍了这些情报信息资料的类型和用途，以及搜集、调研、获取这些情报信息资料的方法。

第一节　广告活动所需要的情报信息资料

广告活动需要大量的情报信息资料作为支持,尤其是在广告策划过程,情报信息的支持作用更为明显。

广告主、广告经营者和广告媒体都会进行情报信息资料的调研、组织和管理工作。

由于广告经营者在整个广告业务流程中的特殊位置,广告经营者更加重视情报信息资料的调研工作。大中型广告经营者为了服务好它们的客户,一般设立相应的调研部门,整合各种信息资源并建立庞大的数据库。广告经营者拥有精通业务并且能够频繁沟通的业务员,这些业务员掌握客户的生产与管理方面的情报。一些广告主经常要求广告经营者实施营销方案,广告经营者需要调研相应的营销情报。广告经营者内部的媒体策划人员、广告设计人员、公关策划等人员制定媒体计划、构思广告作品、策划方案都需要大量的案例、报价、背景资料作为决策依据。

情报、信息、资料这三个概念常常被混用,实际上这三者之间存在较大的差异。

> 信息是物质存在的一种方式和运动状态,是事物普遍存在的属性,无论自然界,人类社会,还是思维领域,无一不存在信息。资料是人类已经加工、整理或管理有序的信息,并且以特定的方式储存起来,比如图书、电子读物、影视影像、口头表达等。情报是人们对有价值的信息资料的取舍,情报的调查、搜集、整理、分析、研究、管理等环节包含了人类加工信息的智力成分。信息的内涵最大,其中有些信息可以成为具有使用价值的情报资料,有些信息没有使用价值或使用价值不高,不能成为情报资料;资料的内涵相对大一些,是人们对部分信息的加工和整理,已经包含了人类的智力成分;情报的内涵最小,它与其使用价值密切相关。

广告活动所需要的情报信息资料大致可分为六类,归纳如下。

一、市场与环境信息

市场与环境方面的信息,是指一定区域的人口、政治、经济、社会文化、风土人情、市场结构等信息的总和。

人口统计信息。包括目标市场的人口总数、性别、年龄构成、文化构成、职业分布、收入情况,以及家庭人口、户数和婚姻状况等,通过这些数据的统计分析,可以为细分市场提供依据,为确定广告诉求对象和诉求重点提供依据。与消费者信息相比,人口统计信息的范围更广,消费者信息仅限于购买或使用了广告主的产品或服务的那一部分人口。

政治因素。主要包括政治体制、行政组织、法律体系、各种法规、执法体系、国家政策、地方性政策法规、重大政治活动等内容。

经济环境。包括社会经济发展水平、工农业发展现状、商业布局、人力成本、信息水平、商业习俗、交通环境、土地成本等,经济环境还包括特定时机的国际贸易规则、进出口关税、国际投资情况、国际竞争状况等,这些情报是制定品牌战略、产品策略、市场销售策略和广告决策的依据。

社会文化与风土人情。主要包括民族、文化艺术、教育水平、生活方式、流行风尚、民间节日、社会风俗、社会舆论、道德信誉、民间禁忌、宗教信仰等内容,这些情报是确定广告表现方式的重要依据。近几年一些日本企业的在华广告时常激起中国消费者的愤怒,与广告人员没有认真研究中国的民族习俗有关。

市场基本信息。包括市场规模、市场结构、市场占有率、目标市场大小、目标市场特征、市场发展趋势、市场预测等,这些信息与广告主的相关信息存在交叉重叠的现象,是广告定位的重要依据。

广告主一般指定相关部门(比如信息部、调研部等)对有关的市场与环境信息进行调查与监控,并且储备相应的信息资料。有时,广告经营者可以从广告主索取部分信息,但广告主为了验证广告经营者的业务能力,常常要求广告经营者去搜集这些信息资料,因此搜集并更新市场与环境方面的信息资料便成为广告经营者的日常工作。

二、广告主信息

广告主是广告经营者的业务来源,广告经营者搜集广告主的背景资料是必不可少的日常工作,广告经营者必然储备大量的广告主的信息情报。

有关广告主的信息情报是广告经营者做出业务决策的重要依据,通过对广告主的历史和现状、规模及行业特点、行业竞争能力的调查,有的放矢地制定广告策略。商场如战场,摸清广告主的真实背景,可以减少广告经营者因广告主的信誉、经营等方面出现问题而蒙受的损失。

狭义上的广告主信息,主要是指客户的基本信息与背景资料,比如:客户名称、企业结构、经营范围、客户行业背景、企业诚信度、经营状况、财务指标、广告计划、广告费预算、客户联络信息、客户联络人员等。

广义上的广告主信息,不仅包括上述基本情况,还包括客户的经营理念、市场状况、营销计划等的信息,其中企业的理念、消费者信息与市场信息是重点。具体内容见表8-1。

表 8-1　广告主信息调研清单

调研大项	解　释
企业历史	广告主的发展历程、企业风格、历史上取得的成绩、历史上的重大事件等
企业结构	广告主的资金、股东结构、分支机构、固定资产等
企业经营理念与战略意图	广告主的经营方针、经营宗旨、战略发展规划、战略定位等
企业核心竞争力	广告主所具有的其他企业暂时无法超越的竞争能力和优势,这种信息经常用于广告定位
企业人员情况	广告主的人员规模、人员构成、人员管理与激励制度等,这些基本情况可反映企业的发展潜力
管理规范与管理水平	广告主内部的管理章程、操作规范、工作机构和工作制度的健全状况等,这些规范在一定程度上反映了广告主的诚信度,有助于评估广告业务的风险
经营状况	广告主的总体业绩、年度或季度的赢利情况,企业的生产目标、销售目标、广告目标的执行情况,以及特定环境下经营战略的灵活性等
市场规模与大小	广告主的整体销售额、市场区域、市场份额等
生产与供应链	作为生产型的广告主,其原材料供应链的状况,市场供应状态,供应商的合作关系与管理体系
目标消费群	广告主的目标消费群、消费者的分布、消费者的背景资料
营销渠道与策略	即广告主的分销体系、营销渠道、分销商构成、分销商的合作关系及管理策略、营销技巧
广告理念与广告策略	包括广告主高层管理人员对广告的态度、企业总体的广告策略、广告决策的机制等
广告投放效果	即广告主过去的广告投放数量与执行情况、整体广告效果、各媒体各地区各产品系列的广告效果
广告经验教训	即已经投放的广告对销售、利润、品牌建设以及相关方面的影响和成绩,广告曾经造成的不利影响甚至广告失败等经验教训
竞争对手	广告主的竞争者背景、产品、市场状况、目标消费群、竞争优势等信息,这些信息也是广告主非常关心的,广告定位、市场细分等策略制定需要这些信息支持。

广告主信息被广告经营者视为最重要的机密,只限于客户管理人员和高层经理使用,公司内部配置专门人员管理这些机密。在真正的广告代理制条件下,广告经营者为了替广告主保守机密,甚至于不能同时为同类业务中的两个客户提供服务。

三、产品信息

广告的目的就是推销产品(包括实物产品和服务产品),任何广告策划不研究产品、不搜集产品信息的做法是荒诞的,产品本身的信息就是广告需要传播的信息内容。

产品方面的信息,主要包括产品类别、产品生产流程与技术、产品标准、产品结构与外观、产品功能与利益、产品价格、产品生命周期、产品服务等。

产品类别。即产品是属于生产资料还是消费品,生产资料的类型有原料、辅料、设备、工具、动力等,消费品的主要类别有日常用品、选购品和特购品。每种类别的广告设计、广告媒体及广告决策有相应的针对性,不可错位。

产品生产流程和技术。主要包括产品的生产历史、生产过程、生产设备、制作技术、原材料使用情况、技术规范与质量标准、产品合格率、获奖情况等。广告人员也应当了解产品缺陷、质量缺陷、功能缺陷、形象缺陷等情况。在国内,广告经营者在广告代理过程中,如果出现广告信息言过其实并给消费者造成伤害的情况,可能承担连带性法律责任,在美国,如果出现这种言不符实的情况,广告经营者必须承担相应的法律责任。

产品结构与外观。主要包括产品的内部构造、成分与含量、外形特色、尺寸规格、外部质感、花色品种、款式式样、包装设计等。

产品功能和利益。产品的物理功能,产品利益(给使用者带来的好处),产品价值(使用价值、象征价值),与同类产品相比的特殊功能和特定价值,这些信息是确定广告诉求点、进行产品定位的关键依据。

产品价格。产品除了正常的销售价之外,还有折扣价、批发价、中间渠道价、成本价、季节性价格、清仓价等不同的价格体系,广告主不同品牌或不同产品系列之间还存在不同的价格体系,广告人员需要掌握这些价格信息,广告表达过程不得出现价格方面的错误。

产品生命周期。产品生命周期是产品发展历史过程表现出来的规律性,产品的生命周期可分为引入期、成长期、成熟期、饱和期和衰退期。处于产品生命周期不同阶段的产品,其营销策略有较大的差别,广告的定位、诉求、目标市场、媒体策略均有很大的不同,广告策略必须尊重产品本身的规律性。

产品服务。产品服务是影响产品销售和产品形象的重要内容,产品服务包括产品销售服务(如代办运输、送货上门、代为安装调试、培训操作人员),售后服务(如维修、定期保养),服务指标(服务响应时间、维修承诺、维修点分布)等,这些内容也可能出现在广告信息当中,可以增强消费者对产品的信任感。

产品优势与前景。与竞争对手相比,广告主的产品所拥有的独特性和优势,以及这些优势所保持的时间。

四、竞争对手信息

所谓竞争对手,一般是指与广告主产生竞争关系的组织、机构或个人。有关竞争对手的信息情报具有十分重要的价值,在特定的背景之下,竞争对手的信息情报的重要性甚至超过广告主本身,比如新品牌的战略决策时期、新产品进入市场的广告决策时期,有关竞争对手的信息情报会直接影响广告主决策的方向与结果。

竞争对手的信息情报是关于竞争对手背景资料、竞争对手的产品信息、竞争对手的广告策略、竞争对手的消费者信息等信息情报的总称。正如搜集广告主的信息情报一样,搜集竞争对手的信息情报也包括如下基本内容,即:

竞争者名称;

竞争者行业背景;

竞争者理念与战略意图;

竞争者内部管理规范;

竞争者诚信度;

竞争者市场状况;

竞争者营销渠道;

竞争者主要营销策略;

竞争者的产品特征;

竞争者的产品前景;

竞争者的消费者信息;

竞争者的广告策略;

竞争者的广告投放结果;

竞争者的广告费用预算;

竞争者的主要优势;

竞争者的联络人员等。

五、消费者信息

消费者信息主要分两大类,一是相对稳定的消费者背景资料,主要包括消费者的姓名、居住地、家庭人口、性别、职业等;二是相对动态的信息资料,比如消费者使用产品的满意度、态度、广告接收效果等,一般把这类信息称为消费者生活态度资料。表 8-2 是消费者背景资料的主要内容。

表 8-2　消费者背景资料

消费者背景资料	解　释
消费者姓名、代码	姓名以及证件号码等
消费者年龄、生日	在消费者群体分类中,年龄因素经常被使用,如婴幼儿、少年儿童、青年、中年、老年等消费群体
消费者性别	即男女生理性别
消费者居住区域	农村、小城镇、小城市、中等城市、重点城市、大型城市、超大城市等
消费者受教育程度	小学及以下、初中、高中中专、大专大学、研究生及以上等
消费者宗教信仰	不信教、佛教、道教、伊斯兰教、基督教、天主教、犹太教等
消费者工作状态	在职、失业、离退休、留职等
消费者工作职业及单位名称	工人、农民、公司商贸管理人员、国家机关人员、军人警察、医药卫生人员、文教科研人员、财政金融保险人员、个体经营者、学生、离退休无业人员等
消费者职务	职员、专业技术人员、企业管理人员、政府机关干部等
消费者家庭人口	1 人、2 人、3 至 4 人、5 人及以上
消费者家庭关系	单身家庭、汀克家庭、传统三口、三代同堂、混合型家庭等
消费者家庭生命周期	初婚期、生育期、满员期、减员期、鳏寡期
消费者家庭收入	极低收入、较低收入、中偏低收入、中收入、中偏高收入、很高收入、极高收入
消费者生活状态	富裕型、小康型、温饱型、贫困型等
消费者消费信用程度	信用程度高、信用程度中、信用程度低等
消费者不动产拥有状况	房地产之类
消费者大件商品拥有状况等	大件用品、耐用消费品、家电类
消费者家庭决策模式	丈夫支配型、妻子支配型、夫妻合作型、子女支配型等
消费者购物环境偏好	便利店、小超市、大超市、百货商店、专卖店等
消费者购买时间习惯	上午、中午、下午、晚上等
消费者住址及通讯方式	居住地及工作地联络方式,包括邮箱与电子联络方式等

　　消费者背景资料主要有三个来源:一是人口统计部门的数据储备,这些数据大部分是公开发表的,可以有偿使用;二是商场里顾客结账后的底单,通过计算机系统可以进行长期系统的跟踪研究,建立每次购买量、客单价、购买频率等行为习惯方面的数据库;三是专业性情报机构独立实施调查,收集这一类信息。

　　消费者生活态度资料包括消费者的价值观、自信心、兴趣、态度、满意度,以及对营销活动的印象、心理评价等信息,这些信息既反映消费者的消费体验,也反映了企业产品、服务、营销等等方面的最终效果。当前国内比较关注消费者的满意度这一指标,就是消费者生活态度的组成之一。国内虽然还没有自成体系的、完整的生活态度数据库,但少数企业开始建立客户满意度、服务质量满意度等方面的信息管理系统。国内经济成长较快,人们的兴趣在于把市场做大,对消费者的购买力更为关注,对消费者的生活态度并不十分关心。

消费者生活态度资料中还有一种 AIO 数据库，AIO 分别指消费者的行为（activities）、兴趣（interests）、观点（opinions）。AIO 覆盖的二级指标分别是：

行为方面——包括消费者的工作类型、个人爱好、社会活动、娱乐活动、假日行为、社区活动、购物行为、体育活动、俱乐部活动等。

兴趣方面——包括消费者的家庭兴趣、居室兴趣、工作兴趣、社区兴趣、消遣兴趣、潮流兴趣、食物兴趣、传媒兴趣、成就兴趣等。

观点方面——包括消费者对待自我、社会热点、政治方面、商业方面、经济方面、教育方面、产品方面、未来方面、文化方面等。

消费者信息是广告和营销数据库的重要组成部分。搜集消费者的信息并储存起来，以科学有效的方式管理，这种做法称为消费者信息数据库管理。

六、广告案例及媒体资料

广告案例与媒体资料是广告经营者、广告主必须储备的专业资料，包括广告策划案例、广告素材库、广告作品资料库、广告效果资料库、广告媒体报价等。

策划案例与广告素材库是广告经营者制定总体策划、广告创意、文案写作的重要思想源泉。广告经营者通常投入较大的成本与费用，购买专业性的素材库和情报资料，如果涉及到特定的法律要求与版权保护方面的规定，广告经营者还需要支付额外的费用以搜集专门的案例与素材，比如音乐著作使用权、模特肖像使用权等。

广告效果资料是对过去广告效果的归纳和总结。广告效果主要包括三个方面，一是广告作品影响消费者的心理行为而产生的效果（广告作品效果），这是广告主获得经济效果的前提和基础；二是广告传播效果，这是广告效果的中间环节，广告信息以广告作品为载体，依靠广告媒体的传播才能到达消费者身边；三是广告对广告主的经营管理活动所产生的效果即广告经济效果，主要体现在销售量的增长、品牌形象的提升等方面。

广告效果方面的资料需要专人负责搜集与研究，有关广告主的经济效果方面的资料，可以通过研究广告主的经营数据获得，也可以委托研究机构或组织专家对其经济效果进行评估。由于广告效果具有滞后性、复合性等特点，邀请专家或委托研究机构来评估广告效果可以减少评估过程的盲目性。广告作品的效果必须依靠第三方机构才能做出评估，因为广告作品由广告经营者创作、广告主使用，两者之间对同一广告作品达成共识的可能性较大，由第三机构来评估广告作品的效果可以减少广告主与广告经营者双方的主观成分。

有关广告效果评估的资料，应当定期搜集、系统整理，临时搜罗这些资料可能预示信息情报部门的低效率。有关广告效果评估方面的具体内容，可以参考本书第十二章"广告效果研究"。

广告媒体资料是广告经营者制定媒体策略的主要依据，所有广告经营者都需要储备完整的媒体情报数据库,由专人管理,定期更新。媒体类型主要分为电视、广播、报纸、杂志、路牌、电影、招贴、邮寄、互联网、体育场、礼品、实物等。表 8-3 是广告媒体资料库的具体内容。

表 8-3　广告媒体资料库

广告媒体资料	解　释
媒体名称	媒体单位名称及其拥有者
媒体广告版面、时段细分	版面与时段常有调整,需要随时掌握
媒体报价细目	报价一般变动不大,但版面与时段常有调整,报价产生连动,需要随时掌握
媒体折扣比率	折扣率波动很大,必须掌握其动向
媒体预订周期	视市场情况及需要而定
媒体手续要求	需要提供的证明文件,一般有固定要求,但不同媒体及不同广告内容的要求各不相同
媒体联络人员	主要联络人员和联络方法
法律法规等	包括长效型的法律法规或临时的政策规定

我国当前广告媒体市场逐渐进入健康发展的道路,广告媒体的服务质量有了较大程度的提高,广告媒体会定期向广告经营者或广告主发布媒体资料,所以有相当一部分广告媒体资料是由媒体免费提供的。

第二节　广告调研的方法

一、调研方法简介

广告活动所需要的情报信息资料,可以分为一手情报和二手情报两大类。一手情报主要通过观察、访谈、调查手段获得,称之为情报调查;二手情报主要通过中间环节获得,比如搜集报刊、互联网、政府机关、会议资料等情报汇编整理而成,称之为情报搜集。二者统称为情报调研。

(一)情报搜集

归纳起来,情报信息资料的搜集方法主要分为 13 种:

1. 报纸杂志情报搜集。报纸杂志是情报信息的富有之地,尤其是科技性的期刊,既包含了最新的科学研究成果,又包含了企业技术改革、技术革新的最新动态,这些情报是企业掌握核心技术的重要参考。大部分经济类期刊关于国内外经济形势的报道与分析,对于企业了解市场动态、掌握商贸规则、研究消费者心理与行为等方面都有直接的情报价值,各类图书馆(包括专业性图书馆)都有系统的馆藏报纸杂志以供查阅。有些剪报公司把全国几百种乃至上千种报纸中的信息资料分为多个类别,归纳整理,然后重新编辑出版,每周或每月一期,这样就给广告人员阅读带来了极大的方便。

2. 企业内部情报搜集。国内外文献称,竞争对手的情报有80%可以通过本企业搜集到,比如通过企业内部的产品开发与销售部门、信息部门、高层管理人员等,可以得到竞争对手的相关情报。

3. 通过政府机构搜集。政府各管理机构对外公开的档案,如工商企业名录、工商企业注册登记通告、上市公司业绩报告、工业标准档案、政府统计报告等,这是广告活动所需要的常规信息。

4. 行业协会情报交换。行业协会或行业主管部门一般有固定的出版物、评比公报、统计报告及产业研究报告等,不用支付太多的费用就可以得到这些情报资料。

5. 与合作者交流情报。有些机构愿意向其他机构提供全面的技术培训与情报资料,这也是情报搜集方法中比较重要的一种方法,比如大型连锁中心一般建立情报部与培训中心,向加盟店提供详细的经营知识、经营计划、策略执行、顾客调查、员工管理等方面的培训,一些大型公司向供应商提供的培训项目中也包含类似的内容,这些培训内容实际上构成了情报的组成部分。

6. 情报索取。大部分企业免费提供企业基本情况介绍、服务项目介绍、产品介绍、产品样本、产品手册、产品宣传页、多媒体光盘等资料,这些情报资料具有任何其他形式不可替换的价值。大部分专利文献是免费或收费较少的情报资料,有时广告活动也需要这一类情报资料作支持,国内开通了网上专利信息检索业务。

7. 通过商业渠道获得。通过与商业渠道中的经销商、供货商交流沟通,获得流通与供应方面的情报信息,比如商场商店分布、销售统计资料、销售趋势、用户意见反馈、业务联系人等。

8. 情报征集。少数情报也是可以通过征集的方法获得,比如营销策划方案、广告创意等,当然,使用这种方法获得情报的时候,必须尊重原创者的劳动成果与著作权。

9. 展览会展销会上搜集情报。展览会展销会是企业展示公关形象、促销产品的重要机会,绝大部分企业不会放过行业内部的展览展销活动,在一些重大的、具有一定影响力的,尤其是一些国际性展览会上,企业常常推出并展示一些新产品,借此机会提升企业在创新方面的能力与实力。这种活动也为广告人员搜集情报提供了机会。

10. 搜集竞争对手的情报。直接搜集竞争对手的企业简介、企业刊物、企业年报、企业领导讲话、投稿、产品说明书、产品报价单等,是获得竞争对手情报的便利方式。

11. 互联网数据库。互联网上的情报信息几乎覆盖了广告活动所需要的全部情报类型,从企业介绍、企业管理模式到产品说明、产品报价以及联系方式等,大部分互联网上的数据库是可以免费查阅并下载,广告人员需要对这些情报信息重新分类、组织和编排。当然互联网现行的检查制度给调研人员使用互联网资源造成极大的不方便,另外,许多信息真假难辨,需要谨慎使用。

12. 委托搜集。与情报咨询机构、管理咨询公司、信用调查公司、市场调查公司等专业性的中介机构合作,委托这些机构搜集相关的情报资料。一般来说,通过这些中介机构搜集的情报资料相对中立,但成本比较高。

13. 情报购买。从公共数据库或专门情报管理机构购买相关的情报信息,这种方法与上述各种方法有一定的交叉性。

(二)观察法

观察法是指在自然的、不加约束的条件下,观察事物的过程与特征而获得情报的方法。比如调查人员观察交通环境与人流量状况、进入商场观察顾客对广告和产品的反应等,一般使用观察法。

早期的观察法,记录结果比较开放、几近于随意,处理观察结果需要较多的时间和成本。现在使用的观察法已经相当成熟,人们已经发展了一整套有效的、科学的观察方法,比如在连锁店、超市、甚至于百货商场,调查员进行质量跟踪服务、顾客满意度跟踪可以观察几十个行为指标。

观察法依靠调查人员的注意力、记忆力等心理能力,观察质量会受到调查员的心理能力影响。现代观察法对调查员也提出了专业化的要求,所有调查员必须接受专业化的基础训练和特定项目培训。"神秘顾客法"要求调查员以顾客的身份进入研究环境,详细系统地观察环境中的各项要素并默记在心,调查员的身份绝对不可以向被观察者暴露,也绝对不可以当场记录,只在观察结束之后远离现场之后,再使用标准化的格式记录观察到的结果。

在自然条件下,有时仅凭调查员的注意力和记忆力难以完整地记下情报内容,加之观察结果容易受观察者个人的态度、观念和当时条件的影响,即使调查员具有专家水平,其观察结果也难免受到干扰,所以现代观察法都要借助于先进的记录工具,如录音器材、录像器材、照相器材等。

在消费者信息调查方面,观察法还分为直接观察法和行为记录法两种。

直接观察法是指观察期间,被观察者对此完全处于没有知觉或意识的状态。当消费者面对某些敏感性、私密性提问而不好回答,或没有足够的时间回答时,可以直接观察他们的行为表现,记录他们的行为方式或行为时间等。比如一个街区、一个商场的顾客流量,顾客购买或消费过程的平均消费额等资料,不需要接触消费者,直接进行观察记录就可以得到信息。

行为记录法是在直接观察法的基础上发展起来的专门调查消费者情报的方法。比如消费者对商品的注意频率、商品购买数量等行为，是大部分消费者都会出现的行为，对这些行为的记录称为行为记录法。消费者每月购买商品的品牌、数量、支付金额等内容，可以由调查人员直接询问并作记录，也可以由消费者自己填写事先准备好的记录表格。

如果情报调查对消费者私密生活可能存在干扰，还需要使用特定的记录器材作配合，比如在商场收银处逐一调查每位顾客的购物情况，许多顾客不太乐意，最简单的方法是由收银员将每一位顾客所购买商品的品种、数量与金额扫描输入计算机，从计算机数据库中调取信息，研究顾客的购买行为。

在广告效果研究中，需要记录广告对象在特定时期内接受广告的频率与次数，可以采用电话采访法、日记法和仪器跟踪法。电话采访法、日记法就是要求广告对象观看广告之后记录自己的观看结果，这种方法简直是对广告对象的折磨。仪器跟踪法（一般叫"人员测量仪"）是将一种小型的记录设备直接连接在广告对象的电视机上，只要广告对象打开了电视机并在一定范围内观看电视节目，这种仪器就自动记录他们收视节目的频道，研究人员定期将这些记录结果取回，经过累计分析并与电视台的节目清单对照，就可以清楚地发现广告对象收视广告的效果。这种仪器类似于飞机上的"黑匣子"，它对广告对象观看电视节目完全没有干扰或影响，随着通讯技术的发展，"黑匣子"记录的数据不需要研究人员上门亲自取回，可以直接通过电话线等网络技术送回研究总部，大大加快数据回收的速度。

（三）访谈法

访谈法是在相对独立的环境下，以谈话的方式获得情报的方法。访谈法主要包括个人访谈、专家访谈、集体座谈三种形式，是情报调查方法中比较方便的一类方法。使用访谈法可以快速获得定性方面的情报，如果调查人员的人际网络比较广泛，使用这类方法几乎只花很小的情报成本。

个人访谈法又称为个人深度访谈法，是调查人员以谈话的方式与情报来源直接接触，从深层次获得情报信息。如果访谈的对象具有丰富的行业经验、或具有某些方面的特殊专长，这样的个人访谈又称为专家访谈法。专家访谈法除了要求情报提供者具有丰富的行业经验之外，还要求他们具有较强的语言表达能力，具有良好的判断能力和中立的态度。

集体座谈法是将有代表性的情报提供者集中在一起，以谈话的方式让他们表达自己的意见、看法等。这种方法要求与会者必须有一定的代表性，场地僻静不容易受到外界因素的干扰。主持人应当鼓励大家积极发言，不要出现羞于表达的尴尬局面，但也要防止个别与会者的"一言堂"现象。研究人员应该随时检查记录工具,保证发言记录的完整。相对于个人访谈法和专家访谈法而言,集体座谈法具有收集信息比较全面的特点。集体座谈的人数较多,而且被调研人员集中在一起,相互之间的影响较大,假若一个人面对研究人员不容易回答的看法和意见,在集体座谈中就能被启发出来,甚至于一个人面对研究人员不愿意表达的意见和想法,在集体座谈的气氛中也敢于公开了。

集体座谈法具有信息收集速度快的特点。将与会者组织起来之后,可以在短至 2 个小时完成座谈,并快速整理调查结果。集体谈话法有三个特殊要求:一是需要专门的研究场地,这个研究场地与与会者的交通距离应该比较接近;二是要求与会者在统一时间到达指定地点;三是减少与会者发言时的相互干扰。座谈会进行过程,一位与会者的发言必然影响另一些人的发言,为了避免这一普遍存在的问题,集体座谈会的参与人数应该控制在 8 个人左右,这已经成为一个国际性标准。如图 8-1。

图 8-1　广告测试座谈会示意图

在广告活动中,使用访谈法搜集情报信息主要有如下目的:

广告创意的初步评估与测试;

广告作品测试;

广告与产品系列组合测试;

广告媒体测试;

广告效果模拟测试;

消费者行为习惯探索;

竞争对手的态势研究等。

（四）调查法

调查法是在接近自然的条件下，以科学抽样的方式选择调查对象，与之直接或间接接触，并使用专业化、标准化的方式记录情报信息的方法总称。

调查法的好处有三个方面：

一是调查过程使用标准化的调查工具，情报数据具有标准化、系统化的特点，可以对同类情报数据进行长期的跟踪与比较。

二是因为情报数据已经标准化，情报数据容易处理、加工并作深层次分析，容易得到量化研究结果。

三是情报数据准确，因为调查过程按照科学的方法抽样，情报质量有相应的保障，情报数据对于管理决策的支持价值更大。

同时调查法具有适应面广、情报记录方便、调查人员容易培训等优点。

调查法可以细分为入户调查、街头与中心地调查、邮寄调查、电话调查等，另外，互联网调查是近几年蓬勃发展的新兴调查方法。这些调查方法的主要区别在于所采用的问卷格式、调查场所以及与调查对象之间的沟通状态不同。

入户调查法是指调查员直接进入住户内，对他们本人或他们的家庭成员进行直接提问的调查方法。入户调查法的优点是可以在相对安静的环境中得到情报，在街头调查中有时情况不熟悉、不清楚，在家里容易回忆有关的信息，同时其他家庭成员可能协助回答一些相关问题。入户调查法也有一些缺点，就是情报提供者必须在家等待，因社会治安等方面的问题，即使他们正在家里，因心理戒备等因素的影响也不一定积极配合这样的调查活动，有时，入户调查期间其他家庭成员可能会干扰调查的流程。除此之外，调查员单独实施调查可能存在弄虚作假的行为，在方案设计、调查实施的质量控制过程必须考虑这些问题。

街头及中心地调查法一般是指在街道、购物现场、展销现场或模拟的购买场所，依据标准问卷对人们提出问题并记录回答结果的调查方法，因为调查经常在街头或类似于街头的地方进行，有时称为街头拦截法或街访。使用街头及中心地调查法的时候，参与的人数可能较多，问卷设计必须考虑到调查对象能否当众回答，如果所提出的问题十分重要，问卷设计应该考虑到如何避免这种尴尬。比如收入、女性年龄等内容，当众回答有一定的难度，设计问卷时应该留足相应的宽余度。

邮寄调查法是指调研机构把设计好的调查问卷有选择性地邮发给情报提供者，由他们准确、如实地填写回答结果，再将填写好的调查问卷邮回调研机构，由调研机构统计和分析情报信息的一种方法。邮寄调查法的最大优点是免除了调查员挨家挨户询问情报提供者的辛劳，降低了调查的成本，最大的缺点是邮发调查问卷之后，大部分人并不能积极地配合调查活动，由于没有调查员当场核实调查结果，问卷填写并不完全真实,而且收到调查问卷之后不一定及时填写、填写之后也不一定及时邮回,所以邮寄调查法的回收率一直很低。为了克服问卷回收时间参差不一、回收率低的问题,可以采用随调查问卷发放调查礼品、回收问卷之后再追加调查礼品的方式,但是这些补偿性方式没有普遍的效力,高收入者还是没有太多的兴趣配合这一类调查。

电话调查法是调查员以电话的形式向人们提出问题,用电话给出答案并反馈给调研机构的调查方法。电话调查法分为人工式和自控式两类。人工式电话调查法需要动用很多调查员,调查员边提问边作记录,数据记录过程容易出现误差。自控式由电脑控制语音问卷和拨号系统,该系统可以同时向几百个或几千个用户拨出电话,电话用户接受提问后,按指定的电话键给出答案。电话调查的速度非常快,一般要求回答结果限定在"是"与"否"、"同意"或"不同意"以及简明的等级评定中,对应的电话键为 1、2、3、4、5 或 0 等,这样处理调查结果的速度大大加快。电话调查中,占用调查对象的时间不能太长,从我国现有的经验看,5—10 分钟左右的调查时间可以为多数调查对象所接受。如图 8-2。

图 8-2 电话调查示意图

(图片来源:CBC 公司)

互联网调查法是研究人员将专用的问卷设置在网页上,在人们浏览网页时,点击问卷上的答案并将答案快速传回网站,由网站控制中心自动统计与分析的调查方法。互联网调查是近年来发展较快的新型调查方法,互联网调查有三个优点:一是调查数据的处理极快,是所有调查方法中数据处理最快的一种(少数情况下自控式电话采访系统可能达到这种速度),在网页浏览者点击"发送结果"一类的指示之后,数据即刻传到控制中心进行自动处理；二是调研机构不必与调查对象直接见面，在同等的调查样本条件下调查成本最低；三是调查对象的隐私得以较好的保护，在陌生人面前不能回答的问题在互联网上可以全部回答。互联网调查也存在三个严重的、甚至于致命性的缺陷：一是不负责任的浏览者可能提供大量的虚假答案，或者对提问方式的不满意，或者为了最大限度地表达个人的某种观点，浏览者可能向网站发送大量的虚假信息；二是对大量的虚假答案没有办法甄别，这是互联网调查存在的致命缺陷；三是浏览者的样本代表性较差，这个问题在国内更为严重，由于接入互联网的人群与实际的市场构成差别很大，使得样本的代表性大打折扣。

在广告活动中，调查法主要用于如下目的：

社会经济环境调查；

市场特征与商业环境调查；

同行业竞争情况调查；

消费者背景资料调查；

消费者行为习惯与购买状况调查；

广告效果调查等。

小技巧：情报调研方法十最

1. 最快的方法——电话访问法
2. 最慢的方法——邮件调查法
3. 最容易的方法——剪报法
4. 最需要技巧的方法——座谈会法
5. 最隐秘的方法——神秘顾客法
6. 最危险的方法——卧底法
7. 最容易违法的方法——未经许可使用他人的专利情报
8. 最低成本法——从垃圾堆里找情报
9. 最高成本法——入户调查法
10. 最难的方法——不懂情报的人找情报

二、调研方案

调研的基本流程包括 9 个环节：

一是可行性分析。提出调研的主题，分析与该主题有关的各种因素，对调研工作进行可行性研究。

二是制定方案。制定调研方案与具体的执行计划。

三是人员培训。培训与调研有关的工作人员，包括固定的培训、项目培训以及临时性培训。

四是基本准备。主要包括调研物品准备。

五是组织实施。组织调研人员实施调研工作。

六是质量监督。对调研进行质量控制与监督,剔除不合格的、不符合要求的信息与资料。

七是情报研究。对已经搜集到的情报进行整理、数据标准化、数据分析等。

八是提交调研报告。以客观事实为依据、以集体和个人的智慧和经验为参考,提交调研报告。

九是质量跟踪。提交调研报告之后,对情报信息源,情报使用的效果等情况进行跟踪。

在这九个环节当中,制定调研方案具有重要的意义。

调研方案一般包括:调研目的、内容、时间、费用、人员、准备与预期结果等,下面分析调研方案中几个关键的问题。

(一) 背景资料准备

背景资料的准备是制定完善的调研方案的基础。

对于广告人员来说,搜集相关的背景资料或整理以往的情报资料,可以从中吸取有益的经验和教训,那些与项目相关并且有客观价值的背景资料可以直接补充到项目之中,避免重复的调研工作,节省一定的人力和物力。

在大规模的调研活动中,涉及到样本这个概念,样本即指情报提供者,样本框即取样的总体,有人也称之为母体。样本框是一系列情报信息提供者的集合,比如一个社区、一个城市里的全体居民;相同职业的人群;相同收入等级的家庭;具有相同或相近行为习惯的人们等。在广告或市场营销、经营管理的理论体系中,这些群体可以称为目标市场,比如高收入目标市场、东北地区的目标市场等。这些群体还包含子群体,比如高收入的群体中,可能包括受教育程度较高、受教育程度较低等子群体。

除了以人群特征划分的样本框之外,还涉及到以其他因素划分的样本框,比如按企业规模、性质、行业等参数划分的样本框,可以分出大型企业样本框、中型企业样本框,或食品企业样本框、服装企业样本框。

样本框的收集与整理是一件严肃的、科学性很强的事情。确定一个优秀的样本框对于广告活动具有重要的意义,它是保障数据质量的重要手段,否则,所得到的数据将使决策偏离正确的方向。

国内常见的商业性样本框有三大类。

一是人口样本框。分全国性、地区性、地方性人口样本框,这是广告活动所需要的最基本的样本框。

二是特定消费者样本框。比如信用卡用户、小汽车用户等特定消费者类型的样本框。这类样本框的价值其实比单纯人口样本框的价值要大，为了服务于特定的广告主，需要从特定的消费者身上搜集情报数据，使用这类特定的样本框可以降低调查过程的难度，当然获得这类样本框的成本比较高。

三是企业样本框。分全国性、地区性、地方性、行业性企业样本框。

（二）调研费用预算

调研费用预算主要包括 11 个方面：

1. 方案设计费用；

2. 二手情报购买费用；

3. 样本或样本框费用；

4. 调查员劳务费及差旅费；

5. 赠品及礼金礼品费用；

6. 数据处理费用；

7. 研究报告费用；

8. 场地租费；

9. 仪器设备场租或损耗费；

10. 广告经营者或调研机构的利润；

11. 其他费用。

这些费用预算构成中，二手情报购买、场地租金、仪器设备等费用相对比较固定也比较透明，样本费用、调查员的劳务费用、研究报告费用以及调查机构的利润所占比例较大。影响费用预算的主要因素是样本量与样本难度，一般情况下，费用预算与抽样规模、抽样难度、赠品数量呈正比关系，另外，调查范围愈大，费用预算愈高。样本费用大致占调查费用的 5％ 左右，包括购买样本框的费用、抽样的费用等。

随着调研成本的加大，广告活动中的调研费用会相应地增长，包括调查员的劳务费、赠品费用、差旅费、研究人员的费用等。

（三）基本准备

调研的基本准备，主要涉及人员、调研工具、样本以及费用准备等。

1. 人员准备。即调研的执行人员，管理者应当随时掌握调研人员的情况，在项目启动的时候，着手调研人员的组织与培训工作。

2. 费用预算。调研一旦启动，所需要的费用必须立即跟上。

3. 样本准备。样本也就是情报信息的提供者，事实上，在调研方案确定的时候，样本方案也被确定下来，需要广告人员迅速准备。

4. 礼品与赠品。向调查对象赠送礼品或礼金已经是调研中的习惯,访问普通消费者一般赠送一些日用品、玩具、香皂一类的礼品。

5. 器材。器材是感官及思维能力的延伸,所有现代调研工作都需要使用计算机,所有深度访问都需要使用录音甚至于录像设备,入户调查已经开始使用电子设备作为辅助记录手段,电话采访中心使用的设备必须与计算机网络相连。调研所需器材包括如下主要项目:

电脑。电脑是最基本的工具,是数据处理、储存、计算、管理、通讯、文字编排、图形制作等功能的集成者,现代调研工作如果缺少电脑这样高度自动化、智能化的工具,处理大量的数据将是不可思议的事情。为了方便不同条件下的数据处理,笔记本电脑已经成为主流。

电脑软件。除了常规的办公软件之外,调研需要使用专业的软件,比如数据储存、管理软件、统计分析软件、方案设计软件、数据录入输出软件、报告撰写与演示软件。有些广告主习惯使用一些特定的软件,广告经营者为了联络与沟通上的方便,不得不准备一些与广告主使用习惯一致的软件。

投影器材。演示测试材料、说明资料、引导调研流程、演示调研报告等环节都需要使用高质量的投影机。

照相摄影器材。许多情况下,对情报资料的记录与整理需要使用照相与摄影器材,尽量使用高档一些的专业数码影像设备,即使是低档的器材也应当具备自动调节功能,否则在环境出现变化时(比如光照突然变暗、背景反差很小等)难于掌握其性能。

电话系统。这是电话采访中心必须安置的器材。

采访机。电子化的采访机已经非常流行,已经由电子录音笔发展到 MP3 录音机,录音信号可以高速传输到电脑,使用编辑软件可以很方便地对录音信号进行编辑。

座谈会器材。座谈会需要使用专门的器材与设备。

 小资料 8-1:广告调研的机构

在专业性的广告调研机构当中,AC 尼尔森是目前的集大成者。该公司在世界上 100 多个国家设有办事处。AC 尼尔森的消费品与服务业的市场研究结果为全球 100 多个国家 9 000 多个客户提供决策参考。

AC 尼尔森和尼尔森媒体研究都曾是阿瑟·C. 尼尔森 1923 年创建的公司的一部分,但是 1996 年由于当时母公司邓白氏进行结构重组,两个部门分开。2001 年 2 月 16 日生效的 AC 尼尔森和 VNU 公司的合并产生了一个新的领导全球的市场与媒体资讯公司。VNU 的营销服务进一步巩固了 AC 尼尔森在零售和消费者研究方面的实力,VNU 集团拥有全球领先的商业资讯公司,无论在营销、媒体资讯、目录指南、消费者资讯和教育资讯方面都占据市场前沿。VNU 还为非快速消费品行业提供专门的市场资讯,如医药、金融和电讯等。在媒体资讯方面,合并将AC尼尔森属下的在30多个国家拥有业务的AC尼尔森国际媒体总部和在美国、加拿大VNU属下的尼尔森媒体研究又重新联合在一起,新的组合以丰富的经验和先进的技术,监测今日数字环境中的广告对象和广告活动。

AC尼尔森公司的研究业务主要集中在两个方面,一是零售研究,二是广告监测。零售研究方面,AC尼尔森对超大型自助商场、超级市场、连锁店、百货商场、便利商店、杂货店、药房、独立食品店、烟草制品商店、娱乐场所等销售渠道的市场动态进行全方位监测,提供零售指数、铺货调查服务、店内实况观察(客观评估商品在店内的情况)、购买习惯调查、营销战术测试等类型的报告,其中对消费者研究的样本覆盖18个国家126 000户家庭。广告监测方面,收集媒体单位、广告主、媒体企划者及广告代理商等相关信息,提供电视观众研究、电视收视率调查、电视节目追踪调查、个人收视记录仪、广告库与广告库数据快速服务、多媒体广告监察系统等类型的报告,其中电视收视监测覆盖18个国家。

在中国,法国的一家传媒研究机构与中国中央电视台合作,建立了自称国内最大的收视率调查机构,即央视—索福瑞媒体研究有限公司(CVSC-SOFRES MEDIA,简称CSM),有关情况请阅读第十一章的内容。

在中国内地,有大大小小的市场调查机构提供市场基本信息、消费品测试、广告测试等方面的调研,但是,绝大多数调查机构所提供的数据质量较差,有些调查机构还在以划"正"字的方式来累计调查数据,业内公认的数据质量相对好一些的调查机构不超过50家。

除此之外,还有一些公共或公益性机构,为广告活动提供了大量的广告情报信息资料。比如国家政府部门、公共服务机构设立的情报信息系统,包括政府机构内部的调研机构、行业信息中心、统计局等信息采集与管理机构等,提供了标准的人口统计、宏观经济统计等信息资料。

本章要点:

广告活动需要大量的情报信息资料作为支持。信息是物质存在的一种方式和运动状态,是事物普遍存在的属性;资料是人类已经加工、整理或管理有序的信息,并且以特定的方式储存起来;情报是人们对有价值的信息资料的取舍,情报的调查、搜集、整理、分析、研究、管理等环节包含了人类的智力成分。

广告活动所需要的情报信息资料大致分为六类:一是市场与环境方面的信息,

即一定区域的人口、政治、经济、社会文化、风土人情、市场结构等信息的总和；二是广告主信息，狭义上的广告主信息，指客户的基本信息与背景资料，比如客户名称、企业结构、经营范围、客户行业背景、企业诚信度、经营状况、财务指标、广告计划、广告费预算、客户联络信息、客户联络人员等，广义上的广告主信息包括客户的经营理念、市场状况、营销计划等全方位的信息；三是产品信息，主要包括产品类别、产品生产流程与技术、产品标准、产品结构与外观、产品功能与利益、产品价格、产品生命周期、产品服务等；四是竞争对手的信息情报，即竞争对手的背景资料、竞争对手的产品信息、竞争对手的广告策略、竞争对手的消费者信息等；五是消费者信息，包括相对稳定的消费者背景资料（如消费者的姓名、居住地、家庭人口、性别、职业等）和相对动态性的信息资料（比如消费者使用产品的满意度、态度、广告接收效果等）；六是广告案例与媒体资料，包括广告策划案例、广告素材库、广告作品资料库、广告效果资料库、广告媒体报价等。

情报信息资料可以分为一手和二手两大类，一手情报信息资料主要通过观察、访谈、调查手法获得；二手情报信息资料主要通过中间环节获得，比如报刊、互联网、政府机关、会议资料等情报信息资料的搜集整理汇编，获得情报信息资料的方法统称为情报调研方法。

观察法是指在自然的、不加约束的条件下，观察事物的过程与特征而获得情报的方法。访谈法是在相对独立的环境下，以谈话的方式获得情报的方法，访谈法主要包括个人访谈、专家访谈、集体座谈三种形式。调查法是在接近自然的条件下，以科学抽样的方式选择调查对象，与之直接或间接接触，并使用专业化、标准化的方式记录情报信息的方法总称。

由于广告经营者在整个广告业务流程上的特殊位置，它们在情报信息资料的调研方面处于中心位置。许多广告经营者设立相应的调研部门，整合各种情报信息资料并建立庞大的数据库。广告行业也有一些著名的专业性调研公司，可以为各类客户提供相应的情报信息服务。

本章思考题：

1. 广告活动需要哪些情报信息资料作为决策支持？
2. 市场与环境信息主要包括哪些方面？
3. 消费者信息主要包括哪些方面？
4. 广告主信息主要包括哪些方面？

5. 广告媒体信息主要包括哪些方面？

6. 情报信息资料的搜集、观察、访谈、调查分别是什么意思？包含哪些要点？

7. 情报信息资料的调研流程一般包括哪些？需要注意什么问题？

8. 提供广告情报信息资料的著名公司有哪些？其主要业务是什么？

本章建议阅读资料：

1. 黄京华等著. 广告调查与数据库应用. 长沙：中南大学出版社,2003

2. 罗子明编著. 解读现代商务情报. 北京：企业管理出版社,2003

3. （美）A.B.布兰肯西普,乔治·爱德华·伯恩,艾伦·达卡著.市场调研方案（第2版）. 林文平,范海滨,梁聪译. 北京：中国城市出版社,2002

第九章

广告定位与创意

本章提示 ▶

定位不仅是广告活动中的重要策略，而且已经成为经营管理活动中的战略思维，本章简要介绍了广告定位的原因与背景，重点介绍了产品定位的主要方法。广告创意是在创意人员分析市场、产品和广告对象的前提下，根据广告主的营销目标，以广告策略为基础，使用各种有效的艺术手法传达广告信息的创造性思考过程和创作结果。本章介绍了创意的流程、创意思维形式、创意表达手法以及创意人员应当具备的素质。

第一节　广告定位

一、广告定位的原因

广告定位是指通过广告活动,广告主确定企业或品牌在市场上以及在消费者心目中的位置的一种策略。

(一)广告定位思想的起源

20世纪50年代,美国的罗瑟·瑞夫斯认为,消费者在接受广告信息的时候,只倾向接受广告信息的某一个方面,比如某一强有力的主张,或某一有力的观念和概念,因此,广告要给消费者一个强有力的主张或一个许诺,这些主张或许诺是其他商品所不具有的,这就是所谓的"独特销售"学说(unique selling proposition,缩写USP),一旦这种主张或许诺与特定的商品联系在一起,USP就会赋予商品持久受益的地位。他主张,广告要把注意力集中于商品的特点及消费者利益之上,广告要强调商品之间的差异,并选择好消费者最容易接受的特点作为广告主题。

"独特销售"学说至今仍然影响着当今的广告策略,这种学说与目前流行的产品差异化策略属同一门派,可以说,"独特销售"是定位理论发展的前身。

20世纪50年代以来,广告大师奥格威为广告经营注入了另一种理念,他认为消费者购买商品主要依据于头脑中对商品形象的认知,消费者所购买的是商品的商标,消费者因为商品的商标而对该商品产生购买的欲望,商品的功能等因素处于其次的地位,这一理念被称为"商标形象论"或"商品形象论"。奥格威做了一个有名的市场实验:把品牌A(比如可口可乐)的饮料放在一个奶瓶里,把品牌B(比如百事可乐)的饮料放在另一个奶瓶里,不告诉消费者这两种饮料的牌子,要求消费者品尝,结果大部分消费者认为这两种饮料是一样的味道。接着把同一商标的两种饮料放在两种不同商标奶瓶里,给消费者的提示是,这是两种不同商标的饮料,要求消费者品尝,结果消费者都认为这两瓶饮料是不同的。这个实验甚至于在21世纪的广告中仍然被不断地重复,以验证这一"商标形象论"的正确性。

奥格威的"商标形象论"发展至今,也已经成为当前广告经营的策略之一,但名称已经演变为"品牌管理",所以奥美广告公司的经营理念叫"360度品牌管理专家"。"商标形象论"(前身)或"品牌管理"(后期)都是定位策略发展的重要组成部分。

阿尔·里斯和杰·特劳特是定位概念的始作俑者和集大成者。1969年他们在《产业营销杂志》(Industrial Marketing Magazine)发表文章"定位是人们在今日模仿主义市场所玩的竞赛",正式阐述了"定位"这一概念。他们指出:"定位从产品开始,可以是一种商品、一项服务、一家公司、一个机构，甚至于是一个人，也许可能是你自己，但定位并不是要你对产品做什么事。定位是你对未来的潜在顾客心智所下的功夫，也就是把产品定位在你未来潜在顾客的心中"，"定位是一种观念，它改变了广告的本质"。在《广告攻心战略——品牌定位》一书中，他们详细地介绍了广告定位的不同方法。

今天，定位不仅成为一种广告学说，一种操作策略，而且演变成一种企业经营管理的理论。2002年美国营销协会评选影响20世纪的营销思想时，"定位"学说被评为营销界影响力最大的思想之一。

（二）广告定位的背景

第一，现代商业社会，大量产品被制造并向消费者推销，广告信息大爆炸，人们记忆容量的有限性等因素是广告需要定位的诱因，而准确的广告定位有利于消费者识别商品。如今，全球每年生产的产品品种超过几百万种，大部分消费者面对同一系列的产品多达十几个、几十个甚至于上百个品牌，每天要接受的广告信息多达上千条，人们根本没有办法记住如此庞大的信息量。心理学的研究结果表明，一般人不能同时与7个以上的对象打交道，比如让消费者迅速数出已经消费的洗涤用品品牌，第一遍一般可以数到5~7个，除非提示他们再多给出一些答案，这就是一般人的心理极限，这个极限相当于为品牌信息的记忆设置了第一道栅栏。鲜明的广告定位，可以让消费者在繁多的广告信息中记住目标品牌。

第二，消费者对品牌识别存在"印刻效应"。"印刻效应"本来是心理学家研究动物心理时发现的一种现象，这种现象也出现在消费者对品牌的识别中。德国动物心理学家劳伦兹（K. Lorenz）在研究鸭子的行为时，发现新生雏鸭在出生数秒钟之内就能辨识其身边的妈妈，这一过程如果用其他动物代替其鸭妈妈，比如一条狗、一只猫，甚至是一个人，无论这个生物的外形如何，这只雏鸭仍会认为代替者是其天生的妈妈。基于这一研究结果，阿尔·里斯认为，第一家占据于心智中的公司名称或品牌都是难以驱逐出去的，因而企业要在公众心目中树立"市场领导者"地位，最先进入头脑的品牌具有很多的优势，平均而言，最先进入人脑的品牌比第二品牌的市场占有率要多一倍，第二品牌又比第三品牌多一倍，所以"市场领导者"的定位可以为广告主产生巨大的市场机会。

第三，消费者存在各种各样的需要，对商品抱有各种各样的期望，定位策略可以满足消费者的多种需要和期望。比如第三章我们分析过，消费者有归类的需要、有归因的需要、有品牌象征的需要，商品定位于不同的位置或档次，对应于消费者的需要，可以更好地为消费者服务并满足消费者的需要。比如有的消费者愿意以名牌来象征自己的身份，高档次的广告定位可以满足这类消费者的需要；有的消费者十分在意商品的某种功效，功效定位可以满足他们对这一功效的追求。

二、广告定位的方法

基于广告定位的目的,可以将广告定位大致分为产品定位和企业形象定位两大类。在实际工作之中,产品定位与企业形象定位存在交叉重叠的现象。

(一)产品定位

产品定位是以产品或服务的属性、功效、品质、档次、形态、风格等特征为定位的重点,因此,产品定位又可以细分为不同的定位方式。

1. 市场领导者定位

即确定产品在市场上首要位置的定位方式。

市场领导者是真正的赢家。最典型的例子就是 IBM 与可口可乐。IBM 并不是电脑的发明者,但是 IBM 在 20 世纪 80 年代至 21 世纪初,一直是商务伙伴和普通消费者心目中的首选电脑品牌,IBM 令人信赖的产品品质和服务使之成为市场的领导者。可口可乐的广告语"只有可口可乐,才是真正的可乐",可口可乐将它定位在所有可乐饮料之上,好像它是衡量其他可乐饮料的标准。

要成为真正的市场领导者,广告主的产品必须具备其他竞争者无法超越的优势,否则,这种定位会有自吹自擂的嫌疑。国内有些企业,经常引用一些局部的数据来证明某种产品在市场上的领导地位,比如销售量第一、美誉度第一、消费者信赖度第一等,由于数据的代表性差,这种鼓吹市场领导者的定位方式并不能真正成功。

对于已经处于市场领导者位置的广告主,采用多品牌策略开发新产品或进行品牌延伸,是市场领导者继续保持成功的重要途经。阿尔·里斯等认为,大多数的领导者应该上市另外一个品牌来压制竞争者的销售。比如宝洁公司的"象牙牌"肥皂居于市场领导地位,直到现在仍然在用,当洗衣粉形成市场需求之后,宝洁公司面临要不要使用"象牙牌"洗衣粉的问题。如果使用"象牙牌"洗衣粉这样的产品名称,意味着改变"象牙牌"肥皂在消费者心目中的位置,削弱原有市场领导者的位置,但宝洁公司创造了一个新的产品名称,即汰渍洗衣粉,上市之后获得了极大的成功。之后,宝洁公司上市了一种洗碗清洁剂的产品,没有叫"洗碗汰渍"之类的名称,而是命名为"小瀑布"(cascade),避免与汰渍洗衣粉的市场领导者位置发生冲突,"小瀑布"又取得了成功。

市场领导者的位置是相对的、动态的,并不是绝对的、不可动摇的。阿尔·里斯有一句名言:如其做大池里的小鱼,不如做小池里的大鱼。如果不能在一个较大的市场上进行领导者定位,可以在一个相对小一些的市场上进行领导者定位。

2. 市场跟进者定位

即确定产品处于市场跟进者位置的定位方式。当市场上的领导者位置难于撼动时,采用跟进者的定位方式是比较明智的做法。

"灰狗公司虽然位居第二,但我们必将倍加努力",这是美国灰狗(Grey)长途运输公司 30 年前的广告语,那时美国另一家公司正处于强势状态,灰狗公司明确地将自己定位在跟进者的位置,不仅赢得了顾客的信赖,而且以"我们必将倍加努力"的真诚赢得了人们潜在的同情,如今,灰狗公司已经是全美排名第一的长途运输公司了。

3. 品名定位

以产品名称或品名作为定位重点的定位方式。

任何产品都有一个名称,一个好的产品名称不仅容易记忆、让人过目不忘,而且产生优美的联想,所以,我国许多企业在选定产品名称时讲究吉祥和顺达。比如"同仁堂"让人产生同情患者、仁爱慈悲的联想,"曲美"(美容产品)让人产生曲线优美、体态婀娜多姿的联想。

国外产品进入中国市场,常常要对产品重新命名,以强化其产品名称的定位效果,比如 John Hancock(美国的保险公司)进入中国市场,原来把公司名称翻译为约翰·汉考克,没有什么特色,经过调研之后,更名为"恒康保险公司",很容易让人联想到保险服务稳定、健康向上的印象。

在国际市场上,日本在 20 世纪 60 年代末 70 年代进军美国市场之前,曾派调查人员赴美国实地调查。结果发现,美国人所使用的单词中,最普通的第一个字母是 S、C、P、A 及 T,日本企业在随后的产品名称定位时,大都采用了美国人比较熟悉和经常采用的字母。

中国的一些品牌开始大步迈入世界市场,在品牌命名方面也开始考虑国际影响与适应性问题,以便确立一个清晰有利的位置。

4. 品质定位

以产品的品质作为定位重点的定位方式。

在现实生活中,很多消费者注重产品的内在品质,产品品质不仅决定产品给消费者带来的使用价值,而且影响产品的形象。在国内葡萄酒市场,有些广告主强调生产规模、有些广告主强调经营理念,但张裕葡萄酒一直在巩固其品质方面的定位,"百年张裕",这句广告语很容易联想到纯正的生产原料、传统的酿造流程与长久的生产历史等形象,定位比较清晰。

5. 价格定位

把产品价格定位在适当的范围或位置上,使其价格比同类产品更具有竞争力的定位方式。

消费者面对不同的产品存在多种价格需要。有时人们偏爱高价产品,认为高价产品意味着更高的品质或更好的品牌形象,购买高价产品心里踏实一些、风险小一些,比如当前国内的首饰市场比较混乱,鱼龙混杂的现象比较突出,有的顾客愿意购买名店大店里的高价首饰品,特别是在购买首饰作为礼品的时候,更愿意购买高价首饰品,如果产品价格定位过低,反而不利于满足这类顾客的需要。有时人们偏爱低价产品,认为低价产品比较实惠,购买超出期望价格的产品等于冤大头,比如常规的日用品、食品等产品,如果产品定价高于顾客的期望,产品立即面临滞销的危险。

上面分析的情况都涉及到产品价格定位问题,价格定位既是广告学中的问题,也是营销策略中的重要问题,广告人员必须深入研究。

6. 功效定位

在广告中突出产品的特定功效,使其与同类产品产生明显区别的定位方式,有时称为功能定位。

产品功效由产品的性能决定,并且影响消费者在使用产品过程所得到的利益和效果。在广告定位中重点突出产品的功效,有利于消费者联想到购买产品的好处,迅速消除购买阻力,加速购买决策的过程,如下三则灯泡广告分别使用不同的功效定位:

亚明灯泡:居室用光有讲究,温馨的家,多用白炽灯增添气氛,亚明灯泡的长处正在于此。

上海亚字灯泡:亚字牌灯泡,与日月同辉。

日本松下灯泡:一个只卖 280 日元的小月亮。

虽然都是灯泡,但功效定位存在不同,亚明灯泡定位于创造温馨的家庭气氛,上海亚字灯泡定位于耐用和光亮,日本松下灯泡定位于价廉。功效定位的差异性,可以满足顾客不同的需要,每一个品牌在市场各占一席之地。

7. 空档定位与逆向定位

广告中突出产品的独占性、独有性特点的定位方式即空档定位。

虽然市场上的同类产品有成千上万个品种,但是每一种产品的功能或属性毕竟是有限的,而消费者的需要是多种多样的,并且在不断地发展演变,因此从理论上讲,在产品与消费者需要之间永远存在一个空档,这个空档是广告定位的基础。

最经典的案例就是美国七喜汽水(7-UP)的广告定位。可口可乐一直稳固地占领了可乐类饮料市场的领导者位置,其他品牌无插足余地,但百事集团的七喜汽水以“非可乐”的身份出现在市场上,宣称饮料中不含可口可乐那样的可卡因成分,从此,碳酸饮料市场分出可乐型和非可乐型两大类,七喜汽水属于非可乐型饮料,在可乐之外的“非可乐”的位置上,七喜汽水确立了自己的独特形象和地位,并在销售方面取得成功,同时,这一定位满足了一部分消费者不愿意消费可乐型饮料的需要,弥补了市场上的空档。

广告中违反传统逻辑和思维定势的定位方式即逆向定位。

这一类广告定位因为违反传统的做法,所以没有固定的规则。比如人们一般希望食品店或餐馆的名称吉祥顺达,但中国天津的"狗不理"和"猫不闻"两个品牌,走的是逆向思维的路子,居然也取得了成功,甚至于还有"上一当"、"上二当"这样的餐馆名字,可能与满足人们的猎奇心理有关。当然,这一类定位不是广告定位策略中的主流做法。

(二)企业形象定位

企业形象是企业内外对企业的整体感觉、印象和认知,是企业状况的综合反映。近年来,我国许多企业热衷于企业形象问题研究,把企业形象建设作为一个系统来研究,即所谓的企业形象系统(corporation identify system,简称 CIS)。

构成企业形象的要素包括许多方面,如企业目标、企业理念、企业名称、品牌商标、生产厂房、工艺流程、产品包装、企业员工、经营规模、服务质量、市场占有情况、供应商、合作伙伴、网络渠道、用户、经营利润等。基于企业形象的要素,广告中突出其竞争优势的广告策略即企业形象定位。

企业形象要素虽然非常复杂,但可以归纳为三个层次,即理念识别(mind identity,简称 MI)、行为识别(behavior identity,简称 BI)和视觉识别(visual identity,简称 VI),由此形成三个层次的企业形象定位。

1. 理念识别定位

理念识别由企业目标、企业哲学、企业宗旨、经营战略、企业道德、企业文化等要素构成,是企业经营的核心,不同的企业定位于不同的理念识别。

企业宗旨定位。企业宗旨定位是企业公民确立自身社会地位的一种方式。

企业文化定位。企业文化是企业多种要素的组合,正确的企业文化定位,对内能够产生巨大的凝聚力,对外可以激发强有力的感召力。日本汽车公司的广告语:"车到山前必有路,有路必有丰田车";"有朋自远方来,喜乘三菱牌";"古有千里马,今有日产车",巧妙地引用了中国人非常熟悉的三句话,增强了广告的文化底蕴和感染力。

2. 行为识别定位

企业行为,包括企业内外生产经营管理及非生产经营性活动中表现出来的各种行为,内部行为包括员工招聘、培训、管理、考核、奖惩,各项管理制度的制定和执行等,外部行为包括采购、销售、广告、金融、公益等活动,广告中可以突出其中的某些要素。

比如"麦当劳从不卖出炉后超过 10 分钟的汉堡包和停放 7 分钟以后的油炸薯条",体现了严格的食品生产、销售操作规范,这种企业行为对于顾客信赖其产品具有较大的说服力。

3. 视觉识别定位

企业视觉识别是企业的静态识别符号,是企业形象的具体化、直观化、视觉化表达形式。企业视觉识别由企业的基本标识、应用标识、厂容厂貌、产品外观包装、机器设备等子系统构成,其中基本标识包括企业名称、标志、商标、标准字、标准色等,应用标识包括象征图案、旗帜、服装、口号、招牌、吉祥物等,厂容厂貌包括企业自然环境、店铺、橱窗、办公室、车间及其设计和布置,如图9-1。

图 9-1　视觉识别示意图

 小资料9－1：空调广告定位点评

一、美的空调

　　产品：美的冷静星

　　广告语：美的空调冷静星,享受真实每一度

　　美的空调广告语中的信息存在明显复杂化的问题,既有"冷"、"静",还有"享受"、"真实"、"每一度",其中"每一度"的概念较为含糊,广告语前半句是产品功能的表述,后半句是产品利益的表述,广告定位较为含糊复杂,没有清晰的、具有冲击力的诉求点。

二、春兰空调

　　产品：春兰静博士

　　广告语：宁静天地,我创造

　　许多空调用户遭遇过空调噪音的烦恼,甚至于无辜的邻居也经常遭受过他人家里空调噪音的骚扰,令人心烦意乱。春兰空调的诉求点在于"宁静"低噪音,属于功能定位。

三、LG 空调

产品：LG 清新空调

广告语：等离子体整体空气净化专利技术，享受纯净空间

这是一个纯粹的产品技术定位，即"等离子体空气净化专利技术"。企业期望消费者理解高科技的利益，实际上普通消费者并不熟悉"等离子体整体空气净化"这样的技术与产品利益之间的关系，国内以技术定位的广告太多太杂，令人眼花缭乱，消费者看重的是产品的利益。LG 空调广告语前半句偏重于技术表述，后半句的产品利益表述明显偏弱，定位存在明显的偏差。

四、海尔空调（之一）

产品：海尔氧吧聪明风空调

广告语：海尔氧吧，有氧有活力

乍一听，"氧吧"这个词容易让人联想到空调能够补充室内氧气（也指负氧离子）的意思，这对于城市居民来说具有较大的诱惑力，是纯粹的功能定位。当然这种联想是暗示性的，没有落到实处，因为空调的工作原理是在一个相对封闭的空间调节气温，不会真正补充这个相对封闭空间里的氧气。

五、伊莱克斯空调

产品：伊莱克斯灵丽系列

广告语：清新浮动的自在空间

这是一个以利益诉求为出发点的功能型定位，它强调了产品带来的结果，即"清新浮动的自在空间"。自在空间对于城市居民有较大的吸引力，但是这个结果与空调的利益之间可能没有直接的关系，一栋别墅一间独立清新的小屋，或者宽广的旷野都可能带来这样的结果，所以产品定位没有基础，没有落实到产品或产品的利益身上。

六、海信空调

产品：海信空调

广告语：海信空调，变频专家

这也是一个技术定位的空调广告，即"空调变频技术"，在不同气温条件下，空调调整其工作频率，达到降低电能消耗的结果，这种技术对于用电紧张的居民来说，具有较大的诱惑力，但是与上面的技术定位一样，消费者也不熟悉这种技术与产品利益之间的关系，所以广告定位有"曲高和寡"的味道。

七、古桥空调

产品：古桥空调

广告语：古桥空调好，空调选古桥

20世纪90年代初期，有亮点的空调广告不多，这一"王婆卖瓜，自卖自夸"式广告语曾经吸引了人们较多的注意，显示了产品的品质，加之广告语使用权方面的争议，这个早期空调品牌的广告促销效果还是不错的，市场还有许多产品模仿这样的广告句，当然随着时代的发展，这类定位语言显出一定的老态。

八、澳柯玛空调

产品：澳柯玛仲夏夜之梦空调

广告语：有她的陪伴，您会更爱您的卧室

澳柯玛空调的诉求点与伊莱克斯空调的诉求点具有相同的风格，也在强调产品的利益或结果，但是这个利益或结果与产品之间的关联度不高，当然它比伊莱克斯空调的广告语活泼一些，把空调比如成一个女性的"她"，试图引入一点性暗示的味道，但是意境平平。澳柯玛虽然是中国制冷行业的真正大户，但知名度一直不高，广告定位有待继续改进。

九、长虹空调

产品：长虹空调

广告语：长虹空调，中国风

特定时期的民族情结或爱国情结，会为品牌推广起到推波助澜的效果。长虹一直在尝试以民族情结来强化品牌形象，在具体的产品定位方面也不放过这种做法。空调当然会产生风与流动，在风与流动之中印上了"中国"的记号，这对于一件普普通通的消费品而言，承载的民族情结或政治情结太多了一些。在主流意识形态提倡"和平崛起"的时代，我们并不刻意营造强烈的民族主义情结。

十、海尔空调（之二）

产品：海尔空调

广告语：海尔空调，真诚到永远

这是近年使用的广告语，广告语一反功能定位的套路，明显偏重于企业形象定位，不仅空调产品可以使用，其他系列的产品也可以使用。近年来，国内商业社会普遍缺乏诚信度，商业道德水准下降，这一广告语迎合了人们呼唤真诚和信用的心理，海尔空调新的定位跟上了时代的步伐。

十一、格力空调

产品：格力空调

广告语：好空调，格力造

与早期的古桥空调有相同的风格，都属于品质定位的类型，但产品定位的概念明显清晰一些，而且用语较为收敛、留有余地，实际上又在蕴含一种对外的张力，有一定的气势，我造了好空调，别人也可以造好空调，不像古桥空调那样一板一眼把话都说死了，没有给自己也没有给别人留下余地。格力空调这一广告语还可以使用较长一段时间。

第二节　广告创意

一、广告创意概述

（一）广告创意的概念

创意一词译自英文 create、creative、creation 与 idea，这几个词的英文意思虽然不尽相同，但在广告这个领域，我们都将其译成"创意"。

人们对创意有许多种阐述，有人认为创意是一种"过程"或"活动"，例如美国的权威广告专业杂志《广告时代》在总结多方面意见的基础上提出："广告创意是一种控制工作，广告创意是为别人陪嫁，而非自己出嫁，优秀的创意人深知此道，他们在熟识商品、市场销售计划等多种信息的基础上，发展并赢得广告运动，这就是广告创意的真正内涵。"有人则认为创意是"点子"、"主意"，例如广告大师大卫·奥格威指出："要吸引消费者的注意力，同时让他们来买你的产品，非要有很好的特点不可，除非你的广告有很好的点子，不然它就像很快被黑夜吞噬的船只。"奥格威所说的"点子"，就是创意的意思。还有人认为创意是一种"才能"或"思维方式"，如"创意就是用一种新颖而与众不同的方式传达单个意念的技巧和才能，就是所谓客观地思索和天才地表达。"

总结上述观点，我们在这里将创意定义为：

> 广告创意是创意人员在对市场、产品和广告对象进行研究分析的前提下，根据广告主的营销目标，以广告策略为基础，运用各种有效的艺术手法传达广告信息的创造性思考过程和创作结果。

（二）广告创意的作用

创意是广告活动中非常重要的一环,虽然它并不能代表广告活动的全貌,但广告主往往是通过创意水平来判断广告经营者的业务水平。广告主对创意的重视正体现了创意在广告活动中的地位与作用。

1. 优秀的创意有助于广告活动达成预定的目标

广告作为一种商业活动,最终的目标一般都是为了替广告主实现或近或远的销售目的。优秀的广告创意能够通过有效的信息传递吸引广告对象的注意,激发广告对象的兴趣,从而使广告对象产生购买的欲望,实现广告活动的预定目标。

2. 优秀的创意可以增强广告告知与劝服的能力

广告是否能够将企业或产品信息准确告知广告对象,并对广告对象产生有效的劝服,在很大程度上取决于广告作品是否具有创意。优秀的创意使广告作品更形象、更生动。大量的研究数据表明,生动的信息传播能更多更好地吸引广告对象的注意力,维持其兴趣的持久性,并启发思维。

3. 优秀的创意有助于使企业或产品在消费者心目中保持较高的地位

具有优秀创意的广告在传递品牌信息的同时还表现出深刻的文化内涵及价值品味,这些高超而深刻的表达形式会给广告对象留下难以磨灭的印象,广告对象会将这些文化内涵及价值品味与该品牌联系在一起,使得该品牌在广告对象心目中的形象和地位不知不觉地得到了提升。

（三）广告创意的特性

广告创意具备以下六个特征。

1. 广告创意以广告主题为核心

广告主题是指广告活动的核心思想,它是广告定位的重要组成部分,即"广告什么"。广告主题是广告策划活动的中心,每一阶段的广告工作都要紧密围绕广告主题而展开,不能随意偏离或转移广告主题。广告创意作为广告活动的一个环节,也必须紧紧围绕主题展开,而不能随意想象。

2. 广告创意以广告对象为基准

广告对象即广告诉求的对象,每个广告活动都有其特定的诉求对象,广告创意必须以广告对象为基准,精研广告对象的人群特征,用广告对象喜闻乐见的形式来进行创意。

3. 广告创意以真实性为生命

广告创意必须是真实可信的。消费者大多是通过广告来认识企业及其产品和服务的,广告创意的真实与否成为消费者判断该企业是否诚信的重要依据,广告创意的所有表现手法都必须以真实性为前提。

4. 广告创意以新颖独特为宗旨

广告创意就是要创造有新意的广告,那种人云亦云的广告难以给消费者留下深刻的印象。广告创意的新颖独特就是要创造差异性,广告创意只有在同类中显得与众不同,才能吸引消费者的注意。但新颖独特不是刻意的标新立异,而是寻找思考问题的独特的角度。

5. 广告创意以情趣生动为手段

广告创意要想将消费者带入一个印象深刻、浮想联翩、妙趣横生、难以忘怀的境界中去,就要采用富有情趣、生动形象的表现手段,立足现实、体现现实,以引发消费者共鸣。但是广告创意的艺术处理必须严格限制在不损害广告真实性的范围之内。

6. 广告创意是原创性、指向性和震撼性的综合体

原创性就是独创性,指的是与众不同、独一无二的首创,内容与形式的原创性是广告人孜孜以求的境界。指向性是指广告创意指向产品与服务,并产生强烈的联系,这种指向性越明显就越容易让消费者理解,进而产生共鸣。震撼性指的是广告创意必须能打动消费者,不能满足于向消费者传递企业或产品的信息,而是要激起消费者的欲望,最终促成购买行动。

(四) 广告创意的流程

1. 广告创意的基本流程

第一步,客户部的客户人员在整合广告主的信息和市场调研部门提供的市场信息的基础上,进行策略性思考,提出广告创意策略,以创意简报的形式提交给创作部。

第二步,创意人员收到创意简报后就要根据创意简报上的要求进行创意,产生创意思路,形成创意概念,并将创意概念用草图及草稿的形式加以表现。

第三步,客户人员与创意人员将创意草案交与客户审核,即组织一次提案会,听取客户意见。

第四步,如果创意通过,则按照客户的意见进行修改,将创意逐步完善;如果创意被客户否决,则需要找出原因,重新进行创意。

2. 创意简报的基本内容

创意简报是指由客户人员或策划人员将创意策略用既准确又简洁的语言通报给创

意人员的简要报表。创意简报对于创意人员开展工作具有重要意义,它能够为广告创意提供指导,发挥指南作用,在创意简报的指导下,广告创意可以始终沿着正确的方向进行;它能够使参加广告创意的人员和相关工作人员在目标市场、销售信息等方面达成共识;它还可以使广告创意人员以全面的观点看问题,保证广告信息是从消费者的角度出发,而不仅仅是从广告主的角度发展出来;创意简报作为一套相对稳定的发展创意策略的程序或方法可以为开展广告创意提供蓝本,有利于在实施过程中最迅速地对问题加以调整。

创意简报的形式没有一定之规,每个广告公司都可以根据自己的创作习惯制定一个公司内部认可的创意简报。但在内容上,创意简报一般都会涉及如下方面:

(1) 市场状况简述。简单表述市场的基本走势与状况。例如列出主要的直接竞争对手和间接竞争对手的表现,本品牌在市场上的状况,市场的机会点与问题点等。

(2) 目标消费者的概况。概括出目标消费者的社会特征、消费心理和消费行为。

(3) 产品或服务的优势。总结出产品或服务有哪些优势,最大的优势或特点是什么,最好按重要性将优势或特点进行排列,也可以举出该产品或服务的弱点、产品或服务在消费者心目中的位置。

(4) 亟待解决的广告问题。即本次广告需要解决什么问题,例如提升品牌形象还是知名度,或是让消费者对产品的某一特点有所了解。

(5) 广告目标。即本次广告要实现的任务或要达到的效果。广告目标可以是单一目标,也可以是多个目标的组合,例如传播目标、销售目标等。广告目标最好是可以测量的,这便于在广告活动结束后检验广告效果。

(6) 利益承诺。即广告提供给消费者什么样的利益与承诺,可以促进消费者改变态度,产生购买行为。

(7) 承诺支持。总结出有什么样的信息可以支持以上的利益承诺,而且消费者可以相信这些支持点。

(8) 品牌描述。根据企业提供的资料,以及市场调查,总结品牌的历史,品牌的特征、品牌的个性,这些都可以为广告创意提供思路。

(9) 广告格调。也就是广告的基调,是时尚的还是传统的,是强调冲击力还是强调亲和力等。

(10) 法律与道德规范方面的要求等。

创意简报不等于广告策划书,因此,上述内容一定要尽量简洁,切中要害,一般只需给出结论,不需要对细节加以论证。出色的创意简报可以将广告战略用简短的方式充分、准确地传达给创意人员。

二、广告创意的思维方式

广告创意思维是指以新颖独特的方法解决广告创意问题的思维方式。思维是人脑的机能和产物，是人类在劳动协作和语言交往中产生、发展起来的，是以语言、符号与形象作为载体，间接、概括地反映事物本质和规律性的心理活动。广告创意思维方法直接影响广告创意的质量，一直是广告人员关注的重要话题。

常见的创意思维方式有下列四种。

（一）形象思维与抽象思维

形象思维又称直觉思维，指借助于具体形象来进行思考，具有生动性、实感性的思维活动。通俗地说，形象思维就是由"形"而及"象"，由"象"而及"形"的思维过程。

在广告创意过程中，大部分的思考模式都是运用形象思维予以操作实行的，因为广告作品大都是通过直观的形象来向广告对象传递广告信息的，因此，形象思维是广告创意过程中最为重要也是使用率最高的一种思维方式。

抽象思维即逻辑思维。抽象是指人的大脑通过对客观事物的比较、分析、综合和概括等思维活动，舍弃掉客观事物中表面的、非本质的、偶然的属性，将隐藏在客观事物中内在的、本质的、共性的、必然的属性提取出来，并用概念、范畴和规律等形式固定下来以反映事物的本质特征和内在规律。抽象思维也贯穿于广告创意的全过程，在资料收集和分析归纳阶段，要运用抽象思维进行分析、综合、概括、归纳、演绎、比较、推理；在创意方案评估阶段，也要运用抽象思维对创意进行条理化、系统化、理论化的梳理。

（二）顺向思维与逆向思维

顺向思维是常规的、传统的思维方法。广告创意中采用顺向思维是一条熟悉顺畅的路，但它往往会使创意思维陷入一种固定的方向，只想表达产品如何好、会给人带来什么好处等。同时，由于顺向思维是遵从人们的思维习惯去想问题，因此，想出的点子往往缺乏新颖性，这样的点子用在广告创意中是难以打动广告对象的。

逆向思维是一种反常规、反传统的思考方法。当大家都从顺向寻觅时，逆向探索往往更能找到出奇制胜的创意新路。阿尔·里斯在《广告攻心战略——品牌定位》一书中说："寻找空隙，你一定要有反其道而想的能力。如果每个人都往东走，想一下，你往西走能不能找到你所要的空隙。哥伦布所使用的策略有效，对你也能发挥作用。"

（三）垂直思维与水平思维

垂直思维是指人们根据事物本身的发展过程来进行深入的分析和研究，即向上或向下进行垂直思考，依据经验和过去所掌握的知识，逐渐积累和产生的想法。在广告创意中,创意人员往往要依据自己的经验对有关产品的知识进行思考,用这种思考方法产生的创意,其改良、重版的成分较多。

水平思维是指摆脱对某种事物固有的思维模式,从与某一事物相互关联的其他事物中分析比较,另辟蹊径,寻找突破口,捕捉偶然发生的构想,沿着偶发构想去思考,从而产生意料不到的创意。人们往往习惯在原有知识和经验范围的基础上思索新的创意,一旦形成了一两个创意雏形后,虽然觉得不够理想,但这些固有的经验总是把人们的思路束缚住,使人们难以摆脱一些框框,这时不妨跳出原有观察和思考的框框,运用水平思维带来新的突破。

垂直思维和水平思维在广告创意中有各自不同的用处。水平思维法在创意的发想阶段发挥着重要的作用,它可以不受局限地尽可能多地产生点子,为最终产生一个大创意打下基础。垂直思维在创意的完善阶段起着重要的作用,当创意点子被认可之后,就需要将创意概念清晰化,在这个过程中需要对创意点子进行深度剖析、锤炼,这是一个垂直思维的过程。当创意需要用一组系列广告加以表现时,则需要同时运用垂直思维与水平思维,即在运用垂直思维对创意概念进行深度挖掘的基础上再运用水平思维展开想象,最终发展出一系列既有关联性又有个性的系列广告。

(四)头脑风暴法

头脑风暴法是指参与者在特定的环境里,以无拘无束的心态产生大量想法的创意思维方式。头脑风暴法是开阔思路、激发灵感、寻找广告创意的有效方法之一,也有很多公司用这种方法激发有关新产品的想法。

头脑风暴法可以由一个人来进行,也可以由几个人来进行。头脑风暴法需要一个特定的环境,这个环境必须不受任何外来因素的打扰,参与头脑风暴法的成员完全放松,现场没有绝对的指挥者。有时为了避免干扰,现场除了放置一些记录灵感的笔和纸之类的材料之外,不放置任何其他的东西。

头脑风暴法可以从一个词语、一个话题或一个命题开始,所有成员将进入脑海中的每一件事写下来,并且一直写下去,不要漏掉任何事情,即使这件事似乎毫不相干或者听起来十分奇怪,实际上,好的灵感很可能从这些奇怪的念头中冒出来。在这个过程当中,成员可以相互讨论、相互启发,在互动的过程产生新的想法。

头脑风暴法实际上分两个步骤,第一步如上面所述,所有成员尽可能把各种想法写下来,而接下来的第二步,是对这些想法进行筛选。这些筛选出来的想法,才能用于将来的广告创意。

比如某品牌洗涤用品的广告定位于环保特性,在头脑风暴法会议上,成员们想到了:洗涤后的水是清亮的、可以重复使用、可以继续浇花、可以继续养鱼、鸟儿也来饮用等。经过对创意灵感的筛选,确定洗涤水"可以继续浇花"这一想法能够再发挥下去,于是创意人员再使用头脑风暴法针对"浇花"这一概念扩展下去。

头脑风暴法当中,有一种结构性头脑风暴法,因为广告活动主要与企业生产、营销、服务等事情有关,运用这一方法时,可以从特定的目标开始,思维沿着与生产的方向、营销的方向、服务的方向以及间接相关的方向等四种方向扩展,虽然限定了头脑风暴法的范围,但大大提高了头脑风暴法的效率。比如以 T 恤衫为例,与生产有关的方向可能想到:种棉花、丝网印刷、T 恤衫生产、棉线纺织、印染生产、服装加工等;与营销有关的方向可能想到:在商店出售 T 恤衫、在集市上出售 T 恤衫、将 T 恤衫卖给学校或公司、出售丝网印刷设备、棉花产品贸易、销售生产设备、销售农机设备等;与服务有关的方向可能想到:为丝网印刷设备提供服务、为农机设备提供服务、洗衣服务、为工厂提供清洁服务、为生产厂提供其他服务;间接相关的方向可能想到:用棉织品做横幅或广告、棉籽油加工、棉花籽加工成动物饲料、棉纸、碎棉花填充的枕头、棉花采摘等[①]。

头脑风暴方法使用得越多,人们越能更好地掌握它的用法。

集体思考法是头脑风暴法的另一种别称,该方法是 20 世纪 70 年代左右由美国 BBDO 广告公司副总经理奥斯本提出,后在广告界广为流行的方法,此方法具有五大特征。

第一,集体创作;

第二,思考的连锁反应;

第三,禁止批评;

第四,创意量多多益善;

第五,不介意创意的质量。

集体思考法反映了现代广告创意的团队特征,广告创意往往是集体思考或集体合作之后的创意结果,"大师"般的广告创意活动日渐式微,集团思考法可能没有个人创意的效率高、也可能没有"大师"般的伟大创意,但集体合作因为集中了较多人员的智慧,考虑问题更为全面。

三、广告创意的表现手法

广告创意的表现手法丰富多彩,很难进行完整、全面的概括,但大体上可以归纳为以下七大类。

(一) 情报型

该种类型的创意主要展现的是企业、产品或服务的情报信息。通过示范或实证的形式,传达产品或服务的客观实际情况,带有情报、资讯的性质,使广告对象在对企业、

---

① 世界劳工组织.产生你的企业想法.劳动与社会保障出版社,2005

产品或服务进行认知、判断之后，理智地做出选择。

该种类型的创意可以是以企业、产品或服务本身作为第一人称，将情报告知广告对象，也可以在广告中出现产品用户或代言人的形象，从消费者角度出发，通过用户对产品的示范与证实，向消费者传递信息。还可以以科学实证的形态，通过实验或数据展现科学依据，增强广告的说服力和实证效果。

（二）情感型

这类广告创意是从感情、感性的角度出发，通过渲染情绪，强化气氛，试图引起广告对象的共鸣，使其产生对产品或服务的好感。情感型创意一般应用在快速日用消费品与产品或服务同质化程度很高的领域。消费者对这样一些产品的性能或服务内容的关注度不高，更多的是追求心理上和精神上的感受、体验和满足。

情感型创意在广告中有多种具体表现形态，例如：表现爱情的形态，主要体现的是异性之间的感情，像恋人、夫妻之间的感情；表现亲情的形态，主要体现家庭成员之间的血缘感情；表现友情的形态，主要体现朋友之间的感情，像同学之情、战友之情、同事之情等；表现怀旧之情的形态，主要体现对故乡、童年的怀念；表现同情的形态，主要体现人们对弱势群体的同情和关爱。

（三）故事型

这种类型的广告创意是在生活中的故事性情节或神话传说等故事的内容中贯穿产品或服务的特征与信息，借以加深广告对象的印象。在采用这种类型的广告创意时对于人物选定、事件起始、情节跌宕都要做全面的统筹，力求在短暂的时间里和特定的故事中，表现出广告主题。在进行故事型广告创意时，还可以加入戏剧性成分，即在故事中加入一些夸张、幽默的成分或者出人意料的结尾，这些元素可以加深广告对象对广告的记忆。

（四）比较型

这种类型的广告创意是以直接的方式，将自己的产品与同类产品进行优劣的比较，从而引起广告对象的注意并认牌选购。在进行比较时，所比较的内容最好是广告对象所关心的，而且要在相同的条件下进行比较，这样才能更容易地刺激起广告对象的注意和认同。

比较的对象可以是直接的竞争对手，可以是相关的事物，还可以同自己的产品相比较。需要注意的是，在进行比较时，要遵从有关法律法规以及行业规章，要有一定的社会责任感和社会道德意识，避免给人以不正当竞争之嫌。

（五）推导型

推导型创意具体表现为两种方法，一种是正向推导法，即拥有了该品牌的产品或服务，就会出现什么样的好局面；另一种是反向推导法，即不购买该品牌的产品或服务，就可能出现什么样的不利局面。在采用正向推导法时，要注意推导过程中的逻辑性与可信性；在采用反向推导法时，要注意所表现的不购买产品后出现的不利局面一定要能使广告对象产生共鸣，并且不但要提出问题，还要解决问题。

（六）生活型

生活型的创意一般是在广告中表现人们日常生活中感受到的生活情趣、情调、品味等，通过对生活细节的展现，激起广告对象内心对美好生活的向往，从而对产品或服务留下美好的印象。

这种类型的广告创意除了展现大众共同向往的生活方式之外，还可以表现一些个别族群的生活形态，这种创意形态非常明确地针对某一类型的广告对象，如时尚的年轻白领阶层、体育爱好者等。

对生活价值形态的展现也是这一类型创意中经常表现的主题，例如成就感、自豪感、满足感、归属感等，特别是拥有高档品牌的产品或服务，选择生活价值形态的创意方式，是非常有效的。

（七）抽象型

抽象型创意是指广告创意通过对一种形象、意境的展现，给广告对象一种具有抽象的、象征意义的印象。这种类型的创意重在创造一种意念境界，给广告对象一种只可意会不可言传的感觉。广告中没有完整的故事情节或详细的产品介绍，广告要销售给广告对象的是一种审美价值、一种文化标记、一种视觉感受。

四、创意人员的基本素质

广告界泰斗詹姆斯·韦伯·扬说到，每一位真正有好创意的广告人，常具有两种显著的特性：第一，天底下任何话题都很难使他不感兴趣；第二，他广泛地浏览各种学问的书籍。他的观点涉及到广告创意人员两个方面的素质，前者与人格特征有关，即广告创意人员应当对外部世界拥有超乎寻常的热心与关注，后者与知识结构有关，即广告创意人员应当拥有宽广而丰富的知识面。

（一）创意人员应当具备的知识

优秀的广告创意人员可能来自于不同的教育背景，拥有不同的工作经验，但通常在知识结构方面具有一定的共性,其中产品与服务、市场营销、人文习俗、美学艺术、科学技术等方面的知识是广告创意人员必备的背景知识。

1. 产品和服务知识

不研究客户产品与服务的广告人,是不合格的广告人,也是不会成功的广告人。通常的情况是,广告经营者的客户服务范围限定在某一种或几种行业,内部可能建立专门的资料库,收集相应的行业资料、产品资料与服务资料,一旦客户有业务方面的需要,广告创意人员可以迅速调出该行业的资料,创意小组成员能够以最快的速度了解客户的详细资料。

2. 市场营销知识

包括市场营销学、消费心理学、市场调查方面的知识,以及企业成本核算、法律合同方面的知识。在我国,广告人员还必须时时了解国家经济政策发展变化方面的知识。

3. 人文习俗方面的知识

不同国家、不同民族、不同地区的人文习俗,表现为一定程度的稳定性,同时还可能出现社会潮流、社会风尚等现象,这些现象有时可能是暂时的、有时可能会转变为稳定的文化习俗,广告人员应当研究最新的社会潮流、社会风尚、消费动向、审美情趣、时髦用语、社会热点。西方有一个情人节,对商业的影响比较大,台湾广告人在分析这种风尚的时候,突发奇想开发出具有本地特色的情人节,"愿天下有情人终成眷属,天下眷属皆是有情人",推出农历七月七日牛郎织女相会的日子,台湾的情人节就此形成了,一种新潮便形成了一种商业习俗。

4. 美学艺术方面的知识

虽然对于艺术的审美与领悟具有极强的主观性,但是艺术中的基本美学规则总是存在的,比如:简单即是美、对称与完满是美、自然的即是美的,等等,这些规则具有一定的普遍性,创意人员应当领悟这些基本的美学规则。

广告创意人员至少需要掌握一门以上的艺术实践与操作知识,比如文案创作、广告绘画、广告摄影、电脑制作、广告导演等,否则无法表达优秀的创意思想。由个别人来出"点子",艺术创作人员表达实施的做法,在当前市场上基本上行不通了。

5. 科学技术方面的基本知识

创意人员应当研究并掌握与广告有关的新媒体、新工艺、新材料方面的知识,这些知识可能应用于广告材料与广告工艺的选择当中,选择合适的广告材料与工艺可能产生最好的表达效果,还可能大大降低广告成本。

另外,创意人员懂一点数学与统计方面的知识也有很大的好处,可以防止市场上一些不科学、不严谨的统计数据误导广告的创意过程。

（二）创意人员的素质

作为一个成功的广告创意人员，良好的观察与直觉能力、创新与审美能力、形象表现与文案写作能力是必不可缺的基本素质。

1. 观察与直觉能力

观察是人们有计划、有目的、有步骤的知觉过程，任何正确的判断和断定都以细致而有效地观察分析为前提条件。广告人必须具有敏锐的观察力，能敏锐地捕捉日常生活中的一些有趣、有意义的细节，并将其同创意相联系；同时还要对各类新的知识、技术和科学信息保有强烈的好奇心，对新事物有自己独特的感受力与判断力，永远走在时尚的前列。

直觉属于判断能力中的一种，人的直觉力是在一种潜在的直觉基础上做出判断的能力。直觉判断并不是按照一个步骤接着一个步骤的方式达到，而是顷刻之间达到的，直觉判断是把一大堆具有代表性的资料平行地纳入考虑之中，而不是分别去考虑各个因素。直觉顿悟的闪现，几乎总是出现在那些经常中断的地方，或者与实际有差异的地方。不能否认，对于经验丰富的创意人员，思考过程的艰苦程度比没有经验的人要低得多，他们对于广告该怎么说几乎有一种"直觉"，令他们能快速分析资料，很快找到求得灵感的门径。然而直觉并非来自天赋，而是来自丰富的经验，只有拥有很高专业素质和长期经验的人，才能进行这种高密度、高速度的信息处理，并产生正确的结果。因此广告创意人员应该通过努力积累知识与经验来提高自身的直觉力。

2. 创新与审美能力

广告创意就是要在广告中运用与众不同的手法去表现产品或服务，让人们在视听享受中接受产品或服务。创意人的创新能力与审美能力来自其深厚的知识底蕴与丰富的经验，例如广告中的创新有时并不是要求创造一种从未有过的表现形式或内容，而是可以用旧的元素进行新的组合，让消费者在熟悉的情境中发现新意，这种使旧元素之间产生关联的手法就是对原有知识的综合应用，创意人头脑中的旧元素越多，可供联系的元素就越多。审美能力不是一蹴而就的，而是在不断的学习中逐步完善的，创意人卓越的审美能力可以使广告创意不落俗套，使消费者在获得广告信息的同时也体验美感享受。广告活动中的立意与形式也要符合审美的规范。广告人在对广告活动创新的过程中，必须从美的角度去审视、分析、检测与评估广告表现是否给社会广泛的受众以美感。

3. 形象表现与文案写作能力

广告创意人员中的设计人员需要的是对事物形象的表现能力。形象表现就是指以点、线、面、形、色彩等形式来对广告主题和内容进行表现和反映，形象表现最突出的特点就是形象的鲜明性。

广告创意人员中的文案撰稿人需要专业性的文案写作能力。文案写作是广告人以语言符号对广告主题和创意进行表现，文案写作最突出的特点就是语言表达清晰准确，并给人留下思索的空间。

五、广告创意应当注意的问题

（一）广告创意应当立意新颖奇特，但不得离谱

广告创意要有创新精神，新奇的广告能够有效地吸引消费者的注意，但创新并不意味着哗众取宠，过分的"怪异"、"离奇"，一方面会给消费者理解广告带来障碍，另一方面也会有损品牌形象，人们一般对超出他们认知范围的事物怀有戒备心理。

（二）广告创意要有艺术性，但并不是纯粹的艺术

广告创意对审美的要求体现了广告创意的艺术性，但广告是一种商业行为，其最终的目的是为了或近或远的销售，因此广告不是一种纯艺术。广告人在进行广告创作时要以产品或服务为出发点，围绕既定的广告主题展开创作，而不能随意想象。夸大广告的艺术功能以至于超越了它的经济功能，是对广告基本功能的背离。艺术活动可能是一种主观的创作活动，可能不受社会实践的检验，但广告活动必须接受社会大众的检验，这一点是由广告的经济行为特性所决定的。以为广告是纯粹艺术的人，应当补充经济学与广告学基本原理方面的知识。

（三）广告创意应当突出主题，不要喧宾夺主

在广告创意中，主题的突出程度与传播效果成正比，无论是广告表现中的前景还是背景、人物还是道具，都应以突出主题为根本任务，通过综合表现把广告对象注意的焦点集中在广告主题上。但是，在许多广告创意的表现上，作为映衬、烘托的因素，可谓琳琅满目，而把广告的主体冲到一隅，造成主次不分和宾主混淆。造成这种混乱的原因，一是在广告创意表现上主次区分不明显，把主体部分混同一般，对主客体一视同仁，客主混沌一片；二是反客为主，次要部分赫然入目，而主体部分极不显眼，置于从属地位，导致喧宾夺主。

（四）广告创意要表现文化精华，而不能污染文化

广告创意是对社会文化的整合，又是对社会文化的创造，更是对社会文化的传播。广告创意应该表现社会文化的精华，促进精神文明的发展和传播。

在现实中，我们经常看到广告表现诸如男尊女卑、性别歧视、官本位崇拜等现象，这

些广告不但没有表现文化的精华,反而是对文化的污染。实际上,正是创作人员在创作过程缺少社会责任感造成了这一类问题。

 小资料9-1:詹姆斯·韦伯·扬的广告创作五阶段论[①]

著名广告大师詹姆斯·韦伯·扬在他的《怎样创作广告》一书中,对产生创意的方法和程序进行了生动的描述,在广告行业影响很大。

第一步,收集原始资料

这是一件我们永远想规避的、相当烦人的琐事杂务。很多时候,人们都把应该用于收集原始资料的时间花在心不在焉地发呆上,不去有系统地完成收集原始资料的任务,却以无所事事的空想等待灵感的降临。

我们必须收集的资料有两种:特定的资料和一般的资料。特定资料是指那些与产品有关的资料,以及那些你计划销售的对象的资料。我们不停地说了解产品和消费者的重要性,却很少在上面做出努力。

与收集这些特定资料同等重要的是,不断收集一般资料,每一位真正具有创造力的广告人,都具有两个重要的性格特征:普天之下,没有什么题目是他不感兴趣的;他广泛地浏览各个学科的所有资讯。

这种过程与万花筒中发生的组合相似。万花筒中放置的玻璃片数目越多,产生新组合的可能性越大。

在进行广告创意之前进行特定资料的收集是暂时性的工作,但一般资料的收集却是终生的工作。关于资料的收集,我有两个实际的建议:

1.如果你要对特定资料的收集做大规模的工作,卡片索引方法是很有帮助的。准备一些有槽格的白卡片,把你收集到的特定的资讯写在上面,再根据不同的题目进行分类。这种方法不仅可以使你的工作变得有秩序,还可以暴露你所缺乏的知识。

2.如果你要收藏某些类别的一般资料,使用剪贴簿或者文件夹是很有用的办法。

第二步,检查资料

在收集完资料后,你就开始用心智的触角到处加以测试,寻求那些知识之间的相互关系,使每一件事物都能像拼图玩具那样,寻找到一个适当的组合。在这一过程中,有两件事情会发生:

1. 你会得到小量的不确定的或者部分的不完整的创意,把这些都写在纸上,不管它们是如何荒诞不经或者残缺不全,这些都是真正的创意即将到来的预兆,把它们都记

---

① 高志宏,徐智明著.广告文案写作.北京:中国物价出版社,2002

下来能促进这个过程的进展。

2. 渐渐地,你会对拼图游戏感到厌倦,你不要过早地产生厌倦,至少要追求第二波内心活力的到来。

然而,不久之后,你将达到绝望的阶段,你的心中一片混乱,在任何地方都不能清楚地洞察。如果你确信已经坚持做好你的拼图,现在你就可以进入第三阶段了。

第三步,消化和潜意识的创作

达到第三阶段时,你可以完全放弃问题,并转向任何能刺激你的想象力和情绪的事,比如听音乐、看电影或者读侦探小说等。这个阶段,是对你前两步所得到的结果进行消化的过程。你听其自然,但让胃液刺激它们的流动。

第四步,产生结果

经过了消化的步骤,创意很可能会突然出现。它会在你最意想不到、而且根本没有期望它出现的时候出现。刮胡子的时候,洗澡的时候,或者清晨半梦半醒的时候,也许它会在夜半时分把你唤醒。

第五步,形成和发展创意

在这一阶段,你一定要把你可爱的新生创意拿到现实世界中去,你会发现它可能并不像初生时那么奇妙。它还需要你做很多耐心的工作,以适应实际状况。不要犯把好的创意秘而不宣的错误,要把它交给有经验的批评者审阅。你会发现,好的创意好像具有自我扩大的本质,它会刺激那些看过它的人对它加以增补。

本章要点:

广告定位是指通过广告活动,广告主确定企业或品牌在市场上以及在消费者心目中的位置的一种策略。

本书介绍了广告定位思想的三个起源:一是"独特销售"学说,即消费者在接受广告信息的时候,只倾向接受广告信息的某一个方面,比如某一强有力的主张,或某一观念和概念,因此,广告要给消费者一个强有力的主张或一个许诺,这些主张或许诺是其他商品所不具有的。二是奥格威的"商标形象论",他认为消费者购买商品主要依据于头脑中对商品形象的认知,消费者所购买的是商品的商标,消费者因为商品的商标而对该商品产生购买的欲望,商品的功能等因素处于其次的地位。三是阿尔·里斯和杰·特劳特的定位概念,"定位从产品开始,可以是一种商品、一项服务、一家公司、一个机构,甚至于是一个人,也许可能是你自己,但定位并不是要你对产品做什么事。定位是你对未来的潜在顾客心智所下的工夫,也就是把产品定位在你未来潜在顾客的心中"。

广告定位有三大理由：第一，大量产品被制造并向消费者推销，广告信息大爆炸，人们记忆容量的有限性等因素是广告需要定位的原因，准确的广告定位有利于消费者识别商品。第二，消费者对品牌识别存在"印刻效应"，最先进入头脑的品牌具有很多的优势。第三，消费者存在各种各样的需要，对商品抱有各种各样的期望，定位策略可以满足消费者的多种需要和期望。

广告定位大致分为产品定位和企业形象定位两大类。其中产品定位又可以细分为：市场领导者定位、市场跟进者定位、品名定位、品质定位、价格定位、功效定位、空档定位与逆向定位等。

广告创意是创意人员在研究分析市场、产品和广告对象的前提下，根据广告主的营销目标，以广告策略为基础，使用各种有效的艺术手法传达广告信息的创造性思考过程和创作结果。优秀的创意有助于广告活动达到预定的目标，增强广告告知与劝服的能力，有助于使企业或产品在消费者心目中保持较高的地位。

广告创意具备六个特征：一是广告创意以广告主题为核心；二是广告创意以广告对象为基准；三是广告创意以真实性为生命；四是广告创意以新颖独特为宗旨；五是广告创意以情趣生动为手段；六是广告创意是原创性、指向性和震撼性的综合体。在广告创意的流程中，创意简报是指客户人员或策划人员将创意策略用准确简洁的语言通报给创意人员的简要报表，具有重要的功能。

常见的创意思维方式包括：形象思维与抽象思维、顺向思维与逆向思维、垂直思维与水平思维、头脑风暴法等。常见的创意表现手法包括：情报型、情感型、故事型、比较型、推导型、生活型、抽象型等。

创意人员应当具备的知识，包括产品与服务、市场营销、人文习俗、美学艺术、科学技术等方面的知识。一个成功的广告创意人员，其良好的观察与直觉能力、创新审美能力、形象表现与文案写作能力是必不可缺的基本素质。

广告创意中应当注意：广告创意应当立意新颖奇特但不得离谱，广告创意要有艺术性但并不是纯粹的艺术，广告创意应当突出主题但不要喧宾夺主，广告创意要表现文化精华而不能污染文化。

本章思考题：

1. 广告活动中为什么需要进行定位？
2. 广告定位的背景是什么？
3. 产品定位主要包括哪些具体的定位方式？请运用你的知识作详细解释。

4. 运用你已经掌握的广告知识,解释广告创意的含义。

5. 广告创意的特征包括哪些方面?

6. 广告创意的思维包括哪些形式? 请详细解释。

7. 广告创意人员应当具备哪些基本知识和素质?

8. 广告创意应当避免哪些问题?

本章建议阅读资料:

1.(美)Al Ries. Positioning:the battle for your mind. New York:McGraw-Hill,2001

2. 何洁等著. 广告与视觉传达. 北京:中国轻工业出版社,2003

3.(美)劳伦斯·明斯基,埃米莉·桑顿·卡尔沃著. 如何做创意. 钱锋译. 北京:企业管理出版社,2000

4. 郭肖华主编. 广告创意训练教程. 北京:高等教育出版社,2000

5. 丁邦清,程宇宁. 广告创意. 长沙:中南大学出版社,2003

第十章

广告设计与制作

本章提示 ▶ 广告设计与制作是用具象的图像、文字、符号和音乐对广告创意概念加以表现，属于广告运作中的"执行"部分。可以说，广告策划及广告创意最终是否能够完美地展现在广告对象面前，取决于广告设计与制作水平的高低。本章简要介绍了广告文案的基本概念、构成元素及撰写要点，并介绍了电子广告和平面广告的设计方法和制作流程。

第一节　广告文案写作

一、广告文案的概念

（一）"文案"一词的来源

"广告文案"一词译自英文 advertising copy，"文案撰稿人"的称呼，则译自英文 copywriter。资料显示，从 1880 年开始，"广告文案"一词在美国已经有人使用，而且出现了专门的广告文案撰稿人。

美国第一位专业广告文案撰稿人是约翰·鲍尔斯。鲍尔斯 1837 年出生于纽约州中部的一个农民家庭，19 世纪 70 年代后期在纽约城为一家叫做洛德和泰勒的百货店撰写过广告文案。他的广告引起百货业中颇有地位的"大货栈"的老板、费城的约翰·沃纳马克的注意。1880 年约翰·沃纳马克聘请鲍尔斯到费城专门为"大货栈"写广告，这一年被美国广告史学家称为美国广告专业撰稿人出现的年份，鲍尔斯则是美国的第一位专业广告文案撰稿人[①]。

1979 年中国大陆广告业复苏之后，我国学者开始对广告学进行独立、系统地研究，但当时的广告学著作中对广告文案的称呼并不统一，例如将广告文案称为"广告文"、"广告文稿"，或将广告作品中的语言文字部分与画稿统称为"广告稿"，还有的将英文 advertising copy 直接译为"广告拷贝"。

近些年来，随着中国大陆广告界与海外广告界交流的频繁，广告人对广告学的认识更加深入，概念的使用也更加规范，广告中语言文字部分的名称由此统一为"广告文案"，而其写作者则被称为"广告文案撰稿人"。

（二）广告文案的定义

根据广告界对广告文案的一般理解，我们将广告文案定义为：

> 广告文案又称文案，即由广告作品中出现的全部语言文字符号所构成的整体。

这一定义明确了这样两个问题。

[①]　晓玲. 约翰·鲍尔斯——美国第一位专业广告撰稿人. 国际广告，1992，2

1. 广告文案是广告作品中出现的全部语言文字符号

广告作品中的语言文字符号有多种表现途径,有的是直接以广告语、广告标题、广告正文、广告随文的形式出现的,很容易辨认;有的则出现在广告作品的图片中,成为图片的一部分表现符号,经常被人们忽略,如图 10-1 中的广告作品,图片中杂乱排列的语句其实也是文案的一部分。

在电视广告中,广告文案的表现形式更为丰富,有的作为画外音出现,有的是剧中人物的对白,有的以字幕的形式出现,这些语言符号共同构成了广告作品中的文案部分。

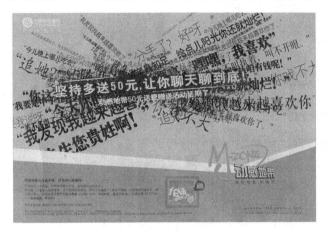

图 10-1　动感地带平面广告

2. 广告文案中的各个部分之间应保持关联性,成为一个整体

广告文案具有独特的、完整的结构。一般文体的文本,仅由标题和正文组成,而广告文案则主要包括标题、广告语、正文、随文四个部分,各个部分分别承担不同的职能,共同构成广告文案独特、完整的结构。这种独特的结构可以使信息得到合理的组织,使需要突出的信息得到充分的表现,使广告达到最佳的传播效果。

(三)如何正确理解广告文案

1. 广告文案是一种利用语言文字符号进行信息传递的"手段"

广告作品中的信息传递主要通过两种途径,一种是利用图片或画面直观地展现产品的外观以及功用;另一种是通过语言文字符号来传递产品及其相关信息。在广告信息的传递过程中,语言和文字是最有效的信息载体。据调查,广告效果的一半来自广告中的语言文字。因此,广告文案撰稿人应试图通过各种手段来丰富广告文案的创作,使文案呈现出不同的形态,或朴素、或华美、或凝重、或幽默……这些丰富的文案形式应该在更贴近消费者、更能突出产品特点的基础上使广告作品更为有效。参见小资料 10-1:

奥格威对好广告的看法。

然而在形式创新、内容精雕细琢的同时,广告文案的创作不能偏离广告的本质,即信息传递。广告文案写作,既不是让消费者进行文学作品欣赏,也不是让文案撰稿人施展文学才华或抒发个人情感,而是要将诉求对象的注意力引向产品。广告文案要在有效地传达产品信息的基础上,引起消费者对产品的兴趣,激发其购买欲望,最终促成销售。因此文案撰稿人一定要牢记广告文案是一种信息传播的手段,在创作的过程中不能陷入对语言或文字的雕琢,而应该在充分了解产品和消费者的基础上,精研如何与消费者进行有效的、人性化的沟通。

2. 广告文案的创作是在整体创意限定下进行的

广告文案的创作要新鲜、独特、富于创意才能吸引消费者的注意,这是毋庸置疑的。但文案的创意不是撰稿人想象力的随意驰骋,而是在广告活动整体创意概念的指导下完成的。广告文案的创作实际上是将创意概念融入文案之中,借助语言文字的力量,将创意概念发挥到极致。

3. 广告文案与图片运用不同的符号传递信息,共同构成广告作品

广告作品中的语言符号与非语言符号共同构成广告作品,和谐一致地传达信息,因此在广告文案的写作过程中,不应只关注文案自身的创作,同时也要考虑文案如何与画面相配合,共同进行信息的传递。

如图 10-2、图 10-3,广告作品中图片部分表现的是一幅幽默怪诞的情景,而文案则

图 10-2　标题:老虎的皮也有和毛　　　　图 10-3　标题:大西洋的鲑鱼可以跳
一样的斑纹(DISCOVERY 频道平面广告)　　4.5 公尺高(DISCOVERY 频道平面广告)

对其进行了理性的阐释。图片与文案共同传递了一个信息：DISCOVERY 频道以探索人类未知领域为独特的频道定位，并以寓教于乐的方式传递信息。

二、广告文案的结构

广告作品中的创意表现会使人产生一种印象，即在广告创作中不能遵循任何规律，否则就会陷入陈腐的藩篱，广告文案的创作如果按照一定的结构去写，则会像创作"八股文"一样愚不可及。事实真的如此吗？我们先来阅读案例10-1中的两段文字。

案例 10-1　香港旅游发展局平面广告文案

（一）

缤纷冬日　香港制造

"圣诞奇妙乐园"内的"千色许愿树"熠熠生光，点亮一颗颗心愿。您何不也来许个愿，说不定心愿就成真呢！古老的历史建筑和摩天巨厦环抱缤纷亮丽的"千色许愿树"，是您拍照的理想背景。

漫步在"圣诞许愿廊"内，摇动铿锵悦耳的圣诞铃，细赏美仑美奂的节日装饰，尽享香港散发出的节日温暖和幸福。

皇后像广场内漫天色彩，缤纷灯影，仿如童话世界，众多友善可爱的圣诞老人唱圣诗、耍把戏，还有各种圣诞树，带给您和孩子们无穷欢乐。

节日期间，全城大小商店冬季大减价，格外诱人的价格，让您购物大满贯。逛累了，就选一家精美餐厅享受香港冬季特色美食！

选购礼物还没有头绪？快快索取《香港缤纷冬日节　旅客尊赏护照》，参考由"优质旅游服务"计划认可商户提供的购物创意指点。

2003年12月20日起，每晚8：00至8：20在维港进行多媒体灯光音响汇演，同时2003年12月20日至2004年1月18日在大厦顶层进行烟火表演。理想观赏地：尖沙咀沿岸。

2003年12月16日至2004年2月1日在中环添马舰举行环球嘉年华盛典，开放时间：中午12时至晚上11时。

还有更多特色旅行团："维港夜风情"、"天星小轮维港游夜游通"、"敞篷巴士赏灯夜游"、"香港海龙游——夜游青马大桥"以及其他精彩旅行团……

（二）

缤纷冬日　香港制造

香港缤纷冬日节

"圣诞奇妙乐园"内的"千色许愿树"熠熠生光，点亮一颗颗心愿。您何不也来许个愿,说不定心愿就成真呢!古老的历史建筑和摩天巨厦环抱缤纷亮丽的"千色许愿树",是您拍照的理想背景。

漫步在"圣诞许愿廊"内,摇动铿锵悦耳的圣诞铃,细赏美仑美奂的节日装饰,尽享香港散发出的节日温暖和幸福。

皇后像广场内漫天色彩,缤纷灯影,仿如童话世界,众多友善可爱的圣诞老人唱圣诗、耍把戏,还有各种圣诞树,带给您和孩子们无穷欢乐。

节日期间,全城大小商店冬季大减价,格外诱人的价格,让您购物大满贯。逛累了,就选一家精美餐厅享受香港冬季特色美食!

选购礼物还没有头绪?快快索取《香港缤纷冬日节 旅客尊赏护照》,参考由"优质旅游服务"计划认可商户提供的购物创意指点。

盛事一览

* 幻彩咏香江

2003年12月20日起,每晚8:00至8:20在维港进行多媒体灯光音响汇演,同时2003年12月20日至2004年1月18日在大厦顶层进行烟火表演。

理想观赏地:尖沙咀沿岸。

* 环球嘉年华

2003年12月16日至2004年2月1日在中环添马舰举行。

开放时间:中午12时至晚上11时。

* 更多特色旅行团

"维港夜风情"、"天星小轮维港游夜游通"、"敞篷巴士赏灯夜游"、"香港海龙游——夜游青马大桥"以及其他精彩旅行团……

以上活动内容如有更改,恕不另行通知。

更多详情,请浏览 DiscoverHongKong.com 网站。

请不要错过2003年11月19日至2003年12月23日的"香港——乐在此·爱在此!"网上游戏,您有机会赢取港龙免费往返香港机票哦。

通过对比以上两则文案我们可以发现,第一则文案将冗长的信息糅杂在一起,给人一种混乱的感觉,虽然陈述准确,但却无法引起人们注意并记住其中的重要信息。

第二则文案通过一些标题的使用,以及对信息的有效提炼,借助一些强化信息的元素,使同样的内容变得较为有层次,重要信息得以突出。

第一则只能算是一般陈述性文字,而第二则可以说是比较成熟的广告文案,见图10-4。

因此无论是站在广告主传达广告信息的立场,还是站在广告受众接收广告信息的立场,广告文案要达到预期的传播效果,一定要按照特定的结构来撰写。

图 10-4　香港旅游发展局平面广告

广告作品中的语言文字符号一般可以分为四部分：广告语、广告标题（有时还有副标题、醒题）、广告正文、广告随文，见图 10-5。

图 10-5　红牛饮料平面广告

（一）广告语

广告语又称广告口号,它是企业精神理念的提炼,是品牌核心价值的体现,是为了加强诉求对象对企业、产品或服务的印象而在广告中长期、反复使用的简短的口号性语句。

广告语基于长远的销售利益,向消费者传达一种长期不变的观念。我们熟悉的广告语有耐克的"Just do it"、雀巢咖啡的"味道好极了"、诺基亚的"科技以人为本",等等,它们在长期使用的过程中都对消费者产生了潜移默化的影响。产品在不断的更新换代,但广告语所传递的企业精神及品牌文化却是长久不衰的。

广告语一般无关企业的短期目标,它注重的是企业的长远利益。广告语传播品牌的核心特性,是消费者对一个品牌的广告印象最深刻、记忆最长久的部分,可以说是品牌标志性符号的一部分。从传播作用来看,它与品牌标识同样重要。

广告语的创作一般可以从这样三个方向考虑:

1. 企业形象

包括企业的核心理念、企业的历史、企业的优势等。

如:让我们做得更好(飞利浦)——企业的核心理念;

科技以人为本(诺基亚)——企业的核心理念;

为了更美好的明天(杜邦)——企业的核心理念;

四十年风尘岁月,中华在我心中(中华牙膏)——企业的历史;

合力智慧,创新无限(华为3COM)——企业的优势。

2. 品牌形象

包括品牌的独特定位、品牌的个性与观念、品牌的情感关联。

如:只溶在口,不溶在手(M&M巧克力豆)——产品差异定位;

百事——新一代的选择(百事可乐)——使用者定位;

容声,容声,质量的保证(容声冰箱)——品质定位;

Just do it（耐克)——品牌精神与消费者个性;

卓然出众,彰显尊荣(上海大众·桑塔纳2000)——品牌所代表的地位和消费者追求卓越的心理;

不在乎天长地久,只在乎曾经拥有(铁达时表)——爱情观念的沟通;

同声同气,酒逢知己(金牌马爹利)——归属感;

非常可乐,中国人自己的可乐(非常可乐)——民族自豪感;

海尔,中国造(海尔电器)——民族自豪感。

3. 产品特性

包括产品独有的优势、产品能提供给消费者的利益。

如：当天牛奶当天到，三元牛奶新鲜屋（三元鲜牛奶）——性能优势；

清新爽洁不紧绷（碧柔洗面乳）——性能优势；

纯天然——江中制药（江中集团）——材质优势；

要想皮肤好，早晚用大宝（大宝护肤品）——利益承诺；

巧妇用巧手，清洁是好手（巧手洗衣粉）——利益保障。

（二）标题

标题是每一个广告作品为传达最重要或最能引起广告对象兴趣的信息，而在最显著的位置以特别的字体或特别的语气突出表现的语句。

关于标题的重要性，广告大师大卫·奥格威有一段经典的概括："标题是大多数平面广告最重要的部分。它是决定读者读不读正文的关键所在。读标题的人平均为读正文的人的 5 倍。换句话说，标题代表着为一则广告所花费用的 80％。在我们行业中，最大的错误莫过于推出一则没有标题的广告。"

标题与广告的具体内容密切相关，它不需要建立长期的印象，只追求即时效果，为的是让消费者在接触到广告的一瞬间就被广告所吸引，见图 10-6、图 10-7。

图 10-6　佰诚招聘平面广告

图 10-7　佰诚招聘平面广告

标题的内容一般可以从以下四个方面考虑：

1. 广告作品所要传达的最重要的信息。例如企业需要消费者了解的重大事件、企业产品的重大改进或新产品的推出、产品价格的调整、销售渠道或销售方式的调整，等等。

2. 与广告对象切身利益关系最密切的信息。例如价格折扣、礼品促销、产品的新功能、服务的新项目，等等。

3. 最有趣味性的信息。例如与企业或产品相关的故事、传说、新闻、消费者或者名人的证言，等等。

4. 竞争对手忽略了的重要信息。

为了使标题能有效地吸引消费者的注意力，内容与形式上的创新是必不可少的，因此在标题创作过程中，需要注意以下问题。

首先，在内容上应该注意：

（1）要紧扣创意。广告标题应该是创意概念最直接的体现，应该直指创意核心。如图 10-8 中的日丰管广告标题"日丰管，排水快得像飙车"，直接点出了广告创意的核心，即突出日丰管排水快这一特点。

图 10-8　标题：日丰管　排水快得像飙车（日丰管平面广告）

（2）信息要集中于一点。广告标题中所传递的信息必须是惟一的，这样才能让消费者有深刻的印象。例如康柏电脑一套以完善的售后服务为诉求重点的报纸广告，标题分别说：

从现在起，每部康柏电脑背后，都有强劲售后服务支援。

媲美康柏授权维修中心的服务速度。（画面为飞奔的雪豹）

媲美康柏授权维修中心的细心态度。（画面为母袋鼠袋中藏着小袋鼠）

媲美康柏授权维修中心的网络分布。（画面为遍布山坡的兔洞）

第一条标题泛泛而谈，后三条分别集中于"速度"、"态度"、"网络分布"，而且与创意紧密配合，每一则标题的信息传达都是单一的，而整个系列的广告共同构成了康柏完善的售后服务形象。

其次,在形式上应该注意:

(1)要避免表达过于直白。在进行标题创作的时候,应该尽量避免使用人们最常见的手法。例如立顿黄牌袋泡茶平面广告标题"世界杯热潮中,有一张时刻受人欢迎的黄牌",巧妙地借用足球比赛中不受人欢迎的黄牌,对比中包含幽默。又如保时捷汽车的一则广告标题"它就像孩子,你还没有就不会理解拥有的感觉",温馨而又深刻,令人回味。

(2)要使用个性化的语言。例如周大福 K-gold 金饰的一则广告标题"因为我的 K-gold,我要向酒吧里所有受冷落的女士说抱歉"。言语中看似带有歉意,实际上将女性佩戴 K-gold 金饰后的自信表达得淋漓尽致,见图 10-9。

图 10-9 标题:因为我的 **K-gold**,我要向酒吧里所有受冷落的女士说抱歉
(周大福 **K-gold** 金饰平面广告)

(3)语言应简洁凝练。广告标题虽不必像广告语一样长久使用,易于传颂,但对语言的认真锤炼仍是必须的。无论长短,标题的遣词造句应该尽量简洁凝练,让消费者一目了然。例如南方航空公司的广告用"精心"与"细心"作为标题,高度概括了该航空公司为客户服务的认真态度,见图 10-10、图 10-11。

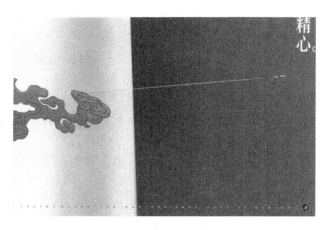

图 10-10　标题：精心（南方航空公司平面广告）

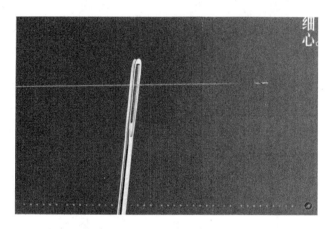

图 10-11　标题：细心（南方航空公司平面广告）

（三）正文

正文是广告作品中承接标题，对广告信息进行展开说明、对诉求对象进行深入说服的语言或文字内容。

广告标题由于篇幅有限，一般无法传递关于企业或产品的完整信息，而这部分信息实际上正是广告内容的重心，是诉求的主体，因此为了能将标题所吸引的消费者的注意力保留住，绝不可忽视广告正文的创作。

由于广告运作的目的各不相同，广告正文的具体内容也是千变万化的。有的是对标题承诺的阐释或证实，有的是对企业、产品或服务的特性的说明，有的是传递有关促销活动的特定信息,等等。

案例 10-2　ADSL 平面广告文案(见图 10-12)

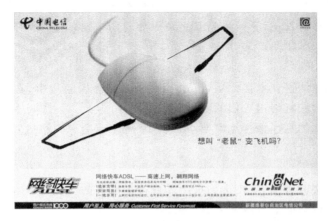

图 10-12　中国电信 ADSL 平面广告

主标题:想叫"老鼠"变飞机吗?

副标题:网络快车 ADSL——高速上网,翱翔网络

正文:无论视频点播、网络游戏、远程教育还是实时炒股⋯⋯网络快车 ADSL 都将令你梦想——成真。

"独享宽带":线路专用,不受用户增加影响。飞一般速度,最高可达 8Mbps。

"安装简易":不需重新铺设线路。

"一线多用":上网打电话同时进行,也可多机共享,特别适合中小型公司,上网发烧友及家庭用户。

案例 10-2 中的正文揭开了标题中隐含的悬念,对产品特性进行了理性的阐释。

案例 10-3　安利(中国)公司报纸广告文案

主标题:一个待人以诚的真实故事。

副标题:得了全世界的钱也未必快乐,看着别人一天一天好起来,心里却有着无限的满足。

正文:余先生夫妇加入安利已逾十年,是安利大家庭中的长辈,他们的长者风范温暖着每个人的心。最初,余太太加入安利当直销员,任职商行经理的余先生曾为此大表反对,认为不值得为那些"鸡毛蒜皮"的酬金而累坏了身子。但余太太的想法却不一样,她说加入安利不全为钱,能够帮助他人达成心中理想,才是最大报酬,目睹自己朋友的生活得以改善,心中的喜悦实在难以形容。他们待人以诚也赢得了别人的爱戴:有陌生的安利朋友在滂沱大雨中递上雨伞;有家在别处的直销员特意登上他们搭乘的班车,为的只是短短车程的片刻交流……这些种种,都丰富着余先生夫妇的人生,更叫他们立志紧守安利的事业,十年如一日,永不放弃。

广告语:接触真诚,同享丰盛。

案例 10—3 中的正文承接标题,讲述了一个温馨感人的故事,在娓娓叙述中,我们可以感受到安利大家庭带给人们的温暖。

关于广告正文的写作请参见本节小资料 10—2:大卫·奥格威对正文写作的要求。

(四)随文

随文又称附文,是广告中传达购买产品或接受服务的方法等基本信息、促进或者方便诉求对象采取行动的语言或文字。

随文中一般包括这样一些内容:

1. 购买商品或获得服务的方法;

2. 权威机构证明标志;

3. 用于接受诉求对象反应的热线电话;

4. 网址;

5. 直接反应表格;

6. 特别说明;

7. 品牌(企业)名称与标识。

随文一般出现在印刷广告的最下角位置,在电子广告中一般出现在广告的末尾。随文部分中独立出来的信息,一方面使得标题、正文部分可以以更为自由的方式展现广告创意;另一方面也为消费者寻找购买信息提供了方便。

需要注意的是,上述广告文案四部分内容并不一定要全部具备,具体表现形式要依媒体类型的不同以及创意的个性化而定。

在平面广告作品中,广告文案主要以文字的形式出现。广告文案被安排在同一版面空间,并按照消费者的阅读习惯进行排列,因此广告文案结构中的各部分基本上清晰可辨。广告语通常与品牌标识相伴,放在一个对该品牌广告而言相对固定的位置。标题一般出现在广告中最突出的位置,或仅次于图片的位置。标题的字体字号通常也比较醒目,能够吸引消费者的目光。正文一般放在版面中心位置,或图片下方,采用字号较小但容易阅读的字体。而随文则一般处于广告版面最下方或右下角。

但近些年来,由于围绕在消费者身边的广告越来越多,为了能有效地吸引消费者的注意，让他们在最短的时间里了解产品信息，广告越来越注重图片的视觉冲击力与制作的精美。因此在平面广告中出现了图片所占比重越来越大而文案则越来越少的趋势，有的广告作品中文案几乎只剩下广告语或品牌名称，见图 10-13、图 10-14。这对广告文案创作的精准性提出了更高的要求。

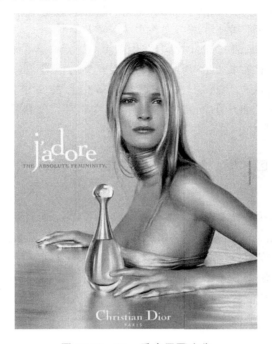

图 10-13　Dior 香水平面广告

图 10-14　益达口香糖平面广告

电视广告因为拥有声画同步的特点而成为广告主青睐的媒体。在电视广告作品中,文案以人声和文字两种方式出现。其中人声又包括画外音、片中人物语言、广告歌词等形式;文字主要指字幕以及广告画面中出现的相关文字。文案与画面、音乐、音响等非语言符号共同传达信息。由于电视广告的传播符号以时间为顺序编排,除广告语一般在广告结尾出现,标题、正文和随文的区分不是很明显。

在单纯诉诸听觉的广播广告中,文案以人声(人物独白式对话、解说词、广告歌词)的形式与音乐、音响等非语言符号共同传达信息。广播广告的内容也按照时间顺序编排。广告的第一句话往往提出问题或者突出最重要的信息,具有标题性质。接着展开正文。然后是对购买地点、购买方法、服务热线等信息的突出强调,最后出现广告语。为了区分和突出一条广告中的不同信息,广播广告通常会安排不同人物的对话,并且加入丰富的语气、语调变化。

案例 10－4　台湾地区 PUMA(彪马)运动鞋广播广告文案

（男声）

我是个庸庸碌碌的上班族。不过在平淡的生活中,我倒有一件法宝——PUMA。

星期一,我喜欢走仁爱林阴道来公司,藉以平和我的"星期一忧郁症"。

星期二,故意挑公司后的小巷道,多绕些路,只为了听听附近住家起床号的声音。

星期三,我会从小学旁经过,看看年轻的生命活力,顺便感怀一下我已消逝的天真童年。

星期四,我索性来一段慢跑。

（口白渐弱）

广告语:快乐的走路族——PUMA——彪马运动鞋。

三、广告文案人员的素质

对于一名广告文案撰稿人来说,活跃的创造力与深厚的专业素养是成功的必备条件。文案撰稿人的专业素养一般包括以下六个方面。

（一）有扎实的语言基础,善于对语言文字做多样化运用

作为一名文案人员,最首要的就是要有扎实的语言基础,能灵活运用各种语言形式与风格进行广告创作。

例如当广告创意要求进行理性诉求时,文案的写作一般会力求严谨,在处理这样的文案的时候,语言使用应尽量准确不夸张,但同时又不能枯燥,例如案例10－5。

案例 10－5　吉列传感剃须刀产品广告文案

标题：惟一能够感知您的脸形并且随之调整的剃须刀。

正文：吉列传感剃须刀，适合于每个男人特性的剃须刀。

它内含双层刀片，各自与高度灵敏的弹簧相连，能够连续地感觉并根据您脸部的不同曲线和独特需要而自动调整。革新比比皆是。其精致的脊部、匀称的造型足使您能体会至深。简单的装卸系统和方便的剃刮功能皆能任您享用。创新还在于剃刀的清洗。其新型刀片的宽度仅为一般刀片的一半——可用水自由冲涤，毫不费力。诸多传感技术的融合，给您富有个性的脸加一把特制的剃须刀——最贴切、最顺滑、最安全、最舒适。

广告语：男人所能选用的最佳剃须刀！

而当广告具体针对某一族群进行信息传递时，文案人员必须熟知这一族群的语言习惯，用他们喜欢、习惯的方式进行信息传递，见案例 10－6。

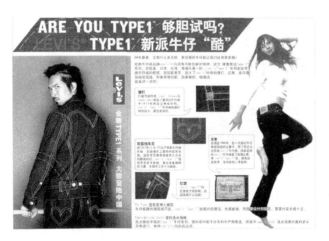

图 10-15　李维斯牛仔裤平面广告

案例 10－6　李维斯新派牛仔裤（见图 10-15）

标题：ARE YOU TYPE1 够胆试吗？

LEVI'S TYPE1 新派牛仔"酷"

正文：2004 年春夏，又有什么更大胆，更创意的牛仔能让我们比明星更酷？

经典牛仔品牌 Levi's 一向具有不断创新的精神，这次隆重推出 Type1 系列，在欧美、日本、台湾、香港风靡一时。Levi's Type1 系列走出传统牛仔裤的框框，搅搅新意思,放大了 Levi's 特有的撞钉、红旗、皮印章、加粗双弧线,形象够创新。如果够胆,够潮流,就来试一试吧。

广告文案撰稿人还须熟知不同媒体的文案写作方式,例如如何写电视广告脚本,如何创作直邮广告,等等。

(二)有良好的知识结构

广告的本质是一种信息传递,广告设计人员运用的是视觉符号,广告文案撰稿人运用的是语言文字符号。能否准确地传递信息,不仅取决于文案人员的语文水平,还取决于他对信息的把握能力,这种对信息的把握能力来自于广告文案人员良好的知识结构,如对市场营销、消费心理学、社会学等方面的知识的综合掌握。例如中兴百货的广告文案,总有一种独特的人文气质,这种人文气质来自于文案撰稿人对社会心理准确的把握,见案例 10—7。

案例 10—7　中兴百货平面广告(见图 10-16、图 10-17)

图 10-16　中兴百货平面广告　　　　图 10-17　中兴百货平面广告

(一)

标题:中国不见了

正文:在世界创意的版图,中国消失了;在国际流行的舞台,中国缺席了;在民族生活的美学,中国不见了;中国的文化自尊,已经沉睡百年;在文学、音乐、美术、建筑上杰作稀少;在流行文化的领域,国际上完全没有属于中国人创意的伸展台，中国不见了，多么令人忧心。值此之际，我们提出"中国创意文化"的理念。不只是新古典的改造传统，不只是后现代的勇于瓦解，而是根本我们要建立，属于中国视野的世界观：中国人的创意、中国人的品位、中国人的自信。在可预期的未来，世界重心将移向亚洲，我们的雄心是重新规划世界流行的蓝图，使中国台北成为全球风潮的新焦点，国际创意的新都会。1989年10月下旬，中兴百货台北店重新改装，敬请期待，寻找中国。

（二）

标题：中国出发了

正文：20世纪90年代，当我们这个社会开始为贫乏的人文素养、饥饿的精神内涵、失落的民族美学而反思的时候，中兴百货也在此时，以"中国创意文化"为新的企业使命，全新出发。借着这一份生活提案，我们希望能带动一种现代中国的生活方式；高品质而不只是高消费；重视创意、培养具有品位的流行态度；更重要的是，找回从容婉约、细致优雅的中国美学自信。为能实践这份使命，我们将倾力支持中国设计师及艺术家从事创作；另一方面，为了替消费者塑造一个真正具有国际视野的购物环境，我们更引进数十个顶尖国际品牌，使长期以来把眼光放在巴黎、米兰、东京的消费者，不再以出国购物为时尚，他们将发现，中兴百货是第一家具有民族美学自觉及风格的国际级百货公司，我们深信，中兴百货的全新出发，将改写国内百货公司的经营史。从此刻起，"百货公司"再也不代表旧有的意义，她再也不只是购物场所，而将全面地介入您的生活情境，扮演着生活美学顾问、国际创意情报媒介、文化活动推动者等诸多角色，丰富中国人的生活创意。中兴百货台北公司改装开幕，献给全国一份中国创意生活提案。敬请期待。

（三）对产品、市场有深入的理解

这是知识和实践相结合所培养出的能力。广告面向消费者，服务于市场营销，仅有关于产品和市场的"知识"还远远不够。广告文案撰稿人必须能够对产品和市场做深入理解，既包括产品和市场的实际操作层面，也包括产品和市场现象背后复杂的相关因素所构成的本质。

（四）对消费者有深入的理解

知识、实践、个人的阅历和感悟，带来深入理解消费者的能力。消费者是社会的人，消费行为与复杂的社会因素、文化因素、家庭因素、个性因素相关，广告文案撰稿人对消费者的认识不能停留在简单描述的层面上，而应该能对每一广告的诉求对象在此时此刻、现实生活中的心理体验及其背后的因素做敏锐、准确的分析和判断。

(五)熟悉广告表现手段

广告文案撰稿人除了要具备一定的文字功底之外,还必须对广告运作的方方面面都有所了解,例如广告文案如何与画面相配合、不同的媒体在信息传播上的特点、广告宣传基本的战略战术。如果广告文案撰稿人缺少对上述内容的了解,只是独自进行创作,这样写出的文案是很难和整个广告作品融为一体的。

(六)善于敏锐地把握创意概念

广告文案的创作要受到整体创意概念的限定,广告文案的内容与形式都必须符合创意概念的要求,这就要求文案撰稿人能够深刻领会创意的概念,避免在写作中出现创作方向上的偏差。

 小资料 10－1：大卫·奥格威对"好广告"的看法

什么是好广告?有三种不同的观点。对什么东西都无所谓的人说,客户认可的广告就是好的。另一种人同意雷蒙·罗必凯的观点:"上乘广告的最好标志是,它不仅能影响群众争购它所宣传的产品,而且它能使群众和广告界都把它作为一件可钦可佩的杰作而长记不忘。"

我创作过广告界"长记不忘"的"可钦可佩的杰作",可是我却属于第三派。我认为广告佳作是不引公众注意就把产品推销掉的作品,它应该把广告诉求对象的注意力引向产品。诉求对象说的不是:"多妙的广告啊!"而是,"我从来没有听说过这种产品。我一定要买它来试试。"

——《一个广告人的自白》

 小资料 10－2：大卫·奥格威对正文写作的要求

1. 不要旁敲侧击,要直截了当。避免"差不多"、"也可以"等含糊不清的语言,因为这些语言通常会被误解。

2. 不要用最高级形容词、一般化字眼和陈词滥调。要有所指,要实事求是,要热忱、友善,使人难以忘怀,别惹人厌烦。

3. 你应该常在你的文案中使用消费者的经验之谈。比起不知名的撰稿人的话,读者更易于相信消费者的现身说法。名人的现身佐证也能吸引很多的读者,如果广告文案写得非常诚实,也不会引起读者的怀疑,名人的知名度越高,能吸引的读者也就越多。

4. 另外一种很有用的窍门是向读者提供有用的咨询或者服务。用这种办法写成的文案比单纯讲产品本身的文案多招徕75％的读者。

5. 我从未尝试过写文学派的广告，我一直觉得这类广告很无聊，连一点事实也没有提供给读者。我同意克劳德·霍普金斯的观点："高雅的文字对广告是明显的不利的因素，精雕细刻的笔法也是如此。它们喧宾夺主地将读者对广告主题的注意力给攫掉了。"

6. 避免唱高调。雷蒙·罗必凯写过有名的格言："任何产品的无价要素是这种产品的生产者的诚实和正直。"

7. 除非有特别的原因要在广告中使用严肃、庄重的字，通常应该使用顾客在日常交谈中使用的通俗语言写文案。

8. 不要贪图写那种获奖文案。我得了奖，我当然很感激，但是那些效绩很好的广告却从来没得过奖，因为这些广告并不是要把注意力引向自身。

9. 优秀的撰稿人从不会从文字娱乐读者的角度去写广告文案，衡量他们成就的标准是看他们使多少新产品在市场上腾飞。

—— 《一个广告人的自白》

第二节　电子广告制作

> 电子广告(电波广告)是指广播、电视等以电子形式传播声音和图像的广告。电子广告与期刊类广告不同，其主要收入来源是广告，因此广告时间就是商业时间，广播、电视的广告统称为 CM(commercial message)。

一、电视广告创作

作为 20 世纪最富影响力的大众传播媒体，电视广告具有视觉冲击力大、感染力强和传播效果广泛的优点。电视广告同时具有制作费用高、成本昂贵、流程复杂的特点。了解电视广告的创作，首先要了解电视广告是由哪些要素构成的。

（一）电视广告构成要素

电视广告由画面、声音和时间三个要素构成。

1. 画面

画面是电视广告传递信息的主要元素。一则电视广告可以没有音乐、音响，但是一定不能没有画面。电视广告就是用场景、动作、色彩、光线、图文等视觉表达形态向广告对象传播产品或企业信息的。21世纪的人们被称为"影像的一代",他们大多是看电视、漫画、戏剧长大的,与他们进行沟通,画面是最容易沟通的工具。无论国籍、年龄、性别、教育程度等,他们更习惯于象征、符号、动画等视觉元素的表达。麦当劳的《婴儿篇》电视广告通篇没有文字说明,然而以画面传播广告信息的方式受到年轻人的喜爱和理解,见图10-18。

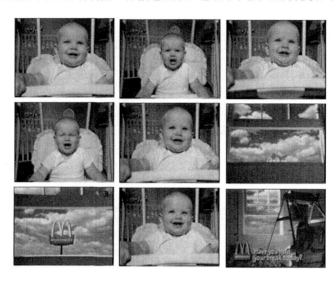

图10-18　麦当劳电视广告《婴儿篇》

　　画面在电视广告创作中的重要地位,要求广告创作人员的画面创作必须保持新鲜,满足观众的观赏兴趣。电视广告通常会采用明星广告、3B(beauty、beast、baby)策略以及著名导演和摄影师制作广告的方式提高画面吸引力。

　　2. 声音

　　声音是电视广告的又一个构成要素。声音包括语言、音乐和音响。

　　(1)语言

　　语言包括广告中演员的对话(演白)和旁白(画外音)。电视广告的三个要素中,语言是正确传达广告内容的最佳工具。使用语言时应注意一定的技巧:

　　① 尽量使用精确、具体的语言进行描述。

　　② 电视广告有时间的限制,必须选择适当的语言,包括长度、字数等。

　　③ 电视广告的语言诉诸听觉,要注意音感与韵律感。

　　总之,电视广告语言尽量避免缺乏新鲜感和吸引力语言。

　　(2)音乐

　　音乐在电视广告中起到吸引注意、传达信息、协助记忆,并产生兴奋或轻松的情绪的作用。此外,音乐还可以提示消费者听到音乐后,回忆起以前接触广告时所储存的印象。

音乐分为广告音乐和广告歌曲。音乐可以提供消费者与商品的想象空间,尤其是现在的观众可以选择大量的电视节目,甚至有人戏称"家庭主妇是用背部看电视",单纯依靠广告语言很难吸引受众的注意力,音乐成为电视广告成功的关键因素之一。

（3）音响

将现实世界中的声音,当成效果音乐的处理,就称之为音响。音响可以加强电视广告的效果,合理使用音响,能够更加巧妙地传达画面和语言等无法传递的信息,提高画面的效果。音响还能够成为表现产品品质和特色的手段。奥迪 A6 汽车的电视广告用两个不同汽车关门的音响效果,突出该汽车不同凡响的品质,甚至突出体现在关门这一细节上。

3. 时间

时间是电视广告独有的特色。电视广告的信息是按照时间的流程进行传递的。画面信息出现的时间不同,画面顺序的前后变动,表达的含义会有很大区别。比如广告先从做激烈的运动开始,再接上喝果汁的镜头,表示"运动过后再喝果汁最够味"。而如果换成先喝果汁的画面,再接上激烈运动的镜头,则代表"喝过果汁后再运动更拿手"。显然产品的作用和广告的含义都发生了变化。而平面广告无法控制读者的阅读顺序,不能用"时间"要素进行传播效果控制。把握时间要素对于电视广告的创作至关重要。电视广告的创作就是在特定的时间内将画面信息、广告语言、音乐与音响恰到好处地组合到一起。

实用小技巧 10－1：杰维勒的成功电视广告原则[①]

（1）开始就引起观众的兴趣,前三秒是关键。

（2）寻找关键的图画。能够将你的整个销售信息囊括在内的场面。

（3）简单。每一个广告中仅仅讲述一个重要的故事。要讲述得清晰、专注,使观众也投入进来。

（4）注意编辑原则。要让观众很容易理解广告的核心思想。

（5）在广告结束时一定要用特写镜头展现产品。

（二）电视广告的类型

最常见的电视广告分类是按照播放类型和制作素材进行分类。

1. 按照播放形态

分为赞助类广告和插播类广告。

（1）节目赞助广告。指广告主为节目提供广告,赞助节目的制作、播出,节目赞助广告可以是企业冠名赞助、电视剧场赞助、节目板块赞助等多种形式。如《百事音乐风云榜》为百事可乐对节目的冠名赞助。赞助广告使广告与节目内容相结合,如邀请节目主持人作为广

[①] 资料来源:（美）威廉 • 威尔斯等著.广告学原理.张红霞,杨翌昀译.昆明:云南大学出版社,2001

告代言人,广告安排时间的自由度较高,可以根据广告主的要求和节目编排更好地安排时间。此外,赞助广告还可以安排较长时间的电视广告,提高广告的信息量,更好地表现主题。

(2) 插播广告。最常见的电视广告形式,又被称为 spot,station break。插播广告在我国有 5 秒、10 秒、15 秒、30 秒、45 秒、60 秒以及一分钟以上等多种形式。其中以 15 秒和 30 秒最常见。

2. 按照制作素材

分为磁带式电视广告,胶片式电视和实况现场播送电视广告。磁带式电视广告 (video CM)目前最常使用,以 Batacam 磁带为主流。胶片电视广告(CF,commercial film)目前已经不再使用。实况现场播送电视广告目前很少使用,只有广播广告在使用。

(三)电视广告的表现形式

电视广告表现是指在确定广告主题的基础上,即依据广告商品的属性、市场的竞争状况、广告目标等制定广告表现的基本方针,在一定的时间中,将广告概念转变成文案和图像的方式传播给广告对象。

1. 产品介绍

将产品作为广告的主角,广告是对产品介绍并说明产品能做什么。新上市的产品或者采用功效定位的产品常常采取这种表现形式。

2. 示范

电视的画面具有强烈的视觉冲击力和一目了然的优势,非常适合进行示范,通过商品介绍人对产品的性能、特点、利益做全面展示。这种类型的广告往往示范者风趣幽默,通过示范过程,消费者会被产品的神奇功效深深吸引。通常示范有以下几种:

(1)象征性的展示;

(2)特别的证明或测试方式;

(3)信息/事实;

(4)并列展示。

3. 问题与解决

提出生活中的某种问题或需求,或者在广告里表现别人的问题。这类问题在广告中经常被夸大。

4. 生活片段

这类广告出场人物多为由专业演员扮演的普通消费者,由演员说故事,演出一小幕戏,让人们和品牌发生关系,随后由产品决定剧情的发展。影片多以问题开场,然后品牌对症下药提出解决方案。情节一般是片中主角有了困难,如头皮屑、汗渍、掉头发等,由朋友或亲戚给他提了一个建议,经过试用产品,困难迎刃而解,表演以成功结尾。

5. 商品介绍人

商品介绍人可以是影视名人、专业权威人士、满意使用者以及销售代表等。其中利用名人效应是最能在短期内吸引注意力的宣传手法,产品知名度可以借助明星既有的知名度和市场价值得以提高。专业权威人士则可以提高产品的可信度,满意使用者能够增加亲和力,深入人心。

实用小技巧 10－2：选择名人做广告的要点

(1) 名人与产品、受众之间必须有一种有意义的关系(或称为匹配);
(2) 了解名人的熟悉程度;
(3) 了解名人的受欢迎程度;
(4) 名人的可信度;
(5) 名人和受众的匹配;
(6) 名人和品牌的匹配程度;
(7) 名人的吸引力;
(8) 其他因素(费用、是否有负面新闻、是否代言多个产品、是否容易合作等)。

6. 塑造角色

塑造角色与采用明星本质上是相似的,通过塑造的角色得到观众的认同而加强对产品的好感。塑造角色还可以不受明星既有形象限制,可以根据产品需要度身订造一个属于自己的角色代言人,自由度更高。

7. 证言

由消费者现身说法,真实地表达出消费者对产品的切身感受,以其引起观众的注意与共鸣。可以采取证言、访谈的方式,也可以采用由 A 消费者告诉 B 消费者的方式。

8. 集锦

电视广告常用的手法,由许多不同的人,相似经验的一连串短接画面组合而成,通常都会配以悦耳的音乐。

9. 故事

故事是通过戏剧性的情节安排和铺陈,巧妙地传递广告主题和广告信息。2000 年嘎纳广告节奔驰汽车的获奖广告即是采取该种表现形式,广告表现的是风雨交加的夜晚,妻子与她的情人约会,说这样的天气丈夫不会回来,此时的丈夫正在驱车的行程,伴随着快速的切换的画面,妻子的不忠与丈夫开车的画面交错出现。丈夫的汽车停在门口,原来是来到情人的家里,情人问"你妻子会等你吗?"丈夫回答"这样的天气不会"。屏幕出现字幕"至少你还有一样东西可以信赖,奔驰汽车"。用戏剧性的故事表达出"只有奔驰汽车是可以信赖的"这一广告主题。

10. 动画式

电脑动画、卡通动画类广告往往是信息复杂的产品或者儿童产品的有效表现形式。随着近些年来动画技术的演进,越来越多的广告主会采取动画制作电视广告,或者在影视广告后期制作时采用动画技术。

11. 幽默

幽默的广告通常最受欢迎。国际广告大赛中得奖的作品中 90% 是幽默的广告。幽默类广告创作难度较大,有时幽默程度不好掌握。

12. 音乐

音乐式广告又称歌谣式。大卫·奥格威说,"当你没的可说了,就唱歌吧"。(When you have nothing to say, sing it.)音乐和广告歌曲可以把产品的特点直接地唱出来,提高歌词的记忆度。20 世纪 80 年代的燕舞收录机广告之所以在当时风靡国内,与使用广告歌的形式密切相关,近几年,张惠妹演唱的雪碧歌曲,王力宏演唱的娃哈哈纯净水广告歌曲等都曾取得不俗效果。广告音乐有三个来源:第一种花费较高,从版权所有人那里购买曲子的使用权;第二种是利用没有版权问题的曲子;第三种是请专人创作音乐或歌曲。音乐式广告可以将整个信息编成歌曲,或者在歌谣中间穿插旁白,还有就是用合唱的方式表演交响乐或流行歌曲。

13. 视觉震撼

电视广告最主要的创作元素是视觉——画面。消费者每天接触几十条电视广告,使用视觉震撼的手法,可以吸引观众的视线并在脑海中留下印象。需要注意的是,吸引注意要避免哗众取宠产生反效果。

14. 借用/仿真

借用或模仿某些表现手法可以增加广告的趣味。如喜之郎的水晶之恋果冻电视广告模仿电影《泰坦尼克号》的镜头,人头马 Club 酒模仿《大红灯笼高高挂》的电影片段,都属于此类手法。电视广告可以借用电影、文学、演艺事业、戏剧、大众文化以及历史重述等形式。

(四) 电视广告制作流程

电视广告的制作分工很细,一般来说,广告公司只负责构思,制作公司负责拍摄,后期制作公司则负责后期剪接、配乐、配音、计算机特技、动画等工作。电视广告制作的程序也很繁琐,广告公司的创意获得客户的认可后,双方签订制作合同,并预付定金,进入电视广告的制作阶段。一般分为三个阶段:拍摄前准备、正式拍摄、后期制作,如图 10-19 所示。

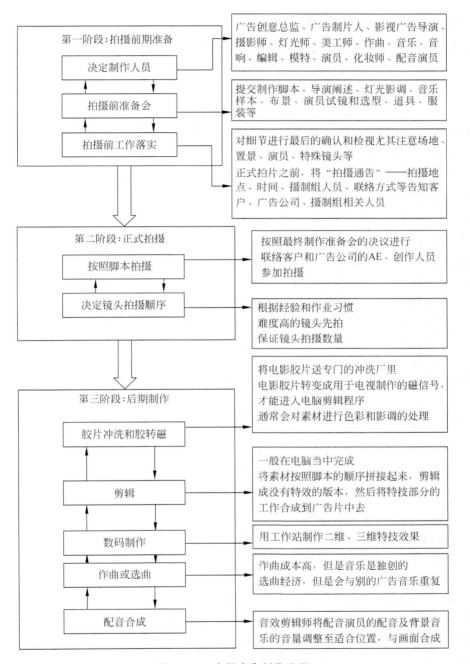

图 10-19　电视广告制作流程

（五）电视广告的成本控制

1. 控制电视广告制作成本的重要性

广告公司把握广告片的制作,主要体现在对外协调资源的分配与控制、成本控制与制作流程监控方面。对制作流程的监控已经具有一系列专业的程序及标准,而对于成本控制却没有形成一个固定的标准(尤其是在国内)。电视广告片制作建立一套标准、严格的成本控制方法,能够提高广告片的制作效率,提升创意表现,并达到预期的广告效果。

2. 三类电视广告制作单位

通常来说有三类:自行拍摄的广告代理公司、与广告公司有固定合作关系的制作公司、采取竞标方式选择制作公司。

（1）自行拍摄的广告代理公司

这种情况主要出现在国外,拍摄的广告片比较简单。通常自行拍摄出于两种情况:一种是小公司为节省费用而自行组织独立制片、独立导演进行制作;另一种是广告主为节省广告费直接找到制片公司进行拍摄制作。

这种方式能够节省费用,加强成本控制,但是先付款的方式增加了广告公司的资金压力。此外,创意、拍摄、制作组的重合会造成创意人员过于主观及视野狭隘。

（2）有固定合作伙伴的广告代理公司

目前国内广告代理公司多数是与广告制作公司签订合作协议成为固定合作伙伴关系。这种方式可以发挥制作公司的长处,减少代理公司的资金压力,但是存在高回扣的现象,还有就是制作风格基本一致,创新难度大,不能被广泛的采用。

（3）采取竞标方式选择制作公司

广告界通常的做法是采取竞标的方式选择制作公司(制片公司),广告公司的制片、文案或 AD(艺术指导)等负责影片制作的监督,制作成本主要由制片和 AE 来控制。这样的合作监督模式,更利于对成本的掌控,也更利于各公司专业水平的体现。

3. 电视广告成本控制方法

下面我们将介绍采取竞标方式选择制作公司的成本控制。见图 10-20。

电视广告制作成本控制涉及三个主要环节:

（1）询价

询价就是请广告制作公司根据广告片的基本要求(包括长度、类型等)提出初步的制作费用及佣金。在这个环节并不发生实际的费用问题,但是,制作公司的初步报价作为以后选择的重要考虑因素。我国公司的询价与预算制定是同时开始的(美国和澳洲则是询价在后),由于我国目前制作公司数量不多,收集全部询价并不会耗费太多精力,并可以免费得到几乎完全的制作公司信息。

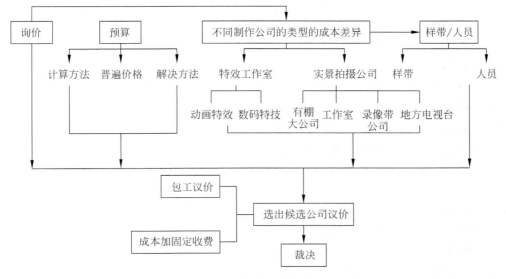

图 10-20　竞标方式成本控制流程图

（2）预算

预算也称"估价"，在找到合适的制作公司之前，客户代表（AE）需要确认客户能够拿出多少费用进行制作。通常以媒体费用的 8%～10% 计算制作预算，包括音乐、剪辑、后期制作、广告公司佣金，以及最主要的拍摄费、人工费等所有费用。

广告公司可以通过以下方式节约预算费用。

首先，不同地区制作公司的价格有很大差异，上海的制作公司有时比北京的费用高，香港、新加坡制作费更高，因此，在竞标之前 AE 需要判定预算上限，以便决定选择哪家制作公司。

第二，如果广告主对制作要求不高，可以从设备和材料上节省费用。如采用 16 毫米的胶片代替 35 毫米的专业胶片的方式，不仅节省胶片费用、器材费用和底片加工费用，还能节省使用专业胶片所必须的专业人员的配额及薪水标准。采用数码摄像以及录像带摄像也是节省开支的有效途径。

此外，还可以选择附近城市及野外的景地，节省交通等杂费和场地租用的费用。

（3）选择制作公司，评估不同类型制作公司的成本差异

制作公司的类型是选择时主要考虑的因素。主要考虑两类公司，一类是实景拍摄公司，一类是特技工作室。

A．实景拍摄公司

广告公司在选择制作公司之前首先要思考如下问题：

客户是全国性、区域性还是地方性，甚至更小？

AE决定从媒介费用中拿出多少制作费用？

这条广告片需要什么风格的导演，摄像师？

目前国内实景拍摄的制作公司主要有以下几个类型：

有棚大型制片公司。这种大型制片公司通常与影视制作基地有密切联系，其成本也是最高的。一般来说，适合大型场景广告或汽车广告。国内风景类的企业形象广告，也经常在这类公司拍摄制作。

制片工作室。这种小型制片公司通常是由某杰出导演牵头组成，其费用较大型制片公司要低，人员的配合度很高，但是预算较高。

录像带公司和地方小电视台。费用低廉，但是艺术创作不突出，适合中小城市的地方性广告主。

B. 特效工作室（动画公司）

这里的特效工作室主要是影视制作后期的特技效果合成。价格依据地域以及水平来区分。后期制作费则包括剪接、计算机效果、配乐、配音等，一般收取制作费的17.65%作为报酬。小型的制作约花费三四十万元，中型的制作约花费七八十万元，超过百万元的已算大制作了。

（4）从样带和制作人员来考虑成本问题

电视广告拍摄完成后，广告公司要观看样片。这时候要综合考虑导演实力、演员挑选、摄影实力、灯光、布景、剪辑水平、广告片的制作费用等一系列问题，以此作为选择制作公司的重要指标。

（5）与候选制作公司议价过程中的成本控制

经过询价、预算、制作类型以及样带的筛选，接下来就是与候选者议价。

A. 套装议价组合

竞标之前广告公司会提供一份套装议价组合给各个制作公司。通常包括：

一份有议价核对清单的职责明细表；

一份文字脚本或多份文字脚本（如果是多条广告）；

故事脚本；

文案人员的制作备注；

其他相关素材（例如之前广告所用音效等）。

上述每项都会涉及到成本问题，但是最主要的花费是职责明细表和制作备注。

职责明细表包括的内容有：

• 广告主名称、产品名称；

• 代理公司名称、地址等以及负责此案的制片联系方式；

• 广告片片名、编号、长度；

- 确认制作公司是只参与到毛片阶段还是全程负责；
- 选用胶片还是录像带；
- 此议价是否包括胶转磁或制作播放带的费用；
- 此价格是包工议价还是成本加固定费用的计价方式估算而来；
- 其他零碎的职责，如：音乐、特殊道具、布景等。

议价核对清单主要是明确每个人负责的职务。包括：

- 布景设计（或者外景勘察）；
- 角色塑造（动画角色）；
- 演员试镜（地点、录像否）；
- 和演员签订合约；
- 演员的制服标准；
- 道具；
- 产品实际包装；
- 实际商品；
- 包装和标签颜色的校对；
- 食品等杂物供应；
- 服装；
- 技术咨询人员；
- 造型化妆师；
- 库存影片的搜集与采购；
- 从旧的广告片拼凑而来的影片；
- 演员演出费用；
- 首次剪辑费用。

B. 基本议价方式

为了控制制作费用、说明制作的预期效果，电视广告片的制作一般有两种议价方式：包工议价、成本加固定收费。

① 包工议价。这种议价方式一般有 3 条条款：

广告公司以 X 元委托制作公司制作一支广告片；

如果拍摄费用超出 X 元，广告公司及客户不再提供费用；

如果拍摄费用不足 X 元，多余部分归制作公司所有。

这种议价方式会给制作公司带来沉重的负担，也不利于对成本的控管。但是对于技术性很强的特技工作室来说，这种固定的费用往往是合算的。

② 成本加固定收费。先估计所有制作方面的直接成本，最后在直接成本上再加固定的利润额度的利润。直接成本包括制作公司为提供制作所需劳务、设备等各项服务

而支付掉的花费。固定收费应包括平常开销以及制作公司约 2 到 3 成的利润。这种议价方式的好处在于能够清楚的区分直接成本与日常开销,便于管理。

③ 其他需要制作公司支付的费用。包括底片或录像带遗失、损坏而需要重新拍摄的费用、设备故障或不当操作而需要重新拍摄以及人员加班费用以及其他人员(如道具,灯光人员等)的费用。

广告公司对制作公司的付款程序控制,包括三个主要环节。

第一,一旦接受竞标价码,先行支付 50%;

第二,如果后期也由同一公司制作,首次剪辑时支付 25%,最后剪辑时再给其余 25%。如果不是同一家,那么在看过样片就可以支付 50%尾款了;

第三,在最后付款前还要完成一系列的工作,包括演员的酬劳合同、成本明细以及职责明细表上的其他要素。

(6)竞标裁决

广告公司对竞标公司进行预算内的裁决。当竞标公司报价相差不多时,要仔细考虑广告制作公司内部成本的差异,以此作为最终选择的依据。

(7)预留金

国内公司通常是留一部分预留费用,以便应付突发事件。一般预留总费用的 5%左右,因情况而异。

实用技巧 10-3:电视广告制作费项目(非胶卷类)

一、准备阶段

- 广告策划费
- 策划构成费(由策划中心思想形成系列广告创意)
- 创意脚本费(根据创意内容形成工作台本)每条 2000~20 000 元
- 调查、资料费
- 脚本制作费(每条 200~2000 元)
- 戏景、剧务准备费
- 策划杂费(通联、会议、差旅、公关等)

二、拍摄阶段

- 制作费(制作人劳务,制作助理劳务)
- 演出费(一般导演 0.3~1.0 万元,主要演员 0.2~0.5 万元,配角演员 0.03~0.08万元)指定的明星报酬另计
- 摄影师酬金 0.3~1.0 万元

- 照明师酬金 0.1～0.2 万元
- 美工师,录音师酬金(人)0.15～0.5 万元
- 服装、化妆、道具酬金 0.08～0.12 万元
- 剧务酬金(每人每天)0.01～0.02 万元
- 导演、摄影、照明、美工、服装、化妆、机械等助理人员酬金(每人每天)50～100 元
- 摄影设备租金(数字机(SX-HD)800～1500 元/天,模拟机 600 元/天,配套设备 200 元/天)
- 轨道车、升降机租金 800～2000 元/天
- 照明设备租金 1500～5000 元/天
- 消耗品费(灯泡、色纸、烟火、磁带、一次性道具)
- 摄影棚租金
- 布景搭建费 10 万元
- 交通、通讯、搬运、电力、道具、场地租用费
- 餐费、保安、管理费
- 差旅、住宿费
- 公关、保险、杂费
- 不可预见性费用

三、制作阶段

- 后期视频、音频设备及机房租用费
- 剪辑师酬金(每条)1500 元
- 技术员酬金(每人/天)200 元
- 播音员(旁白)400～1000 元
- 音效制作 500～1000 元
- 音乐创作、演奏、录制 5000～15 000 元
- 版权使用费
- 后期制作杂费(用餐、交通、通讯、公关、税金、管理费等)
- 不可预见费用

实用小技巧 10－4：如何评价 CM 广告创意

效果性
- 广告信息对消费者与产品是否有帮助
- 是否能得到理解和共鸣

- 要表达的意念是否正确与切题

原创性

- 点子是否新颖
- 表现手法是否独特

伦理性

- 表现是否真实
- 有无欠缺社会伦理

二、广播广告创作

广播是通过声音来传播信息的。广播广告成功的关键在于听众收听后可以在脑海中建立可视的形象。广播广告的创作人员需要具备调动听众想象力和将信息视觉化的技能,而听众的想象力来自于广播广告用声音塑造的形象。

(一)广播广告的构成要素

广播广告的声音构成包括三个方面:语言、音乐、音响效果。广播广告的创作就是围绕这三个要素开展的。

1. 语言

语言是广播广告最重要的因素。朗朗上口的广告词、对话中都有语言的存在。一则广播广告可以没有音乐和音响,但是一定会有语言,广播广告中都有一个播音员,即使他不是核心的声音,至少会在广告结束时通过语言突出产品。广播广告的对话通常运用有特点的声音来表现。

2. 音乐

音乐是广播广告另外一个重要元素。音乐包括广告中的背景音乐和广告歌曲。广播中的音乐可以作为对话的背景,从而创造气氛并且建立场景。音乐可以起到烘托气氛、提高听众注意力和加强记忆的作用。研究表明广播广告甚至比名人证言、产品展示或隐藏式摄影技术的广告更具有说服力,原因就在于当我们随着广播中的音乐或歌曲一起哼唱的时候,广告信息已经开始根植于我们脑海中。另外,一些广告主还请专业人士编写和制作有关产品的音乐和广告歌曲,广告歌曲能够传递产品主题和鲜明的产品特性。

3. 音响效果

广播中的音响包括自然音响和人工音响。自然音响是自然界、动植物发出的,人工音响则是与人物动作相关的活动发出的。

广播音响可以起到交代环境、表现人物动作和引起听众注意等作用。听众听到音响后,可以通过发挥想象力,想象广告中暗示的时间、地点、环境等背景和事件。接连不断的蝉鸣声暗示出事件的时间为炎热的夏天,无需语言的交代,牛叫的声音可以比喻为股市高涨的行情……音响可以将抽象的因素转化为形象化的因素,进一步突出广播广告的感染力。

通常广播广告的音响效果来自唱片或磁带。音响在广播广告中并不能无限制的使用,而是根据整体创作需要,进行有机的选择。

实用小技巧 10-5:广播广告创作成功十秘诀

- 使用音乐作为音响效果。
- 确认你的音响效果,告诉听众他们正在收听的是什么。
- 围绕着一种声音建立广告形象。
- 给自己时间,为 60 秒钟的时间缝隙而奋斗,30 秒钟内建立起你的音响效果并且将它们与产品联结起来是不可能的。
- 考虑使用无音响效果。
- 注意喜剧效果,写得好并且与产品相关的幽默却是一种很好的广告技巧。
- 假如你想显得滑稽可笑,请从奇特的前提出发。
- 保持简化。
- 广告与时间、地点以及具体的听众相匹配。
- 若有可能,以录音带的形式对你的客户展示广告。

(二)广播广告创作的原则

1. 采取多种方式强化广播广告的信息

基于广播广告缺乏视觉,易被疏忽的缺点,很多听众在听广播时注意力并不集中,仅仅将广播作为背景而没有听到内容,加上听众往往在收听广播时从事其他活动,听众理解广告信息的可能性大大降低。因此,广播广告必须采取多种方式强化广播信息。有专家建议,广播广告要利用一些技巧来吸引听众的注意力并将信息植入他们的记忆中。

(1)品牌重复

由于广播广告以时间流程传播信息,听众收听广播的时间随机性很强,因此,广告中多次进行品牌的重复,可以使错过广告前半部分的听众了解品牌名称等基本信息,提高产品的知名度。而多次进行品牌重复也能在听众的无意识收听中强化对产品细节的记忆。

(2)采取娱乐的方式

广播缺乏视觉效果的缺点限制了广告创意的效果。背景音乐和幽默的广告方式可以通过娱乐的方式得到听众持续的喜欢和关注。

(3)广告信息编排注重相关性

将广播广告的信息安排在听众产生瞬间需求的时候,比如在听众开车回家的下班路上播出餐馆广告,抓住听众的注意力,提醒消费者的即时购买。

总之,广播广告必须能进入听众的无意识注意,但又不能因为太明显的强制而激怒听众。

2. 注意广播语言的写作要求

(1)尽量使用口语和短句来表达,符合广播文案的特征。广播广告经常以对话的形式出现,写作广播广告时应尽量用口语,避免使用书面语言。使用短句子,避免使用复杂的句式。

(2)广告语言的选择应该反映目标听众的讲话习惯。每一类听众都有自己的说话方式和措辞,一个好的广播文案应该能区分不同人群的说话方式。

(三)广播广告制作过程

相对于电视广告,广播广告制作简单,费用低廉。广播广告的制作过程相对也比较简单。通常经过设计、制作和广告审查评价三个阶段。

在设计阶段,广告创作者的工作涉及广告创意、广播广告脚本写作、确定广告形式等。电台广告部门可能会与广告主一起创作剧本,确定广告的形式和播出方式。

在制作阶段,制片人要负责广告的选角、录制、混音、合成。所有的声音要素都要单独录制或者分段记录下来,为了产生丰富的声音,可以用双磁道或三磁道录制。一则广告可能有 24 个独立的磁道。混音是重叠磁道以及对音量和音质进行调整。广播广告的录制可以在录音棚,也可以在电台的演播室完成。

制作好的广播广告还要经过电台的审查机构进行广告审查。广告主对播出的广告还将进行效果评价。

第三节　平面广告制作

> 平面广告泛指任何以平面形式表现的广告,通常包括报纸、杂志以及与此类似的广告方式。平面广告由文案、图形(包括插图、照片)、品牌标志、色彩等要素组成。

一、平面广告的构成要素

平面广告泛指任何以平面形式表现的广告,通常包括报纸、杂志以及与此类似的广告方式。平面广告由文案、图形(包括插图、照片)、品牌标志、色彩等要素组成。当读者阅读平面广告的时候,首先看见图形,接着阅读广告文案,图形设计关系到平面广告创意表现的成败。图形的作用主要有以下几个方面:

一是增加读者注意力,帮助读者理解文案内容。

二是生动直观地表现产品,突出产品的特征。

三是弥补单纯使用文字的不足。

四是为产品或广告主创造有利印象。

实用小技巧 10－6：奥格威广告插图准则

据统计,普通人看一本杂志时,只阅读 4 幅广告。因此,要引起读者注目,越来越困难。所以,为了使人发现优越的插图,我们必须埋头苦干。

把故事性的诉求(story appeal),放进插图中。

插图必须表现消费者的利益。

要引起女性的注目,就要使用婴孩与女性的插图。

要引起男性的注目,就要使用男性的插图。

避免历史性的插图,旧的东西,并不能替你卖东西。

与其用绘画,不如用照片。使用照片的广告,更能替你卖东西。

不要弄脏插图。

不要去掉或切断插图的重要因素。

二、平面广告布局和设计原则

平面广告是通过版面传递信息,因此对版面内容进行合理的布局,使得广告符合受众接受信息的视觉习惯和审美需求,是平面广告设计制作的重要步骤。平面广告的布局是将广告标题、图片、正文等构成要素,按照特定的原则和顺序,以符合信息传递规律和广告目标要求的方式加以编排,以实现最好的视觉效果。布局是将视觉观念传达给受众的一种手段,也是实现创意视觉化的过程。

平面广告的布局和设计遵循如下原则:

(一) 安排视觉元素的顺序

布局是从杂乱无章的信息开始的,而有组织的视觉图像比杂乱无章的视觉图像更容易识别、察觉和记忆,因此,安排视觉元素的顺序,可以提高读者对信息的注意度和信息的吸引力。见图 10-21。

深色字:你在路上行驶时,打手机遇到车祸的机会增加 4 倍。

浅色字:现在你明白无法一心二用了吧!

图 10-21　公益广告　开车关闭手机《路牌》篇

（二）引导视线

读者阅读广告的时间是有限的,因此,有必要根据广告内容的主次关系设计一个有效的阅读顺序,通过连接视线的移动空间,形成一种视觉导向。读者通常是从上到下、从左至右地阅览信息,布局时尽量遵从人眼自然的移动规律,为读者建立一个方向感,创造视觉浏览的路径。例如,百事可乐平面广告,从左至右先看到的是猫尾巴伸在老鼠洞外,给读者留有悬念,看了右边的百事可乐恍然大悟,原来减肥效果如此非同寻常——猫喝百事 Diet 可以钻进老鼠洞里抓老鼠。见图 10-22。

（三）强调重点

平面广告占据支配地位的是视觉图像。广告设计的最终目标,是向消费者提供最关心、最有价值的信息,必须分清主体和从体。平面广告只能有一个占据支配地位的要素,其他所有的东西必须居于从属地位。这个要素就是广告的焦点,也就是眼睛所看见版面上的第一个东西。主配角关系清楚,读者更容易了解广告重点强调的信息。图 10-23为日清方便面《UFO 篇》,以空中 UFO 与方便面的品名建立关联,画面重点是白色圆圈内的 UFO,直接暗示主题。

图 10-22　百事 Diet 平面广告

图 10-23　日清方便面《UFO》篇

（四）注重整体效果

前面已经讲过，平面广告由多个视觉元素组成，广告的整体效果是多个组成元素的协调配合的结果。广告必须与产品信息相匹配，同时要符合目标读者的特点。比如，字体粗细能体现产品的性别差别，因此，针对女性的化妆品会选择纤细的字体，相反，过分修饰的文字不会出现在卡车广告中。为实现广告的整体效果，尽量使用单一字体，避免多种字体混合使用。

（五）适当留白

布局中没有被插图或文字覆盖的地方称为空白处。空白有助于将读者的注意力集中在某一独立元素上,使广告主题更为突出,广告内容各个部分的区别更为明显,给消费者留下一个从容的阅读空间。

留白比例很有讲究,有些广告表现产品的高品位,留白达到50%甚至更多。

大众金龟车广告,画面一半以上是空白,突出了金龟车不占空间,方便灵活的特点,信息更加突出。见图10-24。

图10-24　大众汽车平面广告

（六）巧妙运用对比,突出主要信息

对比使一个要素从其他的要素中突出出来,并表明其重要性。通过对比可以使广告从周围环境中突出。可以采取大小的对比、明暗的对比、粗细的对比、曲线与直线的对比、质感的对比以及位置的对比等方式。

因为报纸版面大多是黑白的,使用彩色的广告就会从中突出。黑白广告具有高度对比性,能在杂志中创造出赋有戏剧效果的、高度对比的图像。

（七）视觉平衡

光心是决定视觉平衡的参照点,通常位于页面物理中心以上 1/8 的地方。布局通过在页面上对不同元素的合理安排而形成平衡。视觉不平衡,画面重心偏离,看上去偏向某一边。

视觉平衡方式有正式平衡和非正式平衡两种。正式的平衡是匀称的,中心位于左侧或右侧,这种形式比较保守,强调稳定性。非正式的平衡是非对称的,产生动态的布局。绝对伏特加平面广告,画面中的河流形成伏特加酒瓶状,位于画面中心,形成平稳的正式平衡效果。见图 10-25。

图 10-25 绝对伏特加酒《墨西哥》篇

（八）掌握比例

广告中的元素应该按照各自在广告中的重要性来安排,避免每个元素占用相等的空间。通常画面占主要位置,约占页面的 3/5 到 2/3。此外,画面还经常采用黄金分割比例 1：1.618。

（九）简洁

通常画面中的元素越多,广告的视觉冲击力被分散得越多,除非创作者有意形成风格化的视觉效果。画面越简洁,视觉元素越少,冲击力越强。相反,如果布局画面中元素太多,缺乏整体性,给读者造成的是杂乱的视觉效果。因此,尽量避免广告内容的堆砌和复杂的布局,删除扰乱视线、分散注意力的纯装饰性的东西。

三、常见平面广告的表现形式

平面广告的表现形式非常之多,下面选择一些常见形式做简要介绍。

（一）比喻

比喻是根据类似的联想,选取另外的事物来描绘本事物的特征。采用这种方式可以用直观的图像或产品比喻抽象的概念。某祛斑化妆品的报纸广告创意很独特,"芝麻"香蕉+产品=没有斑点的香蕉,用香蕉的变化比喻长有斑点的脸部皮肤使用该祛斑产品的效果。

（二）比较

比较是一种让人看得到产品优点的最浅显手法。使用比较广告需要了解广告法规相关规定,避免涉嫌不正当竞争。图 10-26 没有明示,仍可看出是联邦快递与 DHL 的比较。

图 10-26 联邦快递平面广告

（三）产品使用前后对比

这种形式常采取比较的方式,突出产品使用前后的差别。比如减肥产品常常把减肥前后的照片用来对比,突出减肥的成效。

（四）解决问题

这是非常简单直接的创作手法,把问题道出,然后以产品作为答案。

（五）符号暗示

每个符号都是代表某种事物某种概念或者某种情形的视觉形象,有些符号的意思来源于相关联的东西,传达言语所不能传达的东西。图 10-27 为 Playland 游乐园的广告,用了一个洗手间的惯用标志,形容过山车带来的无比刺激。

图 10-27　Playland 游乐园

（六）夸张

采用夸张的表现手法能够突出产品优点和带给消费者的利益。

KY 润滑剂夸张地将粗大的润滑剂装在细小的盒子里的,产品功能一目了然。见图 10-28。

（七）巧妙使用媒体

利用媒体特点巧妙传达产品特点。新媒体的开发使这类广告形式有很大的发展空间,如地铁车厢、月台、巴士车身等。图 10-29 为杀虫剂的杂志广告,广告文案:什么是有效杀灭蚊虫的方法?把这本杂志卷起来。

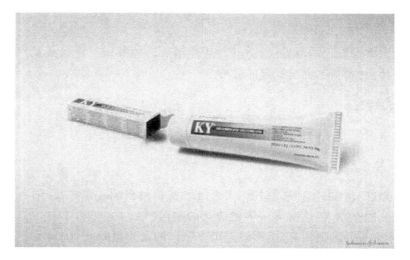

图 10-28　KY 润滑剂平面广告

图 10-29　VAPONA 杀虫剂杂志广告

（八）专题

专题广告分两类：一类是节令性的，一类是时事性的。节令性广告常在新年、圣诞节、情人节、父亲节、母亲节等时候出现，以刺激消费或加强产品形象。时事性广告则借助突发性的事件，达到相同的效果。

（九）明星手法

广告是影响品牌性格的重要因素之一,通过广告代言人,尤其是名人广告的表现手法进行品牌宣传是常用的方式,品牌性格可以通过广告代言人的个性转移而产生。百事可乐广告一直选择不同时期新锐、时尚、富有个性的影视和体育明星作为代言人,除了保持产品"新一代选择"的品牌个性,更注重以名人的个性塑造品牌的性格,取得良好的效果。见图 10-30。

图 10-30　百事可乐足球明星篇

（十）以产品为主角

将产品作为广告画面的主角可以直截了当展示产品,表现产品特征,弥补文字说明的不足。绝对伏特加的"绝对瓶子"系列广告采取此种表现形式。

本章要点:

广告文案又称文案,是广告作品中出现的全部语言文字符号所构成的整体。按照广告文案的功能性,一般可以将其分为四部分:广告语、广告标题(有时还有副标题、醒题)、广告正文、广告随文。

广告语又称广告口号,它是企业精神理念的提炼,是品牌核心价值的体现,是为了加强广告对象对企业、产品或服务的印象而在广告中长期、反复使用的简短的口号性语句。标题是每一个广告作品为传达最重要或最能引起诉求对象兴趣的信息,而在最显著位置以特别字体或特别语气突出表现的语句。正文是广告作品中承接标题,对广告信息进行展开说明、对诉求对象进行深入说服的语言或文字内容。随文又称附文,是广告中传达购买商品或接受服务的方法等基本信息,促进或者方便诉求对象采取行动的语言或文字。

需要注意的是,在很多广告作品中上述四部分内容并不一定要完整具备或清晰可辨,具体形式要依媒体形式的不同以及创意的个性化而定。

文案撰稿人专业素养一般包括以下几个方面:有扎实的语言基础,善于对语言文字做多样化运用;良好的知识结构;对产品、市场有深入理解;对消费者有深入理解;熟悉广告表现手段;善于敏锐把握创意概念。

广播、电视等以电子形式传播声音和图像的媒体称为电子媒体(电波媒体)。

电视广告由画面、声音和时间三个要素构成,画面是电视广告传递信息最主要的元素,声音包括语言、音乐和音响,时间是电视广告独有的特色,电视广告的信息是按照时间的流程进行传递的。

电视广告表现是在广告主题的基础上,依据广告商品的属性、市场的竞争状况、广告目标等因素制定电视广告的表现方法,在一定的时间中,将广告创意转变成文案和图像的方式传播给广告对象。主要表现方法有:产品介绍、示范、问题与解决、生活片段、商品介绍人、塑造角色、证言、集锦、故事、动画式、幽默、音乐、视觉震撼、借用仿真等。

电视广告制作流程可分为三个阶段:拍摄前准备、正式拍摄、后期制作。

电视广告片制作需要建立一套标准、严格的成本控制方法,才能提高广告片的制作效率,提升创意表现,并达到预期的广告效果。

广播是通过声音来传播信息的。广播广告的声音构成包括三个方面:语言、音乐、音响效果。相对于电视广告,广播广告制作简单,费用低廉。广播广告的制作过程相对也比较简单。通常经过设计、制作和广告审查评价三个阶段。在设计阶段,广告创作者的工作涉及广告创意、广播广告脚本写作、广告表现形式等。在制作阶段,制片人要负责广告的选角、录制、混音、合成。制作好的广播广告还要经过电台的审查机构进行广告审查。

平面广告泛指任何以平面形式表现的广告,通常包括报纸、杂志以及此类广告创作。平面广告由文案、图形(包括插图、照片)、品牌标志、色彩等要素组成。

平面广告的布局和设计遵循如下原则:安排视觉元素的顺序、引导视线、强调重点、注重整体效果、适当留白、巧妙运用对比,突出主要信息、视觉平衡、掌握比例、简洁。

常见平面广告的表现形式有:比喻、比较、产品使用前后对比、解决问题、符号暗示、夸张、巧妙使用媒体、专题、态度、以产品为主角等。

本章思考题:

1. 请列举出一些你喜欢的广告语,并分析它们中哪些是以品牌定位为内容的广告语?哪些是以企业理念为内容的广告语?哪些是与消费者建立情感关联的广告语?

现代广告概论

2．为什么说标题是文案的关键点，是文案与创意联结的纽带？

3．选择几个平面广告作品，分析其正文信息的组织。

4．请总结随文有哪些写作方式，并为随文的写作提些建议。

5．选择一条电视广告，分析它的构成要素，并指出这些要素是否使用得当。

6．请搜集一些电视广告作品，分析它们分别属于哪些表现形式？

7．请指出选用名人做代言人的电视广告应注意哪些问题，并选择几个成功和失败的案例进行分析。

8．简要描述电视广告制作流程。

9．搜集一些平面广告作品，分析它们是否符合平面广告的布局原则。

10．除了教材中提到的，请再总结几种平面广告的表现形式。

本章建议阅读资料：

1．高志宏，徐志明著．广告文案写作．北京：中国物价出版社，2002

2．（美）丹·海金司著．广告写作艺术．刘毅志译．北京：中国友谊出版公司，1991

3．（美）霍珀·怀特著．如何制作有效的广告影片．邱顺应译．北京：企业管理出版社，2001

第十一章

广告媒体策划与发布

本章提示 ▶ 广告媒体投放是广告活动中花费最多的一个环节。本章介绍了如何进行科学的媒体策划,主要内容包括广告媒体策划的流程、广告媒体的选择、广告媒体的组合以及广告发布的时机,本章还介绍了如何进行媒体计划和购买,以及如何对广告投放进行有效的监测。

第一节　广告媒体策划概述

在广告活动中,媒体投放是花费最多的一个环节,同时,它也是决定了广告信息能否被精准地送达广告对象的一个环节。因此无论是作为广告活动出资方的广告主,还是作为广告活动策划者广告经营者,都对这一环节非常重视。在媒体市场竞争日趋激烈的大背景下,广告经营者在不断加强自身在媒体策划方面的服务能力,而媒体为了自身的生存,也开始在媒体策划方面为广告主和广告公司提供更专业的服务。

一、广告媒体策划的基本流程

> 广告媒体策划,就是为了实现广告目标,运用科学的方法,对各种不同的广告媒体进行有计划、有系统地选择与优化组合,掌握广告的发布时机,安排广告的发布日期,并进行有效监测的过程。

为确保媒体投放活动高效、有序地进行,媒体策划人员必须通过一系列科学的决策步骤来进行媒体策划。以下是媒体策划流程图,见图 11-1。

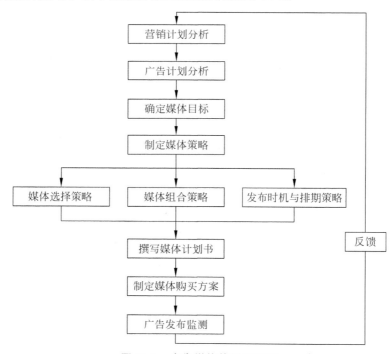

图 11-1　广告媒体策划流程图

现代广告概论

（一）营销计划分析

媒体策划离不开对广告主整体营销计划的分析，只有深入细致地分析了市场状况、营销战略后，才能制定出相应的媒体战略。

（二）广告计划分析

媒体策划属于广告策划的一个环节，因此只有对广告整体计划进行分析，才能为广告活动制定出一个最合适的媒体投放方案。

（三）确定媒体目标

将营销、广告目标转换成媒体能完成的目标。

（四）制定媒体策略

将媒体目标发展成策略构想，以指导、约束媒体策划人员对媒体的选择和运用。其中包括：媒体选择策略、媒体组合策略、发布时机策略等具体策略。

（五）撰写媒体计划书

媒体计划书是根据媒体策划方案编写的文字材料。它是广告媒体投放实施的指导性材料。

（六）制定媒体购买方案

按预定标准与媒体进行谈判并购买媒体资源。

（七）广告发布监测

运用先进的工具监测广告发布结果，检验广告投放效果，同时也为下一波广告投放提供借鉴。

二、广告媒体目标的设定

（一）营销目标、广告目标和媒体目标的关系

营销目标、广告目标、媒体目标三者之间的关系正是营销、广告、媒体关系的直接体现。营销目标是企业在一个特定的时期内要完成的经营任务或经营努力的方向。广告是营销战略的构成要素之一，广告目标实际上是营销目标的延伸和细化，从根本上说，广告目标是服务于营销目标的，是以营销目标作为自己的终极目标。媒体目标又是对

广告目标的延伸和细化,媒体目标最直接的目的就是要确保达成广告目标、进而最终实现市场营销目标。营销、广告的策略与目标是制定媒体策略与目标的前提,不同的营销策略与营销目标,不同的广告策略与广告目标,要求有与之相适应的,能满足实现这些策略与目标的媒体策略与媒体目标的支持。

营销目标、广告目标、媒体目标在制定次序和实现方向上,是一个逆向的过程。从制定策略或思考的方向上来说,营销目标、广告目标、媒体目标三者的排列顺序应该是:营销目标→广告目标→媒体目标。从各项目标实现的先后次序来说,这三种目标的顺序则刚好与上述次序相反:媒体目标→广告目标→营销目标。

(二)媒体目标的设定

媒体目标是媒体策划希望实现的目的和完成的任务。媒体目标应该是具体的、详细的、可测量的、有可能完成的。媒体目标一般不会是单一的目标,有时需要以报告的形式来说明,以下是设定媒体目标时需要重点考虑的内容。

1. 目标消费者描述
在媒体目标设定中,简明的目标消费者分析是最重要的一个元素。

2. 创意的要求
广告创意与媒体计划之间的内在联系是指在设定媒体目标时必须要考虑到创意策略和创意执行对媒体的要求。

3. 到达率与接触频率
虽然在媒体目标设定中不一定要设定精确的到达率与接触频率,但到达率与接触频率作为评估媒体计划的关键内容是不能被忽视的。

4. 时间要求
在媒体目标设定中,要明确时间因素对广告投放的影响,例如产品销售季节对广告投放的影响、产品生命周期对广告投放的影响、消费者重复购买周期对广告投放的影响、竞争对手的广告策略对广告投放的影响等。

5. 地理说明
媒体目标设定应该考虑产品的销售渠道与媒体环境的地理因素,媒体目标应该明确是使用全国性媒体还是区域性媒体。

6. 目标市场的特殊问题
有时市场营销目标能反映出一些目标市场的特殊问题,这些问题需要专门的媒体运作的支持,当这种情况存在时,媒体目标的设定要将问题考虑在内。

7. 媒体预算

设定媒体目标时还要考虑到预算的多少,要在给定的预算内完成媒体目标[①]。

第二节　制定广告媒体策略

一、媒体评估

> 媒体策略的制定是在对媒体基本情况进行评估的基础上进行的,因此,媒体评估作为媒体策略制定的基础,在媒体策划中尤为重要。

媒体评估可以从三方面入手:媒体质的评估、媒体量的评估、媒体投资效率的评估。

(一)媒体质的评估

对媒体质的评估主要围绕媒体特性展开。

1. 电视媒体

电视媒体的优势:

(1)电视媒体是一种视听合一的媒体,它能充分地再现形象、现场、过程,并能给观众一种面对面交流的亲切感,它能够直观展示产品的外观、产品的使用过程和使用效果,具有很强的说服力和感染力。

(2)电视媒体在我国覆盖面大,单位接触成本低。尤其是黄金时段节目的高收视率使得广告的单位接触成本降到了极低的水平,任何其他媒体都无法与之相比。

(3)电视媒体以家庭收看为主,因此电视广告有助于家庭成员共同形成购买决策。

(4)电视媒体同时诉诸受众的视觉和听觉,因此需要受众在收看的过程中较为专注,因此,电视广告获得受众注意的可能性较大。

电视媒体的不足:

(1)电视信息稍纵即逝,受众在对广告短短 30 秒甚至 15 秒、5 秒的接触中,很容易忽略一些重要信息。

(2)电视广告的时间短,信息容量小,不适合传播复杂的广告信息,不适合对广告信息作说明和解释。

---

① 纪华强. 广告媒体策划. 上海:复旦大学出版社,2003

（3）电视广告的收视率不稳定，因为观众看电视的目的不是为了看广告，在广告播出时，观众往往转换频道或者去做其他的事情。

（4）电视广告在观众专注收看时突然出现，观众具有较强的抗拒心理。

（5）电视广告效果不均衡。安排在不同收视率的节目中播出的广告，收视率就会大不相同；连续播出的广告中，夹在中间的广告的收视率比第一个广告和最后一个广告的收视率差得多。

（6）电视广告价格昂贵，限制了一些广告主的使用。

2. 广播媒体

广播媒体的优势：

（1）广播媒体覆盖面广，全国覆盖的广播电台适合播出全国性广告，区域覆盖的城市电台有利于增强广告活动的地区针对性。

（2）广播节目大多拥有稳定的听众群，便于播出诉求对象集中的广告，可以增强广告的针对性。

（3）广播广告的费用远远低于其他大众传播媒体的广告费用。

（4）广播广告制作简单、修改方便、播出灵活，适合促销广告和其他要求有较强的时效性的广告。

（5）听众在收听广播时可以是非专注收听，因此听众对广播广告有较少的抗拒心理。

广播媒体的劣势：

（1）广播广告有声无形，难以形成记忆。

（2）广播广告缺少形象的支持，无法向听众展示产品的包装和外观。

（3）广播信号转瞬即逝，不适合播出复杂的解释性信息，不适合在广告中做深度诉求。

3. 报纸媒体

报纸媒体的优势在于：

（1）报纸媒体发行区域明确，可以满足广告活动对地区的选择。

（2）报纸广告制作比较简单，适合做时效性强的广告。

（3）报纸媒体具有持久性，广告为读者接触到的可能性较大。

（4）报纸媒体以文字和静态图片作为传播符号，信息传达比较准确，受众对其印象保留时间较长。

（5）报纸广告规格多样，版面安排灵活，媒体计划选择余地较大。

（6）报纸是解释性媒体，适合刊登复杂的广告信息。

报纸媒体的劣势在于：

（1）报纸媒体发行频繁，被反复阅读的可能性较小，广告的提醒作用也比较小。

（2）报纸的一个版面上往往刊登多个广告，因此广告能否被阅读受其他广告影响较大。

（3）报纸媒体多采用新闻纸印刷，印刷效果不够精美，所以不适合展示精美豪华、色彩鲜艳的产品的广告。

（4）报纸内容分版编排，广告常常被安排在次要的版面，读者关注度比较低，广告容易被忽视。

4. 杂志媒体

在四大媒体中，杂志似乎是被使用得比较少的广告媒体，但是它的传播特性、受众特性则决定了杂志是一种高效的广告媒体。

（1）杂志媒体一般发行到全国，适合做全国性广告。

（2）相对于报纸，杂志媒体具有更为固定的编辑方向，阅读人口较为固定且有一定的特质，可以为广告主提供明确的选择方向。

（3）杂志读者受教育程度较高，购买力较强。

（4）杂志读者阅读专注认真，广告的渗透力较强。

（5）杂志版面较小，很少在一页内安排多个广告，广告信息不容易受到干扰。

（6）杂志媒体能够使用跨页版面、连续版面加强广告的吸引力和效果。

（7）杂志媒体的信息具有持久性，广告为读者接触到的可能性较大。

（8）杂志媒体通过视觉符号传达信息，因此信息传达比较准确，能令人对广告产生较深的记忆。

（9）杂志是解释性媒体，适合刊登复杂的广告信息，可以对广告信息进行充分的说明。

（10）杂志媒体印刷精美，适合发布高关心度产品和精美豪华、色彩鲜艳的产品的广告。

但是，杂志作为广告媒体也有其自身的劣势：

（1）杂志的发行量一般大大低于报纸，而且绝大多数杂志面向全国发行，读者在同一地区分布较为零散，不适合做地区针对性强的广告。

（2）杂志的发行量有限，直接订户比较少，尤其是一些专业性杂志，很难把握读者的情况，相对加大了广告的千人成本。

（3）杂志的发行周期比较长，不适合做时效性强的广告，连续性强的广告也难以收到比较好的效果。

（4）杂志广告的效果不均衡，封底、封二、封三的广告和特殊插页的广告容易引起注意，其他版面的广告就很容易被忽略。

除了媒体的特性之外，对媒体质的评估还包括：受众对媒体的接触关注度、广告干扰度、媒体编辑环境、媒体广告环境、广告与媒体相关性等元素。

接触关注度指的是当消费者接触媒体时的"质量"。基本假设是,消费者专注地接触媒体时的广告效果,比漫不经心地接触时高。

干扰度指的是消费者在接触媒体时受广告的干扰程度。

编辑环境指的是媒体载具所提供的编辑内容对品牌及广告创意的适切性。

广告环境指的是载具承载其他广告所呈现的媒体环境。

相关性指的是产品类别或创意内容与载具本身在主题上的相关性。

(二)媒体量的评估

媒体量的评估是指用定量的方法将采集到的媒体数据进行整理、分析,从而评估出媒体的投放价值。

1. 电子媒体评估指标
（1）开机率

开机率是指所有拥有电视机的家庭或人口中,在特定时间段里,暴露于任何频道的家庭或人口的集合。

开机率是从整体的角度去了解家庭与个人或对象阶层的总合收视情况,主要的意义在对不同市场、不同时期收视情况的了解,如分析全年的开机率可以发现各地在冬季与夏季收视习惯的变化,还可以发现寒暑假对小学生群体的收视也将有显著的影响。

依不同的计算单位,开机率可以分为家庭开机率与个人开机率。

家庭开机率是指在特定时段里暴露于任何频道的家庭数占所有拥有电视机家庭数的比率。

个人开机率是指在特定时段里暴露于任何频道的人口数占所有拥有电视机人口数的比率。

（2）收视率

收视率即暴露于一个特定电视节目的人口数占拥有电视人口总数的比率。它是分析电视收视市场、评估节目价值、制定与评估媒体计划的依据之一。

收视率依计算单位的不同可以分为家庭收视率与个人收视率。

家庭收视率是指暴露于一个特定电视节目的家庭数占所有拥有电视家庭数的比率。

个人收视率是指暴露于一个特定电视节目的收视人口数占拥有电视总人口数的比率。

（3）占有率

占有率指的是各频道在特定的时段中所占有的观众占这一时段开机总人口的比率。

通过分析占有率可以掌握目标受众的收视流向,同时占有率指标可以为电视台提供在经营频道方面的重要资讯。

2. 印刷媒体评估

(1)发行量。是指一份刊物每期实际发行到读者手上的份数。发行量可以细分为付费发行量(即订阅发行量与零售发行量)及非付费发行量(即赠阅发行量):订阅发行量是指发行量中属于长期订阅部分的发行量;零售发行量是指发行量中属于单期购买的发行量;赠阅发行量是指发行量中以非付费方式发行出的份数。

(2)阅读率。是指在固定时间内阅读特定刊物的人口占总人口的比率。

(3)传阅率(平均传阅率)。是指每份刊物被传阅的比率,例如一份刊物被 3 人所阅读,传阅率即为 3;被 5 个人所阅读,传阅率即为 5。平均传阅率是指每一份刊物平均被传阅的比率。

(三)媒体投资效益评估

对纳入媒体计划中的每一种媒体,媒体策划人员都必须审查它的效益如何,即哪种媒体可以用最低的成本到达最多的目标受众。

1. 千人成本(CPM)

这是评估媒体效益的一个常见标准。指的是到达 1000 名受众的成本。千人成本可以用来比较同一类媒体中两个不同媒体的相对效益。千人成本的计算非常简单,用广告发布费除以受众总数,再乘以 1000 就得到了千人成本。

2. 收视点成本(CPRP)

收视点成本是对两种媒体之间的效益进行对比,计算方法是用媒体成本除以节目收视点,公式如下:

$$单位收视成本 = 节目广告费(元)/节目收视点$$

1 个收视点相当于指定区域内收看节目的目标受众的 1%。

二、广告媒体的选择策略

广告投放的媒体选择方法很多,每一投放个案都根据其具体情况有不同的选择策略,经常被采用的策略一般有以下四种。

(一)按目标市场选择媒体

任何产品都有其特定的目标市场,广告目标市场必须服从并服务于营销目标市场。因此,在进行广告媒体选择时就必须对准这个目标市场,使广告宣传的范围与产品的销售范围相一致。一般来说,如果某种产品以全国范围为目标市场,就应选择覆盖面广的媒体,在全国范围进行广告宣传,如全国发行的报纸、杂志,中央级的电视媒体,或者能够在全国多处落地的卫视频道。如果某种产品是以某一细分市场为目标市场,则应考虑选择能对这一区域产生有效影响的媒体,如地方性报刊、电视台、户外广告等。

(二)按产品特性选择媒体

每种产品都有其不同的特性,这些特性在广告活动中适合用不同的媒体进行表现,例如价格较为便宜的日常消费品适合用受众面广、声画结合的电视媒体进行广告发布,而一些专业性较强的产品则应该选择一些受众特征较为集中,且可以进行深度诉求的媒体进行投放,例如专业报刊等。

(三)按产品消费者选择媒体

任何产品都有其目标消费者,广告发布渠道的选择应该充分考虑产品目标消费者的媒体接触习惯。例如,与女性相关的产品广告应该选择女性喜爱接触的媒体,如与女性有关的电视栏目、电视剧、时尚杂志等。

(四)按广告预算选择媒体

广告主媒体预算的多少决定了在广告发布时能选择什么级别的媒体。对于媒体预算充足的广告主,选择媒体的范围较大,针对产品的具体情况,一些收视率高的媒体、时段、栏目都可以考虑。而对于媒体预算有限的广告主,就需要精打细算,可以选择一些能够精准地到达自己的广告对象,但是并不是特别抢手广告时间或空间,还可以将一些覆盖面有限的媒体进行巧妙的组合,达到整体大面积覆盖。

三、广告媒体的组合策略

媒体组合是指将不同媒体的广告资源加以整合,使广告信息能有效地到达广告对象。在现代广告运作过程中,使用单一媒体往往很难达到预期的传播效果,所以在实际运作中,广告信息往往通过多种媒体来传达。媒体组合就是将经过选择的广告媒体在时间、版面上进行合理的配置,以提高广告的传播效率。

(一)媒体组合的原则

1. 互补性原则

进行媒体组合的目的在于通过不同媒体间的优化互补,实现媒体运用的"加乘效应"。媒体之间的互补可以是覆盖面上的互补,可以是传播特性上的互补,还可以是时效性上的互补。

2. 有效性原则

即所选择的广告媒体及其组合,能有效地显示产品或服务的优势,具有说服力和感染力,同时能以适当的覆盖面和影响力有效地建立起广告对象对广告主及其产品或服务的良好形象。

3. 可行性原则

即选择广告媒体还应当充分考虑各种现实可能性。如媒体预算是否足够,是否能买到期待的发布时间,当地的政治、经济、法律、文化、自然、交通等条件能否保证所选择的媒体有效地传播广告主的广告信息,等等。

4. 目的性原则

即在选择广告媒体时,应当遵循广告主的营销目标,并充分考虑广告所要达到的具体目标,选择那些最有利于实现目标的广告媒体。

(二)媒体组合的方式

在选择具体的媒体时,媒体策划人员首先必须决定采用哪种媒体组合方式。媒体组合方式大体上分为两种:一种是集中式媒体组合,另一种是分散式媒体组合。

1. 集中式媒体组合

是指将全部媒体发布费集中投入一种媒体。这种高集中度的媒体组合可以有效提高产品或服务在广告对象中的知名度,获得广告对象的接受,尤其是能得到那些接触媒体有限的广告对象的接受。

2. 分散式媒体组合

即采用多种媒体到达广告对象。分散式媒体组合有助于广告主与多个细分市场进行沟通。借助不同媒体的组合,广告主可以在不同的媒体中针对不同的广告对象发布不同的信息。必须注意的是,由于在不同的媒体上投放广告需要进行不同的创意和制作的准备,因此,广告的创意制作费用可能会大幅度增加。

(三)媒体组合的具体策略

采用什么样的媒体组合策略要依广告活动的具体情况而定,下面列举的几种媒体组合方法较具有代表性。

1. 视觉媒体与听觉媒体的组合

无论是视觉媒体还是听觉媒体都有其明显的传播局限性,即使是集视听为一体的电视媒体,在传播深度上的局限仍十分明显。媒体组合能使各种媒体在特性上互补,加深印象并强化记忆。因此,媒体组合应倡导运用多种媒体组合互补来提高传播效率。

2. 瞬间媒体与长效媒体的组合

瞬间媒体是指广告信息停留时间短暂的媒体,如电视、广播等媒体,这些媒体需要与有保留价值的长效媒体(主要是印刷媒体)组合使用,才能使信息被广告对象长记不忘。

3. 媒体覆盖空间的组合

媒体有各自的覆盖空间,在进行媒体组合时要考虑到空间上的互补,例如有的广告活动要作全国范围的覆盖,一种方式是选择全国发行的报刊或覆盖全国的电子媒体,另一种方式是选择多个区域媒体进行地理上的组合覆盖。

4. "跟随环绕"媒体组合

消费者每天在不同的时间会接触到不同的媒体,例如清晨听广播、看电视;上班时浏览网站、看报纸;下班时看电视、上网。消费者在接触媒体上的这种流动性使得一些细心的媒体策划人员考虑采用一种"跟随环绕"的媒体组合方式,即随着消费者从早到晚的媒体接触,安排各式媒体以跟随的方式进行随时的说服。

四、广告发布时机与排期策略

在选择好广告媒体与媒体组合方式后,需要考虑广告信息何时在这些媒体上发布、发布持续时间的长短、广告以什么样的频率进行发布以及采用什么样的排期策略等问题。

(一)广告发布时机策略

广告发布时机策略主要是解决何时开始发布广告、广告持续多久、各媒体以什么样的顺序发布广告以及广告以什么样的频率发布这些问题。

1. 广告发布的时序策略

广告发布的时序是指广告发布和其他相关活动在时间上的配合。

第一,领先发布。是指广告在产品相关营销活动开始之前就发布。一般新产品刚刚导入市场时经常采取这种策略,运用广告先造舆论,为产品进入市场开路。

第二,同步发布。是指广告的发布与相关营销活动同时展开。这种策略可以使广告与其他营销活动密切配合,形成整合行销传播,产生的效果一般要大于单独发布广告。这种方式已广为成熟品牌所采用。

第三,延迟发布。是指广告在相关营销活动开始之后再发布,这是一种后发制人的发布策略。

2. 广告发布的时限策略

广告发布的时限是指广告发布持续时间的长短。广告发布总的持续时间由广告活动总体持续时间的长短和广告主所能支付广告费用的多少来决定。在总的时限内,广告的发布是否分成不同长度的时间单元,各单元的持续时间如何,则根据广告目标的要求来进行。

3. 广告发布的频率策略

广告发布的频率是指在特定时间内广告在媒体上展露的次数。广告的诉求效果受广告发布频率的影响,但并不是广告发布的频率越高广告效果就越好,对广告发布频率的制定应经过合理的研究分析。

(二) 广告排期策略

1. 连续式排期

连续式排期是指在一段时间内匀速投放广告的形式,比如连续四周每天在某一电视剧的播映时间内插播一次广告,这种排期形式就是连续式。

这种排期方式的优点在于:广告能持续地出现在消费者面前,不断地累积广告效果,防止消费者对广告记忆下滑,由于其排期行程可能涵盖整个购买周期,因此能持续刺激消费动机。

其缺陷在于:竞争品牌如果在某一时间进行大量的广告投放,该品牌可能由于应对不足而陷入困境;在投放上对销售淡旺季没有侧重。

2. 起伏式排期

起伏式排期是指在一段时期内大量投放广告(通常为期两周),然后在一段时期内停止全部广告,又在下一段时期内大量投放广告。起伏式排期常用于支持季节性销售与新产品上市,或用于反击竞争对手的活动。

这种排期方式的优点在于:可以根据竞争需要,调整最有利的露出时机;可以配合铺货行程及其他传播活动行程;可以集中火力以获得较大的有效到达率;机动且具有弹性。

其缺陷在于:如果广告空档过长,可能使广告对象对广告的记忆跌至谷底,增加了再认知的困难度;竞争品牌如果在空档期大量投放广告将会形成严重威胁。

3. 脉冲式排期

脉冲式排期是将连续式排期和起伏式排期结合在一起的一种媒体排期策略,广告主在连续的一段时期内投放广告,但在其中的某些阶段加大投放量。脉冲式排期最适合那些全年销售比较稳定,但又有季节性特征的产品,如服装、饮料等。

这种排期方式的优点在于:可以持续累积广告效果;可以依品牌需要加强在重点时期露出的强度。

而其缺陷在于广告预算投入比较大。

第三节　广告媒体计划与购买

一、广告媒体计划的制定

在确定了媒体策略的基本框架以后,就需要编撰媒体计划了。

> 所谓媒体计划是指一种系统的用来指导、规范、约束媒体策划人员选择、购买、运用广告媒体的文件。

媒体计划的编撰是广告总体策划中的一项重要工作。由于它是广告策略实施的指导性文件,因此在编写的过程中要求逻辑严谨、内容详细,同时还要有可操作性以及灵活性的特点。

由于媒体计划书是根据不同广告活动的需求进行撰写的,因此在写作上并没有一定之规,只要能充分阐释策划方案,对实践有指导意义即可。媒体计划一般包括以下五个方面内容。

(一) 标题、摘要和目录

媒体计划作为一个独立文件需要一个简明的标题、摘要和目录。其中,摘要就是媒体计划的内容提要,也是对整个媒体策划方案的概述,它有助于审阅人员在短时间内把握方案的全貌。

(二) 背景与情况分析

从宏观和微观角度分析产品所处环境及自身情况,分析产品的营销计划和广告计划,总结出这些因素对媒体计划的影响和制约。

(三) 媒体目标阐述

根据上述分析制定出媒体目标,这个目标应该是具体的、详细的、可测量的、有可能完成的。

(四) 媒体策略阐述

这一部分是媒体计划的核心,需要详细阐述。阐述围绕怎样达成媒体目标展开,每一个策略必须陈述其产生的原理、使用的标准、与产品的适宜性等。阐述的过程最好用数据、图表等直观形式对策略加以解释,增加分析的科学性与可信性。

(五）媒体计划细节和说明

这一部分主要使用数据证明媒体计划的科学性,例如,用数据证明所选媒体及媒体组合是符合媒体选择标准和预算控制要求的;用数据表明媒体组合所达到的净到达率、接触频次、频次分布、总接触人次;计算出所选择的全部媒体的千人成本;计算出每种媒体每月使用的次数、花费;以及其他对制定执行计划有用的数据。

(六）传播流程图和刊播日程表

依据媒体策略编制出在一段时间内可操作的刊播日程表。

二、广告媒体购买

科学的媒体计划有赖于好的执行,媒体购买就是执行过程中重要的一环。媒体购买人员首先要根据已掌握的信息帮助媒体计划人员制定出翔实可行的媒体计划,然后运用良好的专业技能与丰富的经验进行谈判与购买。

媒体购买人员在进行购买时必须了解各个媒体的广告单位以及付费成本。不同媒体的广告单位是不同的,例如电子媒体的广告是以时间为单位来计算的,有 5 秒、10 秒、15 秒、30 秒等规格;而平面广告是以空间为单位来计算的,如报纸有四分之一版、半版、整版等规格。单位媒体的价格与广告单位的大小有关,同时,也因广告投放的时段、版面不同而有所差别。电视广告在晚间黄金时段的价位要远远高出日间时段,而报纸头版的价格也要高于其他版面。媒体购买人员要熟知各种媒体的成本计算,这样才能在购买的过程中用合理的价格买到理想的时段或版面。

媒体购买人员除了要对媒体计划基本知识和媒体动态了如指掌之外,还需要有丰富的谈判经验,成功的谈判可以帮助广告主以较低的价格获得理想的媒体资源。

购买谈判一般围绕着所购买媒体时间或空间的价格和服务展开。

媒体的价格一般有较为清晰的标注。但有的媒体在淡季可以有较大的折扣,还有的媒体处在非常激烈的竞争环境中,为了生存愿意给出更多的折扣,购买人员应对媒体市场的"行情"非常了解,知己知彼,才能在价格谈判中占有优势。

对媒体服务的谈判主要是指媒体购买人员在进行购买的过程中应该为广告主争取到更好的广告位置和增值服务。广告所处位置不同对广告的效果有直接的影响,例如电视广告中在第一位播出和在中间播出受众对其注意和记忆的程度是不一样的。媒体的增值服务也是媒体购买人员应该尽力为客户争取的。有的媒体在广告价格上不能让利,购买人员可以通过谈判为客户争取到在其他时段赠播或媒体赠与的额外服务,这实际上间接降低了媒体购买的成本。

三、广告媒体预算的制定与分配[①]

媒体预算通常占广告总体预算的 80％,因此,在媒体计划中,媒体策划人员必须用科学的方法制定媒体预算并进行合理的分配。

（一）媒体预算的制定

1. GRP 法

GRP 方式是根据广告对象对广告信息认知所需要的媒体传播量,再将传播量换算成金额,得出媒体所需预算。

基本操作步骤为:

第一步,根据品牌的营销因素、创意因素及媒体因素,设定年度中所有广告活动所需的有效频率。

第二步,依品牌所需制定各广告活动的有效到达率。

第三步,根据广告对象的媒体接触习性及收视率资料,得出获得设定有效到达率所需的 GRP。

第四步,根据各市场媒体价格与收视率,计算出每百分点收视率的购买成本（CPRP）。

第五步,以 CPRP 乘以 GRP 方式得出所需媒体预算。首先列出各个市场中各项广告活动全年所需 GRP;然后以各市场 CPRP 乘所需 GRP 得出各市场所需预算;最后加总各市场预算即为在全国投放所需总预算。

2. 媒体投放对销售比值法

媒体投放对销售比值法是完全从销售的产出制定各市场的媒体投放预算。

操作方式:

第一步,以各市场整体品类的销售量除以各市场媒体投放额,得出各市场的投放比值（假设为 A）。

第二步,以同样方式得出各市场销售最佳的前 5 个品牌（或前 10 个品牌）的比值（假设为 B）。

第三步,依品牌在策略上的积极或消极,在 A 与 B 之间设定品牌投放比值。

第四步,根据品牌在各市场销售目标乘以各市场所设定的比值,得出各市场的媒体预算。

第五步,加总各市场预算成为在全国投放广告所需的总预算。

---

① 参考自陈俊良. 广告媒体研究. 北京:中国物价出版社,1997

（二）媒体预算的分配

在科学地制定广告媒体预算之后，还需要将这笔预算进行合理的分配，解决何时、何地、在何种媒体上投放广告的问题。通常我们可以按照时间、地理区域和媒体类别对其进行分配。

1. 按时间分配媒体预算

每一种产品都有其广告宣传的最佳时机，在最佳宣传时机投入充足的广告预算，会帮助广告达到理想的效果。

要找准广告发布的最佳时机就要充分考虑到产品的生命周期，产品的销售规律以及企业自身的经济运行周期和社会经济状况等诸多内部与外部因素，在此基础上确定采用何种策略投入预算。

根据时机的选择，媒体预算在时间分配上一般采取以下三种方式：

（1）集中投放。广告主在一定时期内进行密集的广告投放，目的是在短期内取得较高到达率，迅速提高品牌的知名度，这种方法适用于刚刚上市的新产品，可以使新产品在短期内打开市场。但需要注意的是，集中投放过后还应有后续的广告投放，否则短时间内建立起来的品牌知名度无法转化为令人印象更为深刻的品牌形象，前面的努力有可能功亏一篑。

（2）阶段性投放。一些企业由于财力不足，广告投入有限，于是选择在产品销售旺季及其前后做广告，在销售淡季少做或不做广告。这种投放方式紧跟市场变动，有针对性，可以避免浪费。但广告作为一种长期性的投资，在淡季投放可以提醒广告对象对品牌的记忆，具有累积效果，这种累积效果可以使广告对象在产品销售旺季更容易想起该产品，因此，如果资金允许，在淡季也应有一些广告投放。

（3）均衡投放。这种方法是全年都做广告，在销售旺季进行较多的广告投入，在销售淡季则投入较少的广告经费做提醒性广告，在全年都保持广告的持续性。这种做法对于品牌形象的累积和产品的销售都有好处，但是需要的媒体预算也相对较高，因此通常是财力雄厚的大企业的最佳选择。

2. 按地理区域分配媒体预算

在大致确定预算时间分配的基础上，应进一步落实广告活动在空间上的展开，即媒体预算的地理区域分配。企业在分析营销目标的基础上，可以采用如下分配方式：

（1）重点扩散法。就是在媒体预算分配上以某个优势市场为重点，在该市场进行重点投放，取得强势地位后再向其他地区扩散，广告投入的地区与广告主营销重点区域相适应，这样的做法较为稳妥。

（2）稳步占有法。如果目标市场潜力很大，企业往往选择牢牢地占有该市场，也将绝大部分的广告预算投入到该地区。这样做的好处是如果对市场判断准确,可以将资金集中在目标市场;缺点是风险较大。

(3) 灵活机动法。指的是产品销售到哪里,就在哪里投放广告。这种方式非常灵活,但是不利于品牌的维护和长远发展。

(4) 占尽先机法。有些企业在市场尚未打开的地区先进行广告投放,即在未来的市场上培育消费者,树立品牌形象,以期在市场打开之前占尽先机,在同类产品中一举夺魁。这样的广告投入可以说是目光长远,但前提必须有充足的广告媒体预算。

3. 按媒体类别分配媒体预算

在确定媒体预算的时间、区域分配后,也需要对媒体组合中的不同媒体进行预算的分配。这种分配并没有一定之规,但是需要从多个方面加以考虑:

(1) 从产品类别、特质角度考虑。视觉效果要求高的产品常常选择杂志、路牌、电视等视觉媒体进行投放,因此在这类媒体中就要多一些媒体预算;消费者凭理性购买的产品在做广告时一般多选择报纸或专业杂志等解释性媒体进行投放,那么对这类产品,解释性媒体在媒体预算中就要占有重要的比重。

(2) 从广告对象角度考虑。吸引广告对象的眼球是广告的直接目的,因此在研究广告对象接触习惯的基础上找出他们喜爱接触的媒体,进行重点投放,可以取得事半功倍的效果。

(3) 从媒体质量角度考虑。我们在前面讲过进行媒体选择的前提是要先对媒体进行质和量的评估,这是一个长期的工作,对于质量较好的媒体,如果它恰好符合广告主投放广告的要求,可以考虑多一些媒体投放,因为这些优质的媒体平台可以为品牌树立形象提供帮助。

(4) 从媒体价格和成本角度考虑。广告媒体投放实际上是一种投资行为,作为一种投资,成本是必须考虑的因素,有的广告主在进行广告投放时一味追求在高收视率的节目或频道上进行广告投放,完全不考虑其巨额的费用,这实际上也是一种浪费。媒体预算在媒体类别上的分配要综合考虑广告主的经济承受能力以及所投放媒体的性价比,在对其进行质、量评估的基础上结合对其成本的评估,才能找到最合适的媒体投放组合。

第四节 广告媒体监测

一、广告媒体监测的内容

广告活动一旦开始,媒体的监测就要开始发挥作用。媒体购买人员应通过各种途径对媒体的广告发布效果进行监测。监测的内容主要有两方面:

一是监测媒体是否按约定刊播广告。例如在电视台播放广告的过程中可能由于一些特殊情况出现错播、漏播现象,广告公司的媒体购买人员应该及时发现并替广告主争取到最佳的补偿方案。

二是监测广告播出的效果。广告媒体策划是基于对媒体未来情况预测所做出的方案,因此,在实施的过程中可能会遇到一些意外情况,例如电视媒体的某一时段的收视率因观众流失而未达到预期效果,这种情况如果能及时监测到,就可以在短期内做出调整,将损失降低。

二、广告媒体监测的方法

在诸多广告媒体监测中,电子媒体信息稍纵即逝,因此对电子媒体的监测既是重点也是难点,目前,在我国广泛采用的电子媒体监测方法是日记法和人员测量仪法。

(一) 日记法

1. 日记法的优点

(1) 样本的代表性较好。日记法是将日记卡置留在样本户家中,待样本户填写完毕之后通过邮寄或访问员上门的方式收取反馈信息,不必依赖电话线,这样,抽样可以尽可能地遵循随机原则,样本有较好代表性。

(2) 费用低廉。日记法无需装置仪器,所需费用较少,换户成本很低,样本规模可以较大。

(3) 反馈信息比较丰富。日记法不仅可以得到受众收视行为"量"上的资料,以及样本户家庭成员个人的背景资料,有时还可以得到有关节目好坏的评价,反馈信息较为丰富。

2. 日记法的不足

(1) 人为误差较大。由于日记法依靠受访者自己完成记录,人为误差几乎不可避免。

(2) 时效性较差。由于日记卡靠邮寄和访问员上门收取,通常以一周或两周为反馈周期。比如周一收集日记,周二数据汇总和清理,周三处理数据并进行分析,周四编制报告和印刷,周五才能发出,即使最快的日记法调查,也需要 3~5 天时间。

(3) 准确性稍低。日记法以 15 分钟为测量单位,有效收视时间一般定义为 8 分钟,有些不足 8 分钟的节目便难以记录下来。特别是一些广告,由于插播时间短,实际收视率难以显现出来,往往以其前后的节目的收视率为代表,造成误导。日记法也难以记录比较复杂、频道转换比较频繁的情况,频道越多越容易出错。另外,有些受访者并不是在看电视的当时作记录,而是事后追记,这样遗忘或失实便在所难免,资料的准确性自然要打折扣。

(二)人员测量仪

1. 人员测量仪的优点

(1)准确性好。仪器法优于日记法的最主要之处在于,仪器记录能够尽可能避免人为因素的影响,尽可能详尽准确地记录观众的收视情况,而日记法受人为因素的影响较大。

(2)测量精确。仪器法的扫描单位可以是 1 秒(5 秒),记录单位是 1 分钟,比日记法要精确得多,两者的时间单位相差甚大。用日记法 15 分钟一个刻度的大钟表,无法精确测量短至几分钟的小节目,用仪器法测量则应付自如。

(3)时效性好。与日记法相比,仪器法不仅能够自动记录数据,而且能够通过电话线自动提取和传送数据,省去了邮寄日记或访问员上门收取日记这一环节。同时,还可以直接进行电子数据的处理分析,省去了数据登录工作,最快能够提供前一天的收视结果,因而时效性较高。

2. 仪器法的不足

(1)成本较高。人员测量仪价格昂贵,装置和维护仪器的日常工作需要大量投入,经费开支远高于日记法。

(2)样本排除性较大。目前使用的人员测量仪只适用于同时拥有电视和电话的家庭,在低度发达地区难以使用,样本的代表性要打折扣。

(3)反馈信息的丰富性不及电话法和日记法。仪器法能够精确测量电视机的开机时间和频道转换信息,但是却无法得到观众对于某些节目(或频道)的评价信息、满意度信息。

(4)按键的正确性难以保证。仪器法无法确定电视机打开后人们是否一直留在电视机前,也就是说不能保证按键的正确性。

 小资料 11-1:我国主要媒体监测机构[①]

一、央视—索福瑞媒体研究有限公司(CSM)

(一)公司简介

央视—索福瑞媒体研究有限公司(CSM)是中国较为权威的电视收视率数据提供商,近年来,除了在电视领域的研究上得到了长足发展之外,在广播收听率调查、体育与

---

① 参考自:www.csm.com.cn

媒体研究、媒体专项调研等诸多方面同样也取得了突破性进展。基于丰富的研究经验和敏锐的市场视角,央视—索福瑞出版发布了一系列《中国传媒系列报告》,为业界研究提供了不可或缺的参考文献。

(二)产品内容

1. 电视收视率

(1)新建调查站(日记式)

指在CSM现有的收视率调查网络之外的城市新建日记法收视率调查站。

数据范围:本城市所有可接收频道,全天24小时数据。

数据周期:每周提供一次。

服务内容:免费提供软件一套,以及相关的培训和售后服务。

(2)新建调查站(人员测量仪式)

指在CSM现有的收视率调查网络之外的城市,新建人员测量仪式收视率调查站,或由现运行的日记法调查站转为人员测量仪式调查站。

数据范围:本城市所有可接收频道,全天24小时数据。

数据周期:每天提供一次。

服务内容:免费提供软件一套,以及相关的培训和售后服务。

(3)软件数据购买

指购买CSM现有的收视率调查城市之内的一个或多个城市的收视率数据。

数据范围:所购城市组合中每一个城市所有可接收频道,全天24小时数据。

数据周期:每周提供一次。

服务内容:免费提供软件一套,以及相关的培训和售后服务。

(4)数据报告购买

指购买特定时期内指定频道(栏目、广告)指定目标人群的收视率报告。

数据范围:全国近百个单独城市和20余个省级调查网的数据。

服务内容:根据要求完成并提供指定内容的报告。

(5)每周电视剧收视率报告

数据范围:全国40个城市,共计195个频道一周内播出的所有电视剧收视率数据。

报告内容:每部电视剧的播出日期、播出城市、播出频道、开始/结束时间、收视率、市场占有率。

数据周期:以电子邮件方式每周提供一次。

(6)省级卫星频道收视率报告

数据范围:全国各省级卫星频道在35个省会城市及计划单列市的收视率报告。

报告内容:各省级卫星频道在以上地区的周平均时段收视率;

各省级卫星频道一周节目排名前 60 位；

各省级卫星频道目标观众收视率（全天）；

各省级卫星频道目标观众收视率（19：30—22：30）。

数据周期：以电子邮件方式每周提供一次。

（7）《传媒行业研究报告》

报告内容：各类传媒行业研究报告。

（8）全国收视率调查报告

报告内容：中央电视台 12 个频道在全国 53 个城市的节目收视率报告。

报告周期：每周提供一期。

2. 广播收听率

（1）软件数据购买

指购买 CSM 现有的 23 个收听率调查城市之内的一个或多个城市的收听率数据。

调查周期：每年三波调查，每波连续四周，全年共 12 周。

每年四波调查，每波连续三周，全年共 12 周。

全年 365 天连续调查。

调查方式：日记法。

数据范围：所购买城市组合中，每一个城市在调查周期内所有可接收频率，全天 24 小时数据。

数据提供：每波调查结束后三周提供数据。

如采用全年连续调查方式，数据提供为每周一次。

服务内容：免费提供软件一套，以及相关的培训和售后服务。

（2）新建调查站

指购买 CSM 现有的 23 个收听率调查城市之外的城市新建的收听率调查站。

调查周期：每年三波调查，每波连续四周，全年共 12 周。

每年四波调查，每波连续三周，全年共 12 周。

全年 365 天连续调查。

调查方式：日记法。

数据范围：所购买城市中在调查周期内所有可接收频率，全天 24 小时数据。

数据提供：每波调查结束后三周提供数据。

如采用全年连续调查方式，数据提供为每周一次。

服务内容：免费提供软件一套，以及相关的培训和售后服务。

（3）数据报告购买

指购买特定时期内指定频率（栏目）指定目标人群的收听率报告，或购买 CSM 现有的 23 个收听率调查城市之内任一城市任一波调查的数据报告。

数据范围：CSM 现有的 23 个收听率调查城市的收听率数据可选。

服务内容：根据要求完成并提供指定内容的报告。

3. 体育与媒体研究

（1）多用户报告：中国体育和体育赞助调查

指中国体育和体育赞助市场调查研究报告。

城市：北京、上海、广州。

报告周期：每年二次。

（2）多用户报告：电视体育跟踪报告（sport track）

指对各项体育赛事电视转播进行跟踪分析研究。

城市：北京、上海、广州。

周期：每月一次。

（3）个案研究：赞助媒体价值分析

指根据具体客户的不同要求，对具体赛事赞助品牌的曝光及其媒体价值进行测量和分析研究。

范围：根据客户要求量身而定。

（4）个案研究：体育营销及体育赞助市场评估

二、央视市场研究股份有限公司（CTR）[①]

（一）公司简介

央视市场研究股份有限公司（CTR）是中国最大的专业媒体与市场研究公司，是由中国国际电视总公司（CITV）和世界领先的市场研究集团 Taylor Nelson Sofres（TNS）共同组建的中外合资公司。央视市场研究（CTR）拥有覆盖全国的媒体、市场、广告调查网络，不仅具有强大的全国性调查执行能力和网络管理经验，创建了一整套数据处理、数据分析的科学方法，而且拥有连续六年的媒体、市场、广告研究数据库。

央视市场研究（CTR）结合最新的研究技术和对市场的深入理解，熟练地运用业界领先的技术为客户提供快速、全面的中国市场分析，及具有洞察力和创新精神的商业解决方案。其所属的媒体监测研究部门为专业从事媒体广告监测业务 CHINA AdEx®，经过十年的发展，已拥有国内广告监测行业最强的实力。为中国市场提供准确、全面、及时的广告媒体监测研究服务。

（二）产品内容

1. 媒体监测

（1）电视广告监测。提供对覆盖全国 178 个城市 642 个电视频道 17：00：00——

24:00:00(包括217个核心电视频道24小时监测),以及397个县级城市1506个特约频道的所有电视节目和广告的监测报告。

(2) 报纸、杂志广告监测。提供对全国/地方发行的417份报纸和178份杂志中产品广告刊登情况的监测报告。

(3) 户外广告监测。提供对覆盖全国24个城市的路牌、灯箱等进行连续性监测报告。

(4) 电影贴片广告监测。提供对覆盖全国30个大中城市的主要影剧院电影贴片广告的监测报告。

(5) 电台广告监测。提供对23个城市超过80个电台频率广告的监测报告。

2. 品牌监测

所有广告被分为21个大类、近200个产品小类,对近170 000个产品进行分析。

3. 媒体数据分析软件

(1) 多媒体广告监测分析软件(AdEx Power Ver2.00);

(2) 电视数据特快监测软件(AD Search);

(3) 多媒体广告监测软件(AdEx Power);

(4) 语音自动识别系统(RSS);

(5) 最新电视广告版本查询系统(NewBrand);

(6) 电视台服务软件(AdSearch);

(7) 电视收视率分析软件(InfoSys);

(8) 全国读者调查分析软件(EASYCROSS)。

本章要点:

广告媒体策划,就是为了实现广告目标,运用科学的方法,对各种不同的广告媒体进行有计划、有系统地选择与优化组合,掌握广告发布的时机,安排广告发布的日期,并进行有效监测的过程。

为确保媒体投放活动高效、有序地进行,媒体策划人员必须通过一系列科学的决策步骤来制定媒体计划。

媒体目标是媒体策划希望实现的目的和完成的任务。媒体目标应该是具体的、详细的、可测量的、有可能完成的。

媒体策略的制定是在对媒体基本情况进行评估的基础上进行的,媒体评估可以从三方面入手:媒体质的评估、媒体量的评估、媒体投资效率的评估。

广告投放的媒体选择方法很多,经常被采用的策略为:按目标市场的不同选择媒体、按产品特性的不同选择媒体、按产品消费者的不同选择媒体、按广告预算的多少选择媒体。

媒体组合指将不同的媒体资源整合起来发布广告,使广告信息能有效地到达广告对象。媒体组合的原则有互补性原则、有效性原则、可行性原则、目的性原则。

媒体组合具体策略有以下几种:视觉媒体与听觉媒体的组合、瞬间媒体与长效媒体的组合、媒体覆盖空间的组合、"跟随环绕"组合。

广告发布时机策略主要解决何时开始发布广告、广告持续多久、各媒体以什么样的顺序发布广告以及以什么样的频率发布广告这些问题。其策略主要有广告发布的时序策略、广告发布的时限策略、广告发布的频率策略。

广告排期策略主要有连续式排期、起伏式排期、脉冲式排期三种。

媒体计划的编撰是广告总体策划中的一项重要工作。由于它是广告策略实施的指导性文件,因此在编写的过程中要求逻辑严谨、内容详细,同时还要有可操作性以及灵活性的特点。

科学的媒体计划有赖于好的执行,媒体购买就是执行过程中重要的一环。媒体购买人员首先要根据已掌握的信息帮助媒体计划人员制定出翔实可行的媒体计划,然后运用良好的专业技能与丰富的经验进行谈判与购买。

媒体预算占广告费用很大比重,因此,在媒体计划中,媒体策划人员需要制定一个合理的媒体预算。在科学地制定广告媒体预算之后,还需要将这笔预算进行合理的分配,解决何时、何地、在何种媒体上投放广告的问题。通常我们可以按照时间、地理区域和媒体类别对其进行分配。

广告活动一旦开始,媒体的监测就要开始发挥作用。监测的内容主要有两个方面:一是监测媒体是否按约定刊播广告;二是监测广告播出的效果。目前,在我国广泛采用的电子媒体数据采集方法是日记法和人员测量仪。

本章思考题:

1. 请思考:在评估媒体价值的过程中,如何平衡量化标准和质化标准两者的关系?

2. 媒体价值的各种质化标准对于品牌形象有什么影响?

3. 分析营销策略、广告策略以及媒体策略三者之间的关系。

4. 在广告策划中应如何运用媒体发布时机策略?

5. 分析影响媒体选择的因素有哪些?

6. 媒体组合应遵循哪些原则?

7. 请思考竞争对手的广告媒体策略对选择媒体会产生哪些影响?

8. 媒体效果评估对于广告活动有什么意义?

本章建议阅读资料：

1. 陈俊良. 广告媒体研究. 北京：中国物价出版社，1997

2. 纪华强. 广告媒体策划. 上海：复旦大学出版社，2003

3. 杰克·Z.西瑟斯，林肯·布巴.广告媒体企划.贾丽军等译.北京：企业管理出版社,2000

4. 阿诺德·M.巴尔班，斯蒂芬·M.克里斯托尔，弗兰克·J.科派克. 国际 4A 广告公司媒体计划精要. 朱海松译. 广东：广东经济出版社，2005

5. 吉曼·萨可. 广告媒体实务.赵劲松译.北京：世界知识出版社，2001

第十二章

广告效果研究

本章提示 ▶ 广告效果研究历来是广告活动中最难解释的话题,因为广告效果具有复合性、累积性、二次传播性、滞后性、遗忘性等特性。本章简要解释了研究广告效果的目的,介绍了广告作品测评的主要指标和测评方法、广告传播效果的研究指标和研究方法、广告经济效果的研究指标和研究方法,这些指标和方法都属于基础性的,实践中经常用到。

策划、实施、评估是广告活动的主要步骤。经过调研策划、投入大量的广告费用进行广告传播，广告活动必然追求理想的效果和最大的效益。广告效果研究是广告活动的一个重要环节，通过对广告效果的测定和评估，了解广告对象对广告信息的接受状况，了解广告主题、广告诉求是否到位，了解广告媒体及其组合策略是否合理有效，最终评估广告活动的效果是否达到预期目标，为下一期的广告活动提供决策依据。

> 广告效果是指以广告作品为载体的广告信息经过媒体传播之后，对广告对象和广告主所产生的所有直接和间接影响。

在解释"广告效果研究"时，我们使用了两个词，即广告效果的"测定"和广告效果的"评估"。"测定"侧重于计算或量化广告效果，比如人们购买商品的数量、价格等指标，可以使用量化的数据进行计算。"评估"侧重于定性估计广告效果，比如广告主题是否合适、广告创意是否吸引人，主要依靠专家或广告对象的个人表述，这些表述虽然也可以进行量化，但其中感情与体验的内容比较多，一般使用描述式的、定性式的方式来研究这类广告效果，所以使用"评估"一词较为贴近一些。

第一节　广告效果的特性及其研究目的

一、广告效果的特性

"我知道有一半广告费被浪费了，但不知道浪费在哪里"，广告主经常用这句经典名言来形容广告效果。广告效果出现这种不明原因的浪费，在于广告效果本身的特性。

广告效果具有时间滞后性。除极少数 POP 广告对现场销售可能立即产生促销效果之外，一般情况下，广告发布一定时期之后才能产生效果，当前还没有精确的办法测定这个滞后的周期，但从习惯上讲，从广告策划开始，到广告作品的产生、发布并产生效果，最短的时间周期为几天，通常要一个月甚至于半年以上的时间，所以广告效果的测定与评估需要考虑这种滞后性特点。同时广告效果还受不同媒体形式、受众文化、风俗、习惯等多种因素影响，表现不同的滞后性。

广告效果具有长期累积性。广告的初期效果是对广告对象进行有意无意的刺激与诱导，当这种刺激与诱导积累到一定程度后，就可能转化为消费需求或购买行为，从广告发布到广告对象购买行为的发生，有一个相当长的累积期。

广告效果具有复合性。广告效果表现为多种因素作用下的复合效果，包括产品特征、促销策略、广告媒体特征、广告实施质量、广告对象购买力、同类竞争产品、竞争广告因素制约以及社会环境等多种因素的相互影响,对最终的广告效果形成合力。测定和评估广告效果时,要尽量分清哪些因素起直接的和主要的作用,哪些因素起间接的和次要的作用。

广告效果具有二次传播性。受广告的影响,广告对象购买商品或服务,并且对商品的质量与功能有进一步认识,可能产生满意或不满意的体验,这种体验对广告效果再次产生积极或消极影响。如果广告对象认为商品物美价廉、质量上乘,他们会产生满意的体验与信任感,可能重复购买,也可能把该品牌推荐给亲朋好友;如果认为商品大大低于期望,质量不符合规范,可能对品牌及广告很不满意,拒绝继续购买或者向他人宣扬这种品牌的坏处等。广告对象重复购买、向亲朋好友推荐、或者拒绝购买向他人宣扬该品牌的坏处等做法,相当于广告信息的二次传播功能。

广告效果具有遗忘性特征。经过一段时间之后,广告效果会逐渐下降,广告信息或品牌名称会在广告对象心理逐渐模糊,知名度下降,人们对广告信息的信赖度可能降低,有些广告信息经过若干年的沉寂之后,可能完全陌生或被遗忘。

二、研究广告效果的目的

对广告进行测定和评估的目的主要表现如下四个方面:

(一)有利于完善广告作品

广告作品的制作效果主要受广告策划水平的影响,广告策划质量高,广告作品一般也会表现出较高的水平,这种理论上和经验上的推论,还需要在实践中以广告对象的判断和评价进行检验,通过研究广告对象接受广告作品之后的心理行为上的变化,来评定广告作品的真正效果。在广告作品正式发布之前,对广告作品进行事前评估,可以修改作品中不成熟、不适宜的表达方式。召集有代表性的广告对象,将广告作品(终稿或准终稿)出示给广告对象,他们会提出许多有益的意见和建议,创作人员可以采用一些好的意见和建议,特别是制作过程被疏忽的内容,很容易被广告对象发现。奥格威有一句名言:如果连你的妻子孩子都不愿意看的广告,还指望别人喜欢吗?奥格威其实是强调了作品发布之前进行效果评估的重要性。广告作品发布之后,随时跟踪广告对象的意见与反馈,了解人们积极的和消极的评价,防止广告作品中的隐伤造成不良的社会效果。

(二)有利于解决并改善广告策略方面存在的问题

广告策划方案是整个广告运作的大纲与蓝本,并不是说任何广告细节都要按照这个大纲和蓝本来实施,这个大纲和蓝本毕竟是事先依据相应的情报资料制定出来的,而在实际运作过程,会遇到许多未曾预料的新情况和新问题。激烈的市场竞争、社会与生活环境的快速变化，可能远远超出原定的预期方案，市场因素既可能刺激、渲染或放大广告所产生的效果，也可能压制、拘束广告的效果，还可能引发相反的、严重的、不良广告效果，这就要求广告活动的运营者以测定和评估为手段，随时监测这些效果。进行广告效果的测定与评估，可以调整广告策划方案中存在的问题，改进改善策划方案中存在的不足。

（三）有利于提高广告经营者的业务素质

从业务流程上讲，广告效果测定和评估是广告流程中的最后一个环节，但广告效果测定和评估的信息会反馈到后面的每一个环节，所以广告效果测定和评估会影响整个广告运营过程。事前预测或评估广告策划方案可能产生的效果，对提高广告策划方案的科学性具有支持作用。进入广告实施阶段，对广告效果的测定和评估，可以监测广告的媒体策略与到达效果，并可能监督或调节广告费用投放情况。广告实施结束，进行阶段性的广告效果测定和评估工作，总结广告工作中的经验教训、克服工作中的问题，为今后广告经营活动提供借鉴和参考依据。广告效果测定和评估是广告经营者提高业务素质、监控能力和经营效益的重要手段，是促进广告策划、创意、设计能力提高的重要条件，是科学化、规范化管理广告活动的重要保障。

（四）有利于广告主进行科学的广告投放

广告主支付了高额的广告费，为了检验广告的效果，需要对广告效果进行系统的测定和评估。通过测定和评估广告费用投入与收益之间的关系，并与原来的广告目标相比，广告主可以判断其广告投放的决策具有多大程度的正确性，这是广告主改进、调整和完善其广告战略和策略的重要依据，也是广告主合理安排和控制下一期广告预算、不断提高其广告经济效果的基础。

需要说明的是，广告效果研究可以达到上述目的，可以减少广告活动中的问题与错误，但广告效果研究并不等于广告活动本身，广告效果研究只是提高广告质量的手段。广告效果与广告质量受多种因素的影响与制约，一些伟大的广告创意更需要独立的创作意识与探索精神，广告效果研究只是筛选伟大创意的一种机制。广告只是营销策略的组成之一，最终的广告效果还取决于全部营销策略的整合。

第二节　研究广告效果的方法与指标

从整体上看，广告效果研究主要包括三个方面：一是广告作品的效果研究；二是广告传播效果研究；三是广告经济效果研究。如图 12-1。

图 12-1 广告效果示意图

一、广告效果研究概况

产生广告效果的起点是广告作品,广告作品是广告信息的载体,研究广告作品的效果是整体广告效果的基础。广告作品的效果即广告对象接触广告作品之后,在知觉、记忆、理解、需求、愿望、行为习惯等方面的变化。有人将广告作品的效果称为"广告传播效果"、"广告心理效果"或"广告接触效果"等,概念未见统一,内涵差异较大。

广告传播效果是指广告作品在媒体传播期间,引起传播指标变化等方面的效果,比如收视率、到达率等方面的变化。

广告的经济效果是广告效果中的关键问题,主要是指广告主从广告中获得的经济收益或损失,即因为广告活动而引发广告主的产品、销售、利润方面的变化,广告主的品牌形象变化,以及由此引发的市场状况、竞争态势、行业走向等方面的变化。

除此之外,广告还存在一定的社会效果,泛指广告对社会环境、文化习俗、道德观念等方面所形成的影响,比如提倡消费清洁用品,强化人们重视个人卫生习惯,引起社会习俗的变化等影响。

从广告效果研究的流程上讲,一般分为事前研究、事中研究和事后研究三种。

事前研究,是指在广告活动实施之前,对广告的策划方案、表现效果及媒体效果进行预评,估计广告活动可能产生的实施效果。事前评估的内容主要有三类:一是对广告作品的效果进行测试;二是对媒体实施情况进行评估;三是对市场进行试验。广告作品测试是对广告创意的构思、表达等效果进行测试,除了使用广告调研中的一些手段之外,还经常结合心理学研究的方法对广告作品进行测试,测试结果为广告作品的最终定稿提供依据。媒体实施情况的评估,主要是实验性地研究单一媒体或不同媒体组合的传达效果,为最终的媒体计划和策略提供依据,评估方法包括二手资料分析、日记记录、电话采访、自动记录仪器跟踪等,评估媒体的数量、接触人数、接触率、费用比率等指

325

标。市场试验主要是指广告活动实施前,对局部市场进行调查研究,一般调查两个背景相近的"试验市场"和"对比市场",在"试验市场"发布一定量的广告信息,"对比市场"不发布广告信息,比较两者在经济效益、社会反映等方面的效果,发现"试验市场"存在的广告问题,这种做法实际上是大规模广告活动之前的预演,最终为正式的广告活动推广提供执行依据。还有一种情况是选择不同的"试验市场",分别发布不同版本的广告作品或进行不同方式的媒体组合,一段时间之后,搜集这些"试验市场"的意见反馈,为最终评估广告作品提供依据。

事中研究,是指在广告活动实施期间,随时跟踪广告信息的传播状况、广告媒体的实施质量,研究广告对象对广告信息的反应及接受效果,验证广告策略是否符合预定计划,事中研究是调整和监控广告活动的必要手段。当前广告市场上,那些比较成熟的广告效果监测活动,比如到达率调查、收视率调查等,集中在广告的事中效果研究环节上。

事后研究,是指在一个时期的广告活动结束后,使用访问、统计、实验等手段和方法,综合性地研究全部广告效果,全面测定和评估广告活动对营销等方面所产生的效果,为今后改进广告活动、提升广告效果提供依据。通常在每一年或每一阶段的广告活动结束后,广告主需要对上一期广告活动进行经济效果评估,以确定下一期的广告投放,广告主也需要广告公司或其他中立机构提供市场动态、广告对象反馈等方面的信息作为事后效果评估的内容。

依照广告媒体的类型,可以将广告效果研究分为:印刷媒体广告效果研究、影视媒体广告效果研究、户外广告媒体效果研究等。

印刷媒体的广告效果研究,主要集中在报纸、杂志的媒体发行量、到达率、阅读率等效果研究。影视媒体广告效果研究,主要集中在电影电视媒体的到达率、收视率等指标研究。户外广告媒体效果当中,主要集中在户外路牌广告的人群流量、广告接受率等指标研究。在广告媒体效果研究当中,以电视媒体效果研究所占比重最大,国内及发达国家都有相对成熟的研究方法和研究机构。广告比较发达的国家和地区,对于报纸杂志媒体、户外广告媒体的效果研究较为系统,但国内在这方面的数据积累不系统不完善,需要待以时日。另外,互联网技术的发展,给互联网广告本身的效果研究提供了比较方便的技术平台,但因为互联网广告本身在广告对象代表性方面的局限性,其数据积累一直不成系统。直邮广告具有针对性强、目标定位准确的优势,媒体效果易于反馈和研究,但国内直邮广告市场相对分散,而且直邮广告经常被用作广告欺诈的手段,直邮广告效果研究也没有系统的数据积累。

二、广告作品效果研究

广告作品的效果研究一般称为广告作品测试,包括研究广告对象接触广告作品之后在知觉、记忆、理解、需求、愿望、行为习惯等方面的变化。因广告作品的表达方式不同、广告材料不同、研究内容不同、研究方法不同以及研究时间不同,广告作品效果研究可以再作细分。表 12-1 是对广告作品效果研究的归纳。

表 12-1　广告作品效果研究的类型

分　类	研究项目	解　释
按时间分	事前测试	为广告创作、创意改进提供源泉及参考依据
	事中测试	随广告推进跟踪广告对象的评价及广告影响力
	事后测试	评价上一期广告的效果为下期决策做准备
按作品形式分	平面广告测试	研究平面广告的效果
	影视广告测试	研究电视、电影、多媒体广告的效果
	其他广告测试	研究路牌、邮寄等广告形式的效果
按广告内容分	诉求概念测试	由广告对象评价诉求概念并探索新的诉求概念
	广告创意测试	由广告对象评价广告创意并选择合适的色彩、音乐、语言等表达方式
	关键信息测试	研究广告关键信息的传达效果
按广告材料分	故事版测试	将创意制成简明的故事版用于效果研究
	广告带测试	广告制作成真实录像带,与其他广告混合用于效果研究
	广告语测试	研究关键性的广告标题、广告口号及有关用语
按影响力分	认知效果测试	研究广告对象注意广告、认知广告信息的效果
	态度效果测试	研究广告对象态度改变的程度
	行动效果测试	研究广告对象购买意向方面的变化
按测试方法分	印象测试法	根据短时记忆特点研究广告主题是否醒目突出
	仪器测试法	运用仪器记录广告对象接受广告时的多种反应,分析作品各要素的影响力
	专家测试法	由 8 名专家评审广告,选出最佳广告方案

(一)广告作品的测试指标

测试广告作品的指标,随广告观念的发展而有较大的变化。我国现代广告开始之后,早期的广告效益惊人地好,广告主更愿意重视广告的传播效果,反映广告作品效果的指标偏重于品牌到达率、认知率等。当前广告定位、广告创意已经成为主流观念,广告的联想、情感诉求等指标上升为重要的测试指标,另外,还包括品牌注意率、美誉度、态度改变、购买意愿等。

1. 注意率

这是筛选广告作品或广告作品评比时常用的指标,以确定注意到该广告全部信息或部分信息的人数占研究样本的比例来表示。广告信息包括人们对广告画面、广告文案、广告音乐、广告模特、广告所提示的产品名称、产品生产者或销售商、服务信息等。

当然,人们注意到这些信息,不一定与广告所宣称的品牌准确地联系在一起(比如广告对象的注意力或注意范围有限,或者广告本身存在缺陷难于将全部信息充分表达),所以注意率是测定广告效果的常用指标,但并不一定是最有效的指标。

$$注意率 = \frac{确定注意到该广告全部或部分信息的人数}{样本总数} \times 100\%$$

2. 阅读率

即广告对象阅读过全部或部分广告信息的人数占研究样本的比例。与注意率相同的是,阅读率也是指广告对象接触了全部或部分广告信息的比例;与注意率不同的是,广告对象必须对这全部或部分广告信息形成记忆,并且广告对象可能反复阅读,而广告对象对广告信息形成记忆的程度不是注意率关注的重点。阅读率经常用于平面广告作品的效果研究。

$$阅读率 = \frac{确定阅读过该广告标题、文案、图案全部或部分信息的人数}{样本总数} \times 100\%$$

3. 品牌知名度

这是检验广告作品效果最常用的指标之一,包括未提示知名度和提示知名度。未提示知名度是广告对象未经提示对品牌的回忆率,有的研究人员将其再细分为第一未提示知名度(即 top of mind,简称 TOM)和总体未提示知名度,前者更能反映品牌之间的竞争力,提示知名度是经提示后对品牌的回忆率。未提示条件下的品牌知名度当然比提示知名度更准确地反映出广告的效果,两者在同等数值情况下,前者的品牌竞争力强于后者,但由于现代广告的数量十分惊人,人们对许多广告的认知与记忆只是处于潜意识的状态,当人们进入营业环境时,那些潜意识中记忆的广告可能重新浮现到清晰的印象中来,所以提示条件下的品牌知名度也具有较高的应用价值。

$$未提示品牌的知名度 = \frac{未经提示准确回忆品牌的总人数}{样本总数} \times 100\%$$

$$第一品牌知名度 = \frac{未经提示首先准确回忆该品牌的人数}{样本总数} \times 100\%$$

$$提示品牌知名度 = \frac{经提示回忆该品牌的人数}{样本总数} \times 100\%$$

4. 品牌联想

广告对象接受广告信息之后,由该品牌联想到的内容,一般使用语词表示,这个指标是深入了解广告对象接受广告信息之后可能出现的心理反映。比如有人看到广告之后的联想是"这种产品很时髦","情节比较感人,广告有人情味,产品让人信任"等。由于联想和内容比较丰富,广告效果研究一般采用前 3 个联想到的语词,为了细分研究内容,可能再分出广告产生的档次联想、商品品质联想、商品功能联想等具体内容。

5. 理想使用者

即广告对象认为该商品或品牌最合适的使用者,这也是广告效果联想的内容之一,这些联想内容对于判断广告是否选择了正确的广告形象具有重要参考价值。

6. 美誉度

即广告作品传达信息时,广告对象对广告产生美好、满意等方面的情绪性反映,一般使用等级量表的方式来表示,比如 5 分制或 10 分制。需要注意的是,品牌塑造已经频繁地使用了广告代言人,人们对广告代言人的印象占据重要位置,广告代言人的社会声誉与行为品德也构成了广告效果的组合因素之一,品德良好、形象公正的代言人常常给广告带来积极的美誉度。

7. 价值评价

即广告对象做出"是否物有所值","是否值得购买"等等之类的判断与评价。广告对象的价值评价是他们做出购买与消费行为的前奏,这是评估广告作品效果的重要指标,广告对象做出真正的购买行为还要受到许多其他因素的影响,其中价值方面的评价具有深远的影响意义。

8. 态度变化

即广告对象接受广告信息之前和之后的态度变化。态度变化反映在广告对象接受广告信息之后的情绪、认知与价值评价等方面的变化,实际上态度变化是一个综合性的指标,在前面的指标中已经有所体现,由于态度测量是广告作品效果研究中的经典指标,所以仍然把态度变化作为一个综合性指标列入其中。图 12-2,表示广告对象接受广告信息前后,对某品牌的态度变化。

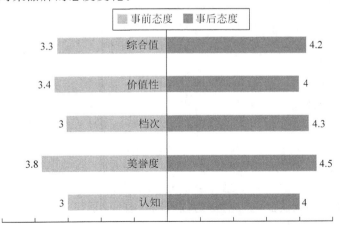

图 12-2　广告影响品牌态度的示意图

9. 购买意向

即广告对象接受广告信息之后,主观上的购买意向及理由。这个指标对于预测广告对象的行为趋势以及广告作品真正的感染力,具有重要的参考价值,这个指标在广告经济效果研究也要用到。

10. 忠诚度

即广告对象接受广告信息之后,在较长的时间内,继续重复购买该品牌的习惯与比例。这个指标是近 20 年以来新增的测量广告作品效果的指标,其前提条件是广告对象已经购买或使用了该品牌,因为接受广告信息的影响,可能继续保持或增加原来的消费行为,也可能减少或降低原来的消费行为,忠诚度这个指标反映了广告作品对广告对象的持续影响力,这个指标在广告经济效果研究也要用到。

11. 推荐率

即广告对象接受广告信息之后,向其他广告对象推荐该品牌的可能性及推荐行为。这个指标是近 20 年来开始使用的指标,是随着品牌忠诚度这个营销理念的推广而研究出来的指标,推荐率其实是忠诚度的内在反映,忠诚度有可能存在虚假的成分,比如供货存在困难,人们没有机会选择其他品牌,不得不继续使用原来的品牌,出现"虚假忠诚"现象,而广告对象的推荐行为是发自内心的对该品牌的肯定,这个指标在广告经济效果研究也要用到。

12. 生理性指标

国内外教科书中还介绍了一些研究广告作品效果的生理性指标,即通过相应的仪器记录广告对象接受广告信息之后的生理反应,来判断广告作品的冲击力,包括眼动轨迹、视觉反应时间、瞳孔反应、皮电反应、脑电波图等指标。

眼动轨迹,即记录人们观看广告时的眼球运动轨迹,这个轨迹其实是眼睛对广告画面的不断扫描运动,眼动轨迹记录的图像,可以清楚地反映广告对象观看广告时眼睛的注视次序与重点部位。

视觉反应时间,通过瞬间显示仪记录广告对象观察或看清广告作品所需的时间长短,作为衡量广告视觉传达效果的评估指标。

瞳孔反应,广告对象接受广告信息时,因情绪方面的变化,导致瞳孔出现不同程度的放大或缩小,一般情况下,瞳孔放大是积极的情绪反应,瞳孔缩小是消极的情绪反应,利用瞳孔的变化可以判断广告作品对广告对象的心理影响效果。

皮电反射,人们接受广告信息时会出现情绪方面的变化,进而引起皮肤出汗量的变化,出汗量的变化导致皮肤电阻的变化,通过相应的仪器可以记录到皮肤电阻的变化,作为判断广告作品效果的指标。

脑电波图,指广告对象观看广告时,大脑会产生电波活动,用特殊的仪器记录下来便是脑电波图,通过脑电波图可以判断广告对广告对象的影响,研究者认为,广告画面非常吸引人的时候,出现14～25赫兹的低幅快波,广告令人不感兴趣时,出现8～13赫兹的高幅慢波。

从实践的角度来看,这些生理指标的应用范围不大,应用前景也不会太广,原因是研究这些生理指标需要使用昂贵的仪器或设备,而且对研究人员的要求很高,应用不太方便。

除了上述指标之外,为了研究、评选、探索广告作品的效果,还存在一些特定的评估指标。比如中国广告协会早期的广告作品评选标准有10条,现在看来过于笼统,但在早期评选广告作品的过程起过重要的参考作用,其内容如下:

(1) 创意独特,立意新颖;

(2) 主题突出,构思完整;

(3) 广告定向,定位准确;

(4) 文案寓意深刻,精练生动;

(5) 整体效果,简洁鲜明;

(6) 构图完美,布局严谨;

(7) 形象真实,生动感人;

(8) 色彩明朗,构成合理;

(9) 文字规范,字体易读;

(10) 技巧熟练,表现力强。

(二)广告作品效果的研究方法

基于研究目的、研究样本与研究内容方面的差异,可以把广告作品效果的研究方法分为定性式和定量式两类。

定性式研究,一般采用个人访谈、专家深度访谈、集体座谈等形式。个人访谈法是研究人员以谈话的方式与单个广告对象接触,从深层次的角度研究人们对广告作品的看法。专家深度访谈是搜集有代表性的、经验丰富的专家意见,了解他们对广告作品的评价和想法。集体座谈是将有代表性的广告对象集中在一起,以谈话的方式让他们共同表达自己对于广告作品的意见和看法。

定性式研究的最大优点是描述形象化、容易理解、对于指导或完善广告作品的细节具有重要参考意义,其缺点是不能准确地描述作品对广告对象的行为影响。

定量式研究方法,一般样本量大于400人以上,需要使用现场调查、多场次多批次的座谈会调查才能取得达到目的,其中现场调查包括入户调查、街头拦截调查、中心地调查等具体方法。这些方法可以参考第八章"广告调研"中的内容。

具体的操作过程,还可能运用一些心理学的研究方法,比如投射法是向广告对象提供一些完整或不完整的文字、画面、广告片断等,由广告对象自由联想,研究者搜集这些自由联想的信息为广告创作提供参考。

广告作品的效果研究流程,主要包括如下 5 个步骤。

(1) 明确研究目的。多数广告作品的效果研究在于检验广告的吸引力、美誉度、理解力、感染力和说服力等。其中吸引力的形成,要研究作品给广告对象产生的注意与认知效果;美誉度的形成是要研究广告对象对作品的积极情绪;感染力的形成,主要研究广告对象对广告的情感投入和联想等;说服力的形成,主要研究广告对象的态度变化。

(2) 研究方案设计。广告作品的效果研究难度并不比常规产品市场调查的难度大,但是广告作品研究的结果比产品研究要复杂,受广告对象主观因素的影响很大,回答结果可能五花八门,在设计研究方案时,须严格控制样本的构成,研究流程尽量标准化。

(3) 研究材料准备。不管是事前测试,还是事中测试,也不管是故事版测试,还是广告语测试,测试材料的准备工作必须万无一失。故事版测试应由专业人员制作成标准的式样,广告语测试应制成清晰醒目的测试样本。

(4) 研究场地准备。广告作品研究必须使用专业性的场地,包括独立的测试空间、广告展示与播放系统、单向观察系统,有条件的话,甚至于建立数据结果的自动回馈系统,广告对象可以通过计算机或按键系统自动实现数据统计与分析的功能。

(5) 研究流程控制。对广告作品的研究,质量控制的重点在于操作定义方面(即指导用语),在这一点上,非经专业训练或缺乏经验的人员没有控制能力,即使是专家测试法,操作定义也应该由专家型的人员来实施,避免细节上的失误造成研究结果方面的重大偏差。

三、广告传播效果研究

广告传播效果是广告效果的中间环节,广告信息以广告作品为载体,依靠广告媒体的传播才能到达广告对象的身边。

(一)广告传播效果的指标

广告传播效果的指标,分量化指标和质化指标两大类。

量化指标体系建立的时间较早,这方面的指标多达几十种,比如电视消费量、时段指数、累积时长、收视率、占有率、总到达率、边际到达率、累积到达率、平均到达率、目标观众能见度、接触度、接触度分布、累积接触度、毛评点、千人成本、集中度、忠实度、平均忠实度等,这些指标当中,有些侧重解释宏观的传播效果,有些侧重于解释微观的传播效果,而且这些指标之间相互交叉渗透,读者如果有兴趣可以阅读相关的研究资料。这里介绍几种比较经典的指标。

1. 收视率

收视率是反映电视广告传播效果的第一项指标,它是分析电视收视市场、编排调整评估电视节目、制定媒介计划的依据之一。公式如下:

$$收视率 = \frac{该时段观众总数}{总时长 \times 所选目标推及人口} \times 100\%$$

2. 电视消费量

即平均每个观众日均收看电视的分钟数,可以针对特定频道或时段进行计算。

3. 占有率

又称频道占有率或市场份额,公式如下:

$$占有率 = \frac{某频道收视率}{所有频道收视率} \times 100\%$$

4. 接触度

即媒体承载广告信息所到达的人数,一般以千人表示,有的媒体(如电视)习惯用万人表示,在电视广告传播效果中,默认时间为至少收看了"1分钟"。

5. 平均到达率

即特定时段的日平均接触度除以所选目标观众推及人口的百分比值。公式如下:

$$平均到达率 = \frac{每天接触度之和}{天数 \times 所选目标观众推及人口} \times 100\%$$

6. 广告千人成本

这是广告传播效果的经典指标之一,即媒体到达一千人次所需的广告成本,以元为单位表示。公式如下:

$$广告千人成本 = \frac{支出广告媒体费用 \times 1000}{接触度}$$

质化指标是指在量化基础之上,综合考虑媒体的影响力、广告对象的质量因素而形成的传播效果研究指标。其中媒体的影响力包括:媒体的节目内容、节目数量、节目质量、资本规模、技术水平、人才、社会关系、频道政策、节目政策、经营政策、受众数量、受众质量等多项指标。质化指标的提法是近年来传播效果研究中的一大突破[①]。

(二)研究广告传播效果的方法

广告媒体传播效果研究当中,电视媒体、报纸媒体、路牌媒体是研究的重点。

电话访问法是广告传播效果研究最早使用的方法。在电视收视率调查当中,使用

---

① 郭振玺,丁俊杰主编. 影响力营销. 北京:中国传媒大学出版社,2005

同步访问法和回忆法,同步访问法是指在广告对象收看电视的同时,以电话方式询问他们正在收看的频道或内容,回忆法是指在收看结束后以电话方式询问广告对象曾经在过去某段时间内收看的电视节目情况。电话访问法的效率可能较高,但从这些方法的描述可以看出,这两种做法都会严重干扰广告对象的生活,也会干扰他们对广告的日常记忆效果。

日记法是将收视、阅读日记卡留置在广告对象家中,由广告对象定期填写他们的节目收看或其他广告阅读情况,研究人员定期收集已经完成的日记卡以研究广告传播效果。在电视日记卡中,一般以 15 分钟为时间单位,所有频道号以彩色作标志便于广告对象辨认、填写。日记法对广告对象的生活干扰略少一些,但这些方法的可靠性仍然不理想,直到人员测量仪的出现,电视类广告传播效果研究才有突破性进展。

人员测量仪是一种带有自动感应、自动记录功能的记录广告对象收看节目情况的电子装置。人员测量仪与广告对象的电视机或录像机安装在一起,该仪器从两方面来测量收视行为,一是它可自动记录电视开关时间及所收看的频道,该仪器靠探测电视机调谐频率或录像机调谐频率,可以辨别播放内容是现场直播还是录像、影碟;二是通过特定的按键分别记录不同家庭成员的收看情况,人员测量仪有一个遥控器,遥控器上可以设置不同家庭成员的按键编号,广告对象家庭成员可以在遥控器上按下自己的按钮编号来记录收视情况,这些数据与有关人口统计方面的问题结合起来,可以分析更详细的传播效果[①]。如图 12-3 所示。

图 12-3　电通公司第一台电视收视监测量仪(左)和最新收视测量仪(右)
图片来源:电通公司(作者拍摄)和 ARBITRON 公司

四、广告的经济效果研究

广告的经济效果研究一直是广告效果研究中的难点,这是广告效果的时间滞后性、复杂性等特点所决定的。下面介绍的研究广告经济效果的思路,它们在逻辑上并不完善,比如没有把广告环境中存在的商品因素、市场结构、社会环境等因素包括进来,但

---

① 王兰柱,黄国祥. 收视数据收集方法的比较评估. 央视一索福瑞媒介研究公司

是,在完善的、系统的广告经济效果研究方法产生之前,这些思路可以作为研究广告效果的参考依据。

归纳起来,研究广告经济效果的方法,大致分历史比较法、广告费效用法、广告对象行为测定法三大类。

(一) 历史比较法

以广告投放前后的企业销售历史或利润指标作为衡量广告效果的参考指标。常用的办法有销售额比较、利润额比较、区域比较、媒体比较等。销售额的变化、企业利润的变化、广告费投入的比重,这三个指标在衡量广告的经济效果中较为常用。

1. 销售额比较

即比较广告投放前后,以广告主销售额的变化作为衡量广告效果的指标。如果广告投放后销售额增加了,说明广告获得了效益,如果销售额没有增加甚至于减少,说明广告效益很小或没有广告效益。其公式如下。

$$E = S_2 - S_1$$

式中:E——广告效益;

$\quad\quad S_1$——广告投放前销售额;

$\quad\quad S_2$——广告投放后销售额。

E 值越大,显示其效果越好。

2. 利润额比较

即比较广告投放前后,以广告主利润额的变化作为衡量广告效果的指标,如果广告投放后利润额增加了,说明广告获得了效益,如果利润额没有增加甚至于减少,说明广告效益很小或没有广告效益。其公式如下。

$$E = P_2 - P_1$$

式中:E——广告效益;

$\quad\quad P_1$——广告投放前利润额;

$\quad\quad P_2$——广告投放后利润额;

E 值越大,显示其效果越好。

3. 区域比较

选择相同或相近市场背景的两个区域,区域 1(试验市场)投放广告,区域 2(对比市场)不投放广告或广告投放量很少,比较两个区域在销售额、利润额等方面的变化,如果区域 1 的销售额或利润额增加了或增加更大,而区域 2 的销售额或利润额增加较小或没有增加,说明广告产生了较好的经济效果。其公式如下。

$$E = 区域\ 1(S_2 - S_1) - 区域\ 2(S_2 - S_1)$$

4. 媒体比较

相同或相近市场背景的不同区域所投放不同的媒体,比较不同区域在销售额、利润额等方面的变化,如果不同区域之间的销售额或利润额有较大的差异,可能显示不同的媒体产生了不同的经济效果。其公式如下。

$$E_s = 指定区域(S_2 - S_1) - 全部区域销售额增加平均值$$

(二)广告费效用法

分析每单位广告费所产生的效果,又分广告费比率法、广告费效用比率法两种。

1. 广告费比率法

是将广告费占销售额的比率作为评估广告投放效果的指标,一般所占比率越低,显示广告投资效率越高,因为广告费占经营成本,从经营投资的角度来评估广告是否值得投放,这种思路易于为投资者理解。当然这种思路有时容易产生歧义,如果广告投资量很低而销售效果很好,可能暗示广告所起的作用不大,会降低投资者对广告的信赖度,另外,这种思路没有考虑广告效果的时间滞后性特点。其公式如下。

$$E = \frac{A}{S}\%$$

式中:E——广告效益

S——本期销售额

A——本期广告费

E 值越小,显示其效果越好。

2. 广告费效用比率法

该法比广告费比率法稍复杂一些,是将特定时期销售额增加的比率除以广告费增加的比率,所得到的值即广告费效用比率,这个指标需要取得至少两个时期前后 6 个数据,因时间跨度长,可以减少广告效果的时间滞后性这个因素的负作用,但在实际操作过程,要取得这些数据的难度也是比较大的。其公式如下。

$$E = \frac{\Delta S}{\Delta A} = \frac{(S_2 - S_1)/(S_1 - S_0)}{(A_2 - A_1)/(A_1 - A_0)}$$

式中:E——广告费效用比率;

S_0——评估前销售额;

S_1——第一期广告投放后销售额;

S_2——第二期广告投放后销售额;

A_0——评估前广告费;

A_1——第一期广告费；

A_2——第二期广告费。

E 值越大，显示广告效果越好。

（三）广告对象行为测定法

任何商业广告的目标对象是广告对象，广告经济效果评估的重点应当是广告对象。研究广告对象接受广告信息之后在行为方面出现的变化，是广告效果研究的新趋势。

现在已经有成熟的测量广告对象购买行为的指标，比如品牌占有率、动机强度、购买趋势、忠诚度等，这些指标可以直接用于评估广告的经济效果。

1. 购买趋势

广告对象接受广告信息之后，他们将来计划购买目标品牌的比例，与现在已购买该品牌的比例的比值，可以反映出广告对象购买品牌的趋势，也可以反映广告信息对广告对象的影响力。该分值大于 1，表示广告有正向效果，分值小于 1，表示广告有负向效果。

$$购买趋势 = \frac{计划购买该品牌的比例}{现在购买该品牌的比例}$$

2. 品牌忠诚度

如果经常使用的品牌没有现货，广告对象可能会购买替代品牌，也可能等待时机继续购买原来喜欢的品牌，计算后一种情况下的购买比例，即推断广告对象对该品牌忠诚的程度，这是评估广告效果的重要指标。

$$品牌忠诚度 = \frac{当前仍购买该品牌的比例}{过去购买品牌的比例} \times 100\%$$

3. 品牌占有率

计算广告对象购买特定品牌的总频次占同类市场购买总频次的比例，可以得到品牌占有率这个数值（有人称为品牌份额），这个数值也可以反映品牌的影响力，是评估广告影响广告对象行为的重要指标。

$$品牌占有率 = \frac{购买某品牌总频次}{市场同类产品购买总频次} \times 100\%$$

总的说来，广告效果研究是一项复杂的工作。当前的广告效果测定与评估指标体系还不统一，基本概念与评估技术纷繁复杂，上面介绍的只是容易理解与沟通的研究方法和指标体系。

广告效果是指以广告作品为载体的广告信息经过媒体传播之后，对广告对象和广告主所产生的所有直接和间接影响。广告效果研究当中，一般使用广告效果的"测定"和广告效果的"评估"这两个词，"测定"侧重于计算或量化广告效果，"评估"侧重于定性估计广告效果。

广告效果具有时间滞后性、长期累积性、复合性、二次传播性、遗忘性等特征。

研究广告效果的目的主要体现在四个方面：一是有利于完善广告作品；二是有利于解决并改善广告策略方面存在的问题；三是有利于提高广告经营者的业务素质；四是有利于广告主进行科学的广告投放。

广告效果研究的流程，一般分为事前研究、事中研究和事后研究三种。依照广告媒体的类型，可以将广告效果研究分为印刷媒体广告效果研究、影视媒体广告效果研究、户外广告媒体效果研究等。

广告效果研究主要从三个方面着手：一是广告作品的效果研究；二是广告的传播效果研究；三是广告的经济效果研究。广告作品的效果是指广告对象接触广告作品之后，在知觉、记忆、理解、需求、愿望、行为习惯等方面产生的变化。广告传播效果是指广告在媒体传播期间，所产生的各种传播指标变化，比如收视率、到达率方面的变化等。广告的经济效果是指广告主从广告中获得的经济收益或损失。

广告作品的效果研究当中，重点掌握注意率、阅读率、品牌知名度、品牌联想、美誉度等指标。

广告传播效果的指标体系，分量化指标和质化指标两大类。重点掌握收视率、电视消费量、占有率、接触度、广告千人成本等基础指标。

广告的经济效果研究方法，大致分为历史比较法、广告费效用法、广告对象行为测定法三大类，这方面的研究结果受其他不确定因素影响较大。

1. 运用你已经掌握的知识，详细解释研究广告效果的目的。
2. 为什么说广告效果具有复杂性的特性？请详细分析。
3. 测评广告作品的指标有哪些？
4. 测评广告作品的方法主要有哪些？
5. 研究广告传播效果的指标包括哪些？
6. 请你分析近年来不断升温的广告传播效果研究中的质化指标问题？
7. 研究广告经济效果的指标主要包括哪些？

本章建议阅读资料：

1. 樊志育著. 市场调查. 上海：上海人民出版社,1995
2. 马谋超等著. 品牌科学化研究. 北京：中国市场出版社,2004
3. 程士安编著. 广告调查与效果评估. 上海：复旦大学出版社,2003
4. AC-Nielsen 公司网站 www. acnielsen. com. cn
5. 央视—索福瑞公司网站 www. csm. com. cn
6. 嘎纳广告节网站 www. canneslions. com

第十二章 广告效果研究

第十三章

广告监管

本章提示 ▶

广告既有强大的积极意义，也有明显的消极意义。有些广告活动存在违反公平竞争、侵犯消费者利益和危害社会文明的问题，这些违法行为必须通过监管才能消除和制止。本章简要介绍了广告监管的特点、方法和意义，详细分析我国广告管理的具体措施、广告管理的法制进程以及广告法律的具体规定。"他山之石，可以攻玉"，本章概括介绍了其他国家的广告管理方法，从中可以了解世界广告监管的经验。

第一节　广告监管概述

> 广告监管是指广告管理机构、广告行业协会以及社会监督组织,依照广告相关的法律、法规和政策规定,对广告行业和广告活动实施的监督、管理、协调与控制活动。

广告对社会的影响不仅体现在广告具有传播信息、塑造品牌、促进企业竞争等经济功能,还体现在广告对于社会同时具有正面和负面的效应。我们必须面对广告的负面效应,比如广告的欺诈行为已经成为社会公害,很多消费者的权益曾经受到侵害;一些广告贬低竞争对手,形成不公平竞争,扰乱了社会经济秩序;至于格调不高、品位低下、低俗浅薄的广告更是影响社会文化的"毒草"。为了促使广告市场健康、有序地运行,各个国家都采取特定的手段对广告实行监管。

一、广告监管的含义与特点

广告监管是指广告管理机构、广告行业协会以及社会监督组织,依照广告的相关法律、法规和政策规定,对广告行业和广告活动实施的监督、管理、协调与控制活动。

广告监管具有法制管理、广泛监管、全程管理和多层次监管的特点。

(一) 法制管理

与其他行业相比,广告行业受到的法律管制更多一些。目前,世界上多数国家都通过行政立法的方式对广告行业和广告活动进行管理,即使没有专门的广告法规,也会通过相关的法律法规对广告活动进行约束和控制。建立法制化体系,进行法制管理,是各个国家广告监管共同的特点。

进行法制管理对于规范广告活动、促进广告业健康发展和维护社会经济秩序具有突出的作用。从法律的高度对广告活动予以规范,符合国家、公众和消费者的共同利益,也符合广告活动参与者的利益。进行法制管理,广告管理部门能够依据广告管理法规打击违法广告行为,保护消费者的合法权益,降低违法广告的社会危害性,促进广告业健康有序的发展。

(二) 广泛监管

广告监管的范围包括广告主、广告经营者、广告媒体等广告市场的主体,涉及社会

现代广告概论

的各个方面,具有广泛监管的特征。首先,广告主具有广泛性。生产企业、流通企业、个人和各种组织都可以成为发布广告的广告主,都要接受广告管理。第二,广告媒体具有广泛性。广告的传播方式多种多样,新媒体层出不穷,都在管理的范围内。第三,广告内容的广泛性。广告信息涉及社会、经济、文化、科学各个领域,纷繁复杂。广告内容的广泛性增加了广告信息监管的难度。

(三) 全程管理

广告管理涉及广告活动的全部过程:广告发布之前的审查,广告发布后的实时监测,受理消费者的投诉、举报以及处理违法广告等。许多国家建立了广告审查制度,设立了广告审查机构,对一些特殊商品广告实行事前广告审查。我国《广告法》规定,特殊商品如药品、医疗器械、农药、兽药等必须在发布前由广告审查机关对广告内容进行审查,未经审查的广告不得发布。广告的监测机构是在广告发布之后对违法广告进行监测。广告的全程管理机制使广告活动的每一个环节都受到监督和管理,有效地减少广告的违法行为。

(四) 多层次监管

多层次监管是指政府行政立法管理、广告行业自律和社会监督的多层次协同管理。世界上多数国家采用以政府行政立法管理为主,以广告行业自律与社会监督机制作为辅助与补充的方式,对广告活动进行管理。

二、广告监管的方法

基于对社会公共利益、公共道德的保护,世界各国根据各自的国情,采取多种方法对广告行业进行监管。广告监管主要采取以下几种方式。

(一) 政府管理

政府管理是指国家通过广告相关的法律法规对广告进行的管理。

政府管理是广告管理最重要的途径,也是国家发展广告事业的各项政策、方针得以顺利贯彻和实施的保障。由于各个国家的经济基础、法律制度、社会习俗等差别较大,各国政府的广告管理部门、管理重点和管理内容也存在较大差别,在此基础上制定的广告法律法规也大相径庭。一般来说,各国广告法律对于广告内容的真实性、广告播放时间、烟草广告、药品广告、酒类广告、广告竞争等均有比较详细的规定。

世界上多数国家都有专门的广告管理部门。中国广告管理的最高机构是国家工商行政管理总局。

（二）自律

广告自律也称为广告行业自律，广告行业的自我监管。它是广告业发展到一定阶段的产物，是目前世界通行的一种行之有效的管理方式。

广告行业自律是由广告主、广告经营者和广告媒体自发成立的民间性行业组织，通过自行制定的广告行业自律章程、公约和会员守则等一系列规则，对自身从事的广告活动进行自我约束、自我限制、自我协调和自我管理。广告行业自律组织一般有广告公司协会、广告主协会、广告媒体协会等。广告行业自律在加拿大、法国、英国等广告业发达的国家十分盛行。

广告行业自律对于广告管理具有重要意义：第一，广告自律有助于企业减少广告中夸张和误导性承诺，从而加强广告的效果。第二，广告自律可以减轻政府监管工作的压力。第三，开展自律活动，促使广告主出于自我保护的目的，对违法广告进行积极的监督，客观上起到了保护消费者的作用。

广告行业的自律具有非强制性、道德约束性和灵活性的特点。

1. 非强制性

广告行业组织由广告主、广告经营者和广告媒体自发成立、自愿参与。广告行业自律规则，是由广告主、广告经营者、广告媒体和广告行业组织共同商议、主动提出并自觉遵守的，体现出行业的共同愿望，具有非强制性的特点。

2. 道德约束性

广告行业自律的出发点是保证广告行业经营的合法性，维持良好的同业竞争秩序。广告行业自律主要通过批评教育与舆论监督的形式，对广告主、广告经营者和广告媒体的广告行为进行道德约束。

3. 灵活性

广告行业的自律章程、公约和会员守则等通常都是根据当时的客观情况制定的，只要参与制定自律规则的各方同意，广告主、广告经营者、广告媒体和行业组织可以随时根据情况的变化和现实需要对自律规则进行修改和补充，具有较大的灵活性。

世界上最早的国际广告行业自律规则，是 20 世纪 60 年代由国际广告协会发表的《广告自律白皮书》。之后许多国家都制定、出台了适合本国国情的广告行业自律规则。这些规则的诞生，为广告行业的正常运行和健康发展提供了共同遵循的职业道德规范。中国广告协会于 1990 年制定了《广告行业自律规则》。

（三）社会监督机制

广告的社会监督机制是指社会各界和消费者组织，按照国家广告管理的法律、法规,对广告活动进行日常监督,对违法或虚假广告向政府广告管理机关举报与投诉,并向政府立法机关提出立法请求与建议。广告的社会监督包括消费者组织监督、广大群众的监督和舆论监督三个层次,其中最主要的是消费者组织对于广告的监督。

消费者组织是维护消费者权益的强有力组织。在西方国家,随着消费者运动的深入,许多国家都建立了民间团体性质的消费者保护组织,美国的商业促进局、英国的标准委员会和消费者协会、法国的消费者联盟等都是重要的消费者组织。我国的消费者组织是中国消费者协会和各地设立的消费者协会。近些年,消费者组织在广告监管中发挥的作用越来越大,成为广告社会监督的重要力量。

实践证明,消费者自我保护意识越强,越能够自觉地对广告进行监督。随着各国消费者运动的深入开展,越来越多的消费者提高了自我保护意识,积极进行广告监督。广大群众的监督促进社会监督的不断发展。

舆论监督在社会监督机制中发挥着重要的作用。在这个层次,对于消费者投诉的虚假或违法广告,新闻媒体会予以曝光,防止虚假或违法广告进一步蔓延,2004年北京新兴医院发布虚假广告的行为就是由新闻媒体率先曝光的。对于情节严重的违法广告则需要广告管理部门、人民法院进行查禁和惩处,保证社会监督机制的顺利运行。

三、广告监管的意义

广告在社会经济生活中的地位越来越重要,日益成为社会经济发展的驱动力。加强广告行业及广告活动的管理,具有重大意义。

(一)加强广告管理,维护消费者的合法权益

我国广告业自1979年恢复以来,一直保持高速的发展态势,对于经济发展起到了较大的推动作用。但是广告活动暴露的问题同样是不容忽视的:一些广告主利欲熏心、目无法纪,发布虚假违法广告,欺骗消费者;有些广告主在广告中贬低竞争对手损害他人的商业信誉;有的媒体广告部门见利忘义,不认真履行广告审查职责,发布损害消费者利益和公众利益的违法广告。这些现象的长期存在严重危害了公众的利益,尤其是虚假广告致使消费者上当受骗,蒙受重大经济损失,有的甚至危及人身安全。加强广告管理,加强广告管理工作中的执法力度,查处违法广告、杜绝虚假广告,对于维护消费者的合法权益具有重要的现实意义。

(二)形成公平竞争的市场,维护行业参与者的利益

市场竞争是市场运行有序化、有效率的内在动力,其核心在于竞争的公平性。然而虚假广告、欺骗性广告、不公平竞争等违法行为,极大地破坏了市场公平竞争的原则,成为广告业健康发展的一个巨大障碍。有些虚假广告给不法经营者带来了暴利,必然会

侵害合法经营者的权益,直接导致市场竞争不公平。这种行为还会对合法经营的广告主造成负面冲击,引起市场混乱。只有加强广告管理,杜绝违法广告的发生,才能使广告行业进入良性发展的轨道,保护行业参与者的共同利益。

(三)保证国家对广告实施切实有效的管理,促进行业健康有序发展

广告管理通过广告法规、行业自律、社会监督机制协调运作的方式,使国家发展广告事业的各项政策、方针得以顺利贯彻、实施。广告法规对于广告活动的参与者广告主、广告经营者、广告媒体的权利和义务进行了明确的规定;广告行业自律则是通过道德约束的方式促使广告主更好地履行社会责任;社会监督机制将广告的监管扩大到社会全体成员,具有广泛性、自发性和无形权威性的特点。全面系统的广告管理,不仅使国家的广告发展规划、发展目标、发展重点得到进一步落实,还能够使广告行业的发展同整个国民经济和社会发展相适应,从而促进广告业朝着健康、有序的方向发展。

第二节 我国的广告管理

> 我国广告管理的最高行政机关是国家工商行政管理总局。县级以上各地方工商部门下属的广告司、广告处、广告科、广告股(或室)构成自上而下的广告管理行政体系。

一、我国广告行政管理部门及相关职责

我国广告管理的最高行政机关是国家工商行政管理总局。县级以上各地方工商部门下属的广告司、广告处、广告科、广告股(或室)构成自上而下的广告管理行政体系。工商行政管理部门的主要职能是依照广告管理的法律、法规和有关政策规定,或通过一定的行政干预手段,对广告行业和广告活动进行监督、检查、控制和指导。其管理职能包括以下几个方面。

(一)制定、解释、补充、完善广告管理的法律、法规

协助国务院或国家立法机关起草广告管理的法律、法规文件,并对广告管理的法律、法规做出解释,是国家工商行政管理总局的重要职能之一。为适应广告行业的发展,解决广告活动不断出现的新问题,工商部门还要单独组织相关部门对广告管理的规章制度和法规做出补充。

（二）依法查处违法广告

《广告管理条例》、《广告管理条例施行细则》和《广告法》规定，从事违法广告活动的广告主、广告经营者和广告媒体，由工商行政管理机关追究其法律责任，视其情节轻重给予不同的行政处罚，对构成犯罪的，要移送司法机关。

广告违法案件的行政处罚决定公布后，上一级广告管理机关还担负着行政复议的任务，根据不同情况，维持、变更或撤销原处罚决定。

（三）对各类广告活动实行监督管理

对广告主和广告经营者的广告活动全过程的合法性进行监督，保证广告活动在法律规定的范围内进行。

（四）对广告经营者的审批

对广告经营者的审批是广告经营活动管理的基础，是工商行政管理部门监督广告活动、保护合法经营、取缔非法经营的前提条件。对广告经营者的审批包括广告经营资格的审批和广告经营范围的审批。广告经营资格的审批，即核准广告经营权，是区别广告经营者合法经营与非法经营的界限。

对广告经营范围的审批，就是核定广告经营范围，这是区别广告经营者守法经营与超范围经营的界限。

2004 年《行政许可法》颁布实施后，国家工商行政管理总局制订了新的《广告经营许可证管理办法》，见本章附录 13—2。

（五）指导广告审查机构和行业组织的工作

我国当前没有统一的广告行业主管部门，广告管理机关需要行使行业管理的某些职能，比如为广告行业服务，对同级广告协会的指导工作，使广告行业组织的作用得到充分的发挥。

二、我国广告管理的相关法律、法规

（一）我国广告管理的法制进程

我国广告管理法规有法、条例、暂行条例、施行细则、规定、暂行规定、规则、办法、决议、决定、通知、意见等多种形式。广告管理法规的内容演变，反映了我国广告管理法规由不成熟、不规范到成熟、规范的发展过程。

早在我国广告业刚刚恢复的 1979 年，《为广告正名》一文的作者丁允鹏就在《文汇报》撰文提出《应该有个广告法》,文章指出,"从我国目前广告业务日渐活跃的情况看,制定一部社会主义广告法,应该提到议事日程上来了"。然而刚刚恢复的中国广告业,对广告的运作和实施还缺乏实际的操作经验,对广告认识和理解还不够深入和全面,尽管广告界和政府有关部门都非常关注广告的管理,广告立法却一直没有实际进展。1979年11月8日,中共中央宣传部发出《关于报刊、广播、电视台刊登和播放外国商品广告的通知》,这是中国广告业恢复之后的第一个广告管理规定。从1979年至今的20多年中,中国广告管理的法制进程经历了三个重要阶段。

1.《广告管理暂行条例》的颁布

随着中国广告事业的迅速发展,广告活动出现了一些混乱的情况,政府开始关注广告管理问题,并于1980年开始筹建广告管理机构。1982年2月6日,国务院颁布《广告管理暂行条例》,共19条,于同年5月1日正式施行。它是我国第一个全国性综合广告法规,为广告恢复时期的广告活动提供了最基本的法律依据。《广告管理暂行条例》第一次用广告法规的形式,确立国家工商行政管理总局和地方各级工商行政管理局是我国的广告管理机关,规定广告管理的范围是一切经济广告。为贯彻《广告管理暂行条例》,1982年4月,国家工商行政管理总局制定了与条例有关的《广告管理暂行条例实施细则》,对《广告管理暂行条例》的内容作了具体的规定。《广告管理暂行条例》和《广告管理暂行条例实施细则》的贯彻执行,是我国广告业恢复之后对广告行业进行的第一次全面清理整顿,广告行业的混乱现象得到了有效的遏制。由于《广告管理暂行条例》是我国第一个全国性的统一广告管理法规,加上当时我国广告行业刚起步不久,缺乏广告管理经验,因此还不够规范和成熟。

为了进一步规范广告活动,国家工商行政管理部门会同国务院有关部门制定了一系列的广告管理单项法规。1984年3月2日,国家工商行政管理局发出《关于烟酒广告和代理国内广告业务收取手续费的问题的通知》,9月3日,国家工商行政管理局发出《关于虚假广告进行一次普遍检查的通知》。1985年8月20日,国家工商行政管理局与卫生部联合发出《药品广告管理办法》,11月15日,国务院发出《关于加强广告宣传管理的通知》。1986年,国家工商行政管理局制订《关于清理广告宣传、整顿广告经营的几点意见》。一系列的广告管理法规、通知、办法,加上1984年和1986年广告管理部门对虚假广告的重点打击和广告行业的清理整顿,为广告行业市场秩序的建立打下了良好的基础。

2.《广告管理条例》的颁布实施

《广告管理暂行条例》实施后的几年时间里,我国广告行业获得了巨大的发展,原有的《广告管理暂行条例》已经不能满足管理的需要。1987年10月26日,国务院和国家工商行政管理局颁发了《广告管理条例》(共22条),于同年12月1日开始实施。根据

《广告管理条例》,1988年1月9日国家工商行政管理局发布《广告管理条例施行细则》（共32条）。这两个广告管理的法规文件是我国广告管理进一步完善的重要标志。与《广告管理暂行条例》相比,《广告管理条例》最大的特点在于突出"宏观管住、微观搞活",体系上也更加成熟、规范和完备。

1988年,我国部分地区出现虚假广告严重泛滥、坑害消费者的问题,引起消费者的强烈不满和社会各界的高度重视。为此,国家工商行政管理局广告司于1988年6月13日发出《关于当前一些不法单位和个人,利用虚假广告坑骗消费者情况的通报》,通报要求各地加强监督检查,对违法者予以严肃处理。同年12月20日又发出《关于整顿市场秩序,加强广告宣传管理的通知》。1989年12月23日,再次发出《关于切实抓好打击假冒行为,取缔虚假广告工作的通知》。连续两年对虚假广告和非法经营广告活动的深入打击,有效遏制了虚假广告泛滥、侵犯消费者权益的现象。经过连续的治理整顿,广告市场秩序明显好转。

3.《广告法》的颁布实施与现实情况

1993年,国家工商行政管理局、国家计划委员会共同制定了《关于加快广告业发展的规划纲要》,对广告行业在2000年之前的发展目标、发展重点、指导思想、法制建设、经营管理机制等做了规划。《纲要》的颁布加快了我国广告管理的法制进程。在总结中国十多年的广告管理经验和原有法律法规的基础上,1994年10月27日,《中华人民共和国广告法》正式出台,1995年2月1日起正式在全国施行。《广告法》共六章四十九条,是我国最权威的广告管理法规文件,是我国广告管理史上的一座里程碑。《广告法》的颁布实施为我国广告行业的健康发展、建立良好的广告市场秩序提供了有力的法律保障。

为了更好地发挥广告的社会功能,从社会公益的角度加强广告的管理,在加强法制管理的同时,我国广告管理部门更多地通过公益广告开展行业自律管理,与社会达成良好沟通。这也是近些年来国际广告管理的趋势,比如英国、法国、美国、加拿大、日本等广告业发达的国家,无论广告主、广告公司还是媒体,都非常支持公益广告。为了促进社会主义精神文明建设,进一步落实《广告法》,并指导公益广告的发展,国家工商行政管理局于1996年9月1日到10月1日在全国范围内开展以"中华好风尚"为主题的公益广告宣传活动,全国各地利用各种媒体,采取多种形式进行了综合性的宣传活动。1997年9月,国家工商行政管理局又开展了"自强创辉煌"的主题公益活动,获得良好的社会反响。1997年,中共中央宣传部、广播电影电视部、国家工商行政管理局联合发出通知,通知规定,广播电视媒体每套节目发布公益广告的时间不少于全年发布商业广告时间的30%。电视媒体在每天晚上19:00—21:00的黄金时间发布公益广告的时间不少于商业广告时间的3%。一些大型企业、广告媒体、广告公司纷纷参与制作了许多优秀电视公益广告,促进了公益广告的发展。

近年来,电视广告的违规现象越来越多,广播电视广告成为广告管理的重点。1997

年 2 月 19 日,广播电影电视部发出《关于进一步加强广播电视广告宣传管理的通知》,规定每套电视节目每天发布的酒类广告(19:00—21:00)不得超过两条,普通时段不得超过十条。2003 年 9 月 23 日,国家广播电视总局颁布了《广播电视广告播放管理暂行办法》,对我国广播电视广告的内容、播放总量、广告插播、播放监管等进行全面的规范。规定电视台每套节目中每天播放公益广告的数量不得少于广告总播出量的 3%,电视台每套节目每天播放电视广告的比例,不得超过该套节目每天播出总量的 20%,其中,在 19:00—21:00 之间,电视台每套节目中每小时的广告播出总量不得超过节目播出总量的 15%,即 9 分钟。除了在节目自然段的间歇外,不得随意插播广告。除19:00—21:00 以外,电视台播放一集电视剧(一般为 45 分钟左右)中,可以插播一次广告,播放时间不得超过 2.5 分钟。每套电视节目每天播放的酒类电视广告不得超过 12 条,其中19:00—21:00 之间不得超过两条。2004 年 8 月 19 日,国家广播电视总局发出《关于进一步加强广播电视广告内容管理的通知》,要求全国各大广播电台和电视频道全面清理广告内容,重点检查医疗、药品、保健食品等行业广告。2004 年,一些消费者投诉由明星担任形象代言人的北京新兴医院发布虚假广告,这一事件引起有关管理部门对名人广告管理的重视。2004 年 10 月,上海工商管理部门宣布,禁止医疗服务、药品、医疗器械广告利用形象代言人的名义和形象作证明。2005 年 5 月,国家工商行政管理局下发了新的规定:任何人包括知名人士在内,都不能够以患者、专家、消费者名义,为药品、保健品、医疗和化妆品做广告。2004 年,上海、广州、北京、深圳等城市陆续出台《户外广告设施设置指引》,力图从维护城市形象的高度,对户外广告有关法规进行修订,进一步规范户外广告的管理。广告管理部门根据实际需要,不断地修订、补充原来的法律法规,同时颁布实施新的法规、管理办法等,中国的广告管理日趋成熟和规范。

(二)我国广告管理相关的法律、法规

通过法律、法规进行广告管理是我国实行广告管理的重要手段。与广告管理相关的法律有很多,其中最主要的是《中华人民共和国广告法》、《中华人民共和国商标法》、《中华人民共和国反不正当竞争法》、《中华人民共和国著作权法》、《中华人民共和国消费者权益保护法》等相关法规,针对与广告管理相关的问题和广告的违法行为做出了详细的解释。广告管理涉及的主要法律、法规如下:

《广告管理条例》

《广告管理条例施行细则》

《中华人民共和国商标法》

《中华人民共和国广告审查暂行规定》

《中华人民共和国广告法》

《中华人民共和国反不正当竞争法》

《印刷品广告管理办法》

《医疗广告管理办法》

《医疗器械广告审查标准》

《医疗广告发布内容格式通知》

《药品广告审查办法》

《药品广告审查标准》

《化妆品广告管理办法》

《食品广告管理办法》

《酒类广告管理办法》

《广告经营资格检查办法》

《广播电视广告播放管理暂行办法》

《广告经营许可证管理办法》

目前,我国广告监管的法律、法规已经有几十种,行政规章制度上百个,以《广告法》为核心的广告管理法规制度体系已经基本形成。

三、主要广告法规

(一)《广告法》制定的目的、实施范围及管理对象

1. 制定的目的

《广告法》第一条明确了立法的目的:为了规范广告活动,促进广告业的健康发展,保护消费者的合法权益,维护社会经济秩序,发挥广告在社会主义市场经济中的积极作用,制定本法。

2.《广告法》管理对象

《广告法》规定,广告"是指商品经营者或者服务提供者承担费用,通过一定媒介和形式直接或者间接地介绍自己所推销的或者所提供的服务的商业广告"。《广告法》管理对象是广告主、广告经营者、广告发布者。

3. 广告活动的基本原则

广告主、广告经营者、广告发布者从事广告活动应当遵守法律、行政法规,遵循公平、诚实、信用的原则。广告应当真实、合法,符合社会主义精神文明建设的要求。广告不得含有虚假的内容,不得欺骗和误导消费者。

(二)禁止的广告行为

《广告法》第二章广告活动的准则规定广告不得有下列情形:(1)使用中华人民共和国国旗、国徽、国歌;(2)使用国家机关和国家机关工作人员的名义;(3)使用国家

级、最高级、最佳等用语；(4)妨碍社会安定和危害人身、财产安全，损害社会公共利益；(5)妨碍社会公共秩序和违背社会良好风尚；(6)含有淫秽、迷信、恐怖、暴力、丑恶的内容；(7)含有民族、种族、宗教、性别歧视的内容；(8)妨碍环境和自然资源保护；(9)法律、行政法规规定禁止的其他情形。

广告不得损害未成年人和残疾人的身心健康。未取得专利权的，不得在广告中谎称取得专利权，禁止使用未授予专利权的专利申请和已经终止、撤销、无效的专利做广告。广告不得贬低其他生产经营者的商品或者服务。广告应当具有可识别性，能够使消费者辨明其为广告。禁止利用广播、电影、电视、报纸、期刊发布烟草广告。禁止在各类等候室、影剧院、会议厅堂、体育比赛场馆等公共场所设置烟草广告。烟草广告中必须标明"吸烟有害健康"。

（三）专项广告管理

在我国，利用广播、电影、电视、报纸、期刊以及其他媒体发布药品、医疗器械、农药、兽药等商品的广告和法律、行政法规规定应当进行审查的其他广告，必须在发布前依照有关法律、行政法规由有关行政主管部门，即广告审查机关对广告内容进行审查；未经审查，不得发布。

1. 医药广告

《广告法》规定药品、医疗器械广告不得有下列内容：(1)含有不科学的表示功效的断言或者保证的；(2)说明治愈率或者有效率的；(3)与其他药品、医疗器械的功效和安全性比较的；(4)利用医药科研单位、学术机构、医疗机构或者专家、医生、患者的名义和形象作证明的；(5)法律、行政法规规定禁止的其他内容。

麻醉药品、精神药品、毒性药品、放射性药品等特殊药品，不得做广告。

农药广告不得有下列内容：(1)使用无毒、无害等表明安全性的绝对化断言的；(2)含有不科学的表示功效的断言或者保证的；(3)含有违反农药安全使用规程的文字、语言或者画面的；(4)法律、行政法规规定禁止的其他内容。

2. 食品广告

《广告法》规定，食品、酒类、化妆品广告的内容必须符合卫生许可的事项，并不得使用医疗用语或者易与药品混淆的用语。

《食品广告管理办法》规定，食品卫生监督机构在出具《食品广告证明》时，应当查验证明材料，审查广告内容，在十五日内做出决定。必须经省级以上卫生行政部门批准的食品的广告证明，由广告客户所在地省级食品卫生监督机构出具。其他食品的广告证明由广告客户所在地地(市)级食品卫生监督机构出具。《食品广告证明》的有效期为二年。在有效期内改变食品的配方、定型包装或者广告内容，以及期满后继续进行广告宣传的,必须重新办理《食品广告证明》。

3. 酒类广告

《酒类广告管理办法》规定,酒类广告不得出现以下内容:鼓动、倡导、引诱人们饮酒或者宣传无节制饮酒;饮酒的动作;未成年人的形象;表现驾驶车、船、飞机等具有潜在危险的活动;诸如可以"消除紧张和焦虑"、"增加体力"等不科学的明示或者暗示;把个人、商业、社会、体育、性生活或者其他方面的成功归因于饮酒的明示或者暗示;关于酒类商品的各种评优、评奖、评名牌、推荐等评比结果;不符合社会主义精神文明建设的要求,违背社会良好风尚和不科学、不真实的其他内容。

4. 户外广告

《广告法》规定,有下列情形之一的,不得设置户外广告:(1)利用交通安全设施、交通标志的;(2)影响市政公共设施、交通安全设施、交通标志使用的;(3)妨碍生产或者人民生活,损害市容市貌的;(4)国家机关、文物保护单位和名胜风景点的建筑控制地带;(5)当地县级以上地方人民政府禁止设置户外广告的区域。

户外广告的设置规划和管理办法,由当地县级以上地方人民政府组织广告监督管理、城市建设、环境保护、公安等有关部门制定。

(四)广告主、广告经营者、广告发布者的法律责任

1. 对广告主的法律规定

《广告法》规定,广告主自行或者委托他人设计、制作、发布广告时,应当具有和提供真实、合法、有效证明文件:①营业执照以及其他生产、经营资格的证明文件;②质量检验机构对广告中商品质量内容出具的证明文件;③确认广告内容真实性的其他证明文件。除此之外,广告主发布广告需要经有关行政主管部门审查的,还应当提供有关批准文件。

广告主或者广告经营者在广告中使用他人的名义、形象的,应当事先取得他人的书面同意;使用无民事行为能力的人、限制民事行为能力的人的名义、形象的,应当事先取得其监护人的书面同意。

2. 对广告经营者、广告发布者的法律规定

《广告管理条例施行细则》第三条规定:申请经营广告业务的企业,除符合企业登记等条件外,还必须具备下列条件:

① 有负责市场调查的机构和专业人员。

② 有熟悉广告管理法规的管理人员及广告设计、制作、编审人员。

③ 有专职的财会人员。

④ 申请承接或代理外商来华广告,应具备经营外商来华广告的能力。

针对兼营广告业务的事业单位,规定应当具备的条件是:

① 有直接发布广告的手段以及设计、制作的技术、设备。

② 有熟悉广告管理法规的管理人员和编审人员。

③ 单独立账,有专职或兼职的财会人员。

广告法规要求广告经营者、广告发布者按照国家有关法律,健全广告业务的承接登记、审核、档案管理制度。

(五)违法行为的法律责任

1. 违法广告的主要形式

(1)无照经营广告业务;

(2)超越所准许的广告业务的经营范围;

(3)广告行为中采取了不正当的竞争手段;

(4)发布虚假广告;

(5)广告活动中不履行正常的验证手续;

(6)以新闻形式发布变相的广告;

(7)《广告法》禁止发布的广告等。

2. 违法广告的法律责任

法律责任是指行为人对其实施的违法行为及其所造成的危害而承担的法律规定的后果。广告违法行为承担的法律责任包括行政法律责任、民事法律责任、刑事法律责任。

(1)违法广告的行政法律责任

违法广告将受到如下行政处罚:

① 停止发布广告;

② 责令公开更正;

③ 通报批评;

④ 没收非法所得;

⑤ 罚款;

⑥ 停业整顿;

⑦ 吊销营业执照或广告经营许可证。

(2)违法广告的民事法律责任

民事法律责任是广告活动主体从事广告违法行为致使用户或消费者遭受损失或者有其他侵权行为应当承担的赔偿责任。

《广告法》规定:广告主、广告经营者、广告发布者出现下列侵权行为之一的,依法承担民事责任:

① 在广告中损害未成年人或残疾人的身心健康的;

② 假冒他人专利的;

③ 贬低其他生产经营者的商品或服务的；

④ 广告中未经同意使用他人名义、形象的；

⑤ 其他侵犯他人合法民事权益的。

（3）违法广告的刑事法律责任

刑事责任是广告活动主体从事的违法行为性质恶劣、后果严重、非法所得款项数额较大，已经构成了犯罪所应承担的责任。对于构成犯罪的，广告管理机关应及时移交司法部门追究其刑事责任。被追究刑事法律责任的主体只能是自然人。

《广告法》规定，广告主提供虚假证明文件的，由广告监督管理机关处以一万元以上十万元以下的罚款。伪造、变造或者转让广告审查决定文件的，由广告监督管理机关没收违法所得，并处一万元以上十万元以下的罚款。构成犯罪的，依法追究刑事责任。广告监督管理机关和广告审查机关的工作人员玩忽职守、滥用职权、徇私舞弊的，给予行政处分。构成犯罪的，依法追究刑事责任。

案例 13－1：引起争议的 NIKE 广告

一位篮球运动员进入一个五层高的建筑，逐层挑战对手，直至取得最后的胜利……这是名为《恐惧斗室》的最新 Nike 篮球鞋广告片，男主角是 NBA 巨星——勒布朗—詹姆斯。然而广告播出后却引发了观众争议，理由是广告中多次出现的被击败的对手大都与中国人很相像——广告中的五次篮球大战中有三个场景和"中国元素"有关。

第一个场景：詹姆斯走到一楼大厅内。这里有一个擂台，台阶旁还立着两个石狮子。突然从空中落下一位中国人模样的老者，身穿长袍。两个人随后开始"争斗"。突然，詹姆斯做出一个杂耍般的动作，从背后将篮球扔出，经柱子反弹将老者击倒，后跃起上篮得分。

第二个画面：詹姆斯来到二层。这里到处飘着美钞和身穿中国服饰的妇女。飘浮的女子与敦煌壁画中的飞天造型极其相似。这些女子暧昧地向主人公展开双臂。不过，随着詹姆斯扣碎了篮板，"飞天形象"随之粉碎。

在名为"自鸣得意"的单元，篮板旁出现了两条中国龙的形象，二龙吐出烟雾，变成阻碍詹姆斯的妖怪。不过，詹姆斯几个动作晃过所有障碍，投篮得分。

许多观众看到广告后认为，"广告本身很有创意，但让人觉得心里不舒服。争斗中'中国人'毫无还手之力，龙的形象被击败，让人觉得耐克公司没有尊重中国人，更是对中华民族象征的一种侮辱。"广告专家也提出"广告带有文化歧视"。这一事件引起了媒体的高度关注。许多网民也纷纷在网络上对此事发表评论。

对此，耐克公司发表声明称：耐克希望借助"恐惧斗室"这一广告鼓励年轻人直面恐惧，勇往直前，并没有侮辱的意思。他们不会因此撤掉这则广告，他们会务力跟消费者沟通,希望大家能理解广告的原始创意。

最终,国家广电总局向各省、自治区、直辖市广播影视局(厅),中央电视台发出《关于立即停止播放"恐惧斗室"广告片的通知》,指出,耐克公司名为"恐惧斗室"的篮球鞋广告片,在广大观众中引起强烈不满。经审看,该广告违反了《广播电视广告播放管理暂行办法》第六条"广播电视广告应当维护国家尊严和利益,尊重祖国传统文化"和第七条"不得含有……亵渎民族风俗习惯的内容"的规定。要求各级播出机构立即停播此广告。

案例 13-2：引起争议的丰田霸道汽车广告

丰田霸道汽车:广告在 2003 年 12 月刊登后,遭到中国消费者的抗议。后来刊登广告的媒体《汽车之友》杂志、广告代理公司和丰田汽车停止广告投放,并向消费者道歉,了结了一场风波。见图 13-1,图 13-2。

图 13-1　丰田霸道汽车的杂志广告之一

图 13-2　丰田霸道汽车的杂志广告之二

第三节　外国广告监管概况

为更好地发挥广告的社会效果,保护消费者免受违法广告的侵害,许多国家都建立了适合自身国情的广告监管体系,对广告内容、广告制作和广告刊播等实行监管。

一、美国

美国是世界广告业最发达的国家。美国的广告管理机构有联邦政府和地方政府、行业监督组织、媒体、消费者团体以及广告业本身,主要实行政府监管和行业自律的管理方式。

(一)政府对广告的监管

美国对广告实行监管的政府部门有联邦贸易委员会、食品和药品管理局、联邦通讯委员会、专利与商标署等。

联邦贸易委员会(Federal Trade Commission,简称 FTC)成立于 1914 年,是美国广告管理的最高行政机构。最初成立的目的是保护企业的公平竞争。1938 年,美国国会认为应该扩大联邦贸易委员会的权力,于是加强了 FTC 的监管权力。联邦贸易委员会对欺骗性广告、不公平行为以及广告内容进行监管。

1. 对欺骗性广告的监管

联邦贸易委员会规定,欺骗性广告具有两个特征:第一,广告声称或广告给消费者造成的印象是虚假的,即声称和事实之间存在差距。第二,消费者相信了这种虚假的声称或活动。广告主的欺骗行为包括欺骗性的价格、对竞争产品的错误批评、欺骗性的保证、含混不清的言论和虚假证书等。

2. 对不公平行为的监管

FTC 认定的不公平广告行为主要有三类:(1)广告实质化。广告主没有提出证明产品的实质性证据。(2)针对儿童的推广活动。由于儿童比成人更易相信别人,保护自己的能力弱。许多儿童广告本身虽然不是欺骗性的,却具有潜在的违背道德、不择手段或其他对儿童危险的因素,比如没有对广告中的危险动作做出说明和解释,导致儿童模仿产生的危险。比如,可口可乐在印度播出的一则电视广告中出现了蹦极的画面,结果有儿童模仿广告画面从山上跳下酿成惨剧。(3)广告行业的不公平和不正当行为。

3. 对广告内容的监管

联邦贸易委员会负责对广告内容的监管。对于违法广告,FTC 会采取协议、终止播出、罚款、纠正性广告和消费者补偿等一系列措施。

如果联邦贸易委员会判定广告为欺骗性广告，FTC 首先会通知广告主并与之签署协议。为避免破坏公共形象，广告主通常会接受协议。如果广告主拒绝签署协议，FTC 会发出"终止播出"的命令，停止广告播放。如果企业的欺骗性广告对消费者已经造成误导，FTC 将要求媒体马上停播欺骗性广告，并责令企业制作纠正性广告，通过新的广告改变消费者头脑中留下的欺骗性印象。到目前为止，最著名的纠正性广告案例是华纳—兰伯特公司的李施特林漱口液一案。李施特林漱口液广告在播放了 50 年之后，被 FTC 认定为欺骗性广告，FTC 认为，李斯特林漱口液使消费者误认为产品能预防或者减轻声音沙哑和感冒。最后，企业被要求耗资 1030 万美元，用 16 个月的时间播放纠正性声明："李施特林漱口液不能预防或减轻感冒和喉咙疼痛。"FTC 采取纠正性广告的管理办法不是为了惩罚企业，而是消除欺骗性广告造成的影响，防止企业继续获得欺骗性广告带来的利益。自 20 世纪 70 年代起，FTC 的修订法案要求，欺骗消费者的广告主必须做出赔偿。FTC 可以向联邦地方法院提起诉讼，法院有权冻结制作欺骗性广告的广告主的全部资产，以备将来对消费者进行赔偿。如果罪名成立，广告主将面临经济赔偿，甚至牢狱之灾。如果广告公司参与了广告的欺骗活动，也负有不可推卸的法律责任。

随着广告管理问题的不断出现，联邦贸易委员会还设立了专门的热线电话和网站，接受消费者的广告投诉。近年来还利用互联网等新媒体，组织大规模的网上打假，举报各种网络虚假药品和医疗广告。

联邦通讯委员会（FCC）是美国另一个重要的广告管理的政府机构，主要是对广播电视广告的内容、数量和播出时间进行管理。

FCC 对广播电视广告内容实行全面审查，禁止播放危险性商品、烈性酒、香烟、算命等广告。啤酒及温和性酒类的广告禁止出现"饮"的镜头。医药广告不得使用"安全可靠"、"无副作用"等夸大词句。药物广告必须说明该药物的副作用，广告中不得出现病人痛苦呻吟的表情、动作及声音。FCC 有权删减具有欺骗性内容和品位低下的广告。

FCC 还规定了广播电视广告的播放数量及播出时间。电视台一个小时节目中，黄金时段广告不得超过 9 分 30 秒，其他时间不得超过 16 分钟。半个小时的节目内，广告插播不得超过四次，15 分钟以内的节目最多插播两次广告。一次插播不得安排四条以上的广告连续播放，两个节目之间不得一次安排三条以上的广告。对于严重违反规定的任何电视台，联邦通讯委员会有权吊销其执照。

此外，美国食品和药品管理局专门负责监管食品和药品广告，制订设计产品标识和包装的法规。美国专利与商标署负责管理商标、厂商名称专属标志以及类似的企业和品牌独特标志的所有权。

（二）广告行业的自我监管

在美国,广告行业的自我监管是随着政府监管的不断加强和消费者批评的日益高涨而逐渐发展起来的。美国主要有四类广告自律组织:(1)广告协会。如美国广告公司协会,全国性广告主协会等。(2)特殊行业集团。如商业促进局联合会等。(3)媒体协会。如全国广播协会。(4)行业协会。如全国性广告主协会。

1. 广告的事前审查

广告的事前审查也称为广告许可程序(advertising clearance process),是在广告到达消费者之前进行的自我监管形式,广告刊播之前要经过以下审查:

(1)广告公司审查。美国所有的大型广告主和广告公司都有内部审查程序,检查广告是否存在道德和法律问题。大型企业都有自己的行为规则和标准,确保自己的广告能够被消费者接受。

(2)广告公司的法律顾问或律师事务所批准。由于发布欺骗性和不公平广告的广告公司要承担法律责任,美国很多广告公司都有自己的法律顾问或律师事务所,定期由这些部门进行广告审查。如果广告受到消费者投诉或者指控,广告公司会要求广告主重新审查广告,更换不符合规定的内容。

(3)媒体审查。美国几乎所有的媒体都会审查广告,禁止播放不符合事实和大众品位的广告。电视媒体是所有媒体中审查最严格的,广告主必须向电视媒体的播出部门提交准备播出的广告,如果违反电视台的播出政策,媒体有权拒绝播放。

2. 广告的事后审查

国家广告审查委员会(NARC)是美国最大的广告自律机构,主要负责广告的事后审查。下设三个部门:儿童广告审查部(CARU)、全国广告处(NAD)和国家广告审查局(NARB)。

儿童广告审查部负责儿童电视节目和广告的监控,全国广告处和国家广告审查局的任务是确保成人广告的真实和准确。

全国广告处是由广告业内人员组成的一个全职机构,接受消费者、消费者组织、企业以及广告公司的投诉。接到投诉后,全国广告处会对一些证据明显的投诉进行调查,并与广告主对话。广告主通常会提供补充证明或者修改部分声称,再次提交全国广告处进行审查。如果广告主提供的证据不够充分,全国广告处将要求广告主改变或撤回其广告;如果广告主对裁决不满,可以向国家广告审查局提起上诉。

国家广告审查局是全国广告处的上级机关。当广告主上诉到国家广告审查局时,它将面对一个五人陪审团:三名广告主、一名广告公司职员和一名公众代表。陪审团将审查广告主的上诉和全国广告处的调查结果,举行听证会,让广告主申辩。在这一程序之后,国家广告审查局可能支持、改判或取消全国广告处的判决。

需要注意的是,国家广告审查委员会只是不具备法定管辖权的自我监管机构,争议案件的最终解决,依靠广告主与自律组织之间的自愿合作。

二、法国

法国是世界广告大国之一。法国广告管理最大的特点是实行事前审查制度。在广告发布前,广告审查机构对广告的内容、语言等进行审查,防止广告违反社会公共利益、公共道德。未经审查机构批准的广告,任何媒体不得发布。广播电视广告审查机构RFP是一个由政府、三家国营电视台、法国消费者协会、广告公司等集资组成的半官方组织,其中政府投资占 51%。广告审查机构的主席由政府指定的法律专家担任,负责审查全国所有广播、电视广告内容。广告审查不收费,避免增加广告主的成本。

法国广告办事处(BVP)是由法国消费者协会和主要广告经营者组织起来的民间广告审查组织,它的任务是站在消费者的立场上,监督广告活动,监视各种违反法律、法规的行为。

为了加强政府对广告行业的管理,法国制定了严格、完善的法律对广告进行管理,不仅有专门的广告法,还有《限制诱惑销售以及欺骗性广告法》、《商业手工业引导法》、《消费者价格表示法》、《防止不正当行为表示法》等法律、法规对广告进行全面的管理。法国广告管理执行国际商会制订的《国际商业广告从业准则》。法国禁止比较型广告,禁止医院做广告。法国国家卫生制品安全局在药品广告管理方面,对专业广告和大众广告都有一系列的具体要求,甚至从字体到字迹都有明显的要求和标准。比如专业广告,该局特别提到对组成某种药品名称的所有单词必须采取统一标准处理,无论是字迹、字体,还是颜色,都应该完全一样,以避免为突出广告效益而损害该药品名称整体性的情况出现。为防止公众利益受到侵害,该局规定尚未获得上市批准的药品不得先期进行广告宣传;为避免夸大药效,不允许在药品广告中使用"特别安全"、"绝对可靠"、"效果最令人满意"、"绝对广泛使用"等吹嘘药品安全和疗效的过激字样;为避免出现不公平竞争,不能在广告中出现"第一"、"最好"等绝对字样。此外,任何药品在投放市场一年后,不能再继续标榜为"新药"。1993 年,法国政府颁布了烟草广告禁令,烟草公司不得以任何方式赞助体育比赛,其他公共场所也禁止烟草广告宣传。

法国三家国家电视台中只有电视一台和电视二台可以做广告,广告不得在节目中插播,而且每天只能播 7 次共 15 分钟。电视一台、电视二台的商品广告必须经政府特别审核批准后方可播放。

法国政府对违法广告的惩罚非常严厉。首先是重罚。法国的《商业手工业引导法》第 44 条规定,犯有"虚假广告罪"的当事人将被处 3 个月至 3 年的徒刑以及 3000 法郎至 25 万法郎的罚金;第二是建立受害人保护制度。广告审查机构受理消费者的投诉,广告主的违法行为一旦确认,将追究广告主的责任。如果广告主承认错误,允许其改正;如果拒绝改正,广告审查机构将通过法律程序解决。违法广告受害者有权向检察官控告,或在刑事诉讼中以当事人身份参加诉讼。

三、英国

英国在广告的各个环节都有严格的监督。英国的广告法规主要有《广告法》、《商标法》、《医药治疗广告标准法典》和《销售促进法典》等,英国广告法律禁止以下行为:

1. 不正当的或欺骗的广告;

2. 使用虚假或恶毒的、攻击性的广告语言;

3. 使用未经证实,或无法证实的广告叙述;

4. 广告妨碍公园、娱乐场所,或损及风景地带、乡村风景、公路、铁路、水道、公共场所及任何有历史价值的建筑物及场所的行为;

5. 任何妨碍交通或对交通产生危害的广告;

6. 移动广告,如步行、骑马、驾车在闹市作广告;

7. 性病、百日咳、鱼鳞癣、痈疖及减肥药广告和催眠术广告。

英国对商业电视广告管理有着严格的规定和审查制度。禁止在英国广播公司的广播网和电视网做广告;私人广播电台、电视系统必须经过严格审查方可做广告。电视广告不得出现社会名人对产品的褒奖,不允许名人直接做广告;不准在16岁以下的少儿节目中或节目前后刊播广告;不允许医生参与广告;烈性酒、色情诱惑、容易对青少年造成身体伤害的运动广告不得做电视广告。英国政府近年还推出一项新政策,禁止在晚上9点之前播放任何"垃圾食品"电视广告。"性暗示"类广告被完全禁止,甚至一些暗示性的语言和动作也要消除。为避免造成青少年的意外伤害,极限体育的广告也不允许在电视上播出。

英国广告行业自律的最高机构是广告标准局(Advertising Standard Authority,简称 ASA)。该部门成立于1962年,对广播电视以外的其他媒体广告进行管理。其职责是代表公众的利益,仲裁和处理所有的广告申诉。该部门还负责与政府机构和其他组织保持联系,并负责广告界自律活动。

《英国广告职业行为准则》是英国广告行业自律的主要法则。该准则主要用于印刷广告、电影广告的管理。

四、日本

日本没有专门的广告法,但是有许多相关法律、条例、规约、标准等,对广告活动做了明确的规定。日本政府管理广告主要通过法律来规范广告行为,协调广告活动所产生的各种社会关系。日本的广告法律主要有《日本广告律令》、《广告取缔法》、《防止不

第十三章 广告监管

正当竞争法》、《消费者保护基本法》、《屋外广告物法》等。

日本广告法律规定：

各类广告活动不得有不正当的表示，禁止提供过度的广告奖品；

禁止把不正当的引诱顾客行为作为竞争的手段；

禁止那些广泛的告示他人使商品营业混淆的表示，以及使人对商品的产地、品质、内容、数量等有误解的广告宣传；

禁止在销售商品时进行欺骗性的、使人误解的广告宣传；

禁止接受有关专刊和注册登记的虚假广告表现；

广告中，负有使用法定计量单位的义务；

禁止药品、医药外用品、化妆品、医药用具的虚假、夸大的广告宣传；禁止利用医师等人进行保证疗效的推荐性广告；限制特殊疾病用药品的广告方法；禁止未获批准的药品进行广告宣传；

医生、医院、诊疗所及助产院，只能作纯告知性的广告。

日本的广告自律机构是全日本广告联盟。该联盟制定的《广告伦理纲领》是广告界必须遵守的最高准则。此外，日本广告业协会、日本广告客户协会分别制定了《业界自治规则》、《广告团体规则》、《公平竞争制约》、《媒介登载标准》等限制性规则，保证行业自律的有效实施。

五、加拿大

加拿大是世界广告业最发达的国家之一。加拿大政府对广告的管理主要是从制止不正当竞争、保护消费者利益的角度，制定和实施约束广告活动的法律。加拿大在广告标准委员会颁布广告法规，如果广告主违反规定且拒绝改正，该委员会有权与媒体单位共同采取措施，终止该广告的传播。法规内容主要包括：(1)不准在产品服务性能或价格可靠性上说谎或欺骗。该委员会极为重视广告给人留下的总体印象，而不是广告制作者个人的意向表达。(2)禁止隐匿广告本身的商业意向，不准潜意识的广告出现。(3)不准在产品或服务价值上吹嘘行骗，广告中的"价格单"、"零售建议价格"、"制造者价格表"和"公平市场价值"等术语，必须在广告出现的市场、地区有半年以上的先期合理销售，否则这些术语会被视为骗人的鬼话。(4)广告中不能出现无颁发者实际意见的证明书和奖状。但展示某些用户的产品使用经历除外。(5)严禁做诱售广告。必须让消费者有机会按广告所列条件购买产品和服务，不向用户出示产品和回避产品的某种特殊性能的行为是违法的。(6)要讲公平竞争。不允许攻击或怀疑竞争者的产品和服务，也不能作贬低他人，提高自己的任何手脚。(7)不准曲解引用专家、权威言论，杜绝引用根本不存在的"科学依据"。(8)在提供担保或保证时，必须详细列出担保或保证的条件限度，必须告知担保人的姓名和地址。(9)不准模仿其他广告的图片、标语或说明，以免消费者产生误解和混淆。(10)不允许违反交通安全或可能引起危险事件的广告出现。(11)反对在救济和援助残疾人方面空洞许愿。(12)禁止以迷信和恐吓等手段达到扩大销售量的目的。(13)禁止将儿童作为广告对象。(14)不能刊载贬低他人身份、损害他人名誉的肖像和可能引起强烈公愤的任何内容。(15)减肥广告在说明某食品、食物代用品、抑制饮食方法或特别设施时,还必须载明保持平衡的食物热量。

此外,加拿大还制定了一些单项广告规则,如儿童广告准则、无说明药物消费广告准则、园艺产品直接销售广告准则、妇女卫生保护品准则、美容化妆品和香料消费品广告准则、食品业使用比较法广告准则等。一些特殊商品和具有特殊诉求对象的广告,如食品、药品和化妆品广告必须经过政府审查通过以后,才可以在电视台、电台播放。烟酒类产品不准在电视、电台做广告,电视台、电台播放广告的时间量不得越过政府规定的限度。

加拿大广告业自律组织主要是加拿大广告基金会,该基金会经费由广告主、媒体和广告公司提供,下设4个工作机构。基金会在全国各地还设有6个地方理事会,由工业界和公众自愿组成,有时借助官方的帮助。地方理事会的主要职责是处理地方性的广告纠纷,对12岁以下儿童为对象的广告和妇女卫生用品的电视广告进行监督。

六、德国

德国对广告实行比较严格的管理,在产品质量、来源、产量和价格等方面造成误导的广告都是非法的。广告不得包含任何造成购买者混淆的附加说明,禁止使用"高级"措辞。

德国的广播、电视广告被严格地限制播放时间和次数,德国的广播电视广告由《广播电视法》和广告自律组织德国广告委员会来规范。国家电视台从周一到周六的全天内,只能播放总共20分钟的广告,没有被用完的时间可以在以后补播,但是每天补播广告的时间最多不得超过5分钟。晚上8时之后、周日、法定假日期间,国家电视台不允许播放任何广告。以广告费为主要收入渠道的私营电视台,没有广告播放时间段的限制。所有电视台每小时广告时间不超过12分钟,每次播放广告时间不得超过6分钟。公众可以对电视台播出的广告向广告委员会投诉,如果证实观众的投诉合情合理,广告委员会将要求广告主撤销。如果企业不执行广告委员会的要求,广告委员会将在媒体上对该企业进行公开批评。

德国有专门的医疗广告监管委员会,任何医院广告在投放前都必须获得该机构颁发的许可证。该机构还设立了专门的电话热线和网页,接受消费者对虚假广告等的投诉。媒体刊登广告前,首先会根据法规检查广告的产品是否已获得医疗广告监管委员会颁发的许可证,其次还要检查其内容的合法性。

小资料 13－1：美国广告联盟的商业广告原则

1. 真实性原则。广告必须揭示实情，并且揭示重要事实，对此隐瞒将误导大众。
2. 确凿原则。在未做出广告声明之前，广告主和广告公司应对广告声明有充分的把握和证据。
3. 比较原则。广告应避免对竞争对手及其产品或服务作虚假的、误导性的或未经证实的说明或声明。
4. 非诱饵广告原则。广告不得进行产品或服务的减价宣传，除非该广告确实是想推销广告所宣传的产品或服务而不是将消费者引向其他商品或服务的诱饵。
5. 保证原则。宣传担保和保证的广告必须明确、详实。向消费者讲明主要条件和限制，如果时间或版面不够，无法进行此类陈述，广告主必须清楚表明消费者在购买前在何处可以看到担保或保证的全部内容。
6. 价格声明原则。广告应当避免作不实或误导性的价格声明。
7. 证言原则。广告的证言只能由那些真正能反映出真实观点和经验的诚实证人来做，只有他们才有这种能力。
8. 趣味与庄重原则。广告应避免与优良趣味或风俗相对立的令人不快的陈述、图片或暗示。

附录 13－1：中华人民共和国广告法

(1994 年 10 月 27 日第八届全国人民代表大会常务委员会第十次会议通过)

第一章　总　　则

　　第一条　为了规范广告活动，促进广告业的健康发展，保护消费者的合法权益，维护社会经济秩序，发挥广告在社会主义市场经济中的积极作用，制定本法。

　　第二条　广告主、广告经营者、广告发布者在中华人民共和国境内从事广告活动，应当遵守本法。

　　本法所称广告，是指商品经营者或者服务提供者承担费用，通过一定媒介和形式直接或者间接地介绍自己所推销的商品或者所提供的服务的商业广告。

　　本法所称广告主，是指为推销商品或者提供服务，自行或者委托他人设计、制作、发布广告的法人、其他经济组织或者个人。

　　本法所称广告经营者，是指受委托提供广告设计、制作、代理服务的法人、其他经济组织或者个人。

　　本法所称广告发布者，是指为广告主或者广告主委托的广告经营者发布广告的法人或者其他经济组织。

第三条　广告应当真实、合法,符合社会主义精神文明建设的要求。

第四条　广告不得含有虚假的内容,不得欺骗和误导消费者。

第五条　广告主、广告经营者、广告发布者从事广告活动,应当遵守法律、行政法规,遵循公平、诚实信用的原则。

第六条　县级以上人民政府工商行政管理部门是广告监督管理机关。

第二章　广　告　准　则

第七条　广告内容应当有利于人民的身心健康,促进商品和服务质量的提高,保护消费者的合法权益,遵守社会公德和职业道德,维护国家的尊严和利益。

广告不得有下列情形:

(一) 使用中华人民共和国国旗、国徽、国歌;

(二) 使用国家机关和国家机关工作人员的名义;

(三) 使用国家级、最高级、最佳等用语;

(四) 妨碍社会安定和危害人身、财产安全,损害社会公共利益;

(五) 妨碍社会公共秩序和违背社会良好风尚;

(六) 含有淫秽、迷信、恐怖、暴力、丑恶的内容;

(七) 含有民族、种族、宗教、性别歧视的内容;

(八) 妨碍环境和自然资源保护;

(九) 法律、行政法规规定禁止的其他情形。

第八条　广告不得损害未成年人和残疾人的身心健康。

第九条　广告中对商品的性能、产地、用途、质量、价格、生产者、有效期限、允诺或者对服务的内容、形式、质量、价格、允诺有表示的,应当清楚、明白。

广告中表明推销商品、提供服务附带赠送礼品的,应当标明赠送的品种和数量。

第十条　广告使用数据、统计资料、调查结果、文摘、引用语,应当真实、准确,并表明出处。

第十一条　广告中涉及专利产品或者专利方法的,应当标明专利号和专利种类。

未取得专利权的,不得在广告中谎称取得专利权。

禁止使用未授予专利权的专利申请和已经终止、撤销、无效的专利做广告。

第十二条　广告不得贬低其他生产经营者的商品或者服务。

第十三条　广告应当具有可识别性,能够使消费者辨明其为广告。

大众传播媒介不得以新闻报道形式发布广告。通过大众传播媒介发布的广告应当有广告标记,与其他非广告信息相区别,不得使消费者产生误解。

第十四条　药品、医疗器械广告不得有下列内容:

(一) 含有不科学的表示功效的断言或者保证的;

（二）说明治愈率或者有效率的；

（三）与其他药品、医疗器械的功效和安全性比较的；

（四）利用医药科研单位、学术机构、医疗机构或者专家、医生、患者的名义和形象作证明的；

（五）法律、行政法规规定禁止的其他内容。

第十五条　药品广告的内容必须以国务院卫生行政部门或者省、自治区、直辖市卫生行政部门批准的说明书为准。

国家规定的应当在医生指导下使用的治疗性药品广告中，必须注明"按医生处方购买和使用。"

第十六条　麻醉药品、精神药品、毒性药品、放射性药品等特殊药品，不得做广告。

第十七条　农药广告不得有下列内容：

（一）使用无毒、无害等表明安全性的绝对化断言的；

（二）含有不科学的表示功效的断言或者保证的；

（三）含有违反农药安全使用规程的文字、语言或者画面的；

（四）法律、行政法规规定禁止的其他内容。

第十八条　禁止利用广播、电影、电视、报纸、期刊发布烟草广告。禁止在各类等候室、影剧院、会议厅堂、体育比赛场馆等公共场所设置烟草广告。烟草广告中必须标明"吸烟有害健康"。

第十九条　食品、酒类、化妆品广告的内容必须符合卫生许可的事项，并不得使用医疗用语或者易与药品混淆的用语。

第三章　广告活动

第二十条　广告主、广告经营者、广告发布者之间在广告活动中应当依法订立书面合同，明确各方的权利和义务。

第二十一条　广告主、广告经营者、广告发布者不得在广告活动中进行任何形式的不正当竞争。

第二十二条　广告主自行或者委托他人设计、制作、发布广告，所推销的商品或者所提供的服务应当符合广告主的经营范围。

第二十三条　广告主委托设计、制作、发布广告，应当委托具有合法经营资格的广告经营者、广告发布者。

第二十四条　广告主自行或者委托他人设计、制作、发布广告，应当具有或者提供真实、合法、有效的下列证明文件：

（一）营业执照以及其他生产、经营资格的证明文件；

（二）质量检验机构对广告中有关商品质量内容出具的证明文件；

（三）确认广告内容真实性的其他证明文件。

依照本法第三十四条的规定，发布广告需要经有关行政主管部门审查的，还应当提供有关批准文件。

第二十五条　广告主或者广告经营者在广告中使用他人名义、形象的，应当事先取得他人的书面同意；使用无民事行为能力人、限制民事行为能力人的名义、形象的，应当事先取得其监护人的书面同意。

第二十六条　从事广告经营的，应当具有必要的专业技术人员、制作设备，并依法办理公司或者广告经营登记，方可从事广告活动。

广播电台、电视台、报刊出版单位的广告业务，应当由其专门从事广告业务的机构办理，并依法办理兼营广告的登记。

第二十七条　广告经营者、广告发布者依据法律、行政法规查验有关证明文件，核实广告内容。对内容不实或者证明文件不全的广告，广告经营者不得提供设计、制作、代理服务，广告发布者不得发布。

第二十八条　广告经营者、广告发布者按照国家有关规定，建立、健全广告业务的承接登记、审核、档案管理制度。

第二十九条　广告收费应当合理、公开，收费标准和收费办法应当向物价和工商行政管理部门备案。

广告经营者、广告发布者应当公布其收费标准和收费办法。

第三十条　广告发布者向广告主、广告经营者提供的媒介覆盖率、收视率、发行量等资料应当真实。

第三十一条　法律、行政法规规定禁止生产、销售的商品或者提供的服务，以及禁止发布广告的商品或者服务，不得设计、制作、发布广告。

第三十二条　有下列情形之一的，不得设置户外广告：

（一）利用交通安全设施、交通标志的；

（二）影响市政公共设施、交通安全设施、交通标志使用的；

（三）妨碍生产或者人民生活，损害市容市貌的；

（四）国家机关、文物保护单位和名胜风景点的建筑控制地带；

（五）当地县级以上地方人民政府禁止设置户外广告的区域。

第三十三条　户外广告的设置规划和管理办法，由当地县级以上地方人民政府组织广告监督管理、城市建设、环境保护、公安等有关部门制定。

第四章　广告的审查

第三十四条　利用广播、电影、电视、报纸、期刊以及其他媒介发布药品、医疗器械、农药、兽药等商品的广告和法律、行政法规规定应当进行审查的其他广告，必须在发布前依照有关法律、行政法规由有关行政主管部门（以下简称广告审查机关）对广告内容进行审查；未经审查，不得发布。

第三十五条　广告主申请广告审查，应当依照法律、行政法规向广告审查机关提交有关证明文件。广告审查机关应当依照法律、行政法规作出审查决定。

第三十六条　任何单位和个人不得伪造、变造或者转让广告审查决定文件。

第五章　法　律　责　任

第三十七条　违反本法规定，利用广告对商品或者服务作虚假宣传的，由广告监督管理机关责令广告主停止发布，并以等额广告费用在相应范围内公开更正消除影响，并处广告费用一倍以上五倍以下的罚款；对负有责任的广告经营者、广告发布者没收广告费用，并处广告费用一倍以上五倍以下的罚款；情节严重的，依法停止其广告业务。构成犯罪的，依法追究刑事责任。

第三十八条　违反本法规定，发布虚假广告，欺骗和误导消费者，使购买商品或者接受服务的消费者的合法权益受到损害的，由广告主依法承担民事责任；广告经营者、广告发布者明知或者应知广告虚假仍设计、制作、发布的，应当依法承担连带责任。

广告经营者、广告发布者不能提供广告主的真实名称、地址的，应当承担全部民事责任。

社会团体或者其他组织，在虚假广告中向消费者推荐商品或者服务，使消费者的合法权益受到损害的，应当依法承担连带责任。

第三十九条　发布广告违反本法第七条第二款规定的，由广告监督管理机关责令负有责任的广告主、广告经营者、广告发布者停止发布、公开更正，没收广告费用，并处广告费用一倍以上五倍以下的罚款；情节严重的，依法停止其广告业务。构成犯罪的，依法追究刑事责任。

第四十条　发布广告违反本法第九条至第十二条规定的，由广告监督管理机关责令负有责任的广告主、广告经营者、广告发布者停止发布、公开更正，没收广告费用，可以并处广告费用一倍以上五倍以下的罚款。

发布广告违反本法第十三条规定的，由广告监督管理机关责令广告发布者改正，处以一千元以上一万元以下的罚款。

第四十一条　违反本法第十四条至第十七条、第十九条规定，发布药品、医疗器械、农药、食品、酒类、化妆品广告的，或者违反本法第三十一条规定发布广告的，由广告监督管理机关责令负有责任的广告主、广告经营者、广告发布者改正或者停止发布，没收广告费用，可以并处广告费用一倍以上五倍以下的罚款；情节严重的，依法停止其广告业务。

第四十二条　违反本法第十八条的规定，利用广播、电影、电视、报纸、期刊发布烟草广告,或者在公共场所设置烟草广告的,由广告监督管理机关责令负有责任的广告主、广告经营者、广告发布者停止发布,没收广告费用,可以并处广告费用一倍以上五倍以下的罚款。

第四十三条 违反本法第三十四条的规定,未经广告审查机关审查批准,发布广告的,由广告监督管理机关责令负有责任的广告主、广告经营者、广告发布者停止发布,没收广告费用,并处广告费用一倍以上五倍以下的罚款。

第四十四条 广告主提供虚假证明文件的,由广告监督管理机关处以一万元以上十万元以下的罚款。

伪造、变造或者转让广告审查决定文件的,由广告监督管理机关没收违法所得,并处一万元以上十万元以下的罚款。构成犯罪的,依法追究刑事责任。

第四十五条 广告审查机关对违法的广告内容做出审查批准决定的,对直接负责的主管人员和其他直接责任人员,由其所在单位、上级机关、行政监察部门依法给予行政处分。

第四十六条 广告监督管理机关和广告审查机关的工作人员玩忽职守、滥用职权、徇私舞弊的,给予行政处分。构成犯罪的,依法追究刑事责任。

第四十七条 广告主、广告经营者、广告发布者违反本法规定,有下列侵权行为之一的,依法承担民事责任:

(一)在广告中损害未成年人或者残疾人的身心健康的;

(二)假冒他人专利的;

(三)贬低其他生产经营者的商品或者服务的;

(四)广告中未经同意使用他人名义、形象的;

(五)其他侵犯他人合法民事权益的。

第四十八条 当事人对行政处罚决定不服的,可以在接到处罚通知之日起十五日内向做出处罚决定的机关的上一级机关申请复议;当事人也可以在接到处罚通知之日起十五日内直接向人民法院起诉。

复议机关应当在接到复议申请之日起六十日内做出复议决定。当事人对复议决定不服的,可以在接到复议决定之日起十五日内向人民法院起诉。复议机关逾期不做出复议决定的,当事人可以在复议期满之日起十五日内向人民法院起诉。当事人逾期不申请复议也不向人民法院起诉,又不履行处罚决定的,做出处罚决定的机关可以申请人民法院强制执行。

第六章 附 则

第四十九条 本法自 1995 年 2 月 1 日起施行。本法施行前制定的其他有关广告的法律、法规的内容与本法不符的,以本法为准。

附录 13－2：广告经营许可证管理办法(2004 年 11 月 30 日)

第一条　为加强广告经营活动的监督管理,规范广告经营审批登记,根据《中华人民共和国广告法》、《中华人民共和国行政许可法》、《广告管理条例》,制定本办法。

第二条　从事广告业务的下列单位,应依照本办法的规定向广告监督管理机关申请,领取《广告经营许可证》后,方可从事相应的广告经营活动:

(一)广播电台、电视台、报刊出版单位;

(二)事业单位;

(三)法律、行政法规规定应进行广告经营审批登记的单位。

第三条　本办法所称广告监督管理机关,为县级以上工商行政管理机关。本办法所称广告经营单位,为依照本办法申请从事广告业务、并取得《广告经营许可证》的第二条所列明的各类单位。

第四条　《广告经营许可证》是广告经营单位从事广告经营活动的合法凭证。

《广告经营许可证》分为正本、副本,正本、副本具有同样法律效力。

《广告经营许可证》载明证号、广告经营单位(机构)名称、经营场所、法定代表人(负责人)、广告经营范围、发证机关、发证日期等项目。

第五条　在《广告经营许可证》中,广告经营范围按下列用语核定:

(一)广播电台:设计、制作广播广告,利用自有广播电台发布国内外广告。

(二)电视台:设计、制作电视广告,利用自有电视台发布国内外广告。

(三)报社:设计、制作印刷品广告,利用自有《××报》发布国内外广告。

(四)期刊杂志社:设计和制作印刷品广告,利用自有《××》杂志发布广告。

(五)兼营广告经营的其他单位:利用自有媒介(场地)发布××广告,设计、制作××广告。

第六条　国家工商行政管理总局主管《广告经营许可证》的监督管理工作。各级广告监督管理机关,分级负责所辖区域内《广告经营许可证》发证、变更、注销及日常监督管理工作。

第七条　申请《广告经营许可证》应当具备以下条件:

(一)具有直接发布广告的媒介或手段;

(二)设有专门的广告经营机构;

(三)有广告经营设备和经营场所;

(四)有广告专业人员和熟悉广告法规的广告审查员。

第八条　申请《广告经营许可证》,应按下列程序办理:

由申请者向所在地有管辖权的县级以上广告监督管理机关呈报第九条规定的申请材料。

广告监督管理机关自受理之日起二十日内,作出是否予以批准的决定。批准的,颁发《广告经营许可证》;不予批准的,书面说明理由。

第九条 申请《广告经营许可证》,应当向广告监督管理机关报送下列申请材料:

(一)《广告经营登记申请表》。

(二)广告媒介证明。广播电台、电视台、报纸、期刊等法律、法规规定经批准方可经营的媒介,应当提交有关批准文件。

(三)广告经营设备清单、经营场所证明。

(四)广告经营机构负责人及广告审查员证明文件。

(五)单位法人登记证明。

第十条 广告经营单位应当在广告监督管理机关核准的广告经营范围内开展经营活动,未申请变更并经广告监督管理机关批准,不得改变广告经营范围。

单位名称、法定代表人(负责人)、经营场所发生变化,广告经营单位应当自该事项发生变化之日起一个月内申请变更《广告经营许可证》。

第十一条 广告经营单位申请变更《广告经营许可证》应提交下列申请材料:

(一)《广告经营变更登记申请表》;

(二)原《广告经营许可证》正本、副本;

(三)与变更广告经营范围、单位名称、法定代表人(负责人)、经营场所事项相关的证明文件。

第十二条 广告监督管理机关自受理变更《广告经营许可证》申请之日起,十日内做出是否准予变更的决定。经审查批准的,颁发新的《广告经营许可证》;不予批准的,书面说明理由。

第十三条 广告经营单位由于情况发生变化不具备本办法第七条规定的条件或者停止从事广告经营的,应及时向广告监督管理机关办理《广告经营许可证》注销手续。

第十四条 广告经营单位注销《广告经营许可证》的,应提交下列申请材料:

(一)《广告经营注销登记申请表》;

(二)《广告经营许可证》正本、副本;

(三)与注销《广告经营许可证》相关的证明文件。

第十五条 广告经营单位在取得《广告经营许可证》后,情况发生变化不具备本办法第七条规定条件,又未按本办法规定办理《广告经营许可证》注销手续的,由发证机关撤回《广告经营许可证》。

第十六条 广告经营单位违反《广告法》规定,被广告监督管理机关依照《广告法》第三十七条、第三十九条、第四十一条规定停止广告业务的,由发证机关缴销《广告经营许可证》。

第十七条 广告经营单位应当将《广告经营许可证》正本置放在经营场所醒目

位置。

任何单位和个人不得伪造、涂改、出租、出借、倒卖或者以其他方式转让《广告经营许可证》。

第十八条 广告经营单位《广告经营许可证》发生损毁、丢失的,应当在报刊上声明作废,并及时向广告监督管理机关申请补领。

第十九条 广告监督管理机关应当加强日常监督检查,并定期对辖区内取得《广告经营许可证》的广告经营单位进行广告经营资格检查。广告经营资格检查的具体时间和内容,由省级以上广告监督管理机关确定。

广告经营单位应接受广告监督管理机关对其广告经营情况进行的日常监督,并按规定参加广告经营资格检查。

第二十条 违反本办法规定的,由广告监督管理机关按照如下规定处罚:

(一)未取得《广告经营许可证》从事广告经营活动的,依据国务院《无照经营查处取缔办法》的有关规定予以处罚。

(二)提交虚假文件或采取其他欺骗手段取得《广告经营许可证》的,予以警告,处以五千元以上一万元以下罚款,情节严重的,撤销《广告经营许可证》。被广告监督管理机关依照本项规定撤销《广告经营许可证》的,一年内不得重新申领。

(三)《广告经营许可证》登记事项发生变化未按本办法规定办理变更手续的,责令改正,处以一万元以下罚款。

(四)广告经营单位未将《广告经营许可证》正本置放在经营场所醒目位置的,责令限期改正;逾期不改的,处以三千元以下罚款。

(五)伪造、涂改、出租、出借、倒卖或者以其他方式转让《广告经营许可证》的,处以三千元以上一万元以下罚款。

(六)广告经营单位不按规定参加广告经营资格检查、报送广告经营资格检查材料的,无正当理由不接受广告监督管理机关日常监督管理的,或者在检查中隐瞒真实情况或提交虚假材料的,责令改正,处以一万元以下罚款。

第二十一条 广告监督管理机关工作人员在广告经营许可证管理过程中玩忽职守、滥用职权、徇私舞弊的,给予行政处分。构成犯罪的,依法追究刑事责任。

第二十二条 《广告经营许可证》正本、副本式样,以及《广告经营登记申请表》、《广告经营变更登记申请表》、《广告经营注销登记申请表》式样,由国家工商行政管理总局统一制定。

第二十三条 各级广告监督管理机关依据第五条规定核定的申请者广告经营范围、广告经营项目或业务类别,应与其具备的条件相适应。

国家有特别规定对广告经营单位的广告经营范围、经营项目、业务类别予以限制的,依照其规定。

第二十四条　有关广告经营许可的实施程序,除适用本办法具体规定外,还应当遵守《行政许可法》有关行政许可实施程序的一般规定。

第二十五条　本办法自 2005 年 1 月 1 日起施行。

本章要点:

历史证明,广告市场健康、有序地运行,离不开科学、有效的广告监管。广告监管是指广告管理机构、广告行业协会以及广告社会监督组织,依照广告相关的法律、法规和政策规定,对广告行业和广告活动实施的监督、管理、协调与控制活动。

广告监管主要实行政府管理、自律、社会监督三种方式。政府管理是通过制定一系列的法规法令实现对广告的管理,使得广告事业的各项政策、方针得以顺利贯彻和实施,保证广告行业有序地发展。世界多数国家有相应的广告管理部门和广告法规。广告自律也称为广告行业的自我监管,是广告业发展到一定阶段的产物,是目前世界上通行的一种行之有效的管理方式。广告行业自律具有非强制性、道德约束性和灵活性的特点。广告的社会监督机制是通过社会公众、消费者组织和舆论监督机构依照国家广告管理的法律、法规,对广告进行日常监督,对违法或虚假广告向政府广告管理机关举报与投诉,并向政府立法机关提出立法请求与建议。消费者组织是维护消费者权益的强有力组织。

我国广告管理的最高行政机关是国家工商行政管理总局。县级以上各地方工商部门下属的广告司、广告处、广告科、广告股(或室)构成自上而下的广告管理行政体系。工商行政管理部门的主要职能是依照广告管理的法律、法规和有关政策规定,或通过一定的行政干预手段,对广告行业和广告活动进行的监督、检查、控制和指导。

我国广告管理法规有法、条例、暂行条例、施行细则、规定、暂行规定、规则、办法、决议、决定、通知、意见等多种形式。广告管理法规的内容演变,反映了我国广告管理法规由不成熟到成熟、规范的发展过程。先后颁布实施了《广告管理暂行条例》《广告管理条例》《广告法》等一系列的法律法规,近年来广告管理部门根据实际需要又颁布实施的一系列法规、管理办法等,使中国广告管理日趋规范和成熟。

《广告法》共六章四十九条,是我国最权威的广告管理法规文件,是我国广告管理史上的一座里程碑。对于《广告法》制定目的、管理范围和人员、广告准则、广告活动主体、违法广告的形式、法律责任等都做出了明确的规定。

为更好地发挥广告的社会效果,保护消费者免受违法广告的侵害,各国都建立了适合自身国情的广告监管体系,在广告内容、制作、播出上严加监管,制定详细的管理规定。本章介绍了美国、英国、法国、加拿大、日本等发达国家的广告管理方式和管理经验。

本章思考题：

1. 广告监管实行哪些方式？

2. 为什么要实行广告监管？广告监管的意义是什么？

3. 广告管理具有哪些特点？

4. 广告行业自律具有什么特点？

5. 我国广告的行政管理部门是什么？具有哪些职能？

6.《广告法》规定广告活动中不得有哪些内容？

7. 从 NIKE 案例，你认为广告监管出了什么问题，导致广告播出后出现问题？

8. 简述美国广告管理的方式。

本章建议阅读资料：

1. 刘林清著. 广告监管与自律. 长沙：中南大学出版社，2003

2. 陈绚著. 广告道德与法律规范教程. 北京：中国人民大学出版社，2000

3. 国家工商行政管理总局网站 www.saic.gov.cn

现代广告概论

第十四章

国际广告

本章提示 ▶ 随着全球经济一体化和市场营销国际化程度的增加，广告国际化成为普遍现象。本章详细分析了国际广告产生与发展的背景，国际广告策略、国际广告策划的过程和影响国际广告实施的因素。概括介绍了国际广告主、国际广告公司、国际广告媒体以及近年来全球大型广告集团的并购、重组等相关事宜。最后介绍了国际广告管理与伦理道德等相关问题。

第一节　国际广告综述

> 国际广告是指国际企业为实现国际市场营销战略,将本国产品推销至国外所做的广告,目的是在国外市场提高产品知名度,建立品牌形象,进而产生购买的广告活动。

一、国际广告发展的动因

国际广告是指国际企业为实现国际市场营销战略,将本国产品推销至国外所做的广告,目的是在国外市场提高产品知名度,建立品牌形象,进而产生购买的广告活动。国际广告是在经济全球化和企业开展国际营销战略的背景之下产生的。早在 20 世纪 50 年代末、60 年代初期,欧美国家的企业进入国外市场实现跨国经营的时候,国际广告就随之产生了。国际广告是国际市场营销的重要手段,也是广告主与不同国家消费者沟通的工具。随着经济全球化和国际市场营销的发展,国际广告发挥的作用越来越大。

国际广告的产生与发展主要有以下几个原因:

(一) 经济全球化与全球性广告主的诞生

从 20 世纪 80 年代后期开始,欧美一些发达国家基于本国经济增长缓慢、市场饱和、市场竞争激烈以及销售限制的原因,开始突破传统的国内基地,拓展和培育国外市场,进行全球化经营。随着企业国际营销的不断增加,各国之间的经济关联日益增强,国际企业的对外扩张和国际贸易日趋活跃。发达的通讯技术、低廉的运输成本以及自由贸易的扩大促进了全球大市场的形成,到了 20 世纪 90 年代末期,经济全球化已经成为势不可挡的浪潮。同时,一些企业从生产、营销到广告都采用全球性策略,企业制定统一计划,以同样的规格方式生产全球性产品,构建全球性品牌,执行全球性广告,继而出现了全球性的广告主和成功品牌,可口可乐、耐克、IBM、宝洁公司都是全球经营成功的企业典范。

(二) 全球性广告集团的出现加剧了广告国际化进程

20 世纪 40 年代到 70 年代,专业性广告公司被大型综合性广告公司兼并,李奥·贝纳、萨奇·萨奇、电通等广告公司相继出现。为了适应广告主的全球化经营战略,使企业的广告活动更具有全球影响力，这些大型广告公司在 90 年代以后先后实行国际化经营。与此同时，国际企业的全球性经营对广告公司的全球化经营提出了更高的要求：广告主的全球化经营理念，需要全球性的广告公司代理执行；广告主在全球范围内开展市场营销活动，需要一个能够在世界范围内收集、分析消费者信息的组织和为之服务的工作网络，这些只有实行国际化经营的广告公司才能够做到。

1986 年 4 月 27 日，BBDO 环球、DDB 和 Needham Harper 三家国际广告公司共同组建了全球第一个广告集团——奥姆尼康（Omnicom）集团。1987 年，英国的跨国传播集团 WPP 收购了著名的智威汤逊广告公司，1989 年买下了世界最大的跨国广告公司即奥美集团，2000 年 4 月，WPP 集团击败了安德森咨询公司，成功收购了扬·罗必凯广告公司，成为全球最大的广告集团。2003 年 8 月，WPP 集团收购了科迪安特（Cordiant）传播集团，2004 年 9 月 WPP 集团收购全球排名第七的 Grey 集团。

接连的并购加剧了世界广告业的集中和全球性广告集团的形成。一些跨国企业为了加强国际广告的执行能力，不再像通常那样同时选用多个广告公司为之服务，而是选择一两个大型广告集团，使得广告公司的并购更加激烈，广告的集团化运作更加明显，进一步加剧了广告的国际化进程。

（三）数字化浪潮加快了广告国际化的趋势

20 世纪 90 年代末期，数字化浪潮席卷全球，新兴的互联网以惊人的速度在全球发展和普及。网络不仅使世界成为"地球村"，使世界各地的人们能够通过网络沟通交流，从事电子商务和科技合作，更重要的是从技术的角度加快了企业全球化的发展进程，构成全球化发展的技术平台，直接和间接促进国际广告的发展。

（四）广告国际化为广告主带来了明显的利益

通过广告国际化，即为广告主进行国际广告的策划和实施，广告主取得了明显的效益。

首先，通过国际广告减少市场规划、控制目标所需要的营销与广告成本。广告主的产品进入别国市场，面对的是完全陌生的市场环境和消费环境，利用国际广告是进入这些市场极为便捷而有效的途径和方法。

其次，国际广告所传达的产品信息更加完整，广告概念得到强化，有利于企业提高在各地市场上迅速推广产品概念的能力。

第三，有利于企业开拓国际市场，塑造国际品牌和产品形象。通过国际广告，广告主、产品与目标国消费者更好地沟通，使消费者认同、接受并建立起良好的品牌形象，有利于企业打开市场销路，提高产品的知名度和美誉度。

第四，促进国际商品信息的交流和国际新产品的开发。在国际商品信息传播与交流活动中,广告主可以搜集世界各地的最新生产与消费资讯,适时调整自己的产品策略或积极进行新产品的开发。

二、国际广告的特点

国际广告服务的对象是国际化的广告主,它具有如下特点:

第一,广告的活动范围更加广阔。实施国际广告的企业主要是国际性商业集团,他们的广告活动具有全球性的特征,超越了一般广告活动区域市场、国别市场的地域限制,比国内广告的活动范围更加广阔。

第二,广告的市场环境更加复杂多样。广告的市场环境包括政治环境、经济环境、法律环境、科技环境、媒体环境、文化环境等多种环境因素。国际广告的市场环境比国内更加复杂,广告主不仅面临语言障碍可能造成的信息不通畅的问题,更重要的是面临文化、习俗、民族、宗教等差异所带来的广告难题。

第三,广告策划与实施的难度增大。实行国际广告的企业出于整体营销的需要,不再实行传统的单一广告推广,而是寻求集信息服务、广告、公关、SP 多重推广于一体的整合营销传播。一方面广告运作处在广大而复杂的市场范围和市场环境中,另一方面又必须满足国际广告主的全球性营销和整体营销的需求,使得国际广告的实施难度更大、要求更高。

第四,必须能够高度适应目标国的市场。国际广告的适应性体现在企业广告产品的市场适应性和企业对国际市场环境的适应性。

国际广告面对的是不同国家的消费市场,必须对目标国市场的适应性进行充分地研究和分析。首先,要了解产品的市场需求,是否符合当地消费者的心理和物质需求,是否存在产品的进入障碍等,并在此基础上对产品的市场容量和前景进行分析和展望。其次,要了解广告活动对目标国的广告市场环境是否具有高度适应性,否则将面临巨大的传播障碍。

三、国际广告的策略

国际广告活动是在国际市场范围内展开的,在多国市场范围内进行,采取何种方式进行国际广告传播,是国际广告活动必须解决的重要问题,也是国际营销和广告界争论不休的话题。

(一)全球化或标准化策略

广告的标准化,是指国际广告主突破国家和地区的界限,以统一的广告主题、统一的创意表现,在目标市场国实行基本一致的传播策略。万宝路、高露洁、麦当劳都是实施标准化广告策略的成功者。

1983年美国哈佛商学院泰奥德尔·李维特教授率先对标准化广告进行了研究。李维特认为,廉价的航空旅行和高新电子通讯技术正在使世界成为一个共同市场,国家与文化之间的差异正在消失,全球消费者近乎趋同的品位、需求、生活方式将超越民族、地域、文化的限制,企业制定全球性的市场策略能够提高效率。生产的标准化将带来营销的标准化,作为营销组合的广告宣传也将实现标准化。

标准化广告策略的实施基于人性的共鸣和全球的趋同。随着通讯科技的发达,消费者的地理和心理差异逐渐消除,消费需求越来越趋向一致,广告是否取得成功,不在于地理因素,而在于是否能够激发人性的共鸣。

实行标准化广告策略具有如下优点:

一是便于广告主对广告内容管理和控制;

二是有利于企业塑造全球一致的品牌形象;

三是简化国际广告的决策过程,提高广告策划的效率;

四是降低广告成本,实现规模经济的效益。

使用标准化广告应该符合以下条件:消费者相似或相同;产品制作标准化并能够带来规模经济;各国市场限制和法律约束不多;各地市场都能够接受统一品牌和产品。

(二)本地化或适应性策略

与李维特的观点不同,美国西北大学的菲利普·科特勒教授认为,可口可乐、百事可乐和麦当劳的全球性成功并不是由于实施了标准化广告策略,而是在于"它们注意到'变量',向不同的市场提供了不同的产品"。也就是说,企业的成功源于在目标国采取了本地化的广告策略。

国际广告本地化策略是指广告主针对不同目标市场开展广告活动时,应根据国与国之间的差别,采取不同的广告诉求方式、进行广告的创意和制作。宝洁公司和松下电器实行的就是本地化广告策略,比如松下电器20世纪80年代针对中国市场推出的产品为National,而在西方国家则是Panasonic(松下电器在20世纪90年代已经将产品统一为Panasonic)。

主张国际广告本地化策略的学者认为,标准化广告策略只适合在文化类似的国家实行,广告活动必须考虑国与国之间在文化、经济、媒体、法律等方面的差别。如果不尊重各目标市场国的文化差异、国民性格差异,广告活动很难成功。

(三)全球化思考,本地化执行的因地制宜策略

开展国际广告活动,过分强调标准化和本地化都会带来一定的问题。过分强调本地化,容易造成广告资源的分散和损耗,不利于广告主对品牌的统一管理和品牌形象的

确立。过分强调标准化，又会由于忽视市场、消费者、文化等方面的差别，遭遇传播障碍。

在过去的几十年里，企业一直在总结国际广告的成功经验和失败教训，在标准化策略和本地化策略的基础上，发展出第三种模式：全球化思考，本地化执行的因地制宜策略。

赞同这种模式的学者认为，完全标准化或本地化的广告策略都是不可行的。国际广告既要承认各地的差异，也不能滥用标准化，只有将两种方式结合起来，才能够成功实施国际广告。在此基础上，有学者提出了"think globally, act locally"（全球化思考，本地化执行）的主张，认为企业应以全球眼光思考，广告实施和执行则必须符合当地实际情况，配合地区性发展。

可口可乐近年来就是在这样的策略指导下，因地制宜地开展国际广告活动，取得了骄人的业绩。20世纪60年代，可口可乐开始大规模实施国际广告宣传，企业采取了全球化的营销策略，对产品生产、包装实行标准化统一的管理，广告宣传由公司总部统辖广告权，各目标市场国分部统一执行公司总部所制定的广告标准化策略。经过20年的品牌国际化塑造，可口可乐逐渐成为一种全球性的文化标志，被全世界所熟知。

进入20世纪90年代，可口可乐转变以往单一的标准化策略，实行"策略全球化，创意表现本地化"的广告战略，使广告的标准化策略与本地化策略更好地结合在一起。它在不同的地区，针对文化背景、宗教和种族方面的差异，采取分而治之的策略，以适应当地的实际情况。比如"无法抓住的好感觉"这句广告口号，在日本改为"我感受可乐"，在意大利改为"独一无二的感受"。在中国，可口可乐的广告创意更是将产品与中国文化进行了融合：1999年春节，可口可乐推出贺岁广告"风车篇"，2000年推出"舞龙篇"贺岁电视广告，2001年推出具有中国乡土气息的"泥娃娃阿福贺年"广告片，这些广告片的创意都是在理解中国传统文化和深入挖掘风俗习惯的基础上产生的。2004年雅典奥运会之前，可口可乐选择了刘翔、滕海滨和马琳三位体育明星担任电视广告的形象代言人，结果他们都在奥运会上夺取了金牌，充分显示出可口可乐对于中国体育、中国明星和市场的熟悉程度。

麦当劳、柯达、雀巢咖啡等产品，近些年来在中国纷纷实行因地制宜的国际广告策略。以电视广告为例，广告主通常采取四种方式实行因地制宜的策略：拍摄画面不变，只改变商品包装镜头，将旁白或歌词改为中文；部分镜头在当地重拍；故事情节不变，广告演员由中国人出演；仅保留创意概念，根据当地需要重新制作广告。麦当劳的电视广告"婴儿篇"在各国实行统一的创意表现，但是广告中的婴儿都是在目标国本地选择的，在中国播出的时候为了符合中国习俗和文化，摇篮边出现了母亲的形象。

事实证明，"全球化思考，本地化执行"的国际广告策略已经得到众多国际广告主的认同，广告所面临的挑战不再是对于"全球化"还是"本地化"的争论，而是如何利用李维特的"全球计划"方式获得规模效应和效率,同时又能找出科特勒提出的地区差异"变量",使国际广告获得成功。

四、国际广告行业概况

(一)国际广告集团

1.国际广告集团的形成

20世纪80年代,基于广告公司全球化经营的背景,国际广告业掀起了集团化的兼并、重组热潮。从1986年美国的奥姆尼康率先组建全球第一个广告集团,至今近20年的时间里,国际广告集团接连不断的发生并购,广告业的集中度越来越高,广告集团的规模与实力得到极大的扩充。据《广告时代》的研究,国际广告集团有几个明显的特征:第一,拥有海外数个投资子公司之所有权和经营权;第二,国际广告集团(全球20名以内)至少包含广告代理业务、媒体服务以及市场营销三类业务,其核心领域和主要盈利方式也集中在这三类业务;第三,普遍存在跨国合资、战略联盟以及股票投资等跨组织经营活动。

国际广告集团通常采取三种方式扩展海外市场:

一是在目标国成立新公司。

二是并购当地广告公司。

三是与当地广告公司签订技术协议或组成联盟。

从广告发展来看,在20世纪50年代之前,61%的美国广告公司是采用在当地成立新公司的方式进入市场,20世纪50年代之后,有82%的广告公司采用并购当地广告公司的方式。对于广告公司来说,并购不仅能够利用当地的资源,降低成本、人力、营销的费用,还能够借助当地人才在文化适应上的优势,减少国际广告策划与实施的不适应。近年来国际广告集团多以并购的方式实施扩张。

第三种方式通常是在当地广告市场尚未开放的阶段,跨国广告集团与本土广告公司签订技术协议或组成同盟,为将来的海外市场发展铺路。在中国,跨国广告公司在20世纪90年代初期纷纷与本地广告公司合资成立分公司,原因就在于中国广告市场当时并未开放。

有学者研究发现,国际广告集团的对外扩张分为初步对外扩张时期(第二次世界大战后至20世纪50年代),积极对外扩展时期(20世纪60、70年代)和全球并购时期(20世纪80年代迄今)三个时期。20世纪60年代到20世纪70年代期间,美国广告公司开始积极拓展海外市场。20世纪60年代初期主要是在地理或文化接近的加拿大和欧洲设立分公司,20世纪70年代则通过成立新公司或者购买当地广告公司的方式,将市场扩展到了欧洲和拉丁美洲,通过多次并购形成了为数不多的大型广告公司。20世纪

80 年代初期，一些大型跨国广告公司开始组建广告集团，20 世纪 80 年代中后期进行更大规模的集团整合，美国前 20 名大型广告公司约有三分之一与其他广告公司合并或者被并购。近年来，大型广告集团的合并持续进行，并以广告集团建立策略联盟的方式为主，形成"伙伴式"的股权制度。随着亚洲经济的起飞和广告业的快速成长，亚洲地区成为国际广告集团积极开拓的具有高度潜力的地区。

据《广告时代》2004 年的报告，全球 10 大广告集团包括：Omnicom 集团、WPP 集团、Interpublic 集团（IPG）、Publicis（阳狮）集团、电通集团、Havas 集团、Aegis 集团、Hakuhodo DY 控股、ADK、Carlson 营销集团。从统计数据看，排在前五名的广告集团 1993 年占全球广告市场份额的 46%，2003 年上升为 66%[①]，见表 14-1，旗下的知名广告公司数量也是可观的，2003 年全球十大广告集团中，奥姆尼康拥有 3 家，法国阳狮和 WPP 各有 2 家，日本电通和 IPG 各有 1 家。

表 14-1　国际广告集团近五年的广告收入

广告集团	营业额（100 万美元）				
	1999 年	2000 年	2001 年	2002 年	2003 年
Omnicom Group（美）	5743.4	6986.2	6889.4	7536.3	8621.4
Interpublic Group（美）	5079.3	6595.9	6791.3	6203.6	5863.4
WPP Group（英）	4819.3	7971	5799.5	5781.5	6756.1
Publicis SA（法）	1434.6	2479.1	2181.5	2711.9	4408.9
电通（日）	2106.8	3089	2238.9	2060.9	2545.0
Havas Advertising（法）	2385.1	2757	2042.5	1841.6	1877.5
Grey Global Group（美）	1577.9	1863.2	1217	1199.7	1307.3
Hakuhodo	827.9	1008.7	870.7	860.8	1208.1
Cordiant Group（英）	713	1254.8	872.4	788.5	WPP 收购
ASATSU-DK（日）	331	431.4	399.9	339.5	413.9

2. 著名国际广告集团概况

（1）Omnicom 集团

全球最大的广告传播集团，总部设在纽约。集团于 1986 年由 BBDO、DDB 和尼德汉姆三家公司合并组成，1993 年并购 TBWA 国际广告公司，旗下拥有 BBDO，TBWA/Chiat/Day，DDB，Ketchum，Fleishman-Hilliard 等广告公司，拥有 OMD Worldwide 和 PHD 两个媒体服务代理公司。

（2）WPP 集团

全球第二大广告传播集团，仅次于 Omnicom 集团，总部设在伦敦。集团拥有一系

---

① 张金海等. 全球五大广告集团解析研究. 现代广告，2005，5

列大型的广告传媒公司,包括奥美、智威汤逊等广告公司。

WPP 起初并不经营广告业务,而是不断通过贷款收购著名广告公司起家的。1996年至 2001 年,WPP 进行了 200 多次并购交易,WPP 不只买下竞争对手,更进一步形成整合行销集团,涉及广告、媒体投资管理、信息、咨询顾问、公共关系、品牌管理、医疗等,在进军新市场的同时获得业务组合。2002、2003 年进行近 40 次收购,包括购买独立公司,如针对非裔美国人的 Unicourld 公司和 Goldfarb 调研公司等。在过去 10 年,OMC,IPG,WPP 在并购上花费高达 140 亿美元。

WPP 集团于 1997 年在亚洲和欧洲成立传立媒体(Mindshare),将 JWT 和奥美的媒体部组合在一起。2000 年通过并购获得 Media Edge (Young & Rubicam Group),2001 年获得 CIA Media network(Tempus),2004 获得 Mediacom(Grey),拥有四家媒体购买公司。

(3) Publicis 集团(阳狮)

法国最大的广告与传播集团。1992 年阳狮集团成立新的广告集团 BMZ,主要在德国、法国、英国、比利时、荷兰以及意大利等国家运作。1993 年并购法国第四大传播集团 FCB,成立欧洲 12 国体系的 FCB & BMZ。1994 年阳狮并购了美洲 FCB 体系下的 Bloom,以扩大在美国的市场占有率。1995 年停止与 FCB 的联盟。1996 年阳狮集团开始往欧洲以外扩张,并购了在墨西哥、巴西以及加拿大的企业,并且将业务扩张到中东、拉丁美洲和亚洲。阳狮在 2000 年以 10.8 亿美元收购 Saatchi & Saatchi(萨奇·萨奇),从全球第十大广告集团跃居成第六位。2002 年并购 Bcom。目前集团有实力和星传两个全球媒体服务代理网络。

(4) Interpublic Group (IPG)

1987 年,IPG 集团合并了灵狮广告,1990 年购买 Lowe Marscgalk 以及 Martin Agency。1994 年以 5400 万美元购买西部国际媒体等几家公司成立 Gotham。2001年,IPG 以 20.1 亿美元买下正北传播集团(True North Communication),这项并购案使得 IPG 成为当年世界最大的广告传播集团。IPG 拥有麦肯、灵狮等国际广告公司和媒体购买公司。

(5) 电通集团

电通集团拥有全球最大的独立广告代理公司,也是大型广告集团中惟一主营收入集中在本国市场的集团公司。电通集团多年以来占据日本最大的广告市场份额,2004年日本市场营业额占集团总营业额的 93.4%,海外市场占 6.6%。

3. 国际广告公司

近十年来,全球广告业发生了很大的变化,广告公司规模不断地扩大,大型广告公司的数量减少,市场集中度不断提高,一些著名广告公司也先后被广告集团兼并,见表 14-2,表 14-3。

表 14-2　国际广告集团旗下公司

集团名称	集团简介	旗下子公司	服务客户
奥姆尼康集团	全球广告业收入排名第一，占据全球广告市场五分之一	拥有 BBDO、恒美、李岱艾和浩特媒体（OMD）等著名广告公司	拜尔、百事、联邦快递、汉高、VISA 等
WPP 集团	英国最大的传播集团，全球广告收入第二名	拥有奥美、智威汤逊、电扬、传力媒体、尚扬媒体、博雅公关、高诚公关	福特、壳牌、芭比、旁氏、IBM、摩托罗拉、联合利华、柯达等
IPG	美国第二大广告与传播集团，全球广告收入第三名	拥有麦肯·光明、灵狮、博达大桥、盟诺、万博宣伟公关、高诚公关	强生、高露洁、雀巢、摩托罗拉、欧莱雅
阳狮	法国最大的广告传播集团，全球广告收入第四名	阳狮、盛世长城、李奥·贝纳、实力传播、星传媒体	阿尔卡特、英美烟草、汇丰银行、卡夫食品、宝洁、上海通用汽车、中国移动、西安杨森和光明乳业
电通	日本最大的广告传播集团，全球广告业收入第五名	电通传媒、电通公关	联想、海尔、科健、健力宝、夏新

表 14-3　2001 年国际广告公司营业收入

代理公司	营业额（100 万美元）
1. 电通（日）	2078.1
2. McCann-Erickson Worldwide（美）	1857.9
3. BBDO Worldwide（美）	1611.7
4. J. Walter Thompson Co.（美）	1536.1
5. Euro RSCG Worldwide（美）	1441.2
6. Grey Advertising（美）	1321.0
7. DDB Worldwide Communications（美）	1214.6
8. Ogilvy & Mather Worldwide（美）	1135.4
9. LEO Burnett Co.（美）	1072.3
10. Publicis Worldwide（法）	1066.0

（1）智威汤逊广告公司

1879 年由杰·沃尔特·汤普逊创办。1947 年，智威汤逊的营业额突破 1 亿美元，成为全世界第一个突破 1 亿美元的广告公司。1987 年，WPP 以 5.66 亿美元的巨额代价收购。

（2）奥美

大卫·奥格威于 1948 年创建,1964 年在纽约挂牌,与美特广告公司和克劳瑟广告公司组建成国际公司。奥美一直是全球最有影响的广告公司之一,1989 年被 WPP 集团以 8.64 亿美元的巨额代价收购。公司奉行奥格威提出的"品牌"理念,自称"品牌管家",为客户实行 360 度品牌管理。

（3）扬·罗必凯广告公司

1932 年,由雷蒙·罗必凯和约翰·奥尔扬创办于美国费城,名列全美第二,此后一直位居全美大广告公司前列,也是最早进入中国市场的西方广告公司之一。2000 年,WPP 以 47 亿美元收购该公司。

（4）DDB

1948 年创办于美国,著名广告人比尔·伯恩巴克是创始人之一。20 世纪 80 年代末期与 BBDO 环球广告公司、尼德汉姆广告公司合并组成奥姆尼康集团。该公司倡导以创意为中心,奉行"无所畏惧的自由"、"失败的自由"、"远离混沌的自由"和"存在的自由",鼓励创意人员大胆挑战过去,追求创新,并提出 ROI(相关性、原创性和冲击力)理论。

（5）电通广告公司

1901 年由光永星郎创办于日本大阪,后在被誉为"广告鬼才"的吉田秀雄苦心经营下,电通逐渐发展成为世界知名的广告公司,曾数次登上世界 10 大广告公司的首位。

（6）麦肯·埃力克森广告公司

国际著名广告公司,属下拥有数家很大的广告公司和市场调研公司,一直位居世界 10 大广告公司之列,在它基础上建立的 Interpublic(阳狮)集团是世界当今最大的广告集团之一。

（7）葛瑞

国际著名广告公司,1917 年创建于美国。目前在全球 90 多个国家设立办事处。该公司奉行创新的广告大理念,在营销、消费者研究和广告效果分析技术等领域不断创新。2004 年 GREY 集团被 WPP 集团收购。

（8）李奥·贝纳广告公司

1935 年由李奥·贝纳在芝加哥创办。出色的万宝路广告为其带来极好声誉。1971 年,当李奥·贝纳去世时,其公司成为全球第四大广告公司。

（9）盛世环球广告公司

世界 10 大广告公司之一,1970 年由查尔斯·萨奇和莫里斯·萨奇兄弟创办于伦敦。现在该公司经营着全球广告市场 5% 业务,世界 500 家大公司中有一半请它作广告代理。

（10）福康贝丁广告公司

国际广告界极负盛名的广告公司之一,为广告界培养了不少广告大师。其前身美国洛德·汤马斯广告公司,也是本世纪初最有影响力的广告公司之一。

(二)国际广告主

　　大型国际广告主无一例外是全球知名品牌,经过几十年甚至上百年的成功广告运作,长期合作的广告公司多为国际著名广告公司。合作的广告公司具有丰富的品牌管理、整合传播的成功经验,几乎在每一个企业成长的背后,都无一例外地发生着广告故事,这些品牌成长的过程中,也成就了一批优秀的广告公司,正是所谓"只有好的产品和企业,才能产生好的广告",见表 14-4,表 14-5。

表 14-4　2004 年《商业周刊》全球 100 顶级品牌榜(1—20 名)

排名	品牌	名称	国家	主要业务	价值(100 万美元)
1	Coca-Cola	可口可乐	美国	饮料	67 394
2	Microsoft	微软	美国	软件	61 372
3	IBM	IBM	美国	计算机	53 791
4	GE	通用电气	美国	多样化	44 111
5	intel	英特尔	美国	半导体	33 499
6	Disney	迪斯尼	美国	娱乐	27 113
7	M. I'm lovin' it	麦当劳	美国	餐饮	25 001
8	NOKIA CONNECTING PEOPLE	诺基亚	芬兰	移动通信	24 041
9	TOYOTA	丰田	日本	汽车	22 673
10	Marlboro	万宝路	美国	卷烟	22 128
11	Mercedes-Benz	梅塞德斯	德国	汽车	21 331
12	hp invent	惠普	美国	计算机	20 978
13	citibank	花旗银行	美国	银行	19 971
14	AMERICAN EXPRESS	美国运通	美国	信用卡	17 683

排名	品牌	名称	国家	主要业务	价值（100 万美元）
15	Gillette	吉列	美国	剃须刀	16 723
16	CISCO SYSTEMS	思科	美国	网络设备	15 948
17	BMW	宝马	德国	汽车	15 886
18	HONDA The power of dreams.	本田	日本	汽车	14 874
19	Ford	福特	美国	汽车	14 475
20	SONY	索尼	日本	电子产品	12 759

资料来源：美国《商业周刊》品牌价值

表 14-5　世界著名品牌与广告公司的合作关系

品牌	年龄	广告代理公司	两者关系
万宝路	43	李奥·贝纳	43
麦当劳	42	DDB	27
柯达	105	JWT	67
凯洛格	91	JWT	67
吉列	94	BBDO	31
通用电气	101	BBDO	77
百事可乐	99	BBDO	37
李维牛仔	145	FCB	67

资料来源：美国《广告时代》1997 年

　　最新公布的世界 500 强企业中，中国有 18 家企业名列其中，排名最前的是中国石化集团，此外还有国家电网公司、中国石油天然气集团、中国人寿、中国移动通信、中国工商银行、中国电信、中化集团、宝钢集团、中国建设银行、中国南方电网、中国银行、和记黄埔、鸿海精密、中国农业银行、中油公司、中粮集团、一汽集团等大型集团，这些中国企业将是未来市场上的重要广告主。

三、国际广告媒体

　　广告媒体分为国际媒体和当地媒体两种。能够实现跨国传播的媒体都称为国际媒体，如在全球多个国家发行的报纸、杂志、卫星电视、互联网等都在其中。国际广告媒体在 20 世纪末数字化浪潮出现之后发生了极其重大的变化,之前占据国际媒体重要地位的国际杂志、报纸,逐渐被卫星电视、网络等新型媒体所取代。尤其是全球范围内开展的电视数字化革命,彻底改变了传统电视的传播模式,带来全新的广告方式和传播革新。互联网更是在短短的十年间成长为"第四媒体",它所带来的跨国传播和即时传播,是任何传统大众媒体都不可实现的。这场数字媒体的产业变革打破了原本整体化的大众市场和大众媒体,进而带来广告行业的媒体变革。传播界提出了"传媒的未来就是广告业的未来,广告业的未来也是传媒的未来。而这两者的根本区别在于,数字媒体的设计思维将给广告业带来巨大的影响"。选择国际广告媒体进行广告投放,必须关注新媒体的发展。

国际广告的大部分业务需要选择当地媒体,因此,必须了解当地媒体的情况。不同国家和地区媒体特征与管理模式是不同的,比如有些国家不允许播放商业电视广告,各国媒体也会有相应的制度对广告产品、广告受众、表现形式等进行规定。

由于技术创新带来不断深入的媒体变革,广告公司必须运用创造性的思维和技术,通过各种媒体传播渠道赢得广告传播的成功。

四、国际广告代理

广告主实施国际广告一般通过两种方式进行广告运作:一种是选择本国的广告公司为主,另一种是以国外当地的广告公司为主。

本国广告公司有两类。一类是兼营国际广告业务,其中有的是在国外设立分支机构,有的没有国外分支机构。无论哪种情形,这类本国广告公司都必须具备国际广告策划能力,拥有丰富国际广告经验的人才。第二类是本国专业国际广告公司。这类公司多数在国外设立分支机构,具有实施国际广告的充分条件,并且与国外的广告代理商、经销商等保持着密切联系,能够很好实施国际广告。大型跨国广告公司都属于此类代理公司。

选择国外当地的广告公司可以采取两种方式。一种方式是在当地寻求能够实施国际广告业务的广告公司,通常大型广告主会选择那些资金实力雄厚、经验丰富的全面服务型广告公司,以便在了解当地文化和经济、市场的基础上,更好地开展广告业务。这种方式在中国广告业没有开放市场的时候比较普遍,当时的跨国企业都是委托国内的广告公司为他们进行广告代理。另外一种方式是由本国国际广告公司与当地广告公司合作,这种方式本国广告公司不必支出设立在世界各地分公司的经费,是一种经济有利的做法。

第二节　国际广告策划与实施

> 国际广告策划是国际广告主根据企业国际市场营销策略和广告目标,在了解目标国家市场、消费者和竞争状况的基础上,制定国际广告策略和广告计划的过程。

一、国际广告策划

国际广告策划是国际广告主根据企业的国际市场营销策略和广告目标,在了解目标国家市场、消费者和竞争状况的基础上,制定国际广告策略和广告计划的过程。

国际广告策划与一般广告策划程序基本相同,但是由于国际广告的运作与实施是在陌生的国外市场,针对文化、经济水平、消费心理迥然不同的消费者实施广告传播,广告策划人员面临新的任务,有必要了解国际广告策划的特殊性。

国际广告策划通常包括以下环节。

(一) 对广告活动进行高度控制

国际广告策划通常是在不同的国家先后开展的,因此,开展国际广告,可以采用两种方式对广告进行控制。

1. 把在某一个国家获得成功的广告推广到他国

许多著名品牌通过这种方式把自己业已获得成功的广告推广到其他国家,万宝路、IBM、精工手表、飞利浦剃须刀、宝洁、福特等都采取过这样的策略。可口可乐和百事更是运用主题音乐这样一种国际化语言在多个国家进行广告推广。这种方式适合于使用标准化广告策略的广告主在不同的国家建立统一的品牌形象。随着国际广告主本地化进程的加快,多数广告主会对广告做一些因地制宜的改变,以符合当地文化和消费者心理。

2. 对广告实行集中构思,制定统一的广告策略

最早采用这种方式的是可口可乐,这种方式近年来比较常见。采取广告集中构思的方式,需要集合来自世界各地的成员组成一个广告小组共同提议、探讨和争论,形成整个广告活动的基本策略。这种方式能够减少各国公司的重复工作,提高广告制作的效果。2003 年,麦当劳使用"我就喜欢"广告主题掀起了"全球广告风暴",扭转 3 年来的销售颓势。这是麦当劳历史上第一次在同一时间,在全球 120 多个国家和地区以同

一组广告、同一种信息来进行品牌宣传。新广告为麦当劳树立了前卫、时尚的崭新形象，随着"超级男孩"贾斯汀主唱的广告曲在美国青少年中的流行，人们逐渐接受了广告传达的信息：光顾麦当劳不仅是因为它便宜，而且是因为"我就喜欢"。这次麦当劳的全球广告创意就是采取全球征集的方式，最终中国广告团队提供的几个主题得到了专家和麦当劳高层的首肯。新创意以一种特殊的表达方式跨越了文化的差异，取得了全球消费者的认同。

集中构思的广告可以是广播、电视、报纸、杂志等大众媒体形式，也可以是其他新兴媒体形式。集中构思实施方法也是多种多样的，广告主可以选择一个广告公司作为总代理，由总代理确定广告活动的统一主题，拍摄所有需要的图片，监督艺术制作，并且编写一份适用于其他国家的标准手册。分布于各地的广告公司可以从总代理公司订购需要的宣传材料，在本地进行广告制作。由于图片、美工、电视广告制作、彩色印刷等费用比较昂贵，广告公司可以集中在一个地方制作广告作品，其他地方使用作品的复印件，或者将广告作品用当地语言配音，以此来节省成本。

大部分总代理公司允许其他公司有一定的自主权，总公司可以通过研讨、年度会议的方式贯彻广告策略，保持广告活动的一致性，总代理公司负责协调国际化的概念和本地化的应用。

（二）市场调查与产品定位

许多国际企业实行国际化经营，不是出于消费者和市场的考虑，而是因为具备了国际化的实力，因此，实施国际广告策划首先要引入市场导向的观念，让企业真正基于对市场、消费者的考虑，找准足够的市场和营销传播的对象。进行充分的市场调研可以明确企业面临的问题和机会，通过分析找出当地市场的差异、目标消费者与媒体受众。进行市场分析的同时不仅能够明确产品在国外市场的定位，还能够充分了解不同地区消费者的购买动机。

如果消费者的购买行为和竞争环境接近一致，可以采用标准化的定位方法。如果存在区别，则采取不同的定位方式。比如，麦当劳在中国的推广就是跨国产品进入文化和价值观完全相异的国家而获得成功的典范。在中国，麦当劳的产品不仅被描述成"清洁、标准、快速"的产品形象，更重要的是它被定位为"白领的生活方式"、"年轻人的浪漫"产品，这些定位在美国无论如何也不会和麦当劳联系起来。星巴克在日本被定位为商业人员日间会晤和晚间社交的场所，在夏威夷，星巴克店则是一个随时放松的去处。

（三）制定广告预算

制定广告预算的方法参见第七章广告策划。制定广告预算必须注意质量、数量与广告形式的效果，才能将每一分钱做到最妥善的运用。

需要注意的是,国际汇率的波动可能会影响预算的时间安排。另外,各国的广告价格和付费方式也存在较大的差异。美国可以不按照月份或季度的期限支付费用,中国几乎所有的媒体都要求投放广告之前以现金方式支付广告费。

如果广告公司是为多个市场制定同一个广告计划,多数会采用目标达成法进行广告预算,这样可以为每个国外市场单独制定目标及预算,使当地化的广告运动更有灵活性。

(四)分析国际广告媒体

国际广告使用的媒体包括国际媒体和本地媒体。严格来说,目前没有一种全球接收的国际媒体,广告主更多是和本地媒体打交道。

国际卫星电视在一定程度上实现了电视媒体的国际化,但是受到覆盖面积、技术应用以及各国政府法规的限制,目前还不能实现全球接收。在欧洲、亚洲部分地区、北美和太平洋地区,卫星信号能够到达不止一个国家,但也只是区域性,还不能达到全球性。

与卫星电视类似,国际互联网也面临着网络使用、法律、语言、技术等壁垒。首先,不是世界上每个人都有能力和条件使用计算机网络。第二,各国有关互联网广告的法律存在很大差异,欧洲在保护在线消费者隐私权方面比美国更严格,美国企业在欧洲必须十分谨慎地收集和使用消费者信息。第三,各国语言存在高语境和低语境的差别,沟通的准确度受到影响。另外,用户采取何种技术使用互联网也会造成媒体选择的差别,有的用户采取拨号方式上网,以分钟计费,希望浏览速度快,会放弃浏览图片,而使用宽带的用户网速很快,更希望网站设计精美。

(五)制订广告策略并实施

广告策略包括媒体策略和创意策略。制订媒体策略,是在符合传播目标与预算规定的情况下,进行最恰当的媒体选择和使用。应结合消费者的媒体习惯、媒体表达信息的准确性、广告成本、产品品质以及企业对媒体的控制能力等因素进行媒体的选择。一旦确定了基本的媒体策略,媒体计划人员会寻找区域性或跨国媒体,如国际卫星电视、全球发行的报刊、互联网等。如果产品是消费品,一般在当地进行广告策划和媒体购买,可以选择国际广告公司或国际媒体购买公司,也可以在本地选择全国性或区域性的广告公司。

广告创意表现策略是将广告主题和产品概念以最有效的方式传达给广告对象,树立品牌形象,更好地促成购买。广告的创意和表现要能够体现广告目标和产品定位,还要注意标准化广告和本地化广告的实施条件。

广告创作过程包括文案写作、内容与主题匹配以及制作三个步骤。如果广告的核心创意能够在全球通用,可以减少很多沟通困难。比如,星巴克的核心创意是在轻松的氛围中享受高品质的产品,适合所有的消费者。

广告制作可以集中进行,可以在各个地方分别进行,也可以是这两种形式的结合。标准化广告通常采取集中的方式制作广告。

(六)国际广告效果评估

实行国际广告的效果评估,一定要事前调查和评估。如果广告主对文化、语言和消费者行为了解不够,可能导致重大的决策失误,因此,事前评估有助于防止广告主犯错误,一旦有问题也可以事先纠正。

二、影响国际广告实施效果的因素

2003 年,日本丰田汽车为产品"霸道"所做的广告引起中国消费者的气愤,消费者认为广告中出现的"石狮敬礼"是对中国民族文化的侵犯,最后以刊登广告的媒体和丰田汽车公司向消费者致歉结束了风波。有学者认为,"霸道"汽车广告风波并不是跨国广告公司本地化进程中"惹麻烦的个案",它恰恰说明,国际广告在遵循全球统一战略的同时,必须考虑当地的政治法律、文化、语言规范、传统习惯、宗教信仰等非经济因素的差异。

(一)政治和法律法规

国际广告必须注意遵守目标国的法律法规。各国的广告法规迥然不同,在某个国家成功的广告方式,换成另一个国家可能就是非法的。例如,法国和日本规定医院不能做广告;瑞典和德国规定不能向 12 岁以下的儿童作电视广告;英国广告不准出现社会名人;奥地利不能在星期天作广告;在澳大利亚,没有经过严格审查的电视广告不能播出。为避免国际广告遭遇法律麻烦,广告主必须事先了解目标国的广告相关法规。

有的时候国际关系也会影响广告运作,比如两国之间关系紧张,广告可能无法在对方国开展。如果当地政府对国外企业营销的干预程度很高,标准化广告策略就不容易实行。

(二)文化

广告与文化息息相关、不可分割,国际广告与消费者沟通的最大障碍在于文化差异。由于各种文化都有各自的知觉框架,不同文化的消费者对同一广告诉求常会有不同的反应与知觉。国际广告的文化因素涉及宗教信仰、价值观、风俗习惯等多个方面。

1. 宗教信仰

持有不同的宗教信仰的人们有着独特的习性,尤其是宗教活动盛行的国家尤其需要考虑这个因素,以免引起争议。

2. 价值观

东西方国家的价值观有着不同标准,东方社会视为理所当然的观念,在西方却不一定成立。日本强调团体一致性（集体主义），美国强调个人成就（个人主义），由此产生广告表现的区别：日本广告使用软性诉求的比例是美国广告的四倍，美国广告硬性诉求的比例则比日本高出四倍多。美国广告倾向于表现自我价值，常常使用直接、硬性推销的手法；而日本广告则倾向于表现和谐友爱，常常采取软性诉求的方式。

3. 习俗

生活习俗是人们在长期的共同劳动生活中自然形成的文化规范，在一定程度上制约着人们的言行、观念等。习俗有时比法律的力量更强大，比如，德国法律允许向 12 岁以上的儿童作广告，但由于习俗的力量，厂商持续的广告很可能导致当地居民的反对。美国允许竞争对手采取直接比较的方式做广告，但是有的国家则认为广告中对竞争对手指名道姓是不恰当的。策划国际广告必须考虑目标国的风土民情，采取尊重和包容的态度，避免触犯当地的习俗，以获得当地消费者的信任与合作。可口可乐和麦当劳广告在中国的成功，关键是深刻理解和巧妙利用中国人所珍视和遵循的传统习俗，如欢庆春节、新年祝愿、尊敬老人，等等。受伊斯兰传统的影响，照相机在沙特阿拉伯的销路不好，宝丽来相机在广告中声称自己的产品可以让阿拉伯男性在自己家里给妻儿照相，而不必到照相馆让陌生人来拍照，由于符合了当地习俗，产品销量大增。

（三）语言

语言是国际广告沟通中最重要的工具之一，也是拉近与消费者之间的距离的主要手段。国际广告实施过程中，语言文字是否得到当地国家的文化认同非常重要。有些国家的广告以同音字作为创意点，原文很幽默，但是经过翻译的语言根本无法精确地传达，幽默感也消失殆尽。

上个世纪 30 年代可口可乐曾举办过最佳中文译名的比赛，开始被译作"苦口蝌蚪"，后来一位上海籍的学者想出了"可口可乐"这个完美的译名。这个名字不仅符合味道好喝和快乐的意思，而且与英文发音一致。为获得不同国家的文化认同，飘柔在美国名称是 Pert-Plus，在亚洲称 Rejoice，中文则是飘柔。

国际广告还要注意了解当地的俚语、习惯用语，避免使用错误的方言，例如，中国"白象牌"电池的英文是"White Elephant"，意思是废物，远远背离了产品名称的真正含义。广告人必须对语言的多样化和差异化进行深入地了解，广告语言尽量符合当地的语言习惯，避免产生歧义影响广告效果。

（四）地区创意总监与消费者的意见

地区广告公司的创意总监往往对来自于总公司的广告有抵触情绪，因为如果总是采用总公司的广告，地区分部会失去开发一个好的创意团队的能力，也不利于建立良好的创意团队的声誉。为防止出现此类问题，最好是事先对两个全球性广告进行测试：

一个是在本地制作的版本，一个是原始本在别处制作，通过效果的比较决定选择哪一种方式。麦当劳采纳中国创意团队的广告创意获得全球成功，说明好的广告创意完全可以突破国界，跨越文化差异。广告公司必须以开放的思维接纳来自于各个分公司的广告。在制定广告策略时，还应当向当地管理人员了解情况，他们更了解本地情况，往往能够找到总公司和其他分部意想不到的有效措施。

广告有时候还会遭到消费者的反对和拒绝，甚至抗议。黛安娜王妃遇车祸遭到不测，瑞典名车 Volvo 广告中打出了"富贵如浮云，生命价更高"的广告标题，言下之意是如果黛妃坐的是 Volvo 而不是奔驰，也许还会有生还的可能。这则广告遭到戴妃热爱者的抗议和反对，不仅由于文化的因素，更由于广告对消费者心理造成了伤害。

第三节　国际广告组织与管理

> 国际广告组织是促进世界广告事业发展、加强各国广告合作、开展广告活动交流的国际性行业协会组织。包括国际广告协会、亚洲广告协会和世界广告行销公司、欧洲传播公司协会。

一、国际广告组织

国际广告组织是促进世界广告事业发展、加强各国广告合作、开展广告活动交流的国际性行业协会组织。包括国际广告协会、亚洲广告协会和世界广告行销公司、欧洲传播公司协会等。

（一）国际广告协会

创建于 1938 年的国际广告协会（简称 IAA）是由各国广告界知名人士组成的非营利性组织，是国际最大也是最权威的广告组织，总部设在美国纽约。该协会每两年召开一次全体会议。

国际广告协会的会员分为个人会员、团体会员、组织会员、准会员、院校会员、资深会员和名誉会员等七种。达到 15 名会员就可以申请成立分会，分会是由一个城市或一个城市以上的地区，或者一个国家为单位组成。我国于 1987 年 5 月 12 日，以"国际广告协会中国分会"的名义参加了国际广告协会。

国际广告协会创建的目的是将广告、公共关系、销售促进、发行物、广播、市场调查等相关行业的从业人员联合起来,共同探讨广告与各种商品或劳务市场以及传播方式与构想,通过会员之间交流和学习,提高他们的专业技能。此外,国际广告协会还促使目标相近的机构相互合作,为整个传播界谋取福利。

(二) 亚洲广告协会联盟

成立于 1978 年,是由亚洲地区的广告公司协会、与广告有关的贸易协会和国际广告协会在亚洲各国、各地区的分会组成。各个分会按国家和地区先组成亚洲广告联盟国家委员会,然后以国家委员会的名义加入亚洲广告联盟,名称为"亚广联(国名)国家委员会"。我国于 1987 年 6 月 14 日,以"亚洲广告协会联盟中国国家委员会"的名义加入亚洲广告协会联盟。

亚洲广告协会联盟的宗旨是:

1. 团结亚洲从事广告专业或业务的协会;
2. 提高广告的道德规范和业务水平;
3. 促进各国对广告作用的认识;
4. 收集地区性的广告和市场资料信息;
5. 增进广告业的自我调节能力;
6. 制定和实施关于广告的教育计划,协调开发亚洲广告人才。

(三) 欧洲传播公司协会(EACA)

前身是欧洲广告公司协会,是由欧洲广告公司、媒体公司以及促销公司组成的非营利性组织。宗旨是致力于促进诚实、有效的广告,提高职业标准,宣传广告对自由市场经济的作用等。

(四) 世界广告行销公司

世界广告行销公司(简称 WAM)由世界各地著名的广告公司组成,总公司设在伦敦。该组织的设立,旨在使会员获得实际的业务帮助,会员可以直接在世界各地驰名的广告公司培训,定期提供世界各地最新的广告佳作及经济动向的相关信息,更重要的是协助世界知名广告主与广告公司建立业务联系,共同开拓国际市场。

二、国际广告管理

(一) 国际广告法规管理

20 世纪初,随着广告行业的兴起,广告数量不断增加,产品涉及的领域越来越广泛,一些虚假、不正当竞争以及欺诈性广告开始涌现,广告管理成为各国政府不得不重视的社会问题。

1907年，英国颁布了世界上第一个比较完整的《广告法》。1911年，美国制定了世界闻名的《普令泰因克广告法草案》，对"陈述之事实，有不确、欺诈或使人误信者治罪"，该法案于1945年修订为广告法，在美国各州广泛实行。1914年美国广告管理的最高政府机构——"联邦贸易委员会"成立，使广告业进入法规管理的轨道。

20世纪60年代，西方发达国家的大型企业逐步发展国际化经营。随着企业国际广告的不断增加，广告公司纷纷开展国际广告业务，国际广告在实施和运作的过程面临着各种新问题。各国政府希望通过法律或自律的形式进一步规范广告行为。1963年，国际商会①通过《国际商业广告从业准则》，成为国际性共同广告法规的主要形式。

20世纪末期，欧盟的形成使得欧洲国家的广告管理逐渐统一。欧盟广告管理的宗旨是通过促使成员国的商品和服务平等、自由地宣传，确保一个统一的、开放的市场，确保消费者免受虚假和误导广告的伤害。欧盟的广告管理规定和指导文件对成员国有约束力，甚至有的成员国完全依据欧盟的法规，没有单独的立法和规定。1992年，为使欧盟国家以协商而非单个国家的法律形式来实现广告业的管理，欧盟国家成立欧洲广告标准联盟。1999年颁布了《广告自律指导》，作为成员国和协会广告管理的指导。此外，欧共体（欧盟前身）在1989年还针对电视产业发展的问题，发布了具有联盟法性质的《无国界电视指导方针》，作为国际电视广告的管理法规。

国际广告管理体制由两方面组成：一方面是制定各种法律法规和行业公约，行业内的各主体有法可依；另一方面是各种通过各种机构和组织，形成监督管理机制，使执法有望。管理内容和管理组织及方法缺一不可。

（二）国际广告伦理与道德监管

广告在现代社会中扮演着重要的角色，是对社会和消费者产生强烈影响的经济行为。广告不仅发挥着经济功能、营销功能和传播功能，还被消费者和社会要求承担社会责任感。有些广告虽然不违法，但是违反道德和伦理。因此，提倡社会责任感意味着广告主的广告必须符合社会和普通大众的行为标准。广告伦理与社会道德结合，可以防止广告主从事违反公众利益的广告宣传。

伦理与道德监管之所以非常重要，就在于按照道德标准处理事情并不容易，因为伦理问题本身很复杂，广告主要面临的伦理问题涉及三个层次：社会的首要伦理行为准则、人们的个人价值观体系以及他们对伦理概念的理解。这三个层次常常会因为种种

---

① 国际惟一在全球范围内仲裁和解决企业争端，促进开放贸易和市场经济系统，促进企业自律，防止商业犯罪和腐败的商业组织。

原因发生矛盾,比如东西方广告创作者的个人价值观体系往往迥然不同,可能造成广告创意与社会伦理发生冲突。广告行为是否符合伦理道德标准更多地是依赖个人的判断,有时还会与商业利益发生冲突。

容易引发伦理道德争论的问题是:广告夸大事实、广告品位低下、广告的因循守旧、儿童广告、潜意识广告,等等。

1. 广告夸大事实

广告中最常见的现象就是夸张。夸张指的是,"运用主观的、夸大的言语赞扬有待销售的产品,而且用词往往是模糊的和笼统的,没有指出任何具体事实"。"没有什么能比××产品更结实、更耐用"。美国曾有一种专治妇女疾病的蔬菜化合物药水,在广告中宣传:"比美国任何医生都高明"。这种模糊、笼统的夸大可能会使受众以为广告主能够证实这些夸大宣传,因此,广告主必须明确哪些宣传符合社会责任,不会造成消费者的误解。此外,夸大事实还带来一个问题就是如何区分"夸张"与"不真实"。大约2/3的美国消费者认为广告经常是不真实的,不真实的广告可能还会有欺骗性,因此,夸大事实造成的广告不真实,甚至有欺骗性,是这种夸张广告受到批评并引发伦理问题的主要原因。

2. 广告品位低下

批评广告的人认为,广告中存在很多令人不快和趣味低下的想象。有些广告是对人类智力的侮辱,主要集中在几个方面:广告内容空洞无物;广告充斥着"性暗示";电视广告中的产品(如痔疮疗法、治疗腹泻的药品等)令人厌烦和不快;还有的干脆无休止地、令人做呕地反复播送同样的广告。关于这个问题也存在争论,有人认为,尽管有些广告缺乏品位,令人厌烦甚至恶心,但是很多大众媒体都存在这样的问题,电视电影都不例外。因此,应该把广告放在整个通俗文化和其他大众媒体的背景下进行评价和分析。

3. 广告因循守旧

对于这个问题的批评是认为广告制造了陈腐的成见,经常以一种极其狭隘和事先设想的方式来描绘特定的人群。广告界认为,广告影响着人们的价值观和世界观,是社会的一面镜子,那么广告主就有责任确保他所描绘的东西是准确的、有代表性。但是我们看到的往往是广告缺乏代表性。比如广告中的女性总是被刻画成家庭主妇或性感偶像,很多广告主也青睐这样的形象。性别上的陈旧观念长期以来在广告中加以突出和放大。女性多被描述成被动、顺从、缺乏才智,男性则是积极、有力和自主的。此外,美国广告界曾指责老年人总是被描述为身体虚弱和健忘的人,少数民族和不同种族总是以从属和被贬低的方式被表现……这些批评都会引发广告的伦理问题。

4. 儿童广告

儿童广告往往会引起伦理上的两难。由于儿童身心未发育完全,尚未有足够的判断广告信息真伪的能力,他们被视为最易受伤害的人群。定向于儿童的广告常常遭到批评,比如佳得乐汽水的广告宣称"口渴的孩子们的健康选择",而营养学家却认为该饮料对孩子来说毫无必要。广告中的儿童形象也由于可能造成误导遭到社会学家的批评。某儿童食品广告中的男孩面对自己喜欢的食品,居然用带有挑逗性的语言对片中拿着食品的小女孩大喊"come on,baby"。还有一些产品宣称"聪明的孩子要用……"。因此,西方各国对于以儿童为对象的广告,尤其是对电视广告进行了各种规定和限制。例如,在加拿大,面向儿童的广告只能在周一到周六的上午播发;澳大利亚把针对儿童的电视广告播放限制在上午 9 点至 10 点 20 分之间;新西兰则在下午 3 至 4 点间允许对儿童播放广告。

5. 潜意识广告

潜意识信息广告是以受众没有意识到的方式进行传播的,这些信息可能非常模糊和简短,消费者很难清楚地加以认识。美国学者维克利曾做过潜意识广告的实验:1957 年在美国一家电影院,当电影正常播放的时候,在一个活动的屏幕上每隔 5 秒以 3/1000 秒的速度呈现信息"请吃爆米花"和"请喝可口可乐"。调查发现,影院周围的爆米花和可口可乐的销售量分别增加了 57％和 18％。这说明广告信息在观众潜意识中的力量影响了购买行为。由于潜意识广告多数以隐蔽的方式出现,如果不被告知,消费者很难注意到他们,社会学家认为,这种没有明确告知消费者的潜意识广告是有违道德伦理的。

总之,广告引发的伦理与道德问题使广告遭到更多的批评。广告行为是否合乎道德的关键在于广告人在广告传播中扮演的角色。为此有人提出,应该从促进广告公司价值观和广告人的人格品质提高的角度出发,使广告传播更合乎伦理道德。广告公司应该以尊敬、关心和诚实对待广告主,同时员工也应该有相应的行为标准:

(1) 基本原则:己所不欲,勿施于人;

(2) 职业道德:只有被你的同行们判定为恰当的行为,你才能去做;

(3) 电视测验:时刻问自己:"我能否理直气壮地在电视中向公众解释我的所作所为?"

本章要点:

国际广告是在经济全球化和企业开展国际营销战略的背景之下产生的。国际广告的产生与发展主要有四个原因:经济全球化与全球性广告主的诞生;世界广告业的集中和全球性广告集团的出现；数字化浪潮加快了广告国际化的趋势；广告国际化为广告主带来了明显的利益。

由于国际广告活动是在国际市场范围内展开的，在多国市场范围内进行，需要采取有效的方式进行国际广告传播，主要有三种实施策略：(1)标准化；(2)本地化；(3)全球化思考、本地执行。

20世纪80年代，基于广告公司全球化经营的背景，国际广告业掀起了集团化的兼并、重组热潮，1986年美国Omnicom率先组建全球第一个广告集团，国际广告集团接连不断的发生并购，广告业的产业集中度越来越高，广告集团的规模与实力得到极大的扩充。现今最大的五个广告集团分别是：Omnicom集团、WPP集团、Interpublic集团（或IPG）、Publicis(阳狮)集团和电通集团。国际广告一般通过两种方式进行广告运作，一种是选择本国的广告代理商为主，另一种是以国外当地的广告代理商为主。

国际广告的策划与实施是广告主实行国际广告的核心环节，关系到广告活动的成败。国际广告策划一般经过六个环节：(1)高度控制广告活动。可以采取将某一个国家获得成功的广告推广到他国的方式，更多的是对广告实行集中构思，制定统一的广告策略；(2)进行产品定位；(3)制定广告预算；(4)分析广告媒体；(5)制定广告策略并加以实施；(6)国际广告效果评估。

国际广告实施必须考虑到目标国的实际情况，尤其要考虑本地的政治法律、文化、语言习惯及消费者等非经济因素的差异。其中文化是非常关键的因素，涉及到宗教信仰、价值观和习俗等方面。

国际广告组织主要有：国际广告协会、亚洲广告协会、世界广告行销公司和欧洲传播公司协会。国际广告管理实行法律和道德伦理并用的方式。国际广告管理一方面通过制定各种法律法规和行业公约，使行业内的各主体有法可依；另一方面通过成立行业机构和组织，形成监督管理机制，使执法有望。管理内容和管理组织及方法缺一不可。国际广告的伦理道德问题主要有：夸大事实、广告品位、广告中的因循守旧、儿童广告、潜意识广告等。

本章思考题：

1. 以可口可乐为例，简要分析国际广告产生与发展的原因。

2. 国际广告与国内广告相比具有哪些特点？

3. 国际广告发展过程中出现了哪几种方式？试分别举例说明。

4. 简要分析国际广告策划的过程。

5. 举例说明国际广告实施应注意哪些问题？

6. 分析实施国际广告时应注意哪些文化问题？

7. 简要介绍几个国际广告组织。

8. 国际广告管理的伦理道德问题包括哪些？

本章建议阅读资料：

1.《国际广告》杂志,2003—2005 年

2. 美国《广告时代》www.Adage.com

3.（美）朱丽安·西沃卡著.肥皂剧、性、香烟.周向民,田力男译.北京：光明日报出版社,1999

附录一：广告术语汉英对照

AAA(美国广告院校协会)	American Academy of Advertising
AAAA，4 A's(美国广告代理商协会)	American Association of Advertising Agencies
ABC(广告发行量稽查局)	Audit Bureau of Circulations
AMA(美国市场营销协会)	American Marketing Association
AIO(行为、兴趣、观点数据库)	activity，interesting，opinion
IAA(国际广告协会)	International Advertising Association
POP 广告	point of purchase
SWOT 分析、优劣势分析	strength，weakness，opportunity，threat
案头研究	desk research
版权	copyright
包装	package
保存率	keeping rate
报价	quotation，cost estimate
备忘录	memo
调查对象	interviewee，respondent，participant
比稿	competition，pitch
比较广告	comparative advertising
边际效用	marginal utility
标题	headline
标志	logo，mark
草稿	rough
草图	sketch
插图	illustration
差异性(策略)	differentiation
产品核心概念	product concept
产品名称测试	name test
产品效用	benefit
产品形象	product image
产品原型	product prototype
产品原型测试	prototype test
产品周期	product life-cycle
产品属性	product attribute

陈列	display
冲击力	impact
出口广告	export advertising
传播，沟通	communication
传播策略	communication strategy
创意	creative
创意草图	idea sketch
创意策略	creative strategy
创意概念	creative concept
创意提案	creative presentation
创意总监	creative director（CD）
从众	follow
促销活动	promotion
打样	color proof
打字照排	typesetting
大众传播	mass communication
代理商	agent
导演	director
到达率	reach
到达频率	frequency
第一知名度	top of mind（TOM）
点子	idea
电话调查	telephone interview
电视广告	commercial
电视媒体	TV media
调查员	interviewer
定量研究	quantitative research
定位	positioning
定性研究	quality research
动画	animation
动机	motivation，motion
动机分析	motivation analysis
动机强度	motivation intension
独家赞助	sponsored event
独特销售理论	unique selling proposition（USP）
发行量	circulation
菲林，胶片	film

现代广告概论

分类广告	classified advertising
分散式媒体组合	assorted media mix
分色	color separation
分销	distribution
风险知觉	perceived risk
服务质量	serve quality
负片	negative
覆盖率	coverage
概念	concept
概念测试	concept test
感觉	sense
个人收视率	personal audience rating
个性,性格	personality
工作进度报告	status report
公共关系	public relations
公益广告	non-commercial advertising
构图	layout
购买	purchase，buy
购买后分析	post-buy-analysis
购买环境	shopping environment
购买决策	purchase decision
购买决定因子	purchase decision factor
购买率	purchase rate
购买模型	purchase model
购买频率	purchase frequency
购买者	buyer
购买周期	purchase period
购买准备	purchase preparation
关键词	keyword
观察法	observe method
广播电视网	network
广播媒体	broadcast media
广告	advertising(Ad)
广告标语	advertising slogan
广告测试	advertising test
广告策略	advertising strategy
广告创意	advertising creative

广告创作人员	creator
广告对象	advertising target
广告概念	advertising concept
广告稿效果调查	copy test
广告歌曲	commercial song
广告代理商,广告公司	advertising agency
广告管理	advertising management
广告计划	advertising plan
广告监测	advertising monitor, advertising track
广告精读率	attentive readership score
广告客户	client
广告目标	advertising goal
广告目的	advertising objective
广告牌	billboard
广告认知效果	advertising recognition effect
广告时代	Advertising Age(Ad Age)
广告诉求	advertising appeal
广告文案	advertising copy
广告效果	advertising effect, advertising impact
广告效果监测	advertising impact track
广告音乐	jingle
广告占有率	share of voice
广告招贴	poster
广告作品	advertisement
国际广告媒体	international media
国际消费者协会	consumer international（CI）
互联网调查	internet survey
户外广告	outdoor advertising
黄金时段	prime time
基本动机	basic motivation
集中式媒体组合	concentrated media mix
记忆	memory, recall
家庭结构	family structure
家庭类型	family type
家庭收视率	household rating
价格测试	price test
价值观	valuation

剪辑	trimming
简报	briefing
交互媒体	interactive media
脚本	storyboard
街头调查	street interview
进口广告	import advertising
经销商	dealer
竞争者	competitor
剧本大纲	synopsis
决策模型	decision model
决策者	decision
开机率	sets in use
客户	client，account
客户策划人	account planner
客户简报	client briefing
客户经理	account manager
客户主管	account supervisor
客户总监	account director
蓝图	blue print
老年群体	old age mass
累积到达率	cumulative reach
理性广告	rational advertising
连锁超市	chain supper-market
联想	associate，linkage
领袖型消费者	lead consumer
流程时间	flow time
流行	popularity
流行周期	popularity period
卖点	selling point
满意度	satisfaction
满意度调查	satisfaction survey
满意因子	satisfaction factor
媒体,媒介	media
媒体策划	media planning
媒体分配	media allocation
媒体购买人员	media buyer
媒体观(听)众	media audience

媒体观(听)众数据	media audience profile
媒体广告公司	media buying company
媒体计划	media plan
媒体计划人员	media planner
媒体计划提案	media plan presentation
媒体目标	media objective
媒体特征	media characteristics
媒体投放	media placement
媒体投放占有率	share of voice(SOV)
媒体执行	media executive
媒体主管	media supervisor
媒体组合	media mix
蒙太奇	montage
免费赠品	give away
命名	naming
模仿	copy
模型	model，pattern
目标对象	target audience
尼尔逊电视调查报告	Nielsen Television Index
频率	frequency
品牌	brand
品牌策略	brand strategy
品牌个性(人格化)	brand personality
品牌购买趋势	brand momentum
品牌管家	brand steward
品牌经理	brand manager
品牌联想	brand linkage
品牌识别	brand identify
品牌替代率	brand replacement
品牌喜爱度	brand leverage
品牌形象	brand image
品牌形象跟踪	brand image track(BIT)
品牌占有率	brand share
品牌知名度	brand awareness
品牌忠诚度	brand loyalty
品牌重复购买率	brand retention
品牌转换	brand shift

品牌资产	brand equity
普及率	diffusion rate
企业广告	corporate advertising
企业理念	corporate philosophy
企业形象	corporate image
企业形象识别	corporate identify(CI)
千人成本	cost per thousand(million)(CPT 或 CPM)
潜意识,下意识	sub-consciousness
潜在市场	potential market
青年群体	youth mass
情感	feeling
情感广告	emotional advertising
区域广告	regional advertising
全面服务代理商	full service agency
人口统计	demographic
人员测量仪(个人收视监测仪)	people meter
认知	perceive, recognize
认知度	recognition rate
认知广告	recognition advertising
认知模型	recognize model
入户访问	in-house interview
商品成长期	growth stage
商品成熟期	maturity stage
商品导入期	introduction stage
商品衰退期	decline stage
商圈	trade area
少年群体	juvenile mass
设计	design
设计核心概念	design concept
社会阶层	society class
社会意识	social-consciousness
社会因素	society factor
深度访谈	in-depth interview
生活风格(形态)	life style
生活态度数据库	attitude-value database
时尚	style, fashion
实验法	experiment method

实验性营销	test marketing
使用者	user
市场导向	marketing oriented
市场调查	marketing research
市场潜力	market potential
市场渠道	market channel
市场细分	segmentation
市场营销	marketing
市场营销组合	marketing mix
市场占有率	market share
事件	event
视觉成型	visualize
视听占有率	audience share
收视(听)率	audience rating
收视监测仪	video meter
收视率调查	rating research
受教育程度	education level
售货员	salesman
数据库	database
诉求	appeal
态度	attitude
态度测量	attitude measurement
提案	presentation，proposal
提示知名度	aided brand awareness
统计指标	statistic index
投放时间表	cue list，transmission schedule
投射法研究	project method
完稿	finished artwork
网页广告	web advertising
未提示知名度	un-aided brand awareness
文案撰写人	copywriter
问卷	questionnaire
习惯	habit
习惯研究	habit study
习俗,风俗	custom
现场演示	demonstration
消费计划	consumption plan

现
代
广
告
概
论

消费者	consumer，customer
消费者承诺	consumer promise
消费者分析	consumer analysis
消费者个体	consumer individual
消费者角色	consumer role
消费者卷入	consumer involving
消费者群体	consumer mass
消费者心理学	consumer psychology
销售促进	sales promotion（SP）
信息	information，message
兴趣	interest
行为	behavior
行为模型	behavior model
行业广告	industrial advertising
修正	revision
需求	demand
需要	need
需要层次学说	Hierarchy of Need
宣传	publicity
宣传手册	brochure，throwaway
悬念广告法	teaser approach
学习	learning
学习效果	learning effect
亚文化	sub-culture
研究方法	research method
样带	telecast copy
样张	tear sheet
业务执行	account executive
艺术指导	art director
艺术总监	art supervisor
意见跟踪表	audit questionnaire
意见广告	opinion advertising
意见领袖	opinion leader
意识	awareness，consciousness
音轨	soundtrack
音响标志	sound logo
印刷媒体	printing media

附录二：主要参考资料

1. (美)阿诺德 M.巴尔班,斯蒂芬 M.克里斯托尔,弗兰克 J.科派克著. 国际 4A 广告公司媒体计划精要. 朱海松译. 广州：广东经济出版社,2005

2. 杨步国,张金海,张勤耘,姚曦,冉华合著. 集团化背景下的报业广告经营. 武汉：武汉大学出版社,2005

3. (美)杰森 R. 瑞奇著. 头脑风暴. 黄蓓蓓,孟涛译. 北京：金城出版社,2005

4. (美)沃尔特 D.斯科特著. 广告心理学. 李旭大译. 北京：中国发展出版社,2004

5. (美)阿尔·里斯,劳拉·里斯著. 公关第一,广告第二. 罗汉,虞琦译. 上海：上海人民出版社,2004

6. (美)加里·阿姆斯特朗,菲利普·科特勒著. 市场营销教程(第 6 版). 俞利军译. 北京：华夏出版社,2004

7. 纪华强著. 广告媒体策划. 上海：复旦大学出版社,2003

8. (美)特伦斯 A.辛普著. 整合营销沟通(第 5 版). 熊英翔译. 北京：中信出版社,2003

9. (美)大卫·奥格威著. 一个广告人的自白. 林桦译. 北京：中国物价出版社,2003

10. 夏洪波,洪艳著. 电视媒体广告经营. 北京：北京大学出版社,2003

11. 丁邦清,程宇宁著. 广告创意. 长沙：中南大学出版社,2003

12. 刘林清著.广告监管与自律. 长沙：中南大学出版社,2003

13. 罗子明编著.解读现代商务情报. 北京：企业管理出版社,2003

14. 程士安编著.广告调查与效果评估. 上海：复旦大学出版社,2003

15. 黄合水著.广告心理学. 厦门：厦门大学出版社,2003

16. 马谋超著.广告心理(第 2 版). 北京：中国物价出版社,2002

17. (美)A. B. 布兰肯西普,乔治·爱德华·伯恩,艾伦·达卡著. 市场调研方案(第 2 版). 林文平,范海滨,梁聪译. 北京：中国城市出版社,2002

18. 罗子明著. 消费者心理学(第 2 版). 北京：清华大学出版社,2002

19. 高志宏,徐智明著. 广告文案写作. 北京：中国物价出版社,2002

20. 何海明著. 广告公司的经营与管理. 北京：中国物价出版社,2002

21. 陈培爱著. 中外广告史(第 2 版). 北京：中国物价出版社,2002

22. (美)霍珀·怀特著. 如何制作有效的广告影片. 邱顺应译. 北京：企业管理出版社,2001

23. (美)吉曼·萨可著. 广告媒体实务. 赵劲松译. 北京：世界知识出版社,2001

24. (美)威廉·威尔斯等著. 广告学原理(第 5 版). 张红霞,杨翌昀译. 昆明：云南大学出版社,2001

25. (美)杰克 Z. 西瑟斯,林肯·布巴斯. 广告媒体企划. 贾丽军等译. 北京：企业管理出版社,2000

26. 余虹,邓正强著. 中国当代广告史. 长沙：湖南科学技术出版社,2000

27. 郭庆光著. 传播学教程. 北京：中国人民大学出版社,1999

28. (美)W. Ronald Lane, J. Thomas Russell. Kleppner's advertising procedure(13th). 北京：清华大学出版社(影印),1998

29. (美)威廉·派帝士著. 进入广告业. 冉龙华译. 北京：中国友谊出版公司,1998

30. 陈俊良著. 广告媒体研究. 北京：中国物价出版社,1997

31. 丁俊杰著. 现代广告通论. 北京：中国物价出版社,1997

32. 卢山冰著. 广告学概论. 西安：陕西人民出版社,1997

33. 樊志育著. 广告学原理. 上海：上海人民出版社,1996

34. 樊志育著. 市场调查. 上海：上海人民出版社,1995

35. (美)丹·海金司著. 广告写作艺术. 刘毅志译. 北京：中国友谊出版公司,1991

36. 美国《广告时代》,网站 www.adage.com

37. 美国广告代理商协会,网站 www.aaaa.org

现代广告概论

作 者 简 介

罗子明　东北师范大学心理学研究生毕业,1988 年开始广告学课程的教学工作,现任北京工商大学广告学系主任、教授、硕士生导师,中国广告协会学术委员会委员。研究方向为消费者心理与广告策略、情报调研,发表学术论文 25 篇,出版学术著作 5 部。

高丽华　北京广播学院广播电视管理、广告学双学士,北京工商大学管理学硕士。现任教于北京工商大学广告学系,讲授"现代广告概论"、"新媒体广告"、"中外广告史"、"影视语言"等课程,研究方向为广告学理论、广告学史、广告媒体,发表论文、著作总计 35 万字。

丛　珩　吉林大学文学院广告学系学士,北京广播学院文学硕士。现任教于北京工商大学广告学系,讲授课程"现代广告概论"、"广告媒体研究"、"广告文案写作"等,研究方向为广告学理论、广告文案、广告媒体。